リチャード・A・ポズナー

法と文学

（原著第3版）

（上）

［監訳］
平野　晋

［翻訳］
坂本真樹・神馬幸一

木鐸社

Law and literature, 3rd ed.
by Richard A. Posner
Copyright © 1988, 1998, 2009 by
the President and Fellows of Harvard College
Translation supervised by
Susumu Hirano
Translated by
Maki Sakamoto & Koichi Jimba
First published 2011 in Japan by
Bokutaku-sha, Tokyo
Japanese translation published by arrangement with
Harvard University Press through The English Agency
(Japan) Ltd.

日本語版に寄せて

　この度，私の著作が日本語に翻訳されるということで，大変，光栄に感じています。本書で採り上げられる文学作品，判決文，制定法，憲法の規定，法原則といったものは，西洋文化におけるものです。しかし，法の理解と改善に寄与し得る文学的な洞察力と文学における問題性は，普遍的なものであるはずです。日本には，豊かな文学と法学の伝統があります。そして，この日本という法文化と文学的素養の溢れる共同体社会において，私の著作が「法と文学」という学問領域を創出する契機になればと期待しています。

　本書において示されるように，法そのものに加え，法に関連する社会制度と思想の体系（例えば，復讐や刑罰理論）は，想像力に富んだ文学作品の作家達により，長く関心の目が向けられてきたものです。そして，その著作者の多くは，法律家ではない人々でした。このような著作者としては，アイスキュロス，ソポクレース，シェイクスピア，ミルトン，ディケンズ，ドストエフスキー，カフカのように，西洋文学の錚々たる作家達の名前が列挙されることになります（これらの作家の名前だけでも，私の著作では，<u>ごく一部</u>を列挙したにすぎません）。これらの著作者による「法を扱う」著作から，私達は，多くの法学的な事柄を学ぶことができるのです。そのような作品では，本書において議論されるように，一見すると文学とは無関係なように見えて，実は，密接な関係を有する「法の経済分析」と呼ばれる領域，加えてフェミニズム法学の領域までもが扱われます。

　大衆小説，特に映画に代表される大衆文化の創造的作品には，法律を扱う作品が目白押しです。私達は，そのような作品から，一般的大衆が，どのように法を考え，どのように法を受け止めようとしているのかを学びとることができます。これらの作品も，本書では，前述したような教養溢れる作品と共に検討しています。

　更に，文学作品とはいえないようなもの，例えば，判決文や法令というような法的文章に対しても，本書では，修辞学的な分析を加えることで，文芸批評的な関心を引き出し，そこに意味深長で解釈を要する問題を提起します。西洋で培われた法文化において偉大な裁判官とされる人々は，その修辞学的に類い稀な文章表現能力を理由にして，そのような称賛を受けることが

少なくありません。例えば，アメリカ合衆国憲法の規定を巡る問題のように厄介な解釈を施さなければならない問題は，文学理論の助けを借りて解決されることもあるのです。多くの裁判官と法律家が格闘してきた解釈を必要とする問題の多くは，文学者のような豊かな洞察力をもって立ち向かわれてきた事柄であるともいえます。

　本書で主張されるように，文学と文芸批評は，裁判官に対し社会的問題の裏側にある背景的事情を教えてくれるものでもあるのです。例えば，ある犯人が逮捕に至るまでの事情が挙げられます。政治的迫害から命からがら逃れてきた難民の庇護をどう扱うかという問題もあります。この難民庇護に関しては，アメリカ合衆国の裁判所における今日的な大問題でもあります。また，最先端の科学技術が惹き起こしうる法的な難問も含まれます。文学的な洞察力と物語論の文学的な表現方法は，公判と上訴における弁論を改善する意味で弁護士にとっても有用なものとなるでしょう。

　最後に，文学的な洞察力と方法論は，文学的表現の直接的規制に関する深い理解に必須のものともなります。例えば，著作権法とか，それを補完する法原則として知られている「著作者人格権」とか，剽窃に関する問題とか，ポルノグラフィーに関する問題といったものです。

　冒頭で述べたように，文学的なものであれ，法的なものであれ，この著作で採り上げた個々的な文章は，西洋文化におけるものです。しかし，何度も繰り返すように，ここで議論される問題は，普遍的なものなのです。それらの問題は，ヨーロッパと西洋文化圏の国々における場合と同じく，日本のように素晴らしく文明化されたアジアの国々にも，大きな意義を有するものでしょう。そのような理由から，私の著作が日本語に翻訳されることは，喜ばしい限りであり，西洋文化の展望を豊かにしうる日本版の「法と文学」という研究分野が出現することを期待しています。

リチャード・A・ポズナー

目次

日本語版に寄せて
はしがき ………………………………………………………………… 3
批評論的序章 …………………………………………………………… 10

第1部　法としての文学

第1章　文学に映し出される法の影響 ………………………… 33
　　理論的考察 ……………………………………………………… 34
　　法を扱うアメリカ文学の作品 ………………………………… 49
　　大衆文化における法 …………………………………………… 68
　　カミュとスタンダール ………………………………………… 78
　　茶番劇としての裁判 …………………………………………… 90

第2章　法の起源
　　　　――法の原型・文学的特性としての復讐―― …………… 97
　　復讐の論理 ……………………………………………………… 97
　　復讐の文学 ……………………………………………………… 110
　　『イーリアス』と『ハムレット』 …………………………… 126

第3章　法理論が抱える矛盾 …………………………………… 157
　　ソポクレースからシェリーまでの法を扱った演劇 ………… 157
　　法に社会的性差はあるのか？ ………………………………… 208

第4章　文芸批評的な法学の限界 ……………………………… 215
　　カフカ …………………………………………………………… 215
　　ディケンズ ……………………………………………………… 235
　　ウォーレス・スティーヴンズ ………………………………… 240

第5章　法の不正義を告発する文学作品 ……………………… 245
　　法とルサンチマン ……………………………………………… 245
　　文学と法におけるロマン主義的価値観 ……………………… 248

『ビリー・バッド』・『カラマーゾフの兄弟』・法の限界 ……………… 265

第６章　カフカ作品に関する二つの法的な見方 …………………… 287
　　政治的にカフカを解釈することに関して …………………… 288
　　古典的自由主義の擁護 ………………………………………… 297
　　大審問官と社会理論家 ………………………………………… 309

第７章　『失楽園』における刑罰理論 ……………………………… 315
　　サタンと追従者達への罰 ……………………………………… 322
　　人類への罰 ……………………………………………………… 325
　　動物への罰 ……………………………………………………… 333

　　　　　　　　　　　　　　　　　　　　　　　［以上　上巻］

［下巻］略目次
第2部　文学としての法

第8章　契約・法令・憲法の解釈
理論化された解釈

法は，文芸批評から何を学べるか？

連作小説と黒いインク

翻訳としての解釈

第9章　文学としての法廷意見
意味内容・表現方法・修辞法

審美的完全性・表現方法における「純粋さ」対「不純さ」

二つの文化

第3部　文学は，法を救えるか？

第10章　法に有用な背景的情報源としての文学
『凱旋門』

ハクスレーから『マトリックス』まで

第11章　公判と上訴における弁論の改善
シャーロック・ホームズは，救いの主か？

法の物語論

フィクションにおける法律家の描写

『ジュリアス・シーザー』における追悼演説

第12章　文学は，法に血を通わせられるか？
「審美的文芸批評」対「道徳的文芸批評」

なぜ，文学作品を読むのか？

第4部　法による文学の規制

第13章　著作者ではない人々の保護

ポルノ小説
　　　フィクションによる名誉毀損

第14章　著作者とされる人々の保護
　　　「著作者」とは何者か？
　　　著作権・剽窃・創作性
　　　パロディ

終章　「法と文学」という提言

訳者あとがき

人名索引

作品名索引

凡例

- 本書は，Richard Allen Posner, *Law and Literature*, 3rd. ed. Harvard University Press (2009) の全訳である。
- 原典における明らかな誤字，誤植に関しては，原著作者に確認し，訂正した上で訳出している。
- （　）および［　］に関しては，原典通りに使用した。【　】は，主に学生を対象とした読者の便宜を図るため，翻訳者が補足的な説明を加える場合に用いた。
- 本文中で下線が引かれている部分は，原典でイタリック体により強調されている箇所に相当する。ただし，原典で外来語としてイタリック体を用いている箇所には，下線を引いていない。
- 人名の日本語表記は，原則として慣例に従った。ただし，できるだけ原音の発音に近付ける意味で慣例とは異なる表記もある。特にギリシア語の人名に関しては，古典ギリシア語で採用されている表記法に従い，例えば，母音の長短を採り入れている。訳出に際しては，日外アソシエーツ（編）『最新海外作家辞典（新訂第4版）』日外アソシエーツ（2009）および *Oxford BBC Guide to Pronunciation*, 3rd. ed. OUP Oxford (2006)を参考にした。その他，インターネットによる音声・動画データにおける英語圏の話者による発音も参考にした。日本語表記と原典における綴りとの対応関係については「索引」を参照。
- 文学作品に関しては，長編・中編・短編・詩の区別せず『　』で題名を括っている。ただし「終章」では，原著作者の指示に従い，中編を『　』，短編・詩を「　」で括っている。
- 文学作品名の日本語表記は，原則として慣例に従った。ただし，日本語では未訳のもの，日本語訳が原著作者の意図に必ずしも合致していないと判断されるものに関しては，訳者により邦訳題が案出されている。邦訳題が複数あり，定訳がない場合には，最近の文学研究における成果および原著作者の意図に合致するものを本訳書の邦訳題として採用している。訳出に際しては，日外アソシエーツ（編）『翻訳図書目録 2004-2007〈3〉芸術・言語・文学』日外アソシエーツ（2008）および日外アソシエーツ（編）『作品名から引ける世界文学個人全集案内（第II期）』日外アソシエーツ（2007）を参考にした。日本語表記と原著作における英語綴りとの対応関係については「索引」を参照。
- 地名の日本語表記は，原則として慣例に従った。ただし，Englandの訳語に関

しては，原則として「イングランド」を用い，例外的に連合王国全体の呼称として問題ない場合は「英国」というように訳し分けている。

➤ 本文中で引用されている文学作品の部分訳に関しては，原著作者における引用の趣旨に合致させるために既刊の邦訳がある場合でも，全て訳者が改めて訳し直した。ただし，その訳出に当たり先行する多くの邦訳書を参考にしている。それらの既刊邦訳書に関しては「訳者あとがき」を参照。

➤ 文学理論・文芸批評論に関しては，多くの関連参考図書・専門論文を参考にした。その領域に関する専門用語の訳出に当たっては，特に上田和夫＝渡辺利雄＝海老根宏(編)『20世紀英語文学辞典』研究社(2005)および篠田一士(編)『集英社世界文学事典』集英社(2002)を参考にした。

➤ 「索引」は，原典を参考に作成した。ただし，日本語読者の便宜を考慮して「人名索引」と「作品名索引」とを分けて作成した。「人名索引」に関して，文学作品中の登場人物名および本文「はしがき」で謝辞が捧げられている人物名は，煩わしく重要度も低いことから除外し「作品名索引」に関しても「はしがき」で掲げられているものは，同様の理由から除外した。

法と文学

はしがき

　法と文学は，互いに興味深く関連し合っています。無数の文学作品が法を主題に選んでおり，その中には著名な作品も多く含まれています。例えば，裁判に焦点を当てているもの（『エウメニデス』，『ヴェニスの商人』，『ビリー・バッド』，『審判』，『異邦人』），司法権限の濫用を扱っているもの（『尺には尺を』），法学上の論争を扱っているもの（『アンティゴネー』，『リア王』），法律実務を扱っているもの（『荒涼館』），犯罪と刑罰を扱っているもの（『失楽園』，『オリヴァー・トゥイスト』），復讐と法の関連を扱うもの（『オレステイア』，『ハムレット』），更には，契約（マーロウの『フォースタス博士』），相続（『フィーリックス・ホルト』，『白衣の女』），知的財産（ウィリアム・ギャディスの『自己責任の濫用』）のような特定の法分野を扱うもの等があります。このような例を挙げればきりがありません（これを疑う者は，アーヴィン・ブラウンの『文学における法と法律家（*Law and Lawyers in Literature*）』〔1883年〕を一読すべきです）。更に，法は，修辞的な学問領域です。オリヴァー・ウェンデル・ホームズのような偉大な裁判官達が書き記した法廷意見や準備書面は，文学的価値があり，分析に値します。法廷意見や準備書面は，物語に似ています。すなわち，これらは，物語的な構造を持っているということです。文学的感性を持つことで，裁判官は，より素晴らしい法廷意見を書くことができるようになり，また，弁護士は，より効果的に主張を提示することができるようになります。文学作品に着目する文芸批評家と契約・制定法・憲法といった法的文書に着目する裁判官や弁護士は，似たような者として考えられるのです。法は，著作権侵害や名誉毀損，猥褻性といった法規制の下で文学を統制してきました。更に，法学研究者の中には，物語・回顧録・逸話・小説を，その者の学究的関心に組み込むことで，法の知識を文学の知識に役立てようと試みる者もいます。また，法を採り上げている文学作品のみならず，一般的な文学をも研究することで法の実務と裁判官の在り方を人間的なものにすることができると主張する研究者もいます。

以上のような内容に加え，更に多くの事柄を本書では採り上げていきます。本書の初版は，1988年に出版され，大幅な改定を行った第2版が1998年に出版されました。第2版が出版されてから「法と文学」と称される活動が実際，急速に広まっているように思われます。『2007-2008年版アメリカ・ロースクール協会人名簿（The AALS Directory of Law Teacher 2007-2008）』には「法と文学」の教員として124名を挙げています。最も活気のある学際的な法分野である「法と経済学」でさえも，271名の教員数しか挙げられていないことをみれば，かなりの数です。ただし，この人数に関しては，ある教員が法学教育課程で経済分析を教えていたとしても「法と経済学」の教員として，この人名簿に自覚的に登録していない可能性も考慮するべきでしょう。文芸評論を教えている教員の場合，自覚的に登録することが多いように思われます。明るい見通しとして，この人名簿によると「法と文学」に携わる教員の69％が最近約5年の間に，この分野で活動し始めてきています。このことは，この分野が若い研究者の興味を引いているということを示しています（「法と経済学」の場合は，65％です）。

　しかし「法と文学」という分野は，ロースクールや法学の教員にのみ限定されたものではありません。2004-2005年版の人名簿の中では，これが一分野としては記載されていなかったため，この分野に従事する教員数の増加を容易に把握することはできません。しかし，1985年から2005年の間に出版された「法と文学」関連の著作物や論文の目録をみると，その著しい増加傾向は，明らかです。1985年から1988年までの間では，平均で年間8本しか，このような出版物が刊行されていません。しかし，1989年から1998年には，年間平均36本と増加し，1999年から2005年には48本となっています（この平均値は「法と人文科学研究所〔Law and Humanities Institute〕」の計算によります。"Law and Literature Scholarship: A Chronological Bibliography," http://docs.law.gwu.edu/facwed/dsolove/LHI-Bibliography.htm/〔2008年2月12日時点〕を参照。「法と文学」研究の更なるオンライン資料としては，"Law & Humanities Blog: A Blog about Law, Literature, and the Humanities," http://lawlit.blogspot.com/〔2006年6月16日時点〕を参照）。

　更に，本書第2版公刊以降，この「法と文学」の展開は，ヨーロッパにまで広がっています。2005年にはスカンディナヴィア諸国，2006年にはフランス，2007年にはイングランド，2008年にはイタリアとポルトガルに広がりました。「法と文学」のノルウェー・ネットワークに関しては，

http://littrett.uib.no/index.php?ID=Nyheter&Lang=Eng というサイト,「法学高等教育院（L'Institut des Hautes Etudes sur la Justice）」に関して, www.ihej.org/index.php?rub=ihej_conseiladmin というサイト,「学術誌『政治の理性』2007 年 10 月号オンライン版（Raisons Politiques, Oct. 2007）」に関しては, www.cairn.info/revue-raisons-politiques-2007-3.html というサイト,「フランス・オックスフォード会館（Maison Française d'oxford）」に関しては, www.mfo.ac.uk/research/modernities/law_literature というサイト,「ウォーウィック大学・『シェイクスピアと法』会議（Shakespeare and the Law Conference, University of Warwick）」に関しては, www.shakespearelaw.org/ というサイト, AIDEL については, http://equity.lawliterature.eu/2008/06/28/aidel-italian-association-of-law-and-literature/ というサイト,「リスボン大学・『文学と法』に関する学術会議（Colloquium on Literature and Law, University of Lisbon）」に関しては, www.comparatistas.edu.pt/en/actividades/destaque/coloquio-sobre-literaturw-e-direito.html を参照.「法と文学」のヨーロッパ・ネットワークに関しては, www.eurnll.org/ を参照. オーストラリアの「法と文学」学会は, www.law.unimelb.edu.au/events/mediatinglaw/llaa.html を参照（2008 年 8 月 8 日に, これら全てのウェブサイトを確認済）.

　本書第 2 版公刊以降, 著名な作品が出版されています. その著作者は, ほとんどが法律家以外の者です. それらの著作を以下に掲げます. ポール・J・ヒールド編『文学と法的問題の解決：倫理的対話としての法と文学（*Literature and Legal Problem Solving: Law and Literature as Ethical Discourse*）』（1998 年), ヒールド『教育者, 学生, 研究者のための「法と文学」案内（*A Guide to Law and Literature for Teachers, Students, and Researchers*）』（1998 年), ハリエット・ムラーフ『ロシアの法律小説（*Russia's Legal Fictions*）』（1998 年), フレッド・R・シャピロ＝ジェーン・ギャリー編『試行錯誤：法の物語に関するオックスフォード傑作選（*Trial and Error: An Oxford Anthology of Legal Stories*）』（1998 年), フィリップ・C・キッサム「かき乱された心象：法学授業課程における文学（"Disturbing Images: Literature in Jurisprudence Course", 22 *Legal Studies Forum* 329）」（1998 年), イアン・ウォード『シェイクスピアと法的想像力（*Shakespeare and the Legal Imagination*）』（1999 年), マイケル・フリーマン＝アンドリュー・D・E・ルイス編『法と文学（*Law and Literature*）』（1999 年), ピーター・ブルックス『苦渋の告白：「法と文学」において罪を語ること（*Troubling Confessions: Speaking Guilt in Law and Literature*）』（2000 年), クリスティン・アリス・コルコス『「法と文学」研

究の国際比較入門（*An International Guide to Law and Literature Studies*）2巻本』(2000年)，「特異な重複する問題：ジョイスと法（Special Double Issue: Joyce and the Law, 37 *James Joyce Quarterly* 317)」(2000年)，ダニエル・J・コーンスタイン「彼は，より多くを知っていた：バルザックと法（He Knew More: Balzac and the Law, 21 *Pace Law Review* 1)」(2000年)，エマニュエル・イェーワ「アフリカ文学作品における法の描写（The Depiction of Law in Africa Literary Textes,10 *Miami international and Comparative Law Review* 109)」(2001年)，ジョナサン・H・グロスマン『アリバイの技術：英国の裁判所と小説（*The Art of Alibi: English Law Courts and the Novel*）』(2002年)，リサ・ロデンスキー『心に抱かれた犯罪：刑事責任とヴィクトリア朝時代の小説（*The Crime in Mind: Criminal Responsibility and the Victorian Novel*）』(2003年)，ルシア・A・シレッチア「物事は，期待したように運ばない：マーク・トゥエインの物語における裁判官と法律家（Things Are Seldom What They Seem: Judges and Lawyers in the Tales of Mark Twain 35 *Connecticut Law Review* 559)」(2003年)，A・G・ハーモン『永遠の絆・真実の契約：シェイクスピアの問題劇における法と自然（*Eternal Bonds, True Contracts: Law and Nature in Shakespeare's Problem Plays*）』(2004年)，マイケル・J・メイヤー編『文学と法（*Literature and Law*）』(2004年)，レオナルド・J・ロング「エリオット作『急進主義者フィーリックス・ホルト』における法の性質（Law's Character in Eliot's *Felix Holt, the Radical*, 16 *Law and Literature* 237)」(2004年)，ロベルト・ゴンザレス・エチェヴァリア『セルヴァンテスにおける愛と法（*Love and the Law in Cervantes*）』(2005年)，マイケル・フリーマン編『法と大衆文化（*Law and Popular Culture*）』(2005年)，ウェンディ・ニコル・ドゥオング「法は，法であり，芸術は，芸術である。この両者は，邂逅し得るか？法と文学：比較による創造的過程（Law Is Law and Art Is Art and Shall the Two Ever Meet? Law and Literature: The Comparative Creative Processes, 15 *Southern California Interdisciplinary Journal* 1)」(2005年)，ブラディン・コーマック『正義を行う力：裁判権，英国文学，コモン・ローの発生，1509年から1625年まで（*A Power to Do Justice: Jurisdiction, English Literature, and the Rise of Common Law, 1509-1625*）』(2007年)，コンスタンス・ジョーダン，カレン・カニンガム編『シェイクスピアにおける法（*The Law in Shakespeare*）』(2007年)，ローナ・ハストン『疑いの発明：シェイクスピアとルネサンス演劇における法と模倣（*The Invention of Suspicion: Law and Mimesis in Shakespeare* and Renaissance Drama)』(2008年), カーラ・スピヴァック「女性の解放に向けて:『ハムレット』における新しい法の見方 (The Woman Will Be Out: A New Look at the Law in Hamlet, 21 *Yale Journal of Law and the Humanities* 31)」(2008年) を参照下さい。クリスティン・コルコス著の「法と文学」の書誌学に関する2巻本は, 合わせて1263頁にもなる浩瀚な書籍です。

　私は「法と文学」について現在も書き続けており, 本版を特に以下の論文を下敷きにして書き上げました。「オーウェル対ハクスレー:経済・技術・プライヴァシー・風刺 (Orwell versus Huxley: Economics, Technology, Privacy, and Satire, 24 *Philosophy and Literature* 1)」(2000年),「語らせよう (Let Them Talk, *New Republic*, Aug. 21, 2000, 42頁)」,「現代の文学理論は, 法に何を提供してきたのか (What Has Modern Literary Theory to Offer Law? 53 *Stanford Law Review* 195)」(2000年),「見物人の法 (The Law of the Beholder, *New Republic*, Oct.16, 2000, 49頁)」,「知的財産法の経済学的構造 (*The Economic Structure of Intellectual Property Law*, 第2章, 第6章)」(2003年) (ウィリアム・M・ランデスとの共著),「終焉は近い (The End Is Near, *New Republic*, Sept. 22, 2003, 31頁)」,「大衆的知識人:衰退の研究 (*Public Intellectuals: A Study of Decline*, 第6章)」(ペーパーバック版は, 2003年), (「大衆的知識人としての文芸批評家〔The Literary Critics as Public Intellectual〕」),「CSI:ベーカー・ストリート (CSI: Baker Street, *New Republic*, Oct.11, 2004, 47頁)」,「古典再考『失楽園』における刑罰理論 (Classics Revisited: Penal Theory in Paradise Lost, 105 *Michigan Law Review* 1049) (2007年) (ジリッサ・ブリッタンとの共著),『剽窃小論 (The Little Book of Plagiarism)』(2007年),「書評:キーラン・ドリン著『「法と文学」の批評入門 (*A Critical Introduction to Law and Literature*)』(2007年) (近刊「現代文献学〔*Modern Philology*〕」に掲載予定) を参照して下さい。私は, 哲学者のマーサ・ヌスバウム (私の知的論争のパートナー, 第12章参照) と一緒に「法と文学」のセミナーを担当しています。また, 最近は, シェイクスピア研究家のリチャード・ストレイヤーと共に教壇に立つこともあります。

　私が扱う文学作品を個別に研究対象とするものは, 既に存在します (顕著な例として, A・D・ナットールの『思想家シェイクスピア (*Shakespeare the Thinker*)』〔2007年〕が挙げられます)。それらには, 法という主題に焦点を当てない研究もあります。しかし, それは, 法と密接に関連しています。私が旧版を公刊したときに参照できたものよりも, カフカの作品の遥か

に優れた新しい翻訳も注目に値します。

　多くの新しい論考の助けを借りて，私は，第2版を大幅に改訂し，第3版を仕上げることができました。この作業は，第2版で初版を改訂したときよりも，遥かに上回るものです。第2版から変更された中で，とりわけ「序章」の部分は，この研究分野を，より正確に描写しようと努めたために長くなっています。第1部で，私は，映画を含めた大衆文学における法の描写に関して，次のことも採り上げています。例えば，『失楽園』，『ヨハネの福音書』の裁判場面の描写に関する議論，『不思議の国のアリス』，『聖女ジャンヌ・ダルク』，ジョイス・キャロル・オーツの法律小説『あなたのしたいこと，私としましょう』も含めています。第2部も，第1部と同様に，多くの新しい資料を盛り込んでいて，第3部は，完全に書き直しました。第2版では，法を主題として扱っていない文学作品を法を格調高くする目的で活用する努力と文学から借用した物語論に関する議論しか扱っていませんでした。このような問題に関する議論は今も行われており，実際のところ盛んになってきています。そこで，第3版では，裁判官や法律家の法廷技術を改善するために，文学の表現方法や技術を，どのように利用すべきかを扱う章（10章，11章）を設けています。私は，著作権法において深まる混迷に加え，文学の剽窃への高まる関心を受けて，第3版の最後を（新しい第4部を構成する）二つの章に分けました。更に，私は「法と文学」という分野の将来をスケッチする終章を加えました。

　本版では，削除した部分もあります。例えば，第2版の中で論じた文学とホロコーストの問題，裁判官の人物評論に関する議論，および「法と文学」の分野の中心的関心事から遠い話題といったものです。加えて本文全体を引き締め，内容を更新し，更に文章を練り，旧版で論じた幾つかの作品を再評価しました。

　本書は，いわゆる学術論文といった類のものではありません。しかし「法と文学」という運動を生み出すための学術論文に類似するものといってよいでしょう。この分野を扱った唯一の包括的な著作と評価してもよいくらいの分量を有するものであり「法と文学」の研究者の関心を惹き付ける全ての話題を網羅しています。そして，この学問の将来の方向性を示し，斬新な視点から「法学」と「文学」の両分野にまたがる作品の多様な分析を行っています。文学では，ホメーロスからジョン・グリシャムまで，法の分野では，オリヴァー・ウェンデル・ホームズの法廷意見から，文学作品のパロディ，

フィクションによる名誉毀損を規制する法にまで，その話題が及んでいます。

　私の希望は，この新版が（大学学部とロースクールの両者での）学際的な教育に役立ち，この有望な学問分野が前進し続けることです。その上で，この分野を牽引する者が法学分野と文学分野のみからの研究者や学生に限定されないようにと願っています。アメリカ人の生活の中には，法律が浸透していることから，私達は，常日頃から「法と文学」にも関心を有するべきです。「法と文学」は，法律家以外の人々に適切な法への接し方を教えるものであり，同様に，法律家にも適切な文学への接し方をも教えてくれます。現代の文学理論は，曖昧模糊とした傾向にあります。すなわち，素人を寄せ付けずに，深遠な思想を高尚なものに見せかけようとしています。本書の全ての事柄は，非常に簡明に書かれています。そして，裁判官・法律家・法学生が更に文学に親しみを持つようになり，それが法の実務に寄与し，法を改善してくれるであろうことを示すものです。

　調査を手伝ってくれたアリシア・バイヤー，ローラ・ビショップ，ブライアン・ドーソン，ジャスティン・エリス，ネヴィン・ゲヴァーツ，アリソン・ハンディ，タラ・カディオグル，マーク・セソン，シン・トゥ，マイケル・ヤノフスキーに謝意を捧げます。ハーヴァード大学出版の編集者であるチャールズ・フライスと示唆を与えてくれたマイケル・アロンソンにも謝意を捧げます。私の原稿に意見をくれたレベッカ・ホウ，シャーリーン・ポズナー，リチャード・スターンにも，謝意を捧げます。第7章は，共同著作者であるジリッサ・ブリッタンの論文を基礎としたものであり，彼女は，この新しい版に関して有益な示唆も行ってくれました。

批評論的序章

　「法と文学」は「法」と「文学」という２種類の重なり合う思考体系を統合したもので，両者は，修辞学的技巧に注目する点を含め，多くの共通点を有しています。多くの文学作品が法（および，復讐を含む法の起源）を扱っています。法は，制定法・憲法・法廷意見のように書面の形式で作られます。そして，公表され，文学作品と比べて，難解，複雑であり，状況に応じて変更されていくものです。そこで，以下においては，法律家ではなかったフォースターの作品を採り上げてみましょう。彼の小説の中でも注目すべき裁判場面が描写されている『インドへの道』（第５章参照）ほど「法律的な」小説とは思われない『ハワーズ・エンド』（1911 年）を用いることで，この学際的分野が如何に広範なものであるかを示したいと思います。
　『ハワーズ・エンド』の主な登場人物は，以下の者達です。先ず，ドイツ生まれで英国育ちの洗練されたドイツロマン主義を受け継いだかのようなシュレーゲル家の姉妹に加え，次に，俗物主義や商業的価値を体現したかのような不愉快な英国人の一家であるウィルコックス家が挙げられます。この小説は，その両家の生活様式や価値観の違いを軸に描かれています。マーガレット・シュレーゲルは，ヘンリー・ウィルコックスと彼の前妻が亡くなった後に，結婚します。そして，彼女の未婚の妹であるヘレン・シュレーゲルは，レオナード・バストという【既婚の】貧しくて若い事務員の子供を妊娠します。ヘンリー・ウィルコックスは，前妻と結婚していながらも仕事の関係で別居していたことがありました。その機会にバストの妻は，バストと結婚する以前，たまたまヘンリーの愛人だったことがありました。しかし，ヘンリーは，愛人と別れた後，その愛人に何らの生活費も与えていませんでした。
　ヘンリーは，義理の妹の妊娠を，おぞましい醜聞と看做し，採るべき道は二つしかないと考えています。この義理の妹を妊娠させた男が未婚の場合，二人の結婚を強要しなければならない。そうではなく，もし，彼が既婚者である場合「その男は，この悪事の重い代償を払わなければならない。死ぬ

一歩手前まで叩きのめしてやる（305頁）[1]」と憤っています。ヘンリーは，この女たらしの身元を割り出すために，新妻マーガレットを問い詰めます。マーガレットは，それを明らかにしたがらず，話題を変えようとします。彼女は，ヘレンが（「ハワーズ・エンド」と呼ばれる）自分達の別邸に泊まってよいかを彼に尋ねます。なぜなら，ヘレンがひっそりと出産の目的でミュンヘンに旅立つ前の晩に，自分達の別邸に滞在することを希望していたからです。ヘンリーは，その申し出に仰天します。しかし，彼は，新妻に対して穏やかに接するために，ヘレンがハワーズ・エンドに滞在したい理由をマーガレットに質問します。そこで，彼は，反論に行き詰ってしまいます。マーガレットは，重要なのは，ヘレンが滞在したい気持ちだと主張します。彼は，対応の仕方を変化させます。「もし，彼女が一晩泊まりたいといい始めたら，それが二晩になるかもしれないぞ。もしかしたら，ハワーズ・エンドから二度と追い出せなくなるかもしれない（306頁）」と述べます。この文章の件で法律家の感性が反応するはずです。これは，よく使われる法律家の手である「滑り坂理論（slippery slope）」という理屈です。もし，あなたがaという主張を受け入れたならば，b，c・・・・・nと次々に要求に受け入れざるを得ないという立論です。なぜなら，これらの複数の主張は，ある原則に従って区別することができず，論理的な停止点がないからです。その立論において，あなたは，連続した全ての主張がもたらす帰結を考慮に入れなければなりません。しかし，このような考えによったとしても（とにかく，ヘレンは外国で出産するつもりであったので，長く泊まることは主張していないことから），一泊の滞在と無限の長さの滞在とが同等であると想定することは，不合理です。ヘンリー・ウィルコックスは，頑固で，ルールに固執し，要するに，<u>馬鹿丁寧に法を守る者</u>なのでしょうか。更に，彼の「滑り坂理論」的な主張は，その鈍重な硬直さにおいて，ヘレンの妊娠に関して採るべき道は，結婚を強要するか，女たらしを叩きのめすかのどちらかしかないという主張と同じような考えではないかと，私達は，疑問に思い始めるのです。

彼の法尊重主義【legalism：条文その他既存の法準則を，その根拠となっているポリシーを考慮することなく，形式主義的に適用して問題を解決する立場】的な考え方は，別の場面でも発揮されています。ハワーズ・エンドと

---

(1) ヴィンテージ・ブックス版（1954年）の頁数を引用。

いう別邸の法的な所有者であった前妻のウィルコックス夫人は，新妻のマーガレットに，この屋敷を残そうと望みました。しかし，ウィルコックス夫人は，遺言のための必要な形式を守らず，メモ用紙に彼女の意思を書き残しました。ヘンリーは，自分の法的権利を主張し，そのメモ用紙を破り捨て，法的正義の名の下に不正義を行いました（現実の正義と法的正義の間の緊張は，文学が法を扱う際に繰り返し現れてくる主題です）。

　ヘンリーの愚鈍さは，彼がマーガレットの発言の意味を理解し損ねたときにも強められています。「彼女【妹ヘレンのこと】を赦してくださいませんか？ あなただって【愛人の件で】赦されたいと望んでいました。そして，実際，赦されたように（307頁）」とマーガレットは，懇願します。この発言は，レオナード・バストの妻である女性とヘンリーの愛人関係のことを指しています。しかし，この発言は，更なる意味も含んでいます。厳格な法的正義を越えようとする慈悲の懇願です。ヘンリーは，この懇願を拒絶します。そして「今後，どのように展開していくのか，それを分かっているのは，この私だ」と述べます。彼がマーガレットの発言の真意を分らなかったことから「バスト夫人とのことも分かっていたのですか？」と彼女は，腹を立てます。「マーガレットは，彼に詰め寄り，その両手をつかんだ。もうそれまでのマーガレットではなかった。『もう沢山よ！』と彼女は，叫んだ。『どんなに大変でも，あなたに分からせてあげるわ。ヘンリー，あなたには，愛人がいた。それを私は赦したわ。私の妹にも恋人がいる。あなたは，その妹を家から追い出そうとしている。（中略）自分自身に，言い聞かせればいい。『ヘレンがしたことを自分もしたのだ』とね（308頁）。」この反論でさえ，ヘンリーには，全く効果がありませんでした。類似の事例は，同じように取り扱わなければならないという法的正義の基本的考えには，従わなければなりません。そこで，ヘンリーは「それとこれとは，話が違う」と答えます。しかし，彼は，頭の切れる人間ではなかったため，この違いを明らかにすることができません。そこで再び彼は，方針を変えます。彼は，マーガレットが彼自身の不貞と相殺するために，彼を脅迫しようとしたと責め，彼女の言葉を違法な行為であると看做します。しかし，それを脅迫と扱うことも間違っています。マーガレットは，ヘンリーがヘレンをハワーズ・エンドに一晩泊めなければ，バスト夫人との昔の愛人関係を公言するとはいっておらず，明示的にも黙示的にも脅迫してはいません（誰に対して公言するのでしょうか？ 一体誰が関心を向けるのでしょうか？）。

ヘンリーの法的な議論の仕方は，実に低劣なものです。しかし，面白いことに，この法律とは一見すると無関係な小説の世界で，法による論証が繰り返し説かれるのです[2]。フォースターは，法律的な思考形式において人間の感情と知性が結び合っていない状態を連想しています（「ただ結び合わせよ（Only connect）」という言葉は，『ハワーズ・エンド』の中の主題であり，フォースターのモットーでもあります）。人間の悲劇は，人が感情的に満足のいく生活を送れないこと，または，他者に対して思いやりを持って接することができないような思考に陥ることにあります。同性愛を非難するヴィクトリア朝時代の性道徳は，フォースター自身の人生を鬱屈したものにさせていました【フォースターは，同性愛者とされている】。この同性愛に対する非難は『ハワーズ・エンド』において，ヴィクトリア朝時代の社会の慣習に多少なりとも違反しただけで，ヘンリーがヘレンを拒絶していることにも置き換えられます。フォースターは，法的な見方と社会の慣習を関連付けているように思われます。オスカー・ワイルドが同性愛行為による裁判の結果，有罪判決を受け，拘禁された僅か10年後に，フォースターが『ハワーズ・エンド』を書き上げたのは，意味深いことです。

　過剰なロマン主義も『ハワーズ・エンド』の主題です。ヘレンとレオナード・バストとの無責任な不倫行為は，バストが破滅する要因の一つです。しかし，フォースターは，特に法尊重主義を酷評しているようにも思われます。彼は，法尊重主義こそ，いわれのない苦しみを与える無味乾燥な抽象概念に人々を縛り付けるものだと感じていました。彼は，この点を過大視しています。しかし，これは，本書の核心部分ではありません。すなわち，私は，単に文学の主題として，法が広く使われていることを示したかっただけなのです。

　法の技術と比喩的な描写は，早い段階から西洋の一般大衆文化や上流階級の文化の中に浸透していました。法は，権利そのものに対する憧憬として[3]，想像力に富む作家の関心を惹き付けてきました。そして，法的問題は，

---

(2) 例えば，この場面と異なり，オルペウスがハーデースに対して，エウリュディケーを地上世界に戻すように懇願する状況においても，私達は，法的論証を見出すことができる。Russ VerSteeg and Nina Barclay, "Rhetoric and Law in Ovid's Orpheus," 15 *Law and Literature* 395, 402-409（2003）．
(3) 小説家は，法に関する素晴らしいノンフィクションを書いている。例えば，様々なヨーロッパの国々の裁判を描写した，Sybille Bedford, *The Faces of Justice: A Traveller's*

裁判の演劇的頂点を演出し，(『ハワーズ・エンド』のように) ドラマティックな修辞的方法としても (それゆえ，数多くの裁判の見せ場が文学作品の中に取り入れられている)[4]，多くの文学が扱う破滅的な状況を引き立たせ，法の背景となる規則正しい日常世界を象徴するものとの対比において，作家達の注意を惹きつけてきました。ローナ・ハストンは，次のように主張します。すなわち，16世紀の英国における法文化の変化の中で，裁判官や法律家は，証拠の吟味，対立する当事者間の食い違う物語の評価，勝訴可能性の評価に重きを置くようになり，このような法文化こそ，登場人物の動機，性格，行動を現実の人物のものであるかのように掘り下げた演劇がシェイクスピアのような作家により書かれる原動力となったと主張されています[5]。

論争としての法は，文学作品の中で遭遇する混乱した人生と類似しています。この類似性は，カフカの小説『審判』(ドイツ語の原題では，Der Prozeß) の中で脚色され，法の手続と個人の危機の両方を含有しています。社会平和の枠組みとしての法は，このような混乱した生活とは対照をなすものです。

今や文学研究者は，伝統的な文学作品以外の文章にも視野を向け始めています[6]。制定法・契約・法廷意見は，文学理論と文芸批評の対象となってきています。

法が想像力に富んだ (映画製作者はいうに及ばず) 作家や文学研究者を魅了するのであれば，文学は，裁判官や法律家だけではなく，場合により，文

Report (1961)，物議をかもした「ホーホー卿」の裁判に関するレベッカ・ウェストの記述等がある。ウィリアム・ジョイス【通称名が「ホーホー卿」】に関する事件とは，アメリカ国籍を有しており，英国市民ではないにもかかわらず，英国のパスポートを所持していたことを理由に，イギリスの反逆者として，死刑が執行されたものである。"The evolutionary," in West, *The Meaning of Treason* I (1947).

(4) 特に裁判における法の儀式性に関するものと小説における文学の形式性に関しては，Alexander Welsh, *Strong Representations: Narrative and Circumstantial Evidence in England* (1992) を参照。Barbara Shapiro によるウェルシュの著作の書評 "Circumstantial Evidence: Of Law, Literature, and Culture", 5 *Yale Journal of Law and the Humanities* 219 (1993) も合わせて参照。

(5) Huston, *The Invention of Suspicion: Law and Mimesis in Shakespeare and Renaissance Drama* (2008).

(6) 例えば，Peter Brooks, *Troubling Confessions: Speaking Guilt in Law and Literature* (2000) を参照。この本は，英国の教授によって書かれたもので，現代の刑事裁判制度を主として扱っている。

学の知識が法の理解を改善し，豊富な知見を提供すると主張している研究者を魅了し，影響を与えさえするでしょう[7]。ある事件において，連邦最高裁判所の二人の裁判官がロバート・フロストの『塀直し』という詩の意味について討論したこともありました[8]。

多くの有名な作家は，法律家としての<u>経験を有しています</u>（または，法学の訓練を積んだ者）です。例えば，ダン，フィールディング，サー・ウォルター・スコット，バルザック，ジェイムズ・フェニモア・クーパー，フロベール，H・ライダー・ハガート，トルストイ，カフカ，ゴールズワージー，ウォーレス・スティーヴンズ，そして，おそらくチョーサーも，そのような者として数えられるでしょう。ヘンリー・ジェイムズでさえ，一時期，ハーヴァード・ロースクールの学生でした。ジョン・グリシャムやスコット・トゥローのように，現在，最も人気のある作家の中にも法律家はいます（不思議なことに，法律家が作家になることはあるとしても，作家は，法律家にはなりません）。そして，文学は，例えば，名誉毀損や著作権および猥褻の法的規制の下で，法分野において直接的に扱われることもあります。

「法」と「文学」は，各々，非常に歴史ある学問分野です。しかし「法と文学」は，法学研究と文学研究において重なり合うことのなかったテクストの一群が従来のように独立しては存在し得ないという認識に至り，初めて一つの学問分野として確立されたものです。すなわち，文学研究の場合であれば文学作品として，法学研究の場合であれば，制定法・憲法規定・法廷意見から法律家により書かれた論文に至るものとして，それぞれ区別されてきた領域が統合化されたものです。各々の学問領域を分ける境界線が曖昧になっていること，文学と法における双方の「輪郭の曖昧な」領域で専門的意識と知的好奇心が育っていることが各々の分野に関心のある文学研究者と法学研究者を生み出しています。更に，法と文学の各々の分野で研究者と実務家が互いに歩み寄りを見せたり，距離を置いたりしてきています。小説家と文学研究者，法律の実務家と法学研究者は，両方の学問領域があまりにも専門化し，難解なものになってきていることから，互いが理解できない危険性にさらされているのです。

---

(7) 例えば，William Domnaraski, "Shakespeare in the Law," 67 *Connecticut Bar Journal* 317 (1992) を参照。

(8) Plaut v. Spendthrift Farm, Inc., 514 U.S.211, 240 (1995)（スカリア裁判官の多数意見）。同 245 頁（ブライヤー裁判官の同意意見）。

私は,【旧版のように】ジュリアス・シーザーを否定するのではなく,むしろ,賞賛するようになってきています。「法と文学」は,豊かで将来有望な分野です。この本の第1版が否定的で保守的であったとしても,それはジェイムズ・ボイド・ホワイトやロビン・ウェストのような「法と文学」の研究者の批判から私の専門である「法と経済学」を擁護するためでした。第1版は,20年以上も前に出版されたものであり,そういった否定的な調子は,第2版で消えています。しかし,この分野の更なる発展は,困難に直面しています。確かに「法と文学」に関する書籍や論文は,かなりの頻度で出版されており,100人以上の法学教授が法と文学を教えています(ロースクール以外で,どれほど頻繁に「法と文学」が教えられているのか私は知る由もありません)。しかし,出版数の増加は「法と文学」への関心が相対的に高まっていくことを意味するわけではありません。むしろ,学術書全体の出版数が緩やかに増加したことの反映でもあります。法の経済分析が既に成熟した分野となっていた1990年から2004年の間「法と経済学」の文言を含む論文の数は,毎年3倍半,増加していました。一方で「法と文学」の文言を含む論文の数に大した増加は,見られなかったという報告もあります[9]。

しかし,この分野が行き詰っているわけではありません。ただ,継続的に発展をするためには,障害があります。その障害とは,素人臭さです。これは,学際的分野に付いて回る不幸でもあります。すなわち,その不幸とは,文学的素養や関連する文学の知識を持たずに文学を論じる法律家や,法律を理解することなく法を論じる文学研究者の存在です。学問の境界を超える研究者は,専門性の利益を失う危険を冒しています。しかし,これは,大した危険ではありません。なぜなら,専門性は,便益をもたらすだけでなく,同様に費用がかかるものでもあるからです。確かに「法と文学」は,文学研究者に対し,その専門性を確立するような成果をもたらしていません。しかし,より大きな危険は,知識の乏しい研究者により,この学際的分野の魅力が,その知識の乏しさを覆い隠す手段として利用されてしまうことです。法を論じる文学研究者は,他の文学研究者によって寛大に評価され,別の分野においても明らかな優越的地位にいるという印象が与えられる傾向にありま

---

(9) Kenji Yoshino, "The City and the Poet," 114 *Yale Law Journal* 1835, 1896 (2005) (table). しかし,本書の「はしがき」で採用した別の調査方法では,1989年から1998年までの間と1999年から2004年までの間に法と文学関連の書籍の年間の増加数は25%であることが明らかにされている。

す。また，文学について論じる法学研究者も同様の印象が与えられ，他の法学研究者によって寛大に評価される傾向にあります。

　私は，第3部で「法と文学」の継続的発展に対する更なる障害の排除を試みます。それは，文学研究が，どのように法を改善できるのかに関する誤った考えです。すなわち，文学の効用が法学的な洞察力，修辞的な表現技術，文学作品への法的規制の理解，法が直面する社会慣習への洞察力を提供することだけに留まらずに，文学が法律家を人間的にすることにより，法を改善することができるという誤解です。私達が12章で見るように，文学が法を血の通ったものにすることは，期待できません。この分野を取り巻く更なる問題とは，十分に定義された学問的な境界線がなく，その結果，首尾一貫性を欠き[10]，更に見境もなく素人には分からない用語を使い，曲解的で左翼的でリベラルな政治的偏見に満ちているということです。これら全てが各々関連し合っており，また，各々が文学による人間性の創出という誤解と関連し合っていることは，明らかです。このような問題は，最近出版され，この分野を考察した2冊の書籍として，ギオラ・バインダーとロバート・ワイズバーグの『法における文芸批評（*Literary Criticisms of Law*）』（2000年）とキーラン・ドリンの『「法と文学」の批評入門（*A Critical Introduction to Law and Literature*）』（2007年）により強調されており，私は，この序章の残りにおいて，これら書籍を批評したいと思います。

　バインダーとワイズバーグは，法にとって重要な意味を持たない学術的な文献の分類に魅了され，詳細な検討をしています。その中には，法について全く書かれてさえいないもの，文学とは何ら関係のないものまで含まれています。この著作は，学問的探求という重みの下で，うめき声を上げています[11]。しかし，幾つかの鋭い一節と，ある章においては，物語に関する素晴らしい洞察も含んでいます。この本には，長所があるにもかかわらず「法と

---

(10) Jane B. Baron, "Law, Literature, and the Problems of Interdisciplinarity," 108 *Yale Law Journal* 1059 (1999) を参照。バロンは「法と文学」という研究分野が法を文学以外の全てのものとする一方で，文学を法以外の全てのものと定義する傾向にあると述べている。同1081-1082頁。

(11) ヴィルヘルム・ディルタイの解釈学理論に関する議論の中で「ジンメルとヴェーバーは，精神科学における新カント派の哲学理論家であるハインリッヒ・リッケルトとヴィルヘルム・ヴィンデルバントという二人の好敵手からの影響を受けている」とさえ述べている部分もある（126頁，注50）。

文学」の研究者達が，この分野で何を論じるべきなのかに関する適切な考え方から逸脱して，単なる政治活動となり得る傾向をも示しています[12]。

バインダーとワイズバーグの関心は，高度に抽象化された「法」，すなわち「文化的活動」および「意味を生み出す過程」としての法にあります（ix頁）。このように法を理解する手助けとして，これらの著作者は，文学理論（literary theory）へと目を向けます。これは，間違った方向付けです。確かに，現代の文学理論は，伝統的に理解されている「文学」から，広い意味での「書き物」に焦点を移しており，この書き物の中には法に関する文書も含まれるでしょう（ただし，現代の文学理論が，この本の中で引用されている文芸批評〔literary criticism〕および学問分野と同一の広がりを持つと考えてはいけません）。しかし，このように焦点を変化させた文学理論は，法と文学を，それほど関連付けることがありませんでした。そうする代わりに，文学理論は「文化研究」に身を潜ませ[13]，その目的は，文学の土台を打ち壊して，文学よりも政治的主張を展開しやすい手段を発見することにありました。「テクストは，その中に暗号化されている社会規範や社会の態度を解き明かすために解釈され，分析されるのであり，一個の自己完結した創作物として評価されるべきものではない[14]。」「『最高のもの』であっても，政治的な疑わしさから逃れられない。最高のものを選ぶときには，その裏に隠された順位付けが存在しているのである[15]。」「学術的な文芸批評論は，比較的短期間で揺れ動いて来た。多くの［文芸批評家］は，今では，社会的な積極行動主義を文芸批評の主たる目的と看做している[16]」とされています。

従来，文芸批評家は「自らの言葉で十分に語れることを自慢していた。ここでも，新しい時代の波が驚くべき変化を生み出している。文学について語る者は，いまや不可解な専門用語を多く詰め込んだ散文を書いている[17]」と述べられています。そして「その［文化研究］のほとんどは，道徳と政治の

---

(12) 他の批評に関して Anne M. Coughlin, "I'm in the Mood for Law," 53 *Stanford Law Review* 209, 218-220 頁 (2000) を参照．

(13) Mark Bauerlein, *Literary Criticism: An Autopsy* 30-35 (1997) を参照．

(14) Rónán McDonald, *The Death of the Critic* 21 (2007).

(15) 同上 ix 頁．現代文学における理論研究の視点から，その視点に何らかの共感を示している研究者の示唆に富んだ現代文学理論批評に関しては，Valentine Cunningham, *Reading after Theory* (2002) を参照．

(16) John M. Ellis, *Literature Lost: Social Agendas and the Corruption of Humanities* 8 (1997).

(17) 同上 9-10 頁．

担い手であるとの思い上がりに加え、正当性を求める批評手段と批評概念とを本質的には異なるものであるにもかかわらず、関連付けようとしている。文化研究は、世界を取り込もうとするものでありながら、狭い集団にしか通じない暗示を用いて、道徳を重んじているかのような書き振りを頻繁に使用する[18]」とされています。しかし、これらの指摘は、全く法の役には立ちません。そして、このような文章自体、素人には分からない言葉を用いていることに他なりません。

　悪文と難文は、区別されなければなりません。ヘンリー・ジェイムズは、美しい文章を書きます。しかし、多くの読者は、彼の晩年の作品を読みにくいと思っています。ウォーレス・スティーヴンズやW・H・オーデンのような現代の詩人は、読者を混乱させるに違いないでしょう。しかし、彼らは専門用語を使ってはいません。彼らは、その狙う効果を『1984年』と同じくらいの平易な散文では生み出すことができないかもしれません。文学研究者自身は、彼らの理論が平易な散文により説明できない理由を平易な散文を用いて説明することもしてきませんでした[19]。

　今日の文学理論は、例えば、脱構築、構造主義、ポスト構造主義、多文化主義、解釈学、クィア理論【セクシャル・マイノリティに関する社会理論】、ポスト植民地主義理論（ポストコロニアル理論）【植民地主義・帝国主義に関係する文化・歴史を取り扱う文芸批評論】、サバルタン研究【下層民・従属民に関する文化・歴史を取り扱う文芸批評論】、読者反応理論【テクストを読み解く理論ではなく、どのように読者がテクストを読むのかを問題とする理論】、受容理論【どのように文学作品を読者が受容していくのかを問題とする理論】、文化唯物論【マルクス主義的唯物論を文化人類学に応用したもの】および新歴史主義【歴史は、客観的で確固とした事実ではなく、語り手により再編されていく物語の言説として扱う立場】の看板を掲げ、それ

---

(18) Peter Brooks, "On Difficulty, the Avant-Garde, and Critilcal Moribundity", in *Just Being Difficult? Academic Wrighting in the Public Arena* 129, 135 (Jonathan Culler and Kevin Lamb eds. 2003). 第11章で見るように、最も理解が困難で頭を抱えてしまうような文学理論家の一人として、カフカに関して鋭い文芸批評を行ったフレデリック・ジェイムソンが挙げられる。問題なのは、このような理論家達と最も「進歩的」と言われる文芸批評家は、何も答えないわけではなく、むしろ、その者達が答えようとすることを理解するための費用が、そこから得られる便益よりも、しばしば上回ってしまうことである。

(19) その者達は、何かを説明しようとはしている。しかし、用いられる文体は、理解が困難なものである。*Just Being Difficult?*, 前掲注18。

らが重複する理論の寄せ集めになっています[20]。この理論の多さと難解で悪評高い専門用語により，これらの理論は（簡単にいうと「ポストモダン的文学理論」），文学理論と文学作品の間に障壁を作り上げました[21]。これらの考えは，左派の理論家により主張される傾向にあります。しかし，皮肉なことに，左派の政治活動家は，政治的に無気力な蒙昧主義に陥り，組織内の権謀術数に知恵を注ぎこみ，その口喧しさと無節制さは，右派からの嘲笑を招いています。この嘲笑には，一般の人々も共感しているところから，左派の理論家達も左派の政治活動家が急進的な政治活動と文学研究を更に貶めてしまうことに怒りを表しています。ポストモダンの文学と文化研究の教授達は「もはや自らを現在機能している民主主義の市民とは考えていないため，彼らは，『その制度【民主主義】』を救いようのないものと看做し，それゆえ社会制度の変更に身を捧げるのではなく道徳的な怒りをその制度に向かわせる急進的な世代の学生を生み出している[22]」とされます。左派知識人が自らの考えを実践に移すために，次のような指摘をしています。「以下のような声明を放棄しなければならないであろう。つまり，哲学的あるいは文学的な洗練さは，歴史が私達に割り当てた重要で社会的に不可欠な役割すなわち『イデオロギーの批評家』の役割を与えてくれること。それゆえに，哲学的あるいは文学的な洗練さは，重要であること。以上のような声明を左派知識人は放棄しなければならないであろう[23]。」「全ての大学構内において（中略），皆から笑われるだけの講座名を掲げる学部が存在する。（中略）最近，地方の大学を笑いの種にしようとするのであれば，英文学部に立ち寄るのが最善

---

(20) *The Cambridge History of Literary Criticism, vol.9: Twentieth-Century Histotrical, Philo sophical and Psychological Perspectives* (Christa Knellwolf and Christopher Norris eds.2001) を参照。

(21) マクドナルドの前掲注 14 の書籍，エリスの前掲注 16 の書籍に加えて，Victor Davis Hanson, John Heath, Bruce S. Thorton, *Bonfire of the Humanities: Rescuing the Classics in an Impoverished Age* (2001) と 344-350 頁の参考文献，Denis Donoghue, *On Eloquence* 13-14, 39-40 (2008)；Mark Bauerlein, "Bad Wrighting's Back", 28 *Philosophy and Literature* 180 (2004)；Bauerlein 前掲注 13, Brian Boyd, "Theory In Dead — Like a Zombie", 30 *Philosophy and Literature* 289 (2006) と，これらの書籍に引用されている参考文献を参照。

(22) Richard Rorty, "Intellectuals in Politics: Too Far In? Too Far Out?" *Dissent*, Fall 1991, 483, 489-490 頁。

(23) Richard Rorty, "The End of Leninism and History as Comic Frame", in *History and the Idea of Progress* 211, 233 (Arthur M. Melzer, Jerry Weinberger, and M. Richard Zinman eds. 1995).

の方法であることは，誰でも知っている[24]。」文学解釈の衰退傾向を示す論説には，多くの原因が述べられています[25]。その内の一つは，文学教育として，多くの大学で流行している蒙昧主義・反啓蒙主義にあるでしょう。

　私は，ポストモダン主義を，あっさりと否定するわけではありません。私は，ミシェル・フーコーによる刑罰のポストモダン理論や彼の作家としての能力を信頼しています。あるいは，彼の初期の作品である性に関する理論にも感心しています[26]。しかし，理論的問題に憂き身をやつすことで英文学部を笑い物にし，堕落させているのは，ポストモダンの<u>文学理論</u>です。このことは，文化活動として法の研究を行うための幸先のよい出発点とは言えません。バインダーとワイズバーグは，このことに気が付かなければなりません。なぜなら，彼らが文学理論という題目の下で論じている多くのものは，現代的でも文学理論でもなく，歴史学，哲学，法学に属するものだからです。バインダーとワイズバーグは，法解釈の理論の史的展開から始め，エドワード・クックからアレクサンダー・ビッケルまでの有名な人物を次々に挙げています。しかし，そこでは，ロバート・ボークやアントニン・スカリアといった「原意主義（合衆国憲法の元々の理解に立ち返る主義）」を採用する現代の影響力のある論者の議論が欠けています。このことは，バインダーとワイズバーグが左派知識人向けに著書を書いていることの証拠になります。法解釈の歴史と文学とを関連付けようとするバインダーとワイズバーグの努力は，上滑りなものなのです。そこでは，緩やかな解釈が厳格な解釈に比べて，より「創造的」なものと思われ，創造性は，芸術の領域にあると考えられています。従って，裁判官は「非同調，独立，高潔さという芸術的価値を例証する（中略）現代の芸術家であり（111頁）」，「『現代作家と同様に』カリスマ的な道徳的指導力を発揮することが期待されている（93頁）」ものと描写されています。

　文章の意味を決定する際の読者の役割を強調する学派の影響を受けて，バインダーとワイズバーグは，次のように主張しています。すなわち，解釈は

---

(24) Andrew Delbanco, "The Decline and Fall of Literature", *New York Review of Books*, Nov. 4, 1999, 32頁。

(25) National Endowment for the Arts, *To Read or Not to Read: A Question of National Consequence* (Research Rep. No.47, Nov.2007); Albert N. Greco, Clara E. Rodrigues, and Robert M. Wharton, *The Culture and Commerce of Publishing in the 21st Century* 207-212 (2007) を参照。

(26) Richard A. Posner, *Sex and Reason* (1992).

単なる文章の解釈ではなく，その文化的なコンテクストの解釈でなければならない。そして，全ての世界がテクストであり，文芸批評家が対象とする範囲は，広大であると主張しています。「真の解釈学的批評とは，より大きな文化の一部として，法を解釈し評価することである。私達が述べる最後の章で，このような法の文化的批評【Cultural Criticism of Law】を提案するつもりである（200頁）」と述べています。しかし，文章を解釈するために，コンテクストを考慮しなければならないということは，もはや，解釈されるべきものが，その文章だけに留まらないとか，アメリカ文化全体を把握しない限り，解釈ができないということを意味するわけではないはずです。

バインダーとワイズバーグが論じている解釈理論家のほとんどは，文学研究者ではなく，哲学研究者や法学教授です。自らの理論の迷路を文学に結び付けようとするために，これらの著作者達は，法理論家であるロナルド・ドゥウォーキンが主張する憲法解釈と連作小説との類似性に，特に注意を向けています。第8章で検討するように，この類似性には様々な異論があります。しかし，ここで言う類似性は，単に，比喩的なものとして扱われているだけなのです。これは，文学理論や文学の実践を呼び覚ますようなものではありません。ドゥウォーキンは，特に連作小説に関心があるわけではありません。更に言えば，文学理論にも文芸批評家にも関心を持っているわけではありません。なぜならば，優れた連作小説が見当たらないからです。それは，仲間内だけの遊びにすぎません。ドゥウォーキンが主張する類似性は，立法者は過去の判決に拘束されないけれども，裁判官は，過去の判決には拘束されている点を明確化するために使われているだけなのです。

後に，バインダーとワイズバーグは，修辞学的な批評を採り上げ，ベストセラーになった『アメリカン・マインドの終焉』の著作者であるアラン・ブルームを含め，レオ・シュトラウスの薫陶を受けた者達を「保守派の雄弁家」であるとして，次のような素晴らしい文章で紹介しています。しかし，ブルーム等は，自らを哲学者や政治理論家であると考えているようです。

> 保守派の雄弁家達は，古典的思考を現代的思考に対比させ，修辞学的技術をロマン主義文学の主観主義と科学の客観主義の双方に対比させる。（中略）［その者達は］自然全体，自然の分類，自然の価値から作られる古典的な理論体系に明らかに固執している。しかし，彼らが，この理論体系を真実であるのか，あるいは単に社会的権威の望ましい形式を維持

するのに有用であるにすぎないと信じているのかは，必ずしも明らかではない。保守派の雄弁家達は，彼ら自身を心の広い多元論者であるかのように見せかけ，古典的思想を現在の思想理論に取って換えるのではなく，むしろ現代的理論の論争の中に古典的思想の余地を残そうとしている。しかし，この立場は単に，リベラルな諸思想，例えば，価値相対主義や価値中立性および寛容さの弱点に付け入ろうとする努力を反映しているにすぎないかもしれない。そして，古典的思想が現代の自由主義国家に身を置く一般大衆に浸透する可能性が少ないことに，彼らが気付いているということを反映するものかもしれない。とにかく，彼らの教育は，一般大衆に直接向けられているのではなく，知識人や政治のエリートに向けられている。（中略）保守派の雄弁家達は，正直さにあまり価値を置かない。彼らは正直さとは，自制できずに思想や感情等を表に出してしまうことに加え，情報が如何に誤って使用されているのかを無責任なほど軽視することであると考えている。（中略）［彼らは］自分達を相対的に無力な知的エリートであると看做しており，（中略）エリート集団自体と，そこにおける価値を保存するために，他の政治権力と連帯し，それらを啓発しなければならないと考えている。［彼らは］修辞学的な対話の組み立てを社会階層のように考えている。知識を身に付けられない対話者にとって，修辞学的技巧は，人を騙し，または宥めるのに役立っている。教育の適齢期にある者において，（中略）長々しく不安定な状態で，性的に成長する過程は，教師のカリスマ的権威を強め，生徒を社会化し，敬意と我慢強さを学ばせるのに有用なのである（329-330頁）。

この文章は，正鵠を射ています。しかし，法にも文学にも，関係がありません。

　バインダーとワイズバーグは，イェール大学の教授であるアレクサンダー・ビッケルが「法と文学」という運動の主な先駆者であるという驚くべき主張をしています。なぜなら，ビッケルは，現代の人種問題に合衆国憲法が明確に答えられない欠点に関して，裁判官が克服する唯一の方法は「更なる器用さと，より繊細な美学的観点が必要であると信じていたからである。（中略）（ビッケル）の方法は，慎重な論証に雄弁さを関連付けているという意味で<u>修辞学的</u>であり，この点に関して，社会の団結の規範的基礎を再確認

することを目的とし，また，抑制，自制，熟慮を重ねた対話への傾倒という政治の美徳を模範にすることを目的としている（310 頁）」からだとされています。司法部門を連邦政府の中で「最も危険性の少ない部門[27]」と描写したアレクサンダー・ハミルトンの言葉を借りて，ビッケルは，裁判所の役割は「強制ではなく，説得を用いて，規制ではなく，例示を用いて先導することである（311 頁）」と主張しています。これは，裁判所の役割を説明するには不十分です。裁判所の判決は，単なる心地よい言葉だけではなく，力による裏付けを有しています。ビッケルは，裁判所が臨機応変で如才なく権限を行使することを望んでいます。しかし，彼は，法廷意見の修辞的な側面には，関心を払っていませんでした。バインダーとワイズバーグも同様です。バインダーとワイズバーグは，力や戒めではなく，説得や例示で指導力を発揮する点に裁判所の役割があると定義する一方で，文学の技術が裁判所の役割において，どのように利用可能かを説明しようとは試みません。その代わり，リンカーンの抜け目のない政治的手法へと話題を転換してしまっています。

　「文芸批評」とは，何でしょうか？　バインダーとワイズバーグの著書は，この頂点に向かって高まっていきます。文芸批評とは「真の問題が何かを，より一層理解するために特定の法的紛争における一連の劇的状況や，それに伴う法の変容に文学的分析を適用することである。私達が規範の対立を描写していようが，その解決を記述することに没頭していようが，そこで問題となっているのは，それに関係する人々の自己認識そのものであると理解すれば，もっと適切に［文芸批評を］することができるだろう（461 頁）」と述べられています。ここで鍵となる言葉は「劇的状況」と「自己認識」です。私達は，1968 年のシカゴ民主党大会で暴動を起こした疑いで告発されたアビー・ホフマンと他の急進主義者（いわゆる「シカゴ・セブン」）の裁判に関するバインダーとワイズバーグの議論から，この言葉が重要視されていることに気が付きます。裁判で，ホフマンは「小さなシュテトル【かつて東欧にあった小さなユダヤ人町】の住人であるかのように下品に振舞い，まるで，その場の雰囲気にそぐわない者であった（482 頁）」とされています。裁判官もまた，同じくホフマンという名前のユダヤ人で年配の共和党の

---

(27) バインダーとワイズバーグは，この言葉をビッケルの新しい造語だと考えているように思われる。311 頁を参照。

男性であり，過度の法尊重主義者で法廷内の規律には厳しい人物でした。アビー・ホフマンは「ホフマン裁判官がユダヤ人であるということに世間の注目を集めさせることで」，「二分割された文明の両側に，ユダヤ人を対置させた」と述べられています。そのことにより「ホフマン裁判官は，同じ民族に属する人間を『見逃そう』と努力するのではなく，むしろ，迫害している」とされています（同上）。バインダーとワイズバーグは，裁判を解釈する方法の一例として，人々が「私達の目にする社会の根底にある形式・作法・意味・メカニズムを発見するため（481 頁）」に，このような分析を行っています。バインダーとワイズバーグは，シカゴ・セブンの裁判を文学テクストと考えています。すなわち，この裁判は，アビー・ホフマンと他の被告人により，犯罪が行われたか否かを扱うものではないとされます。それは「文明において，隠された汚らわしい部分，すなわち，性的欲求，俗物主義，残忍さを如何に暴露して見せるかを扱っていた（482 頁）」と評価されています。

同様に，法制度の通常の機能とは思えないような例に関して，バインダーとワイズバーグの批評は，最高潮の展開を見せています。それは，資本主義に関する考えです。

> 企業は，永久に続く資本家の生命，予想のつかない市場の成り行きを超えた商業のかたちを思い描いている。（中略）企業は，貪欲な欲求の象徴であり，利益分配の単なる代理人として理解されている。しかし，結局のところ，企業は，価値の最大の消費者に至る。これが［ウォルター・ベン・］マイクルズの提示した資本主義に関する奇妙な問い掛けの答えである。人間の望み得る全てを持っているかに思われるお金持ちは，どのようにして欲求を抱き続けるのか？ 人間の体には限界があり，従って，欲求にも限界がなければならない。しかし，企業は，この限界を超えることができる。まさに企業が救世主さながらに，その投資家としての責任を引き受けると同時に，欲望をも引き受けてしまっている。このことにより，人間を満足の状態から遠ざけている（531 頁，注釈省略）。

この慎重さに欠け，混乱した言葉の背後には，大恐慌時代の過剰生産への恐れが潜んでいます。これは，オルダス・ハクスレーの『すばらしい新世界』（本書第 10 章参照）の主題です。バインダーとワイズバーグは，この文学作

品を論じてはいません。資本主義は，効率性を超えたものと表現されています。すなわち，資本主義は，破滅への前兆かと思われるほどの大量の商品を吐き出しています。社会は，人間の限界を超えて商品を製造するために，市民を貪欲な消費者に変え，あるいは，不自然な人間や企業を生み出すことで過剰に製造された商品を購入する方法を半狂乱になって思案しています（しかし，これは製造の増加を意味しているのであり，消費の増加にはつながりません）。破滅は，常に資本家のすぐ間近に潜んでいるとされます。従って，裕福な人々が絵画を収集するのは，絵画の永久性が資本主義企業の抱える不安定さに対して，防御的手段になっているからであると，バインダーとワイズバーグは主張します。

キーラン・ドリンの本は，バインダーとワイズバーグの本に比べて，法や文学のテクストに対して，より堅実な分析を行っています。しかし，その対象範囲は，雑多です。その表現は，専門用語に満ちています（文学理論研究の悪影響を反映しています）。しかも，政治的に偏りが見られます。この本は，文芸批評的ではない「法と文学」の入門書であり，題名【A Critical Introduction to Law and Literature】を付け間違えているかのように思われます。その雑多で専門用語に満ちた特徴を次の文章が示しています。「小説的文書による名誉毀損【literatural libel】（小説は，作品中で実在の人間をあまり脚色していないことから，その名誉を毀損している）が成立することは，ローリー・リーの自伝的小説『ロージーとリンゴ酒』に関する事件で立証されている。この作品の中で，田舎のピアノ工場に関する放火事件が根拠なく暗に主張されていたことによって，工場所有者達から訴状が提出されている。このような描写に対して，所有者への損害賠償が認められ，リーは，その後の版でピアノ工場をボイラー製造工場と変更した（58-59 頁）。」この本には，多くを議論する長所が見当たりません。例えば，カフカのように，法を扱った古典作品は，ドリンの興味を惹いておらず，古典作品の多くには言及されていません。『ロージーとリンゴ酒』を全く扱わなくても問題はない一方で，このような本で扱われるべき多くの作品が省略されています。

（たった今見たように）ドリンの文体は，こなれてはおらず，現代的な文学研究者が法学研究者に与えることのできる手掛かりとして不十分なものです。彼は「その適用範囲に強い衝撃を与えた（impacted on their scope）（42 頁）」や「ディケンズの広範な文学積極主義（Dickens's broader literary activism）（237 頁）」という表現に酔っています。彼の文章である「本章で

は，今世紀の鍵となるべき犯罪と刑罰の危機に関する賛否両論が成り立つ議論において，文章を書くことの役割を明らかにするつもりである（98頁）」という部分も，分かりにくいものでしょう。一人称で語られるデフォーの『モル・フランダース』を論じる際に，ドリンは，次のように問いかけています。「彼女の後悔と信仰の目覚めの告白は，真実か？ デフォーは，登場人物の彼女に人格を与える際，誠実であったか？ この問いには，様々な答えを与える余地がある一方で，言葉が生み出した創造物として，モルは，神聖さの点でも，倫理観に対する不信の点でも，最高潮の領域に達している。法と文学が交差するテクストに関する更なる例として，モル・フランダースは，実在の人物で，流刑に処された窃盗犯のモル・キングに由来する人物であることが挙げられる。（中略）彼女達の物語は，同一のものではない。しかし，その名前・犯罪・更生する力は，共通している（102頁）。」彼は，批評家ジャン＝クリストフ・アグニューにより，エリザベス朝時代の演劇が「文化の流動性により，混乱した世界を具体的に描写する実験室（88頁）」と紹介されることに賛辞を表しつつ引用しています。そして，この印象に満足して，次のように引用を繰り返し述べています。「[『ヴェニスの商人』における] バサーニオは，アントーニオの借金から利益を得て，社会の上層部へと成り上がっていく。このように，バサーニオは，自己同一性が流動的であることを体現している。この流動性は，アグニューが新しい社会の顕著な特徴と看做しているものである（92頁）。」

　ドリンは「法と文学」運動の目的を文学のみならず，法廷意見のような文学以外の文書が左派リベラルの発展を促進するために，どのように利用できるかを示すことにあると考えています。彼は（証拠もなく），1954年に，連邦最高裁判所が公立学校の人種別学制度は違憲であると判示【第11章脚注19に付帯する本文の「ブラウン対教育委員会」判決】した後，人種差別が徐々に減少してきたのは，ジェイムズ・ボールドウィンやグウェンドリン・ブルックス，ロレイン・ハンスベリー，ハーパー・リー，そして，その他の作家が人種問題に関する文学作品を世に出したことが重要な要因の一つであり，従って「文学は，進歩的な法廷意見を促進する重要な武器になると何度も立証されてきている（185頁）」と主張しています。しかし，保守的な価値を好意的な観点から提示している文学作品の中にも，法を扱うものも多くあります。例えば，その例として『アンティゴネー』，『リア王』，『悪霊』，『カラマーゾフの兄弟』，『密偵』（『ケイン号の反乱』や『虚栄の篝火』のよ

うな大衆向けの作品もあります）を挙げられるでしょう。しかし，これらの作品は『バック対ベル』事件[28]におけるホームズ裁判官の法廷意見のような反動的意見（「愚か者は，3世代で十分である」）と共に，彼の本では扱われていません。また，同時に，『ビリー・バッド』のような「リベラル」であるといわれている文学作品が有する政治的多義性は無視されています。その結果，ドリンの本では「法と文学」の関係が歪められて描かれているのです[29]。

　私が述べたいことは，文学が政治から自由な場には存在しないということです。法も同様に[30]，政治から自由ではありません[31]。研究者や教員によって論じられるべきことは，それを，どこまで強調し，どこまでバランスをとるかです。文学が，かつては階級闘争，現在では主に人種問題やジェンダーの問題に貢献することの関係性において<u>のみ</u>価値が評価されるとしたら，文学は，政治的論争と区別ができなくなり，文学としての品質管理は，損なわれ，法と文学を分けている境界は，消失してしまいます。ドリンは，フランシス・ベーコンの法律に関する随筆であり，死後に発表された論考に関して「ベーコンの文章に見られる二重の人生，すなわち，大法官としての意見と，それに若干の変更が加えられた内省的随筆により，当時の法と文学の調和のとれた関係性が強調される（92頁）」と述べています。しかし，一体，何が法に関する随筆を「文学」足らしめているのでしょうか？

　ドリンの本における全8章の内，2章分を除く全てが社会問題で構成されています。すなわち，契約・犯罪・女性への差別・産業化の法に及ぼす影響・人種差別（2章分が割かれています）です。社会問題の章で扱われている多くの作品は，女性の権利を擁護する19世紀の小冊子といった文学的性

---

(28) 274 U.S. 200, 207 (1927). 【第5章脚注53の本文参照】

(29) James Seaton, "Law and Literature: Works, Criticism, and the Theory," 11 *Yale Journal of Law and the Humanities* 479 (1999). この論文において，二人の卓越した「法と文学研究者」に関する類似の批評がなされている。「リチャード・ワイズバーグとマーサ・ヌスバウムは，偉大な文学作品が法に関する自らの理論を裏付けていると主張する。しかし，彼らの主張には，説得力がない。なぜなら，彼らが考察している文学作品は，限定的であり，彼らの解釈は，公平無私な分析というよりは，偏った弁解のようにも思われるからである。」

(30) Robin West, "Law, Literature, and the Celebration of Authority", 83 *Northwestern University Law Review* 977 (1989).

(31) Richard A. Posner, *How Judge Think* (2008).

質を有しないものであり，文学と関係のない裁判所の意見は，文学の趣すらも帯びておらず，文芸批評により明らかにされることもありません。冒頭の2章の後，この本は，大学における英文学部で人気のある政治的立場を擁護する分野を取り扱っています。

「法と文学」が成功し得る分野であるならば，バインダーとワイズバーグ，およびドリンの書いた著作は「法と文学」の研究者が避けなければならない地雷源を示す叩き台を提供するようなものといえるでしょう。

第 1 部
法としての文学

第 1 章
文学に映し出される法の影響

　第 1 部で，私は，何らかの意味で法に「関して」扱っている文学作品を論じます。それらは，広く自然法や復讐といった論点を含んでいます。この自然法や復讐は，実定法に影響を与えながら，なおも並存する規範的な仕組みです。この作品群の中には，西洋文化の多くの記念碑的作品が含まれます。例えば，ホメーロスやギリシア悲劇作家，シェイクスピア，ドストエフスキー，メルヴィル，カフカ，カミュや多くの良く知られた作家達の作品が挙げられます。本章では，文学の中で扱われる法という主題の多様性を提示したいと思います。また，私の分析における理論的枠組みを簡単に述べたいとも考えています。

　法は，文学にとって，ありふれた主題です。従って，この二つの分野に深い類似点があるのではないかと推測したくなります。全ての文学作品において法が扱われているわけではないにしても，多少なりとも，明確に法を扱っている文学作品があることから，法律家にも，そのような法に関する文学作品を扱う権限が与えられているといってもよいように思われます。しかし，想像力に富んだ文学作品が裁判やその他の法の過程を描いている場合であっても，そこから日常の法制度の機能を簡単に学ぶことはできないと私は主張します。著作者が（カフカのような）法律家や（メルヴィルのような）法律に通じた者の場合であったとしても，法は，文学作品の中で，関心の対象としてよりも，比喩として頻繁に現れています。その理由は，より簡単にいえば，文学的性格の決め手となる「時の試練」ということに密接な関係を有しています。

　しかし，私がこれから論じるつもりの文学作品から，法について多くを学ぶことができます。文学作品は，活気に満ちたロースクールや大学における

法学の授業課程において、慎重に取捨選択されるならば、その基礎的教材として有用です[1]。フォースターの『ハワーズ・エンド』の考察からも分かるように、法を明確には扱っていない文学作品でも、法的観点から考えてみることで、より一層、法学を理解できる場合があります。

理論的考察

審美的判断の問題には、その他の規範的な議論と比べても、そこにおける意見の相違を解決する「客観的な」手続は存在しません。哲学者ユルゲン・ハーバーマスは、政治や道徳という解決困難な問題に関して、そこでの意見を一致させる論証は、可能だと主張しています。そのような見解の最も主導的な擁護者であるハーバーマスでさえ、次のように認識しています。すなわち、審美的批評は、高い合理性の水準を保つことが可能であるとしても、批評家が審美的な評価を永遠に論じたところで、共通認識が生み出されることはないと彼は考えているようです[2]。この点に関して、サミュエル・ジョンソンやデイヴィッド・ヒュームと同様に、ジョージ・オーウェルは、この問題を正確に理解していました。ある文学作品は、他の文学作品や、その他の文化から生み出されるものとの競争の中で生き残ることができる能力によってのみ偉大であると評価することができると彼は述べています[3]。これは、文学の価値を議論することにメリットはないと言っているのではありません。つまり、膨大な規範的文学批評の中には、素晴らしい特徴を備えている

---

(1) Philip C. Kissam, "Disturbing Images: Literature in a Jurisprudence Cource", 22 *Legal Studies Forum* 329 (1998) を参照。

(2) Geogia Warnke, "Communicative Rationality and Cultural Values", in *The Cambridge Companion to Habermas* 120,126-129 (Stephen K. White ed.1995) を参照。

(3) 「実際に、シェイクスピアやその他の作家が『良い作家』であると証明できる証拠や主張の類は存在しない。翻って、ウォーウィック・ディーピングを『悪い作家』と明確に証明する方法も何もない。結局のところ、文学作品が生き残り続けるということ以外に、その価値を推し量る方法はない。しかも、それ自体は、多数者が支持しているということを指し示すものにすぎないのだ。」Orwell, "Lear, Tolstoy, and the Fool," in *The Collected Essays, Journalism and Letters of George Orwell*, vol.4 , 287 頁 ,290 頁 (Sonia Orwell and Ian Angus eds.1968). Samuel Johnson, "Preface to the Plays of William Shakespeare," in *Samuel Jonson: Selected Poetry and Prose* 299, 300 (Frank Brady and W. K. Wimsatt eds.1977); David Hume, "Of the Standard of Taste," in *Hume, Essays: Moral, Political, and Literary* 226, 231-233 (Eugene F. Miller ed.1985); Anthony Savile, *The Test of Time: An Essay in Philosophical Aesthetics* (1982) を参照。Tyler Cowen, What Price Fame?, 第 4 章 , (2000) も参照。

ものもあり，有益な議論が可能であることも示されています。私は，折に触れ，本書の中で私の審美的判断を述べるつもりです。しかし，ここでの議論は，古典作品に限ることとし，いかなる文芸批評家であれ，実際のところ，時の試練を経たかという審査基準だけは，否定できないと示唆するつもりです。急進的な批評家による評価を除いて，ホメーロスやダンテ，シェイクスピアの偉大さは，もはや疑いようがありません。トルストイのシェイクスピア批判[4]やT・S・エリオットの『ハムレット』批判（「最も確実な芸術的失敗」[5]）は，見習う気を起こさせないほど珍奇なものです。ミルトンやロマン主義文学，ヴィクトリア朝時代の文学の価値を貶めようという「新批評」主義者が払った努力は，一時的な成功を収めました。しかし，結局のところ，失敗しました。フェミニストの文芸批評家は，かつては無名であった数多くの女性作家を後押ししようとしてきました。しかし，その者達の努力が成功するかどうかを述べるのは時期尚早です。文学や芸術とは，常に，こういうものなのです。つまり，その良し悪しが分かるようになるには，長い時間がかかるのです。

　多くの知識人は，駄作の時代に生きていると感じています。この印象は，現代的文学に時間の選別効果が作用する機会がないという事実から生み出されている幻想です。英文学のルネサンス時代には，20世紀の英国に比べ，より豊かな文学が生み出されました。しかし，シェイクスピアやマーロウ，ダン，スペンサー，ジョンソンの作品のみを知っている読者が考えるほど，その時代と現代の違いは，明確ではありません。エリザベス朝時代にも多くの駄作が生み出されていたのです。しかし，そのほとんどが消え去っています。現存している駄作は，専門家だけが読んでいます。ただし，次章で論じるエリザベス朝時代の演劇の中には『スペインの悲劇』のように，地味な価値だけを持ち，シェイクスピアの成熟した作品と顕著な対象を示すものもあ

---

(4) Tolstoy, Shakespeare and the Drama (1906) を参照。オーウェルの論説における主題は，注3に引用している。

(5) Eliot, "Hamlet and His Problems," in Eliot, *Selected Essays* 121, 123 (new ed.1950) を参照。エリオットの判断に関して，C・S・ルイスは，次のように述べている。「これが失敗であるならば，失敗は，成功よりも良いものである。私達は，このような『下手な演劇』を，より望んでいるのだ。」Arthur Kirsch, "Between Bardolatry and Bardicide," *Times Literary Supplement*, Apr.20, 1990, 421頁からの引用。しかし，エリオットは，オーデンと親交があったとされている。W. H. Auden, "Hamlet," in Auden, *Lectures on Shakespeare* 159 (Arthur Kirsch ed.2000) を参照。

ります。いずれにせよ,サミュエル・ジョンソンが1765年にシェイクスピアの演劇を編集してから,初めて,その演劇が素晴らしい特質を持っているに違いないと理解されました。なぜなら,その演劇が創作されてから約2世紀が経過して,言葉や社会も断続的に変化しているにもかかわらず,人の心を釘付けにしていたからです。カフカ,T・S・エリオット,ジョイス,プルースト,マンによる有名な作品が世に出てほぼ1世紀となる今日になって,ようやく,私達は,ホメーロス,ダンテ,ミルトン,シェイクスピアに比べれば条件付きではあるけれども,これらの作家の作品を古典的文学に確信をもって含めることができます。ノーベル文学賞を受賞しているゲアハルト・ハウプトマンやアナトール・フランス,ジョン・ゴールズワージー,ジョン・スタインベックそしてアンドレ・ジッドに至っては,たった数十年前までは古典的文学作家と同等の地位にありました。しかし,彼らが,その地位に適切だろうかという疑問も生まれてきています。彼らと同時代の作家の作品の中には,古臭くなっていないものもある一方で,彼らの作品は,古臭くなっていると思われることもあるからです。

　オーウェルが時の試練を認めていた理由は,部分的に,少数の専門家の意見よりも大衆の判断を彼が好むということ,文学的価値を客観的に判断できるのかという彼の懐疑論に基づいていました。これらの二つの理由は,学究的な文芸評論家が時の試練の問題について,ほとんど目を向けていないことを説明するものでもあります（第1の理由に関連する第3の理由として,専門家が無名の作家を探求したがるという点が挙げられます）。オーウェルは,懐疑論と彼の民主主義的感情とを結びつけて,美に関する論争が多数決の投票により解決されなければならないと確信していました。時間の重要性は,読者の数を広げ,多様化させるということにあります。ベネディット・クローチェは「いずれにせよ,支配者と考えられている批評がしているのは,死人を再度殺すか,あるいは,非常に元気な者に息吹を与えるかである。（中略）ダンテ,シェイクスピア,ミケランジェロの偉大さを証明するのに責任を負っているのは,批評家なのか,それとも,大多数の読者や鑑賞者なのかを私は,尋ねてみたい」と述べています[6]。サミュエル・ジョンソンは,彼自身が論じた多くの領域において懐疑論者です。彼は,審美的判断に対し

---

(6) Croce, *Guide to Aesthetics* 68 (1965 [1913]) を参照。

て驚くほど平等主義的な態度をとっており[7]，かなり早い段階で，類似の結論に到達していました。彼の考えの根拠は，芸術作品を検討する期間が長くなるほど，比較対照の可能性が，より大きくなるという点にあります。多かれ少なかれ，判断される美の偉大さの評価が現れてくるのは，比較対照することによります。「最初に建てられた建物が丸いのか四角いのかを確実に決定することはできるだろう。しかし，それが広々としたものなのか高い建物なのかを決定するには時間に任せるしかない[8]」と彼は，述べています。

ここでジョンソンとオーウェルの指摘をまとめてみましょう。多くの作品に慣れ親しみ，そのような作品の比較対照を行っている多様な読者が，ある作品に惹きつけられているとします。そのとき，私達は，その作品に「何かがあるに違いない」と感じるのではないでしょうか。読者が多様化するに従って，反論や批評の可能性の範囲が，より大きくなります。ある作品が他の全ての文学作品を抑え，生き残っているということは，その作品の価値を示す確固たる証拠となります。

しかし，時の試練を経たことが，その文学作品に何かがあるという証明であるならば，なぜ，その何かの正体を捉えることができないのでしょうか？文学的名声という市場で生き残った文学作品に共通点がないならば，名声というものは，作品の質とは無関係な理由で生き残ることを意味するものなのかもしれません。そして，このことは，特に急進的な傾向を持つ文学者によって，主張されています[9]。そのような急進的文学者は，伝統的な文学作品群を嘲笑し，時の試練を支持することは，あたかも過去の遺物たるヨーロッパの白人男性による支配的価値観だと考えています。そのような白人男性達が過去の時代におけるほとんど全ての作品を書いている者達だからです。

時の試練は，ここで循環論法に陥っていきます。なぜなら，生き残った作品は，それらに対する批評を生み出し，その作品は，文化的記念碑を求める

---

(7) William K. Wimsatt Jr. and Cleanth Brooks, *Literary Criticism: A Short History* 325, 327-328, 331-333 (1957) を参照。
(8) Johnson, 前掲注3, 300頁。
(9) 例えば，*Against Literature* (1993) という文芸批評の著作者であるジョン・ベヴァリーは，自分が「1978年以来，中米革命運動との団結にかかわっている」ことを妥当であると考え，その妥当性を読者に伝えようとしている。同 ix 頁。

社会の要求に合致するものとなるからです[10]。しかし，このこと自体は，なぜ文学作品が生き残るのかの説明にはなっていません。単に，作品が時の試練に耐えるということは，生き残っているということだけが結果として顕著であるという理由，そして，その文章が影響力を持ち称賛されることで，生き残ったという説明にしかなりません。ゲイリー・テイラーは，この問題に取り組んでいます。シェイクスピアの名声は，英語を話す人間が世界に多数いるといったことや（テイラーは，結局のところ，英国帝国主義を論じています），シェイクスピアが貢献した演劇というジャンルの多様性（彼の全作品を人々の嗜好の変化に耐えやすい多様な作品選集とすること），1642年から1660年の間，ピューリタンにより劇場が閉鎖されたことでシェイクスピアに匹敵する作品があまり生産されなかったこと，18世紀には，シェイクスピアが著名な英国の出版者によって，幾分エロティックな心地よい刺激的要素を採り入れて扱われたという事実によるというように，その名声は，幸運な偶然の産物であることを主張しています。王政復古の時代には，女性も舞台に立つことが許されました。しかし，これは，シェイクスピアの時代では認められないことでした。シェイクスピア作品の多くのヒロインは，男性の扮装をしています。テイラーは，女性役を演じる女優が，その時代の女性のドレスではなく，女性の体の線を露わにするタイトなズボンを着用できるようになったことによるものと主張しています[11]。

　テイラーは，事実を誇張しているようにも思われます[12]。しかし，生き残った文学作品は，大まかにいえば，ダーウィンの考えに合致しています。ダーウィンによれば，進化の過程は，適者を生み出すとしても，良者を生み出すわけではありません。生き残ったことの証である文学の名声は，純粋な価値により，もたらされる何かではありません。それは，何かを与えることを意図した人々が作家に与えた何かだとテイラーは述べています。この点に

---

(10) David Parker, *Ethics, Theory and the Novel* 21-22 (1994).

(11) Gary Taylor, *Reinventing Shakespeare: A Cultural History, from the Restoration to the Present* 18-19 (1989).

(12) Michael Shapiro, *Gender in Play on the Shakespearen Stage: Boy Heroines and Female Pages* 201, 270, 注 4 (1994); Laurence Lerner, "The New Shakespeares," 44 *Comparative Literature* 194 (1992); Kirsch, 前掲注 5; Anne Barton, "Inventing Shakespeare," *New York Review of Books*, Feb.1, 1990, 15 頁を参照。

ついては，正しいのです[13]。従って，人々は，多くの作家の名声が誇張されたものであると思っています。しかし，シェイクスピアも，その誇張された一人なのでしょうか？ 数世紀もの間，様々な異なる文化の中で情報を与えられている大多数の読者や観客の意見に加え，決定的ではないにしても合理的な主張により，彼を擁護する意見は，絶対確実ではないにしても，自信を持ってシェイクスピアは，その誇張された一人ではないとする何らかの根拠があるはずです。

　しかし，このことは，シェイクスピアのような古典作家の偉大さを真っ向から批判することが時の試練を批判する一つの方法であることを示しています。テイラーは，シェイクスピアが過大に評価されすぎていると明言しています[14]。しかし，テイラーは，ほとんどの場合，シェイクスピアの名声に関して，彼の作品の価値とは無関係な要因を指摘するに留まっています。そのように，間接的にシェイクスピアを過小評価するだけで，テイラーは，満足しています。その他の批評家は，文学の価値における審美的基準を主観的で，更には暗に政治的であるとして受け入れていません。加えて，文学の唯一の価値は，平等を求める闘争に，どれほど貢献しているかであると主張し[15]，シェイクスピアの貢献度を否定的に捉えています。オセロやシャイロック，キャリバン，『リア王』のエドマンド，『じゃじゃ馬ならし』のケイト，『コリオレイナス』と『ジュリアス・シーザー』のローマの群衆，更には『ヘンリー5世』のフランス人に関する描写から，このような批評家は，シェイクスピアが国王派，人種差別主義者，狂信的愛国主義者，帝国主義者，女性不審者であったと主張しています[16]。

---

(13) Richard A. Posner, *Cardozo: A Study in Reputation*, 第4章（1990）. テイラーは，*Cultural Selection*（1996）において，ダーウィン主義を文化の生き残りに関しても適用する見解を説明している。
(14) Taylor, 前掲注11, 第7章。
(15) 例えば，Beverley, 前掲注9. Louis S. A. Montrose, "Professing the Renaissance: The Poetics and Politics of Culture," in *The New Historicism* 15 (H. Aram Veeser ed. 1989) を参照。革命的政治活動に従事するポストモダンの文学理論家の主張に関しては，*Professional Correctness: Literary Studies and Political Change*（1985）において，スタンリー・フィッシュにより揶揄されている。代表的な皮肉としては「文学理論で用いられる言葉は，破壊的なのではなく，的外れなのである。遠い銀河の宇宙人の声として以外は，<u>それを聞くことができない</u>。」同91頁。
(16) シェイクスピア批判への反論に関しては，Graham Bradshaw, *Misrepresetations: Shake-*

それに先行する世代の批評家達は、シェイクスピアを破壊活動的作家であると描写しています。つまり、彼は、エリザベス朝時代の検閲を巧みに回避して、キリスト教、君主制、ヘンリー5世が勝利をしたフランスとの戦争、資本主義、女性、黒人、ユダヤ人の地位に関する彼の時代の社会の価値観に問題を提起していたと述べています。更に、その前の世代の批評家達は、シェイクスピアを中世キリスト教価値の正統な宣伝活動家であると描写しています[17]。シェイクスピアを反動的人物として、あるいは急進的な人物として、どちらか一方の見方で解釈することは、容易です。しかし、どちらも満足のいくものではありません。マルクスやエンゲルスはシェイクスピアを非常に高く称賛していました[18]。シェイクスピアの個人的な生活は、ほとんど知られていません。また、彼の個人的な意見も知られていません。典拠の確かな演劇原稿も存在していません。原本となるべき原稿、つまり、シェイクスピアの直筆の原稿は残っていません。印刷業者が作成した複製品は、おそらく正確ではないでしょうし、実際、印刷業者は多くの間違いを犯していました。上演ごとに別の版が用意されていたように、脚本のどれもが単一の完成した作品であったかすら明らかではありません。『ハムレット』の原稿は、どの演劇に比べても、ずっと長いものです。上演のための短縮版の元原稿があったかもしれません。更に、役者達は、即興で台詞を挟むことを認められており、そのことにより、原稿が際限なく修正されていきます。

これらの原稿の不確実性[19]と、その他の多くの理由により、著作者の意図の探求が阻まれています。演劇には、考えるべき事柄を読者に教えるための

---

speare and the Materialists (1993); Brian Vickers, *Appropriating Shakespeare: Contemporary Critical Quarrels* (1993) を参照。

(17) 例えば、E. M. W. Tillyard, *The Elizabethan World Picture* (1943) を参照。

(18) 例えば、エンゲルスからマルクスに宛てられた1873年12月10付けの書簡を参照。*Collected Works of Karl Marx and Frederick Engels*, 第44巻, 548頁 (Galiana Kostryukova, Galiana Voitenkova, and Natalia Sayenko eds.1989)「『ウィンザーの陽気な女房たち』の第1幕だけで、全てのドイツ文学以上に、多くの人生と現実との表現が含まれている。」David McLellan, *Karl Marx: His Life and Thought* 15, 113, 267, 327, 456-457 (1973) も参照。

(19) David Bevington, "General Introduction," in *The Complete Works of Shakespeare* xc-ci (David Bevington ed., 6th ed. 2009); Jeffrey A. Masten, "Beaumont and/or Fletcher: Collaboration and the Interpretation of Renaissance Drama," in *The Construction of Authorship: Textual Appropriation in Law and Literature* 361 (Martha Woodmansee and Peter Jaszi eds. 1994); Jonathan Hope, *The Authorship of Shakespeare's Plays: A Socio-Linguistic Study* 3-5 (1994) を参照。

語り手が存在していません。シェイクスピアの演劇は，経済と社会が移り変わり，政治と宗教が騒乱状態にあり，伝統的な価値に対する疑問が広まる時代に書かれました。全ての演劇は，政治的・宗教的に害にならないものとして国王の検閲官に承認されなければなりませんでした。しかし，このような検閲が行われていたということは，伝統的に信じられている価値観に対する反論が存在していたことを意味しています。同時に，表現の曖昧さをも誘発します[20]。シェイクスピアにおいて「社会的慣習が創造性を顕在化しないように強いていた[21]」中で，私達が実際に出合う人間から感じるような複雑さが劇中の登場人物に与えられています。その複雑さが，それらの登場人物を単純に「英雄」か「悪役」かに分類できないようなものにしているのです。

このような指摘は，シェイクスピア文学に固執する者において，シェイクスピアの作品をイデオロギーで色分けするのは無駄であることを意味しています。しかし，このような指摘も，時の試練に反旗を翻すものです。多義的な意味を持つ文学作品は，明らかに時の試練を通過する高い可能性を有しています。しかし，これは，意味が明確な作品よりも優れているということを意味するものではありません。多義的な意味を持つ作品とは，作品の質とは無関係に，読者へ挑戦を申し込むようなものでもあります。あるいは，政治やイデオロギーの変化にも適用できます。『ヴェニスの商人』は，ユダヤ人の劇場でも（一度，シャイロックがドイツ語を話し，キリスト教の登場人物がユダヤ人であったことがありました），ナチスの劇場でも上演されていま

---

(20) Bradshaw, 前掲注 16, 297 頁, 注 49。Janet Clare, *"Art Made Tongue-Tied by Authority": Elizabethan and Jacobean Dramatic Censorship* 214 (1990). テイラーは，名声という市場においてシェイクスピアが幸運であったことの更なる例証が，この点にあることを挙げている。クレアが指摘するように，検閲は，文学表現の曖昧さを育む方法の一種である。すなわち，作家は，作品の舞台を古代ローマや有史以前のイングランド（『リア王』），イタリア，カトリックのウィーン，中世（従って，カトリックの）デンマークのような文化的に異なる状況に設定し，日常的ではない状況の下に設定することが求められる。作家は，彼自身が身を置く社会における時代的背景や制度について書こうとするとき，舞台を異国に設定することで，それらを批判する自由を行使することができる。同時に，そうすることで，作品の時事性を減らし，普遍性を高める。検閲官の注意を逸らすために，このような隔世感を用いる点でルネサンス時代に行われていたこととヴィクトリア朝時代の作家が行っていたことには類似性がある。すなわち，芸術家が自らの社会において卑猥とされる行為を描写しているという解釈から免れるために，神話，伝説，異国の人物や場所を使用したのである。」Richard A. Posner, *Sex and Reason* 361 (1992).

(21) Bradshaw, 前掲注 16, 132 頁.

す[22]。

　しかし，多義性と類似しているにもかかわらず，それとは別の文学的特質が存在しています。それは，普遍性です。全ての偉大な文学に共通する性質を探求したところで，何らかの特定の構造，主題，言葉の組成を文学の偉大さを測る試金石にすることはできません。しかし，ある作品が時の試練を経ることにより，模範的作品として受け入れてもらえるための唯一の性質があるとすれば，それは，新しく，しかも，異なる文化的状況に対する適応性です。適応性は，しばしば多義性の産物でもあります。しかし，それ以上に，その適応性とは，科学が未だ如何なる法則でもってしても解明することができない愛，死への恐れ，感情の成熟，社会不適応といった人間の状態の何らかの普遍的な側面を作家が特に素晴らしい方法で劇的に表現できたことの産物でもあります。人間の状態を，このように劇的に表現したものは，時事問題を扱った作品に比べて，それほど新鮮さを失いません。また，より伝わりやすいのです。

　この指摘は，事物を比較対照することに関連しています。この比較対照は，時の試練と同じく，本書のみならず，アリストテレースの『詩学』の中でも，歴史（特に，実際に起こったことに関連するもの）と詩（蓋然性に関連するもので，従って，人間の状態の典型的特徴に関連するもの）の間にあるものとして，重要な役割を果たしています。「詩人は，（中略）彼が生きている時代の人間の苦境を全ての時代の普遍的な人間性の特徴に絶えず関連付けている。詩人の状況把握とは，如何に場当たり的で直観的なものであろうとも，常に長期的な流れの一部分に収まっているのである[23]。」「小説は，想像により生み出され，必ずしも事実に基づいているわけではない。しかし，多かれ少なかれ真実となりうる。なぜなら，想像力は，事実を超えることができ，何が起こりうるのかということを，それが，どのように，そして，再

---

(22) John Gross, *Shylock: A Legend and Its Legacy* 241, 276-282, 319-322 (1992). 同じような例として『アンティゴネー』もナチス占領時代のフランスとフランスにおけるレジスタンスの両者において上演された。Theodore Ziolkowski, *The Mirror of Justice: Literary Reflections of Legal Crisis* 145-146 (1997) を参照。

(23) Robert Penn Warren, "A Conversation with Cleanth Brooks," in *The Possibilities of Order: Cleanth Brooks and His Work* 1,10 (Lewis P. Simpson ed.1976) において，クリアンス・ブルックスを引き合いに出す部分。

度，生じる可能性があるのかを述べることができるからである[24]。」

　普遍性を抽象概念と混同してはいけません。偉大な文学のほとんどが非常に丁寧に仕上げられており，特有の豊かさを持ち，（時の試練を経たかのような）異国風，すなわち，異なる文化性に由来する時代の産物でさえあります。例えば，ホメーロスの描く世界は，素晴らしい描写で読者に提示されています。つまり，この世界は，私達の世界ではないということが強調されているのです。古代の文学は，人類学的関心と歴史的関心に満ちています。しかし，それは，文学的関心とは異なります。偉大な作家は，その者の小説の世界の中で，私達に<u>違和感を覚えさせません</u>。それが作家の普遍性なのです。これこそが古い演劇を現代的な装いで上演可能にするものなのです。

　時の試練に対する別の批評[25]を以下に示したいと思います。
1．時の試練は，現在の審美的基準において優越的地位を有している。現在まで生き残っている作品のみが現在の基準で偉大なものと評価されている。
2．時の試練は，文学的名声の浮き沈みにより変動する。作家の評判が最高の時期と同様に最低の時期の間を浮き沈みするものとすれば，その評判に，どのような意義を，現在，最高潮とされる時点に与えることができるのか？翌年には最低の時期を迎えているかもしれない。最低の時期に，時の試練が，この作家に適用されたならば，その者は，時の試練に落第することになる（これは最初の指摘と関連している）。
3．時の試練は，読者の多い言語で書かれている作品や，容易に翻訳できる作品に有利になる。従って，英語で書かれた劇には有利に，英語以外の詩には不利になる。更に，時の試練が異なる時代や異なる文化で適用された場合には，異なる模範的文学作品の一覧が生み出されるだろう。私が模範的文学作品について話すとき，それは，英国やアメリカで評価を得ている作品のことであり，次に考えるのは，ヨーロッパ大陸の作品である。日本やブラジル，中国で認められているような作品は対象としていない。
4．時の試練は，私達に何を読むべきかを教えてはくれない。なぜなら，

---

(24) L. H. LaRue, *Constitutional Law as Fiction: Narrative in the Rhetoric of Authority* 129 (1995). James Wood, *How Fiction Works* 237-239 (2008) を参照。

(25) 最初の2点に関しては，Anita Silvers "The Story of Art Is Rest of Time," 49 *Journal of Aesthetics and Art Criticism* 211, 213-214 (1991) で述べられている。

現時点において，私達の関心を惹くものは，古典よりも政治風刺のような短命な作品だからである。しかし，これは単に，私達の読書に対する関心が小説を読む場合であっても，文学以外のところにまで及んでいるといっているにすぎない。

5．文学の偉大さを図る試金石は，存在しないと認めることで，文学の質の客観的基準の探求は断念される。そして，これを断念することにより，文学研究から価値判断を一掃したいと考えるポストモダニストにも，批評の門戸を開放していることになる[26]。しかし，これは，価値判断を伴う批評の本質と，その帰結を誤らせるものである。ある批評家がアーサー・ミラーよりもジョージ・バーナード・ショーの書く演劇の方が優れていると考える理由を述べ，別の批評家が，それとは逆だと考える理由を述べれば，読者や芝居の常連客は，その二つの批評の中からどちらかを選ぶことができる。批評は，意見の方向性を変え，ぐらつかせ，具体化する。そうすることは，文学作品が生き残るためのダーウィン主義的闘争に貢献するものである。

時の試練は，不完全な基準です。しかし，これ以上のものはありません。そして，決定的なことは，時の試練が偉大さを審査するために，現在も機能中の基準であるということです。時の試練は，法が文学のありふれた主題となる理由を説明してくれます。文学作品は，人間の状態の恒久的な側面を扱っている場合に限り（それが「普遍的」である場合に限り），本来の創作された場所や時代から遠くかけ離れても生き抜くことができると私は述べました。法は，愛，成熟，事件，冒険，宗教，友情，疎外，詩，戦争，芸術それ自体と同じような特徴を持つものです。しかし，法が普遍的な主題であるとする水準を具体化する作業は，慎重に行われなければなりません。法が普遍性を有する水準とは，実際に有用な水準という意味ではなく，裁判官や法律家が専門的な仕事の基礎とすべき水準を言います。法律家や裁判官や法学研究者が没頭する法原則や手続は，西洋社会の中で法制度が最初に確認された時代と比べて，現在まで飛躍的に進歩してきました。しかし，法の大まかな特徴は，変化していません。エリザベス朝時代のイングランドの法制度や，ペリクリース時代のアテナイの法制度は，現代でも受け入れられる余地があります。

---

(26) これは，Rónán McDonald, *The Death of the Critics* (2007) における主題である。

ここに，過去に書かれた文学作品が二つあるとします。一方が大昔の法について書かれたものであり，他方が大昔の埋葬の慣習や日常用具の製作について書かれたものとします。そして，これ以外では，両者は，類似しているとします。この場合，前者の作品の方が21世紀にも読み継がれている可能性は，高いといえます。しかし，これは「～について」の意味に依存するものです。文学は，多くの消滅した社会慣習「について」書いています。しかし，実際には，その背後にある状況を描いていたり，あるいは，その慣習と状況の両者について同じ程度に描いている場合もあるでしょう。ホメーロスの叙事詩は，ミュケナイの文化について，多くの情報を伝えているとしても，その大半は間違っています。しかし，この叙事詩が失われた慣習を描写しているにすぎないとすれば，アイスランドのサーガのように，今日，単なる歴史的あるいは社会学的な資料として読まれるだけでしょう。同様に，文学作品の中には，法実務を詳細に述べつつも，遠く離れた地の法文化を理解するに至る法的思考の水準にまでは到達し得ないものもあります。
　ジョン・エリスは，このような指摘に関連して「文学とは何か」という問いこそが誤解を招いていると主張しています[27]。リンカーンの2回目の就任演説，ピープスの日記，ギボンの『ローマ帝国衰亡史』，ホメーロスの叙事詩，ヘロドトスの歴史，プラトーンの対話篇，『知恵の七柱』，オーウェルの雑文が文学であるかを決定する十分な分析的手続，または明確に定義された手続は存在しません。文学とは，文章がどのような性質や由来を持とうとも，その作品における当初の読者とはかけ離れた関心を持つ読者にとって有意義とされる文章に私達が与えている名声であるとエリスは主張しています。リンカーンは，政治演説を行いました。私達は，当時の政治状況やその演説の目的に関心はなく，いわば盗み聞きをしているようなものです。すなわち，私達は，その比喩的表現や言葉の韻律に価値を置いているのです。『ガリヴァー旅行記』は，18世紀の英国の政治を風刺するものとして書かれました。しかし，今日では，その風刺目的に関係なく読まれています。『不思議の国のアリス』は，子供用に書かれたものですが今日では広く大人にも読まれています。これらと同じことの全てを「文学としての聖書」という題目を掲げる大学の授業講座名そのものが語っているようにも思います。時の試練は，質による文学作品の格付けだけではなく，どの作品を文学と看做す

---

(27) Ellis, *The Theory of Literary Criticism: A Logical Analysis*, 第2章 (1974).

べきかをも決定しています。

　文章が文学たる必要条件は，その文章が生み出された状況とは異なる状況で読まれている点にあるとエリスは主張します。この主張は，私達が法を扱った小説や劇の考察を始める際に，法律家が専門的に解決する具体的な法律問題と，合法性，統治，正義という更に大きな問題とを区別するよう私達に促しています。後者は，道徳，政治，文学を映し出すための基礎資料であり，法律の専門家以外の読者をも惹き付けるものです。全ての社会は，権威があると考えられている規範や慣習に従って，深刻な問題に関する紛争を解決する仕組みを持っています。このような全ての仕組みは，そのような規範を無理矢理現実に適用させることによる問題に直面しています。規範を適用するための根拠を構成する事実を確定することが困難であるという問題もあります。また，連続性を有する問題を二項対立的に扱う規範の傾向という問題もあります。つまり，無能力者かそうでないか，読み書きができるかできないかという人間の分類，仕事上の贈与と個人的な贈与，「言葉」と「行動」の区別，要するに明確な線が存在しないにもかかわらず，その限界を引きたがる傾向です[28]。ここには，規範の硬直さという問題が関連しています。「コモン・ロー【中世以来，裁判所が発展させてきた判例法であり，慣習が法規範化したものとして，英米法上では多義的に用いられる法体系】」上の規範が厳格であり，それを和らげるために「エクイティ【コモン・ローでは救済が得られない場合に，正義と均衡という観点から，コモン・ローから別個・独立したかたちで，実質的な解決を求めるために用いられる法体系】」の原則が生み出されました。また，規範を曲げることができないときや，変更しなければならないとき（誰が規範を変更する権限を持つべきなのか，どのような根拠に基づいて？）に生じる統治上の難問も生じます。また，その規範を適用する全ての事件において，その規範の執行が実現不可能であり，または，望ましくないときに生じる統治上の難問（役人が規範の適用を控えるために，どれほどの裁量が認められるべきか）もあります。

　規範の根底にある倫理的または政治的原則と，規範それ自体との落差は，上記と密接に関連する問題です。規範を執行可能にするためには，規範自体

---

(28) コモン・ローにおいて，不法目的侵入は，窃盗その他の何らかの犯罪を家屋の中で行う意図を持って，夜間に家屋の中に押し入ることである。一体，どの段階で，昼は，夜になるのか？

が，そこに内在する原則よりも粗雑になる可能性があります。例えば，紛争は終結させるべきという原則から，特定の種類の請求権は，たとえ本案審理をする価値のある主張であろうとも，2年以内に訴え出なければ恒久的に消滅するという規範を法制度は，導き出します。一定期間遅れた訴訟（たった1日遅れただけの訴訟等）が許されるとすれば，如何に重要な請求権であっても，この原則と抵触することになるでしょう。

　法の素人が法は恣意的であるとの印象を持つ一つの理由は，法の精神と法の文言との間に常に存在している首尾一貫性の無さや，法の一般的な目的と，その具体的な適用の間に連続性がないことにあります。法は，明らかに恣意的であり，また，紛れもなく強制的な性質を持ちます。この性質が法的正義を執行する際に避けることのできない事実認定や法認定の誤り，その結果として生じる誤審，法の「他者たる性質」（言語，国家，市場経済と同様に，自然現象あるいは超自然的な現象のように，法は，しばしば人間的なものとは無関係であると理解されている制度）と結びつき，多くの法制度は，公然たる腐敗や甚だしい不正義が浸透していることとも相まって，法を，でたらめで，裁量的で，恐るべきものであり「不公正な」考え方の鮮やかな比喩にしています。私達にとって人生とは，そのような感じであると思わせてしまうのです。

　更に，文学は，芝居がかっていることが特徴であり，葛藤を行き来するものです。法は，葛藤を扱う体系的なものとして，作家が引き合いに出す比喩の宝庫です。法は，また，裁判において，都合のよい演劇技法を提供してくれます。特に，英米の裁判は，ヨーロッパ大陸の裁判に比べて当事者対抗主義の側面が強く，芝居がかっています[29]。歴史的に，裁判が演劇を模範とし，訴訟当事者や社会（観客）に，演劇が与えるような感情の浄化を提供してくれるのか，その反対なのか，あるいは，裁判と演劇の両方が宗教儀式に共通の起源を有しているのかに関係なく，社会慣習そのものは，それほど容易なかたちで文学的に描写できません。慣習自体は，裁判の対立的な場面ほどに文学的な描写として適当ではありませんでした[30]。マーガレット・アト

---

(29) 古代ギリシアの裁判は，ヨーロッパ大陸の裁判（ローマを起源）よりも，英米の裁判に類似している。公的な審問というよりも，私人間の紛争，闘争，ドラマといった傾向が強い。

(30) 文学における裁判と演劇の融合は，中世の「ホロフェルネスの役を演じている罪人が実際に舞台で斬首されるという聖書を題材にした演劇において成し遂げられ

ウッドは次のように説明しています。

> 法廷ドラマを面白くしているものは、(中略) その表現形式が本質的に演劇的であるという点に加え、裁判と判決についての私達自身の畏怖を呼び起こすという点にある。(中略) 事実、本に書かれる類のものだけではなく、あらゆる裁判は、演劇、つまり、寓意的な象徴を持つ教訓劇であると、表現上、考えられている。法は、一方の角度から見ると、それ自体文学の表現形式を備えている。何のために証拠が提示されるのか？ それは物語を支配するためなのか？ 先例とは何か？ それは、以前に語られた一塊の物語なのか？[31]

文学作品中の裁判と劇中劇 (例えば『ハムレット』) の類似点を思い出して下さい。両方とも、例えば、裁判であれば裁判官、陪審員、その他の参加者であったり、劇中劇の中であれば、その芝居の聴衆を想定することにより、その作品自体の読者の存在を際立たせる技術だったはずです。

しかし、法が文学の中で借用される設定の中で、法的な実質が損なわれていることも多々あります。ジョン・ウェブスターの復讐悲劇『白い悪魔』(1612年) の中で姦通罪に問われているヴィットーリアの裁判は、訴追弁護士【prosecuting lawyerは、邦訳書では「法官」という訳語が当てられている場合もある】が理解できない法律専門用語を聞き取りにくい声で話すところから始まります。その場を指揮している枢機卿は、訴追弁護士を壇上から追い払い、検察官の役割を自ら引き受けます。これ以上、その裁判の中で法的な話は語られません。研究者が登場する小説の中にも類似を見出すことができます。このような小説の著作者は、研究生活に精通しているにもかかわら

た。」Jody Enders, *Rhetoric and the Origins of Medieval Drama* 103 (1992). 裁判の芝居のような内容と演劇の法廷弁論のような特徴に関して、Milner S. Ball, "The Play's the Thing: An Unscientific Reflection on Courts under the Rubric of Theater," 28 *Stanford Law Review* 81 (1975); Kathy Eden, *Poetic and Legal Fiction in the Aristotelian Tradition* (1986) を参照。古代のアテナイにおける訴訟と演劇が同じ形式を有することに関する議論は、S. C. Todd, *The Shape of Athenian Law* 9 (1993) も参照。裁判官を弁護人により展開される演劇の公平な見物人ではなく、演劇の最後の一幕を書く観客として看做すことは、裁判所の振舞いを理解するのに役だつであろう。Richard A. Posner, *Overcoming Law* 126-130 (1995).

(31) Margaret Atwood, "Justice in the Tradition," in *Justice beyond Orwell* 505, 515 (Rosalie S. Abella and Melvin L. Rothman eds.1985).

ず，その小説により，研究者が他の人々とは異なっているという感覚を全く伝えてはくれません。研究者以外の者を主な読者の対象とするから，それは無理もない話なのです。そのような小説の焦点は，個人的な競争，滑稽な苦境，性生活における不運な出来事であり，研究者であるという特質を際立たせるのではなく，他の一般人と同じなのだということを強調することにあります。

　裁判は，演劇的な構造を持ちます。アリストテレースは，悲劇に感情を浄化する役割を割り当てました。それに比肩するほどの役割を有名な裁判が果たすこともあります。しかし，法の精神は，演劇ではありません。法の目的は，紛争を調整し，しばしば，雲散霧消させることです。たとえ紛争を悪化させることがあったとしても，それは，稀なことです。ほとんどの法律は，妥協であり，法的紛争の大部分が裁判外で解決されています。それぞれの事件で判決を下す裁判官は，一般的に，社会的緊張を先鋭化させるのではなく，緩和させようとしています。演劇と裁判の類似は，表面的なものかもしれません。演劇が裁判を真似ることは，比喩に留まるにすぎないのです。

　理論の話は，もう十分でしょう。それでは「法」を扱った文学作品を古いものから最近のもの，古典や大衆文学，文章化されたものと映像化されたものとの具体例を通して，検討してみましょう。

法を扱うアメリカ文学の作品

　ジェイムズ・グールド・カズンズの小説『正と不正』(1942年)は，本の全体にわたり，正確なかたちで，法に「関して」書いていることから，この著作者には法律家としての経験があるのではないかと読者は考えるかもしれません。しかし，実際のところ，彼は，法的な訓練を受けていません。

　小さな町のチンピラ三人組，ハウエル，バッソ，ベイリーは，麻薬密売人のゾリコファーを誘拐します。身代金が払われたあと，ベイリーは，ゾリコファーを解放すれば三人組の身が危ないと決断して，彼を撃ち殺します。ハウエルとバッソは，ベイリーがゾリコファーの足に鉄の塊をつけて，川に投げ捨てるのを手伝います。ベイリーは，後に警察から逃げようとして死に，ハウエルとバッソは，逮捕されます。彼らは誘拐に積極的に参加したことは，否定しません。しかし，彼らが殺害を認めたか，事前に知っていたのか，あるいは，その殺害に関与したのかは決して明らかにはなりません。それでも，彼らは第1級謀殺の容疑で裁判にかけられます。若くて有能で，し

かし，独善的な地方検事補であるアブナー・コーツは，次のように陪審員に指摘します。すなわち，被告人達が実際に殺人を行った者と共に重罪を犯している間，ゾリコファーは，殺害されたのだから，被告人が誘拐に加わってさえいれば第1級謀殺で有罪となるのだと指摘しました。陪審員は，コーツと（後に陪審員を叱りつけた）裁判官に嫌悪感を覚えて，ハウエルとバッソに第2級謀殺の有罪判決を下します。著作者は，小説に出てくる賢い変り者の老人を通じて，陪審員は，不正義であると考える重罪謀殺化原則【felony-murder rule：重罪またはその未遂罪を犯す際に，人の死を生じさせた者は，それが意図した結果ではなかったとしても，謀殺として処罰するという原則】を無視する特権を行使したと読者の理解を助けます。この原則は，重罪（ハウエルとバッソが加わった誘拐）を犯している最中に人が死亡した場合，殺人を犯していない重罪人を，あたかも殺人を犯したかのように罰するという法的擬制です。

　裁判が驚くべき結末に進行する一方で，読者には，陪審員が第1級謀殺の評決を行わない可能性に関する糸口は与えられません。コーツは婚約をし，地方検事選に立候補をすることに応諾します。彼は，その選挙に負けられません。彼は，共和党員であり，共和党員は，彼の郡では常に勝利を収めてきました。しかし，彼は，立候補を応諾する前に，共和党の上司への反感を克服しなければなりませんでした。コーツが恐れているその人物は，地方検事の職に介入するつもりでおり，事実，非常に率直な人物です。その小説の緊張感は，裁判には向けられていません。裁判の結果は，初めから分かり切ったことでもあるかのようです。その緊張感は，コーツが幼馴染の魅力的な恋人と結婚するべきかという躊躇と，彼の目の前に差し出されている途方もない出世の機会を受け入れてよいのかとの良心の呵責を乗り越えられるか否かに向けられています。

　この要約から分かるように，『正と不正』は，裁判戦術や法律家という職業，重罪謀殺化原則，法に従わずに無罪を言い渡す陪審員の権限を中心に扱っているわけではないことは明らかです。批評家がカズンズを「好戦的で保守的な法律尊重主義者」と批判するならば，その要点を掴み損ねていると言えます[32]。これは通過儀礼小説，すなわち教養小説【主人公の精神的成長

---

(32) John P. McWilliams Jr., "Innocent Criminal or Criminal Innocence: The Trial in American Fiction," in Carl S. Smith, John P. McWilliams Jr., and Maxwell Bloomfield, *Law and American*

を描く小説】です。この小説の主人公は，最初は，小うるさい子供のようでした。しかし，最終的には大人の男になりました。彼は，家庭を築くという責任を引き受け，（法や出世の）純粋な在り方と法と政治の現実（法は，しばしば素人の正義感にそむき，政治は，昇進に影響を与える）との相違を学びました。また，妥協の必要性や理想を現実に合わせる必要性，共和党の上司や，とりわけ恋人，つまり，小説の初めの部分では，コーツが関心を持てなかった人々に感情移入する必要性を彼は，学びました。この作品は『ハムレット』または『イーリアス』が有する響きを欠いています。しかし，まぎれもなく文芸作品の幅広い範疇に入るものであり，この作品で，青臭い理想主義は，一連の困難を通して現実主義へと鍛え上げられます。

　この物語が全体として，法を詳細に扱っていることは，カズンズの他の小説『名誉を守るもの』と比較することで，より明らかとなります。『名誉を守るもの』は，第2次世界大戦中のフロリダを舞台として，若い少将が空軍基地を管理する短い期間を扱った物語です。彼は，更なる戦闘のために，海外へ送られることになり，苛立っています（彼は，北アフリカの軍事作戦で指揮をとっていました）。しかし，内地での重大局面での取り扱いを含む彼の基地における指揮権は，戦闘に際してのものではありません（それは，人種間の問題や，訓練中の事故といったものです）。しかし，そのことは，彼が次に引き受けることになる大きな戦闘指揮の重要な準備であるとすぐに私達は知ることになります。それは，日本の侵略を阻止するための援護戦闘機の指揮でした。しかし，皮肉にも，その指揮を執ることはありませんでした。これは，軍隊という特殊な状況を用いた通過儀礼小説という点で同様であって，この軍隊という状況は，付随的なものなのです。主人公は，当初，幹部の管理責任を扱うほどに十分な世慣れた知恵を持ってはいませんでした。しかし，コーツ同様，日常生活の難局に遭遇することによって，小説の中で成熟していきます。

　どちらの小説でも，法律家が法の誤りを正したり，若い少将が軍隊の誤りを正したりと，その主人公が身を置く<u>専門職上の</u>難局について書いてあるとしても，それらの専門職に関わる者にとって，それほど魅力的なものではあ

Literature: A Collection of Essays 45,114 (1983). カズンズの法律小説（主に『正と不正』）を積極的に評価するものに関しては，Henry B. Cushing and Ernest F. Roberts, "Law and Literature: The Contemporary Image of the Lawyers," 6 *Villanova Law Review* 451 (1961) を参照。

りません。法の訓練も軍隊の訓練も受けていない小説家が実務家の水準にある人々の突出した洞察力を持っている可能性は少ないのです。しかし，幾つかの例外もあります。

　マーク・トウェインの小説『まぬけのウィルソン』（1894年）は，ミシシッピ川沿いにある「ドーソンズ・ランディング」という架空の町を舞台にしています。本の題名にもなっている登場人物の青年は，1830年に，弁護士になろうとして，この街に引っ越してきます。彼の希望は，彼が発したジョークにより打ち砕かれます。ある犬の吠え声が人々を悩ませていました。ウィルソンは，その犬の体半分を買えるならば，その半分だけを殺すという趣旨の発言をします。（純真な田舎者である）町の人々は，ウィルソンが本気で言っていると考え，彼を「まぬけ」といい，彼が法律関係の職業に就くことを拒絶しました。彼は，挽回の機会が来るのを待ち，1830年には未だ珍しかった指紋の調査，評価，鑑定という趣味に没頭します。

　ウィルソンがドーソンズ・ランディングに辿り着くのと同時に，町の名士の家に住み込んでいる女奴隷のロクサーナは，息子を産みました。ロクサーナの血統は16分の15が白人で，残り16分の1が黒人です。子供の父親（別の名士）は，完全な白人でありました。従って，チェンバーズと名付けられた彼女の息子は，32分の1が黒人です。ロクサーナの住み込み先の主人の妻は，ロクサーナと同時にトムという息子を産みました。しかし，その妻は，1週間後に死んだので，ロクサーナは，両方の子供たちのために母の役割を演じなければならなりませんでした。奴隷の子供は，奴隷になるため，彼女の子供がいつの日か，ミシシッピ川の下流地域に売られるのではないか（その地域の綿花農園の所有者は，奴隷をミズーリ州の奴隷所有者よりもひどく扱う）ということを恐れ，ロクサーナは赤ん坊を入れ替えます。無関心な彼女の住み込み先の主人は，このことに気付きません。ロクサーナは，彼女の息子チェンバーズを白人の「トム」として育て，100％白人のトムを黒人の「チェンバーズ」として育てます。「チェンバーズ」は，優しくて高貴な性格であることがわかります。「トム」は悪党です。彼には賭博という悪癖があり，賭博のせいで窃盗を行うようになり，更に事態は悪化します。ロクサーナの住み込み先の主人は，そうこうする内に借金を抱えて亡くなり「トム」は，彼の裕福な（偽りの）叔父の養子となります。ロクサーナの住み込み先の主人は，遺書に彼女を奴隷から自由人にすると記しました。

それにもかかわらず「トム」は，彼女をミシシッピ川の下流地域に売ります。彼の母親が子供を入れ替えた理由を考えると，悲惨で無意識的な皮肉です。「トム」の犯罪歴は，窃盗をしようとしているときに，以前に盗んだナイフで，叔父を殺したことにより頂点に達します。

　もう一つの話の流れとして，双子のイタリア人伯爵が，この町にやってきて，街全体が彼らを受け入れていました。「トム」の叔父と双子のイタリア人の間に，わだかまりが生まれてきました。この双子は不幸にも叔父が殺されたときに，叔父の家のわきを通っていました。双子は，彼の叫び声を聞き，急いで家の中に入り，近所の人が到着したときも家の中にいました。殺人の凶器は「トム」が叔父を殺害して捨てた後に見つかります。それは，双子の一方から盗まれたものでした。その双子は，殺人容疑で訴追されます。ウィルソンは，彼らを弁護します。これが彼にとって最初の大きな事件です。彼の弁護には希望がないかのように，私達は，印象付けられます。しかし，ある夕方「トム」がウィルソンを訪ね，たまたま，その親指をウィルソンの指紋収集用のガラスのスライドの上に置きました。スライドの上に指紋が残り，ウィルソンは，彼の指紋が凶器から採取した指紋と同一のものであると認めます。そして，彼は，トムとチェンバーズが子供だったときに，二人からとった指紋と「トム」の指紋とを比較して，赤ん坊が入れ替えられたことを発見します。

　翌日，裁判所でウィルソンは，指紋の引き延ばし写真を提示します。双子は，すぐに釈放されます。「トム」は逮捕され，殺人容疑で有罪の宣告を受け，終身刑を言い渡されます。しかし，叔父の債権者達は（この叔父も貧乏のまま亡くなりました）「トム」は，債権者達の財産であり，奴隷として売られるべきだと主張し，彼は，ミシシッピ川の下流地域へ売られます。「チェンバーズ」は，自由な白人としての生まれながらの権利を取り戻します。しかし，彼のアクセント，歩きぶりと行儀が直しようもないほど黒人の奴隷のそれであるので，彼は，彼自身の新しい運命を要領よく受け入れることができません。ロクサーナは，自由を再び取り戻し「トム」（彼女の本当の息子）が奴隷として，そして殺人者として法廷に現れたとき，悲嘆にくれました。

　この小説は，『正と不正』の半世紀前に書かれたものです。しかし，マーク・トウェインの小説は，その皮肉さ，シュールレアリスム，多義的な書き方により現代にも通じるように思われます。この小説には，カズンズの小説に欠けていた余韻（おそらくは著作者の不注意な書き直しが幸運な結果を

もたらしているのでしょう！）[33]と魅力があります。南部の片田舎の町には，双子のイタリア人伯爵の存在だけではなく，ウィルソンの存在も違和感を覚えるものです。街の人々は，戯画化されています。白人を黒人奴隷として扱うことは（先ず，ロクサーナとチェンバーズ，そして，トム），まるで，この世界では至極当然のことのように書かれています。しかし，不合理です。この小説の中では，誰も，見た目は白人である人間を，まるで黒人であるかのように扱う奇妙さについて言及してはいません。それにもかかわらず，奴隷制度や人種差別をはっきりと批判しているわけでもありません。読者は，偽のトムの32分の1の黒人の血が彼に悪辣な振る舞いをさせるのだというロクサーナの主張を受け入れるよう促されるかもしれません。しかし，逆に，その責任は，彼を甘やかした「白人」のしつけとも考えられるでしょう。そして，生まれながら白人の「チェンバーズ」を「トム」以上に黒人にしてしまうという事実は，根強い偏見からの批判として意図されていたのかもしれません[34]。更に，ロクサーナは，公的には「黒人」でありながら，この小説の中では最も印象深い登場人物です。他方「純粋な」白人は，ウィルソンとイタリア人を除いて，田舎者か，あるいは，異常者なのです。

　更に，読者は，次のことも疑問に思うでしょう。この小説は，法的な問題の他に，奴隷制度や人種差別を扱っているのでしょうか。それとも，19世紀後半に非常に活発に論じられるところの生まれか育ちか（あるいは遺伝か環境か）という問題を扱っているのでしょうか。あるいは，人間は，どれほど簡単に外観に騙されるかということを扱っているのでしょうか。それともウィルソンという人物の科学と合理性が田舎の無知に勝利することについて，扱っているのだろうかと悩むことでしょう。

　しかしながら，ロビン・ウェストは，この小説が法尊重主義に対する暗黙の批判であると主張しています[35]。ウィルソンは，凶器に付いた指紋が「トムのもの」なので，イタリア人が無実であるだけではなく，殺人者が奴隷であることをも証明します。「トム」を暴くことによって，ウィルソンは，彼

---

(33) このことに関して，Hershel Parker, *Flawed Texts and Verbal Icons: Literary Authority in American Fiction* 139-143 (1984) を参照。

(34) 『まぬけのウィルソン』からマーク・トウェインの人種に関する見解を引き出すことの困難性に関しては，Brook Thomas, *American Literary Realism and the Failed Promise of Contract* 199-208 (1997) を参照。

(35) West, *Narrative, Authority, and Law*, 第3章 (1993).

の依頼人を救う以上のことを行いました。そして，ほとんどの法律家と同様に，ウィルソンは，無批判に法制度による規範，つまり，何らかの人々を奴隷と分類する規範を受け入れているとウェストは，批判しています。

　この殺人者を明らかにすることへの批判は驚きであり，また，依頼人を弁護するために，必要以上のことを行ったというのも間違いです。双子のイタリア人に有利に事件を決着させるために，ウィルソンは，まさに，食い違う指紋だけではなく，真実の殺人者を明らかにしなければならなかったのです。そして「トム」は，被害者の甥であると信じられていたとしても，殺人者の候補として適切です。なぜなら，彼の母であるロクサーナが真実を隠していたために，本物のトムの地位を奪うことができたからです（しかし「トム」自身は，自分が甥であると思い込んでいます。この思い込みが彼の悪事を増大させます）。更に「トム」が母親にしたことに照らしてみると，彼がミシシッピ川の下流地域に売られたことは，詩的正義【poetic justice：文学作品において登場人物が，その振る舞いにより甘受すべき因果応報の原理】です。殺人を理由に，彼がミシシッピ川の下流地域へ売られることは，奴隷制度をとっていない州で予測される刑罰よりも重い刑罰ではないでしょう。奴隷制度をとっていない州では，実際に，彼は，価値ある動産ではないので，死刑にされたかもしれないからです。トウェインの小説の中にウィルソンや彼の専門家としての資質を批判する根拠を見つけることは，大げさすぎます（私達が見てきたように，誇張された解釈は「法と文学」の研究者が陥りやすい専門家の罠です）。この小説は，特にウィルソンの法的技術や，彼が法律家として社会へ適応していく過程には焦点を当てていないのです。ウィルソンは，彼の科学的な趣味のおかげで裁判に勝利しました。彼は，身近にあるものでなんとか工夫しようとする典型的なアメリカ人です。おそらく読者は，彼が（最後には）ドーソンズ・ランディングという田舎社会にうまく同化するために，騎士道的精神，奴隷制，人種差別という不分明な価値を自己のものとして受け入れるようになるだろうと諦めながら，物語を読むかもしれません。しかし，彼の法律家としての資質と，ほとんど用いられなかった法律技術に対し，非難を向けるべき事柄は，何もありません。

　読者は，『正と不正』と『まぬけのウィルソン』が法について語るにちがいないだろうと思うかもしれません。しかし，読み進めていく内に，法のテーマは，単なるおとりにすぎないことが分かります。この意味で，この小説は，法を皮肉っているのです。私達は，そのような多くの例に出合いま

す。例えば，ジョン・バースの小説『フローティング・オペラ』(1956年)がそうです。主人公は，弁護士で，二つの訴訟が詳細に描写されています。しかし，リチャード・ワイズバーグと（再び）ロビン・ウェストによる議論，すなわち，この主人公のトッド・アンドリューが善良な弁護士かどうかという議論がなされているにもかかわらず，読者は，法についても，弁護士活動についても，何も得るところがありません[36]。ワイズバーグとウェストは，要点を掴み損なっています。『フローティング・オペラ』は，主人公である語り手が人生の最期であると覚悟している日を通して，刻一刻と読者の関心を惹き付けていく極めて現代的な小説です。彼は，自殺をするつもりでした（とは言え，自殺しようとしている際に，邪魔が入ったため，彼は，この考えを捨てます。この小説は，数年後に，彼に，その日の顛末を語らせるというかたちをとっています）。なぜなら，彼は，自殺をすべき理由があるからというより，自殺をしない理由が思いつかないからでした。この本は，超現実主義的で，生き生きとしていて（1950年代の感覚からすると）幾分，猥雑で，ジョイスの『ユリシーズ』やジッドの『法王庁の抜け穴』や，カミュの『異邦人』とは異なる作品の余韻を有しています。

　法を皮肉っている別の素晴らしい小説は，ジョイス・キャロル・オーツの『あなたのしたいこと，私としましょう』(1973年)です。主人公のエレナ・ロスは，酷く荒れた家庭出身の若く美しい女性です。まだ彼女が子供だったとき，彼女の無茶苦茶な父親は離婚後，彼女を誘拐しました。彼女の母親は，わがままと残虐さの怪物のような女性であり，（まだ彼女が高校生のときに）マーヴィン・ハウという裕福で離婚歴のあるずっと年上の刑事弁護人の男と彼女を結婚させます。ハウの弁護している被告人に関して，殺害行為の時点で一時的に心神喪失状態であったという理由により，彼を無罪放免にするようハウが陪審員を説得する素晴らしい裁判の場面があります。心神喪失は，一時的なものであるため，殺人者は，精神病院へ送致されることすら不要とされます。裁判官は，無罪判決に仰天します。被告人は，明らかに有罪です。被告人は，心神喪失を装っていました。裁判の準備段階で，ハウは，弁護側に有利な証言をさせるため，被告人である父に疑念を抱いている

---

(36) この論者の立場は，Rob Atkins "Nihilism Need Not Apply: Law and Literature in Barth's *The Floating Opera*," 32 *Arizona State Law Journal* 747 (2000) の中で要約され，批判されている。

10代の息子ジャック・モリッシーに証言を指導するという堂に入った仕事をしています。

　ジャックは，成長し，彼も刑事弁護人となります。しかし，ハウとは異なり，彼は，左派的であり，社会の底辺にある者達や貧乏人を弁護しています。彼の妻は，1960年代後半に急進的になります。彼女とその友人達は，ジャックよりも過激です。彼は，彼女から気持ちが離れてゆき，ますます彼らの急進主義を軽蔑するようになります。その間，この小説の中心人物のエレナは，ハウとの10年の結婚生活を夢遊病者のように過ごしています。彼女は感情がなく，かろうじて身の回りのことに関心を示すだけで，無気力であるけれども不満もなく，ほとんど虚ろな状態です。ハウは，親切で愛情豊かです。彼女を子供かペットのように扱います。そして，エレナとジャックは偶然に出合い，激しい恋に落ちます。眠れる美女が目を覚まします。すなわち，エレナとジャックは，お互いのために，それぞれ配偶者のもとを去ります。エレナは，人間らしく成長しました。愛は，勝利を収め，そして全てを赦します。このハッピーエンドは，予想外のものであり，深い感動を呼び起こします。

　この小説の主要な登場人物の男性は，二人とも法律家です。殺伐として腐敗し，むさくるしいにせよ，鮮やかに描写されているデトロイトを舞台に，彼らの職業は，断罪されるべき人間の無罪を勝ち取ることであり，そのような描写が，この長い小説の大部分を占めています。それは，非常にうまく描かれています。細部は正確です。しかし，その体裁は超現実的です。読者は，刑事弁護という仕事に関して非常に脚色されたものを読まされ，その展開も駆け足です。しかし，『フローティング・オペラ』と同様に，法は，読者を誘い寄せる罠であって，主題ではありません。主題は，エレナの物語です。弁護士の殺気立った活動は，エレナには理解できないものであり，その文学的雰囲気は，彼女の異常な受け身の姿勢を強調し，この小説の感情的な核心であるラブストーリーを（しかし，この小説の半分を過ぎるまでラブストーリーは，始まりません）脅威と不確実性という背景の下，際立たせることにあります。私達は，危険と愛を織り交ぜたテーマを第10章で『1984年』を議論しながら採り上げます。愛と危険は，古典的な文学テーマの一つであり，それは，『ロミオとジュリエット』や『誰がために鐘は鳴る』のように，趣向が異なる作品においても同様です。『あなたのしたいこと，私としましょう』の中のラブストーリーの背後にある法的描写は，必要不可

欠であり，そして，十分に描かれています。しかし，それは，背景にすぎません。

次に論じる二つの作品では，より前面に法が現れてきます。トム・ウルフの小説『虚栄の篝火』(1987年)は，主人公のシャーマン・マッコイが粗雑で，薄汚れていて，むさくるしいブロンクス【ニューヨーク市内でも治安が悪いことで有名な地区】の刑事司法制度の仕組みに巻き込まれていく様子を描写しています。マッコイは，彼の愛人マリア・ラスキンを迎えに，スポーツカーでケネディ国際空港へ行き，マンハッタンに戻る途中，サウス・ブロンクスで道に迷います。10代の黒人二人組が威嚇するように，彼の車に接近してきます。その内の一人は，麻薬ディーラーです(「エヴァーグリーン街のクラック王」と呼ばれています)。彼らは，スラムの深部にある人気のない道路を塞ぐようにタイヤを1個置きます。そのタイヤをどけようとマッコイが車を降りたとき，乱闘が起こります。マリアは，ハンドルを握り，マッコイは，その車に飛び乗ります。その場から逃れようとしたときに，クラック王の連れを轢いてしまいます。マリアは，車を止めません。そして，彼女もマッコイも，その事故のことを警察に告げませんでした。結局，少年を轢いたのは，マッコイの車であることが突きとめられ，彼は，自動車による故殺の罪で正式起訴されます(マリアは車を運転していたことを否定し，起訴を免れます)。「ゲイの鉄拳による人種差別反対運動【物語で登場する同性愛者の権利擁護団体】」の構成員のように，紋切り型の急進的な人物であり，扇動的な黒人の自称指導者や，スキャンダルを売買するマスコミにけしかけられて，検察官は，騙されやすい大衆に向けて，事故の被害者が優等生ではなかったにもかかわらず，さも優等生であったかのように喧伝します。マッコイに対する最初の正式起訴は，大陪審で偽証が行われたことにより却下されます。しかし，彼は，後に再起訴されることになります。エピローグで彼の裁判が手短に順序立てて述べられ，評決不成立で終わります。彼が再び裁判に付されようとしているところで，この小説は終わります。

この小説は刑事裁判手続と，その組織の人員を事細かに書いています。マッコイを訴追した地方検事補のラリー・クレイマーは，マッコイ事件の裁判官コヴィツキーと共に，この小説の主だった脇役の一人です。その他の脇役として，選挙のための売名に熱心な地方検事，他の法律家，他の被告人達，裁判所職員，陪審員の一人である「ブラウンの口紅の女」が挙げられま

す。クレイマーは，この女を愚かしいほど滑稽に，しつこく追い回します。【既婚者である】マッコイと【不倫相手の】マリア・ラスキンは，密会の場として，家賃が高騰しない部屋を利用していました。しかし，こともあろうにその二人の愛の巣である部屋をクレイマーが，このブラウンの口紅の女との密会のために借りようとすることで，このスキャンダルは，発覚します。更に，マッコイに直接関連する裁判手続のみならず，ウルフは，答弁の取引や別の殺人審理のエピソードを私達に披露しています。

　ウルフの小説は，弁護士の職業上の能力だけでなく，一般大衆の影響力に関しても，より関心を払うべきであると指摘しています。この小説には，政治や出世目的のために刑事司法手続が濫用されること，（マッコイに対するような）急進派による訴追への影響（自由主義的な人間とは，逮捕された経験のある保守的な人間であると古い諺も述べています），刑事司法の現実的な効力を超えて被告人の人生を変えてしまうほどに深い屈辱を与える公衆の面前での逮捕の影響力[37]，法の支配に関する人種差別の影響，社会階級の枠を超えて法的紛争が生じると正義の獲得が困難になること，訴訟という方法で過去を再現することの困難性をも含んでいます。そして，その小説には，預言者のような洞察的なひらめきもあります。アメリカの法的正義は，人種，金銭，名声，暴力の奇妙な交錯の中にあることに，しばしば気付かされます。『虚栄の篝火』が出版されてから数年後に起こったO・J・シンプソンの殺人事件の裁判で，このことは，顕著になりました。

　私達は，ウルフの小説から専門的な事柄を学び取ります（マッコイに対する最初の正式起訴を却下する手続は，専門的な事柄に属します）。つまり，誤審は避けられず（マッコイは，殺人事件の告発に関しては，無実であり，真犯人は，検察側の偽りの証人として利用されていたことが思い出されるでしょう），そして，法の手続は，長期間に及び，非常に費用がかかる可能性があるということも知ることができます。裁判官，弁護士，陪審員，その他

---

(37) 起訴されたにせよ，未だ有罪判決を受けていない者に対するアメリカ刑事司法当局の乱暴な取扱いは，国際的に物議を醸している。ホワイトカラー犯罪で起訴された人々は，できる限り公衆の面前で恥辱的な方法で逮捕され，手錠を付けたままで調書を取るために拘置所に収監される。その後，保釈金を積んで釈放される。暴力犯罪で起訴される人々は，公衆の面前での逮捕が注目されるような社会階層の出身者ではないことから，恥辱的な逮捕方法によらないにしても，一般的に保釈金を積んでも釈放されることはない。その者達は，裁判を待つ間，しばしば何カ月も拘置所の中で苦しむことになる。

司法制度の関与者達における道徳の欠如と知識不足が甚だしいということも学びとることができます。刑事司法制度が政治的野心と個人的野心により一層蝕まれているということも分かるでしょう。コヴィツキー裁判官は，ラリー・クレイマーに対して，開廷日に説教をします。「地域の圧力を御旗に掲げて，よくも法廷に姿を現すことができましたね。法は，少数派のものでもなければ，多数派のものでもない。法廷は，あなたの脅しには屈しません。[38]」クレイマーは，その向上心の強さゆえに正当な罰を受けることになります。すなわち，選挙による彼の検察官再指名が拒否されます。

ウルフは，ニューヨークの最も顕著な特徴を上手く描き出しています。豊かさと貧しさの両極端の状況がグロテスクなほどに併存しています。豊かさは，マッコイとパーク・アヴェニュー，ウォール・ストリートにより象徴化され，貧しさは，黒人やヒスパニック系の常習犯達や，追い詰められ低賃金の不安定な中流階級の人々，みすぼらしく込み合っているブロンクスの刑事裁判所により象徴化されています。この両極端を行き来するのが泥棒，上昇志向が強い人間，ご機嫌取り，取り巻き，詐欺師の豪華な顔触れであり，彼らは，富を共有し，みじめさに囚えられるのを避けようとしています。ニューヨークには，目ざとくて辛辣で社交的な風刺家に絶好の機会を与える実に醜い性質が存在します。ウルフは，人々の値踏みの仕方，服装，言葉遣いに鋭く目を光らせています。

この小説は，1980年代のニューヨークの浅ましさを誇張しています[39]。しかし，この小説も認めているように実際，それは，酷いものだったのです。そして，ウルフは，1990年代に始まったニューヨークにおける生活の質の劇的な改善を予測していませんでした。しかし，彼は，誤った描写をするということではなく，現実の複雑さを省略することで，その誇張を成し遂げているところもあります。彼のブロンクス郡刑事裁判所の描写は，本質的

---

(38) 1988年のペーパーバック版676頁。
(39) "Is 'Bonfire' a Great Novel?" in *New York Times Book Review*, "Reading Room: Conversations about Great Books: A Discussion of Bonfire of the Vanities," Mar. 25, 2008, http://readingroom.blogs.nytimes.com/2008/03/24/is-bonfire-a-great-novel（2008年4月5日時点）の中で，ジェイムズ・コリンズが指摘しているように，この小説には，幾つかの間違いが散見される。単にシャーマン・マッコイが自動車による殺人で訴追されただけで，友人達が彼と絶交するのは不自然であるとされる。ニューヨークでは，金持ちであっても一般の人々と紛争を抱えることは十分にありうる。従って，マッコイが小説で描かれるようにニューヨークに居場所がないと感じるのは奇妙なのである。

には正確です。しかし，実際の状況は，それほど酷いものではありません。この小説は，総じて聡明なニューヨーカーにとって，見覚えのある施設や登場人物が出てくる実話的な小説です。それは，風刺家の特権です。ウルフは，人間の本質を悪し様に描写するボッシュやスウィフトの伝統の流れを受け継いでいます。取り扱う主題に応じて偏った見解を提示することが彼の採る作戦なのです。

ディケンズやドストエフスキーを試金石とすれば『虚栄の篝火』は「偉大な」小説とは言えません。そのプロットは，単に一連の劇的場面をつないでいるにすぎません。登場人物は，浅薄であり，読者に登場人物の内面を語る単純な方法を用いて，それらの人物の性格を明らかにしています。文章表現も，月並みです。この小説が3分の2を過ぎた辺りで著作者の筆力は，衰え始めます。その風刺は，下卑ており，結局のところ，退屈な茶番劇に過ぎません。マッコイへの正式起訴を却下したことを理由に，裁判所において，暴徒達がコヴィツキー裁判官を攻撃する場面は，過剰な演出です。コヴィツキーは，立派に書かれ過ぎています。そして，ウルフが描き出したマッコイ救出の切り札は，お涙頂戴的なものです。

この小説における残りの3分の1に見られる弱点は，単に批評をしているにすぎないという点にあります。風刺小説や政治小説は，心理学的あるいは哲学的な性質を持つ小説，あるいは，法や正義に深くかかわっている小説と，どの程度，類似しているかによって評価されてはなりません。第5章で見るように，『カラマーゾフの兄弟』の刑事裁判の描写は，土地柄や物語の緊張感を描いたり，戯画化したり，醜聞を暴露しているだけではなく，より重要なことは，刑事裁判制度によって示される合理的な捜査と宗教的な洞察を対比するという意図にあります。特に合理的な捜査の不都合な点を浮き上がらせています。『虚栄の篝火』に出てくる唯一の宗教描写は，ベーコン牧師の恐喝と脅迫，およびウォール・ストリートの拝金主義者達に関する場面です。ウルフにとって，法は，ありふれた人々の滑稽な災難を観察するための舞台にすぎません。その舞台とは，パーク・アヴェニューでのディナー・パーティーであったり，ラリー・クレイマーが妻と子供，オーペア【住み込みの家事手伝い】の女性と共に住むような場所として描かれています。そのクレイマーが住む場所は，公務員の乏しい給料で「アリの集団」が住むところと表現されています。検察官の任務が政治問題化していることに加え，アメリカの大都市における刑事裁判の流れ作業のような性質は，この小説が描

写している現実の社会的問題です[40]。しかし，その問題が解消される可能性の示唆はなく，ましてや解決の糸口等は提示されていません[41]。従って，ウルフは，ニューヨークが良くなるとは考えていませんでした。一般社会の少数派が既にブロンクスでは多数派を構成しており，彼らにより刑事司法制度が支配されており，コヴィツキーのような名裁判官は，現実には存在しないことから，彼は，読者に今よりも状況は，悪くなるだろうと信じ込ませようとしました。

　ウィリアム・ギャディスの法律小説『自己責任の濫用』（1994年）は，隠喩を多く含み，博学な知識が必要で，難解でさえあり，構文も複雑で，高度な現代風の文体を有し，本章において，これまでに論じてきた中で最も難しい小説です。そして，ウルフの小説よりも法が多く描写されています。この小説の中には，三つの内容のしっかりした法廷意見と一連の精巧な陪審への説示と証言録取書【deposition：法廷以外の場所，例えば法律事務所等で，宣誓させる権限のある者の前で，質問に答えてなされ，書面化された供述】が含まれています。この小説に出てくる全ての訴訟が民事訴訟です。ウルフは，彼の小説の支柱として刑事事件を利用することで，一般大衆の法の知識不足を切り抜けるという安易な方法をとりました。メディアによる刑事事件の中身の濃い報道の影響により，法の素人が刑事事件を理解できる可能性は高いのです。

　ギャディスの小説で扱われる法のテーマは，その題名の中に述べられています。「濫用（frolic：遊び）」とは，登場人物の一人が説明しているように，代理法の概念です。すなわち，被用者が，その業務とは関係のない活動【遊び】に従事していたことで不法行為を犯した場合，使用者は，その責任を負わないことをいいます。オスカー・クリースは，別の意味における自己責任の濫用をしていました。しかし，この濫用が法的な重要性を帯びていることも明らかにされます。彼は，だらしのない男で，孤独であり，子供もおらず，未婚で，中年の吝嗇家であり，小さな大学でアメリカ南北戦争の歴史を講義し，ロングアイランドにある倒れかけてはいるものの高価な邸宅に

---

(40) 本書が書かれている際にも，ブッシュ政権の司法長官に訴追が申し立てられ，その申立て事項におけるような政治的干渉が行われたか否かの捜査が行われた。
(41) 第4章で見るように，この点は，ディケンズの風刺の限界でもある。

暮らし，主に信託財産からの収入で生計を立てています。彼の祖父は，オリヴァー・ウェンデル・ホームズと同様に，南北戦争の退役軍人であり，連邦最高裁判所の裁判官でした。彼の父は，連邦控訴裁判所に昇進の指名を受けたサウス・カロライナ州の 97 歳の連邦地方裁判所の裁判官です。90 歳代の裁判官は，通常，昇進はしません。しかし，この小説には，徹底したリアリズムが多く盛り込まれていると共にファンタジーの要素が入っていると早い段階でヒントが出されています。これは『荒涼館』以降において，おなじみとなった物語の構成です。

　クリースの「濫用」とは，彼が数年前に祖父のことを描いた演劇に関するものです。ソクラーテースの裁判に関するプラトーンの対話の中から引用した一節が添えられたフォークナー的な寄せ集めの演劇です。祖父は，南北戦争で南軍のために戦い，負傷した後，彼が相続したペンシルヴァニア州の炭鉱の権利を主張するために，北部へ引っ越しをしました。彼は，南軍において彼の役割を代理する者を雇い，ペンシルヴァニア州に引っ越した後，北軍に徴兵されることを恐れて北軍のためにも別の代理人をも雇いました。この二人の代理人は，アンティータムの戦いで敵対する連隊にいることが分かり，お互いに殺し合いました。そして，祖父は，このことを，ある種の彼自身における精神的な自殺と看做します。この脚本は，当然のことながら，出版されるはずのないものでした。

　オスカーは，その彼の脚本に酷似しているように思われる新作映画の噂を耳にし，著作権侵害を理由に訴えを提起します。彼は，そのコピーを何年も前に映画のプロデューサーに送っていました。彼の訴訟は，絶望的なようにも思われます。彼は，その映画を見ておらず，また，彼の脚本を受け取ったと認めるプロデューサーの手紙も失くしてしまいました。彼は，盗作したプラトーンの文章についてはいうまでもなく，南北戦争や彼の祖父の人生の著作権保護を主張することはできません。裁判の場では，ニューヨークの最大手の法律事務所の一つを敵に回し，この法律事務所の才能ある若手の有望株の弁護士に証言録取書をとる段階で罵倒されます。一方で，彼自身の雇った弁護士は詐欺師であり，訴訟の最中に消えてしまいます。この訴訟がサマリー・ジャッジメント【summary judgment：正式事実審理に付すまでもなく下される判決】により，すなわち，正式事実審理を経ることなく却下されることは，確実です。しかし，この小説において，年老いた裁判官であるクリースの父は，この不当にも見過ごされた事件に関与し（それは，息子へ

の愛ゆえではなく，彼が法を愛するが故であり，法への愛が彼の唯一の愛です），実際に，上訴趣意書を作成します。

その上訴は，成功します。かつてラーニド・ハンドがいた有名な連邦裁判所である第2巡回区連邦控訴裁判所は，その同僚の裁判官の手が加わった上訴趣意書が意味あるものだと容認します。しかも，原審破棄の法廷意見を書いた控訴裁判所の裁判官は，女性の裁判官を嫌悪しており，クリースの訴訟を担当した原審連邦地裁の裁判官は，女性でした。控訴裁判所の法廷意見は，非常に洗練されています。私達は，ここにおいてクリースが確固たる主張を持っていたことを理解します。しかし，事態が激変します。この訴訟では，クリースは，映画から得た被告の利益を請求していました。しかし，映画製作者は，架空の会計報告を行って，この映画が約40億ドルの収益を上げたにもかかわらず，利益はなく，もし，利益があったとしても，盗まれたクリースの脚本のおかげではなく「ノルウェーとユーラシアの混血美女」に出演する女優達の乳房のお陰であると裁判所を納得させました。

この著作権に関する訴訟は，この本の中で描写され，言及される多数の訴訟の中の一つです[42]。別の濫用的訴訟としては，クリースが車をジャンプ・スタートさせ，過失により自らが負傷したとして，彼が彼自身を訴えたものです。損害賠償額があまりにも安すぎてイグニッションを直すことすらできませんでした。更に別の訴訟として，クリースの父が裁判長を務めている不法死亡訴訟【wrongful death action：不法死亡法に基づき，不法行為による死者の生存近親者が提起する訴訟】が挙げられます。牧師が子供に洗礼を施している間に，その子供が溺死したことを理由に，子供の両親が，その牧師を訴えた事件です。クリース裁判官の陪審への説示は，牧師の主人である神が責任を負う可能性を，ほのめかしています。クリース裁判官は，また，田舎町での奇妙な事故から生じている一連の訴訟についても訴訟指揮をしていました。全国芸術基金の支援を受けるに適切と思われる類の彫刻家が田舎じみた町の環境を馬鹿にするつもりで巨大で奇妙な建造物を建てました。しかし，その田舎の人々は，馬鹿にされたことに気付かず，観光客を呼び寄せるために，それを首尾よく利用します。ある犬が，この建造物の中に迷い込み出られなくなります。この犬の飼い主は，このアセチレン灯のついている建

---

(42) Larry M. Mertheim, "Law as Frolic: Law and Literature in *A Frolic of His Own*," 21 *William Mitchell Law Review* 421, 425-445 (1995) を参照。

第1章 文学に映し出される法の影響 65

造物を解体して犬を救い出すよう消防署に頼みます。しかし，彫刻家は，クリース裁判官から，この解体を禁じる暫定的差止命令を得ます[43]。犬は出られないままです。その後，雷がこの建造物に落ちて，犬が死に，人々の怒りを引き起こし，クリース裁判官の昇進の機会が台無しになり，彼の弾劾を要求するに至ります。

　この小説の品行方正な中心的人物として，オスカー・クリースの義理の親の連れ子に当たるクリスティーナが挙げられます。彼女は，オスカーと彼の軽薄な金髪の女友達を厄介事から遠ざけようと躍起になっています。法の専門家を「自主規制の秘密結社」とみる彼女の描写は，著作者の見解を述べているように思われます。クリスティーナの夫のハリー・ルッツは，クリースの著作権訴訟の映画製作者を弁護する法律事務所のパートナー【共同経営者】であり，善良な人間で，実際に，死に至るまで働き詰めます。近時，大手の法律事務所のパートナーでいることは，彼が説明するように「メッシナ海峡を航海するようなものだ【メッシナ海峡には，風が吹かないことから，進退きわまった状況を指す慣用表現】。老舗の評判のよいホワイト・シュー・ファーム【一流の事務所の意】のパートナーあるいはシニア・パートナーとなることは，かつてなら終身雇用を意味していただろう。しかし，今や，海の怪物の洞窟と大渦に挟まれた状態で恐ろしい訴訟や政府の監査機関に貪られ，失業者の大海に巻き込まれ溺れるという危険を冒してまでも，そこに乗り込むことを意味している（422頁）」と表現されています。クリスティーナは，ハリーに掛けられた50万ドルの生命保険証書を当てにすることで窮状を乗り切ろうとします。しかし，彼の法律事務所は，彼が自殺をしたところで，死亡原因が自殺だと保険の範囲外であるという懸念を彼女に伝えます。クリスティーナは，彼女の夫の死が自殺ではないと納得させる証拠を法

---

(43) 結論として，彫刻家の言い分を聞きいれた決定においても，裁判官は，この犬が不法侵入者である（従って，その利害関係を考慮する必要はない）という主張を，以下の理由から退けている。すなわち，この田舎町において，犬の首輪に関する条例によれば「その条例違反がなされたとしても，犬達には，更なる敬意が払われているように思われる。晴れて心地よい日であれば，この地方の犬社会において馴染みの構成員達は，大きさも，品種も，全く異なろうが，おかまいなしに，陸に上がった船乗りの如く不良っぽい仲間意識を有し，独特の歩き方で，この田舎町のメイン・ストリートを闊歩する姿が目撃されるのである。そのような習性や本能的欲求が命じさえすれば，常に，どのような市民であっても，どのような法律の力であろうとも，その犬達を統制することはできないように思われる（ペーパーバック版31頁）。」

律事務所に提供します。しかし，後に，この保険の受取人が彼女ではないことが判明します。法律事務所が受取人となっていたのです。

ペーパーバック版の表紙の売り文句は，『自己責任の濫用』を「スウィフト風」と説明しています。ギャディスが欲望により浸食される国家という冷酷な考えを持っている限りで，この説明は正確です。そのような国家の法制度は，アンブローズ・ビアスが定義する訴訟，すなわち，入口では豚で出口ではソーセージとなっている過程として，特徴付けられています。しかし，この本を支配する雰囲気は，スウィフトというよりも，スターンやジョイスです。私達は，風変わりなトビーおじさん【ローレンス・スターン作の『トリストラム・シャンディー』の主人公】のように，オスカーに好感を持たずにはいられません。映画産業に対する彼の訴訟は，それ自体が異常であり，金を貪るかのような方法で行われています。しかし，それは，彼にとって，正義の探求であり，郊外の外延に広がる高級住宅街に住む彼の世界を飲み込む大衆文化の恐ろしい潮流に対する挑戦なのです。しかし，その探求は，失敗に終わりました。それは，ハリウッドが利益を手に入れたからだけではありません。オスカーの家では，テレビが常に点けられています。彼は，水槽を注文し，このことで，クリスティーナから，次のような非難を受けます。

> 水槽？テレビの野生番組だったら，ずっと雄大な海底に，いっぱいの見たことない植物と一面の珊瑚の世界に住む魚の体の色とか，野生の産卵とか，餌をとるところとか，ヒレをばたつかせる姿とか，ぼんやりした眼球を見られるじゃない。風とか，波とか，温度とか，塩分濃度とか，通気とか，水質とか，照明とか，水質管理とか，日々の餌やりとかの世話をしなくても済むのに，何よりも，テレビだったら，一瞬で点けたり消したりできるのよ。三人でぎゅうぎゅう詰めのこの家にテレビ番組に出ている人達が現れてもみてよ，実際に家にやってきて，銃を撃ったり，ニュースをぺらぺら話したり，ジョークをいったり，腕立て伏せやひざの屈伸をやったり，下痢に身震いしたり，油まみれのボールをつかもうとしたり，卑猥な動きをするサルみたいに半裸でギターを肩に担いで，かき鳴らして吠えたてられたら，それは，単なる無秩序でしょ (282-283頁)。

クリースの脚本を盗んで作った映画は，最終的にはテレビで放映され，彼

は，それに熱中します。超現実的な戦闘場面が彼を魅了します。この映画の製作者は，血まみれの特殊効果を得意とするからです。

　貪欲さ，訴訟好き，礼儀と遠慮を欠くメディア，偽りの価値観。これら全ては『虚栄の篝火』と同じように本書でも描かれています。この二つの物語は共に，アメリカの法制度を媚びることなく描写しており，それを小宇宙のような社会と看做しています。しかし，これらの物語には類似点よりも相違点の方が多いのです。ウルフの小説は，表面的には快活な風刺です。その登場人物は，生き生きとしていない人形であり，読者から同情を引き出すことはなく，その風刺は，ニューヨーク市に特有のものです。ギャディスが描く登場人物は，精神を破壊するメディアとダーウィン主義的な法制度により支配されており，けばけばしく，殺気立ち，精神的に虚ろな文化の被害者です。これは，ギャディスの偏った視線により捉えられた1990年ころのアメリカの文化です。しかし，『荒地』におけるロンドンや『地獄篇』における地獄界にも通ずるものがあります。『自己責任の濫用』には，ウルフの小説と同じくらい頻繁にユーモアが使われています。しかし，ウルフの小説以上に深さと余韻と人間性がみられます。この小説とウルフの小説における対比は，オーウェルの『1984年』とハクスレーの『すばらしい新世界』との対比に若干似ています。これらの小説については，第10章で論じます。

　ギャディスの小説の中で描かれている法律の詳細は，異常なほど難解で，法律家ではない読者にとって難しいに違いないでしょう。しかし，考え抜かれた滑稽な筆致を除いては，現実的です。本書の最後の章で採り上げる著作権に関する紛争だけではなく，建造物の中に犬が閉じ込められて死亡したことから生じた事件は，ロースクールの試験問題の素材とすることもできるでしょう。オスカー・クリースの証言録取書を採る段階は，正式事実審理前の手続に属する過程です。ここで，両当事者の弁護士は，お互いに揚げ足取りに，ほとんどの時間を費やしています。ハリー・ルッツは，やり手の若い弁護士が控訴裁判所で敗訴することを予測し，それに関して素晴らしい説明をしています。それは，まるで，控訴裁判所の前で，その事案の弁論をしているかのようです（最後の一文と演劇との類似点に注目して下さい）。

　　私は，彼がこれまでに第2巡回区控訴裁判所で事件を扱ったことがあるとは思えない。おそらく彼は，素晴らしい法律分析を一語たりとも漏らさずに読むために，20頁にわたる上訴趣意書を手にとり，黒い法服を

着て彼を見下ろしている三人の年寄り達の前に進み出るだろう。つまり，彼は見下されることになる。彼は，より低い場所にある弁護士席の台の所に立ち，その年寄り達は，より高い場所にある蹄鉄型の磨かれたマホガニーの机の背後にある高い背もたれの座席に座り，丁重でありながら，くつろいだ感じで，とっても不気味にくだけた様子であり，それはそれで恐るべき雰囲気を醸している。彼が，この事件を十分に明らかにするために弁論を始めたとしても，裁判官の一人は，次のように，彼の話を直ちに遮るだろう。私達は，この事件を良く了解しております。弁護士の先生，あなたは，この上訴趣意書に書かれている以上に何か付け加えたいことはありますか？ 裁判官閣下，事実の概要を説明することを許して頂けないでしょうか。いや，私達は，事実を理解していると信じているのです，弁護士の先生。もし，その事実説明が裁判所を満足させ，この事件の広大な文化的影響に関する公共の利益を満足させるものだったなら，ボーン（裁判官）は，次のように切り出すだろう。弁護士先生，私は，あなたに，私達こそ，公共の利益に貢献するためにここにいるのだとお伝えしておきますと述べるはずだ。あなたの事件は，かくかくしかじかであると簡潔に述べられ，核心を突くように，2, 3行の文章で弁論が要約された後で，弁護士は，席に着くように命じられる。その同情すべき輩は，裁判官の目の前で演じるように奮い立たされ，裁判全体の雰囲気は，劇場のようである。しかし，彼らは興業のためにそこにいるのではない。その輩の見せ場の全ては，決して注目されることなく，若干の質問が行われて，幕が閉じられる（347頁）。

しかし，法律をテーマとする想像力に富んだ大半の文学作品と同じく，この魅力的な小説の核心は，法の批評ではなく，別の所にあります。そこで長く残る印象とは，現代アメリカに張り巡らされた雑多な文化に関してではなく（法も，その一つです），そこに絡めとられた不運な登場人物達に関してなのです。

大衆文化における法

『虚栄の篝火』は，際立った風刺小説である一方で，大衆文化的な作品です。トム・ウルフは，ベストセラー作品を書くジャーナリストです。『虚栄の篝火』も，その作品の一つです。しかし，ここに矛盾があります。多くの

芸術作品は，大衆文化的な作品として生を受けています（シェイクスピアやディケンズは当然のことながら，トウェインやカズンズもそうです）。しかし，最近の大衆文学的な作品は，古典的作品のようにはなり得ないでしょう。なぜなら，出版されたとしても，時の試練を乗り越えることはできないからです。だからと言って，このような作品を「法と文学」研究から，除外する理由ともなり得ません。『虚栄の篝火』は，その魅力が短命に終わると分かっていても，この分野に多大なる貢献をしています。過去のベストセラーであるハーマン・ウォークの『ケイン号の叛乱』(1951 年）には，心を釘付けにする裁判の場面が描かれています。それは，ジョージ・エリオットの「法律」小説である『急進主義者フィーリックス・ホルト』(1866 年）の第 46 章に出てくる裁判場面よりも，はるかに面白いものです。

「法と文学」に携わる多くの研究者が定義する「文学」が広く映画やテレビのドラマをも含むとすれば，今日の大衆文学には，法が浸透していると言えます。まさに，これらは演劇に類似した劇的な展開が見られます[44]。しかし，稀にしか見つけ出すことのできない傑作のために，大衆小説や映画，ホームコメディの山を探るのは，うんざりすることでしょう。特に，短期間

---

(44) "Symposium: The 50th Anniversary of *12 Angry Men*," 82 *Chicago Kent Law Review* 551 (2007); *Law and Film* (Stefan Machura and Peter Robson eds. 2001); Steve Greenfield, Guy Osborn, and Peter Robson, *Film and the Law* (2001); *Prime Time Law: Fictional Television as Legal Narrative* (Robert M. Jarvis and Paul R. Joseph eds.1998); Susan Bandes, "We Lost It at the Movies: The Rule of Law Goes from Washington to Hollywood and Back Again," 40 *Loyola of Los Angeles Law Review* 621 (2007); David Ray Papke, "Law, Cinema, and Ideology: Hollywood Legal Films of the 1950s," 48 *UCLA Law Review* 1473 (2001) を参照。特に，Mark Tushnet, "Class Action: One View of Gender and Law in Popular Culture," in *Legal Realism: Movies as Legal Texts* 244 (John Denvir ed. 1996) は，優れた論文である。1976 年から 2007 年の間，裁判の場面を含む映画が全興行収益の 3.08% を占めており（物価水準の調整済み数値），裁判の場面が中心となる映画の興行収益は，1.23% を占めている (2008 年 7 月 24 日における以下のサイト調べ。年間の全興行収益は，"Wayne Schmidt's Box Office Data Page (IMDb)", www.waynesthisandthat.com/moviedata.html. 裁判の場面を含む映画のリストは，The Internet Movie Database, www.imdb.com で「正式事実審理」という検索語を入れて調査。裁判の場面を含む各々の映画の収益は，"Box Office Mojo", 2008 年 7 月 24 日に www.boxofficemojo.com で調査）。これは，決して少ない数字ではない。より一般的な大衆文化の中の法描写に関しては，David Ray Papke et al., *Law and Popular Culture: Text, Notes, and Questions* (2007); *Law and Popular Culture* (Michael Freeman ed. 2005); University of San Francisco School of Law, "icturing Justice: The Online Journal of Law and Popular Culture," www.usfca.edu/pj/index.html (2008 年 6 月 16 日時点) を参照。

で得られた人気というのは，質と反比例するからです。法を扱うテレビシリーズはいうまでもなく，法それ自体を扱っているとは限りません。しかし，多くの法律を扱う場面を含む『シンプソンズ』のようなテレビシリーズも含めて，非常に多くの法律映画が存在していることには驚きを隠せません。表現法と質の両者の点で，多様な法律映画を採り上げるのは気が重いことです。『アダム氏とマダム』（1949年）は，女性が男性の伝統的な役割に取って代わって法廷弁護士の地位を得たときに生じる緊張感を描いた作品です。この作品は，喜劇的に描かれながらも，卓越したものがあります。ロンドンの法廷弁護士を扱ったテレビシリーズの『ランポール，弁護に立つ』は，現実的な裁判所の場面と，ある種の法廷弁護士に関する洞察に満ちた印象が描かれています。『いとこのビニー』は，ブルックリンの新米の弁護士がアメリカ南部の法廷で刑事事件の弁護をする様子を描いた陽気な映画です。『ディボース・ショウ』は，離婚弁護士の茶番劇について描いています。この四つのコメディー作品全てに，事件の審理の進み方の役に立つヒントを掘り出すことができ，『ランポール，弁護に立つ』と『いとこのビニー』は，それが特に当てはまるといえます。

　多くの人が法律映画だと考えるハーパー・リーの1960年の小説『アラバマ物語』の映画版で描かれる裁判場面は，実務を知るヒントとする限りでは私が今まで言及してきた他の映画の水準には達していません。しかし，この映画は，全体として小説よりも優れています。また，被告人と彼の弁護士は，ブロック・ピーターズとグレゴリー・ペックにより，素晴らしく演じられています。リーの小説の魅力は，高校生における読解力の水準で，人種について語るための無難な手段を提供しているという事実にあります。ジム・クロウ法【1876年から1964年にかけて，アメリカ合衆国南部の州で採用されていた人種差別法】時代に，黒人を弁護する南部の法律家に好意を抱かずにいられるでしょうか？確かに，この小説には，感銘力があります[45]。しかし，文学的観点から見ると同じテーマを扱ったフォークナーの小説である『墓地への侵入者』（1949年）[46]には劣ります。ちなみに，この作品は，

---

(45) Claudia Durst Johnson, *To Kill a Mockingbird: Threatening Boundaries* 13-20 (1994).

(46) Rob Atkinson, "Liberating Lawyers: Divergent Parallels in *Intruder in the Dust and To Kill a Mockingbird,*" 49 *Duke Law Journal* 601 (1999). Jay Watson, *Forensic Fictions: The Lawyer Figure in Faulkner* (1993); Robert A. Ferguson, "Law and Lawyers in Faulkner's Life and Art: A Comment," 4 *Mississippi College Law Review* 213 (1984) を参照。

フォークナーの最高傑作の部類のものではありません。しかし，審美的に難点があるという理由で『アラバマ物語』を批評すると要点を見失うことになるでしょう。小説も映画も，良好な人種関係，つまり，より広くいえば民主主義と平等主義の価値を促進しようとする良質の教訓的なエンターテイメントなのです。

上記とは対照的な作品として，過大評価された時代劇『わが命尽きるとも』(1966年) があります。このドラマは，悪意ある異端の探究者（素晴らしい法律家であり作家でもある）トマス・モアを美化しています[47]。また，連邦最高裁判所を本末転倒に描いている映画があります。『10月最初の月曜日』(1981年) という映画は，『虚栄の篝火』の映画版と同じように，私が愕然としてしまうほどの悪名高い失敗作です。『虚栄の篝火』の映画の中で，トム・ハンクスは，シャーマン・マッコイを素晴らしく演じていました。しかし，他の役者の配役は，ひどいものです。人種問題に配慮するあまり，ミスキャストとなってしまっています。この映画において，誠実な裁判官コヴィツキーは，ユダヤ人から黒人へと変えられています。これは，ユダヤ人と黒人の明確な対比を曖昧にし，扇動的なやり手の黒人の説教師であるベーコン師と裁判官コヴィツキーの相殺を目論んでいます。ベーコン師は，あまりにも，滑稽過ぎて，風刺の対象とすらならなくなっています（地方検事も同じく，彼は不合理なほど，大げさに演じられています）。ユダヤ人の検事補は，キリスト教徒に変えられ，ここでも風刺の辛辣さが損なわれています。ニューヨークにおける金持ちの豊かさと貧乏人や中流層の貧しさとの対比が，この都市における民族の多様性と共に曖昧にされています。ハッピーエンドで終わる映画版は（小説は，再審理を待つシャーマン・マッコイと，その後の展開が不明な簡単な報告書で締めくくられるのを思い出して下さい），鋭い風刺を低級なコメディーへと変えてしまっています。

法を扱った小説と映画の中でも最も人気のあるものは，推理小説のような様式をとるように変容してきています。これは，法を素材としただけの物語よりも，人気のあるジャンルです（『虚栄の篝火』や『まぬけのウィルソン』）でさえ，未解決の事件を中心に展開しています。しかし，どちらも推理小説

---

(47) James Wood, *The Broken Estate: Essays on Literature and Belief*, 第1章 (1999) ("Sir Thomas More: A Man for One Reason") を参照。

ではありません)。スコット・トゥローの小説『推定無罪』[48]は，その顕著な例です。この小説は，有能で経験豊かな法律家によって書かれ，正確な法律の描写が，ふんだんに出てくるものです。しかし，実際のところは，殺人事件を扱ったミステリーです。最高の法律映画として次に挙げるものも似たような種類のものです。すなわち，『12人の怒れる男』(1957年)は，シドニー・ルメットによって制作されました[49]。彼は，法律をテーマにした映画を制作することで監督としてのキャリアを築き上げました。この映画は，鮮やかに演出され，展開していくため，その封切から半世紀たっても十分に見る価値があります(陪審の中に女性がいないことが，その時代を表しています)。また，感傷的な要素が強いために，現実的な陪審評議の描写とはなっていない一方で，陪審員の職業や人柄の多様さが描かれており，彼らの本質をつかんでいます。しかし，(ヘンリー・フォンダが演じる)この映画の主人公が真実を暴いたように起訴された事件が解決されることは，現実の陪審評議では稀です。この作品では，ミステリーの要素が強く注入されています。このようなことは，この映画の欠点ではなく，芸術的な側面です。本書を通じて，私は，法を扱った小説の審美的性質が形式的な法律尊重主義とは別個に主張されることを支持するつもりです。

　しかし，この最高とされる幾つかの法律映画でさえ(更に，私は僅かな作品を論じたにすぎないことを忘れたわけではありません)，文学作品として分析するには疑問を感じるものばかりです。これらの映画には，例えば，ジョン・グリシャムの法律小説が有している緻密さと複雑さを欠いています。そこで，私は，次にジョン・グリシャムの作品を採り上げようと思います。法を扱った映画とテレビシリーズの学術的研究は，意味のあることです。このことは，翻って文学研究における次のような問題に焦点を当てることにもなるでしょう。(1)なぜ，<u>これほど多くの</u>法律映画があるのか。法律映画を要求する源泉は，何か？ なぜ，この要求が何度も繰り返されてきた

---

(48) Carol Sanger, "Seasoned to the Use," 87 *Michigan Law Review* 1338 (1989) において，鋭く論じられている。David Ray Papke, "Re-imagining the Practice of Law: Popular Tentieth-Century Fiction by American Lawyers/Authors," in *Law and Popular Culture*, 前掲注44, 243, 258-264頁も参照。

(49) Sharon A. Souther, "The Artist's Search for Justice in the Justice System: A Discussion of Representative Films of Sidney Lumet and Works from the World of Literature on the Law," 25 *Cardozo Arts and Entertainment Law Journal* 687 (2007).

のか？ (2) このような法律映画は，(a) 法における実務，(b) 職業として法律家を選択すること，(c) 法律家と法手続に対する一般の人々の考え[50]，(d) 訴訟件数に，どのような影響を及ぼしているのか？これらは，興味深い問題です。しかし，これらは，文学的というよりも社会学的な問題です。法を扱う文学作品の研究と一緒に扱うというよりも，別個に追求する方がよいでしょう。法に関する小説の中には，大衆小説でありながらも，芸術的な文学作品として徐々に扱われつつあるものや，既に扱われているものもあるように，これらを文学として研究することが可能です。ジョン・グリシャムの圧倒的なベストセラーは，このことを表しています。しかし，彼の作品は，古典的文学作品と同等に扱われる見込みはなさそうです。

『法律事務所』の主人公は，ある法律事務所に雇用された弁護士であり，FBIとシカゴのギャングに追跡されています。最終的には，捜査当局と取引をすることで，(ギャングから得たものに加えて) 彼と，その家族は，800万ドルと平穏な生活を得るという話です。この主人公であるミッチ・マクディールは，ハーヴァード・ロースクールをトップクラスで卒業した新卒者で，小規模ながらも信頼性のあるメンフィスの法律事務所に雇われます。この事務所は，意外にも，この国の法律事務所の中で最も高い給料だけでなく，気前のよい特典も提供します。徐々に，私達は，これを若い弁護士と法律事務所とのファウスト的な契約であると思うようになります。この若い弁護士は，次第に金銭の虜になっていき，それと引き換えに，単調で有益ではない仕事内容について，犬のように働かなければならないことに気付きます。しかし，既に手遅れでした。彼は，ほとんど家に帰らなかったために，その結婚生活は，崩壊します。更に，私達は，彼が不吉な何かに巻き込まれていることに気付きます。この法律事務所を所有しているのは，ギャングです。この法律事務所の役割は，ギャングが違法な企業から得た資金を洗浄することです。その法律事務所は，その上品な外見を維持するために合法的な依頼も引き受け，新人として雇用された弁護士は，このような依頼のみを扱います。しかし，数年後，そのアソシエイト【雇われ弁護士】は，この法律

---

(50) David Ray Papke, "The Impact of Popular Culture on American Perceptions of the Courts," 82 *Indiana Law Journal* 1225 (2007) と Victoria S. Salzmann and Philip T. Dunwoody, "Prime-Time Lies: Do Portrayals of Lawyers Influence How People Think about the Legal Profession?" 58 *South Methodist University Law Review* 411 (2005) において，詳細に論じられている。

事務所の真の姿を教えられます。そのときまでには、彼らは、高収入の虜にされています。この法律事務所は、貧しい家庭に育った既婚の若者を常に慎重に雇い入れており、彼らが事務所を辞めることができないように、子供を持つよう促します。今まで誰もこの事務所を辞めたものはいません。辞めようとする者は事故を装って殺されています。今まで5件このような死亡事故がありました。

　FBIは、ミッチに接近して、この事務所で何が行われているのかを聞き出し、秘密の内部情報提供者として、FBIに協力するように依頼をします。彼は、同意します。その理由の一つとして、もし、この協力を拒否すれば、この法律事務所を破滅させるに十分な証拠を得た直後に、FBIが彼を訴追すると告げたからです。しかし、彼は、FBIを信用することができません。実際、法律事務所幹部の潜入者がFBIと通じており、ミッチが事務所を裏切っているとギャングに密告したことをミッチが知るに至り、彼のFBIへの疑念は、確信へと変わります。

　『法律事務所』は、職業上の貪欲さと無道徳主義の寓話と読むこともできます。しかし、金儲け主義の作家による魅力的な作品と評価する方が適切です。誰にでも分かる語彙と構文、深みのない善良な市民（例えば、大抵は、ミッチの兄のように、下級階層か下中級階層出身の者達です。彼の兄は殺人未遂で有罪判決を受けていて、物語の最後で、ミッチとその妻の窮地を救います）と悪辣な市民、映画のように速い展開と表紙の軽薄な文字の装丁は、最低限度の文学的趣向を目指した本であることが表されています。『法律事務所』は、一読して、今日の法律専門家についての重要な問題を明らかにするものではありません。すなわち、法律家の数が多すぎる問題とか、法律家の倫理基準があまりに低すぎる問題とか、彼らへの報酬があまりに高すぎる問題とか、若い法律家の仕事条件が高い報酬にもかかわらず、あまりにも搾取的であるのかといった問題を明らかにするものではないのです。

　しかし、『虚栄の篝火』や『自己責任の濫用』における洗練された法の描写と『法律事務所』の描写を比べてみても、そんなに大きな違いがあるとは思えません。この3作品の中で、法は不正であり、法律家は、詐欺師として扱われています。しかし、ウルフの小説のコヴィツキー裁判官のように、所々、この霧を突き抜けていく日の光というものも存在します。この3作品は、それぞれの「善良な」裁判官と法律家の限界を強調し、大衆における法の扱いについて優勢なマニ教的二元論【善と悪との自然的二元論を根本とす

る考え方】の傾向を示しています。一部の文化において，女性が聖女か，娼婦かのどちらかでしかないように，アメリカの大衆小説の中でも，裁判官や法律家は，聖人かペテン師です[51]。大抵は，後者でしょう。

　現代アメリカ小説の中で法律家に対する否定的な描写の大部分は，例えば，チョーサー，シェイクスピア，ディケンズの作品に見られるような法律専門家への敵意という非常に古い書かれ方を模倣しています。また，権威一般に対して，より現代的な敵意をも表してしています。今日，アメリカの法律家の数と富，広く公表されている誤審に果たす彼らの役割，犯罪者を法的に弁護することの社会的機能を法律の素人が理解することの難しさに鑑みれば，弁護士が風刺家や巨大市場を背景に持つ小説家の魅力的な対象になることは説明できるでしょう。小説の中で法律家を素材にすることは，法律家へのジョークと同じジャンルに属していて，そのようなジョークと共に一般的になってきています。

　グリシャムの最近の小説『謀略法廷』（2008年）は，興味深いことに『法律事務所』（1991年に出版された彼の2作目の小説。それから18年たっています）とは異なった趣を有しています。初期の本と同様に，不正（実際には犯罪）と緊張感に満ち，その文体や登場人物は，文学としての個性に欠けたものです。しかし，暴力描写はなく（表立たないところでの暴力は暗示されています），より現実主義的に，アメリカの法制度の問題に関して，真剣に取り組んでいます。ミシシッピ州の田舎の郡にある一組の夫婦が経営する小さいながらも奮闘している法律事務所が，農薬を製造する工場から違法に投棄された有害廃棄物により惹き起こされた癌で夫と子供を失った女性のために，不法行為訴訟で争っています。陪審は，工場を所有する化学会社に対する填補損害賠償と懲罰的損害賠償として，原告に4100万ドルを認めます[52]。長年の間行われてきた有毒廃棄物の流出の被害者が多くいる可能性も

---

(51) Bandes, 前掲注44。Papke, "Law, Cinema, and Ideology," 前掲注44は，冷戦時代，法を扱った人気のあるフィクションは，民主主義国家と共産主義国家の相違の象徴として，法の支配を称賛する傾向にあり，結果として，今日の人気のあるフィクションに共通して見られる傾向以上に，アメリカの法制度が，より好ましい観点から描き出されていると指摘している。

(52) ここにおける懲罰的損害賠償と填補損害賠償の割合（3800万ドルと300万ドル）は，この小説では注目されていない。この割合は，連邦最高裁判所により，違憲とされるように思われる。State Farm Mutual Automobile Ins. Co. v. Campbell, 538 U.S.408,425 (2003).

あったため，被告の代表取締役で支配的持ち分を有する株主であるトルドーという名前の億万長者は，動揺します。彼の弁護士は，ミシシッピ州最高裁判所に上訴すれば，5対4で企業側が敗訴する可能性があると助言します。しかし，多数派を構成する五人の裁判官の中に入ると思われる一人が上訴審の開かれる前に再選をかけて選挙に出馬する予定でした。そこで，トルドーは，この裁判官の対抗馬を見つけ，その対抗馬に資金を援助することを秘密主義のコンサルティング会社に依頼します。同社は，清潔で若いキリスト教保守派のロン・フィスクを採用し（「最良の候補者というのは，あなたのような聡明な若者なのです。過去の判決で色の付いていない人物であることが私達には必要なのです［109頁］」），彼のために何でもありの選挙運動を決行します。それは，扇動的で実際に詐欺的な選挙運動です。フィスクは，トルドーほどに極悪非道な人物ではありません。それがゆえに，一体，彼のために何が行われているのかと，しばしば，不安をのぞかせます（彼は，あまり事情を分かっていません）。しかし，彼は，原告の弁護士やリベラルな裁判官のような立派な人物ではありません。

　フィスクは，選挙に勝ちます。しかし，最高裁判所の席を得た直後に有害毒物流出の事件が提起されます。彼は，企業側に有利な投票をするよう期待されます。それは彼が，そのように同意していたという理由からではありません。実際に，彼は，そのように投票するつもりでいたという理由からです。だからこそ，彼は，詐欺師ではないのです。しかし，彼は，真の保守派であり，ミシシッピ州が集団訴訟を専門とする法律家の楽園になってしまうことに反対している政党綱領に関心を持っています。しかし，上訴審で，彼が決め手となる投票を行う直前，彼の息子が安全規定に違反して製造されていた野球のバッドで，ひどい怪我を負います。この事実を知り，その結果，企業の違反行為には人間が重要に関わっているという実感が新しく呼びさまされます。選挙運動での彼の後援者の戦術についての不安と相まって，大企業というのは，彼が信じていたような社会の模範ではないのではないかと考え始めます。彼の内面における葛藤は，この小説の中で最も緊張感のあるエピソードです。しかし，最終的に，フィスクは，原告勝訴の判決を破棄する方に票を投じます。これには，ほとんどの読者が驚いたのではないでしょうか（私は，驚きました）。化学会社は，責任を免れます。そして，原告と有毒廃棄物の多くの被害者は，何も得ることはありません。

　『謀略法廷』には，『法律事務所』に比べて微妙な違いがあります。農薬会

社敗訴の評決の後，この地にやってきて，この企業に対する更なる訴訟により生み出される豊潤な手数料の分け前にあずかろうとした集団訴訟専門の弁護士達の中の二人は，悪党です。フィスク裁判官は，それほど頭が切れる人物ではなく，政治的に無知な人物として描かれています。しかし，善意な人です。悪者というより，お人好しのカモです。しかし，小説全体を支配する色合いは，単調です。原告の弁護士夫婦と訴訟を指揮する裁判官，選挙で敗北する州最高裁判所裁判官は，純粋な心を持ち，資力に乏しいです。他方，被告の第１審弁護団の団長は「時給750ドルで好きな伝記を読みながら，時間を無為に過ごしている（5頁）」と紹介されています。不法行為訴訟の原告側弁護士は「傲慢で，強情で独断的に違いない。その者達は，最悪の敵となりうることも，考えうるであろう。しかし，その誰もが［おそらく，二人の悪党を除いては］，この善良な小市民のために，一生懸命に戦おうとはしていなかった（146頁）」とされています。

　億万長者トルドーは，化学会社による有毒廃棄物の違法投棄を熟知していました。しかし，法律家とロビイストの援助を得て，長年の間，それを何とか隠してきました。陪審の評決後，化学会社の株が急落したため，トルドーは，株価を更に下げるために，会社の会計簿をごまかします。そして，この評決が覆されれば株価は上昇すると知っていたので，下落した価格で大量の株を購入します。彼は，原告の弁護士に訴訟費用のための金を貸している銀行も買収します。トルドーは，融資の返済を求めるよう銀行に命じ，原告の弁護士を破産に追い込みます。

　トルドーは，現在の妻「箔付けワイフ」【夫の高い社会的地位にふさわしい，若く美しい箔をつけるための後妻】を忌み嫌い（トム・ウルフの小説に出てくる「ふしだらな女（lemon tart）」あるいは「エックス線で透かし見たときのように，ガリガリに痩せた社交界の女性達（social x-ray）」），娘をも嫌っています。『虚栄の篝火』と同じ様式の（ウルフのような機知にとんだ描写ではありません）晩餐会が行われます。「この晩餐会で妻ブリアンナは，同じように摂食障害で不自然な体つきの箔付けワイフである心の友に会った。全てが，がりがりに痩せているのに，胸だけは，とんでもないほどに巨大だ（30頁）。」この胸に関しては「彼女の現実離れした新しい乳房」と早い段階で描写されています（26頁）。ブリアンナは，彼女の体にお金をかけ，至る所で，その体を見せびらかします。「ブリアンナとサンディは，不作法にも，こそこそ囁き合い，ディナーコースの間，他の成りあがり者を厳しく

非難していた（42頁）。」トルドーは，フォーブス紙の世界で最も裕福な 400 人のランク付けに心を奪われています。この小説の最後の文章には「今や彼は 30 億ドルを手にした。しかし，60 億ドルを望んでいたのである」と書かれています。

　この小説の見方は，偏向的です。しかし，裁判官の選挙に関するスキャンダルは，現実のものです。『謀略法廷』における架空の選挙のように腐敗している例も若干あります。また，この選挙の描写が効果的な風刺となっています。法律の素人が候補者の下した判決を評価して，票を投じるのは極めて困難です。裁判官の選挙は，一般の人々の関心を喚起しません。選挙運動は，通常，事件の行く末に金銭的な利害関係を持つ人や企業から構成される利益集団により資金が調達されています。そのような資金提供は，原告の不法行為専門の弁護士であろうが汚染企業であろうが同様に行われます（不法行為専門弁護士は，選挙におけるフィスクの対抗馬に，多額の支援をしています）。現在も過半数の州で採用されている裁判官指名のために選挙手続を利用することは，民主主義過程のパロディとなります。この問題に関して，グリシャムのベストセラーが世論を動かすことができるならば，彼は，より多大なる影響力を有することになるでしょう。大衆文学は，社会改革を促進することでジャーナリズムを補うことができます。

カミュとスタンダール

　カミュの有名な小説『異邦人[53]』（1940 年）は，『正と不正』と同時代に書かれており，同じように殺人の裁判に焦点を当てています。今なお，この二つの作品は，さほど違いがあるようには思われないでしょう。これは，法をテーマにした想像力に富んだ文学が雑多な性質を含んでいることの手掛かりといえます。この点が本書の第一部で検討するところです。

　『異邦人』は，主人公のアルジェリア生まれのフランス人（pied noir と呼ばれ，アルジェリアのアラブ人居住者とは区別されるヨーロッパ人のことを指します。当時，アルジェリアは，フランス領でした）であるムルソーによ

---

(53) The Stranger（見知らぬ人）という英語の題名は，フランス語の L'Étranger という原題の誤訳である。Étranger の本来の意味は「部外者」，「異邦人」，「外国人」であり，その方が，この短編小説に合致した意味である（「フランス外人部隊」における「外人」に相当する言葉である）。ムルソーは，彼が属する社会における部外者であり，（心情的な意味における）外国人である。

り語られ，彼の母の死から始まります。母の死に対する彼の態度を通じて，彼が過去に対しても，将来に対しても，思い描くところもなく，深い感情的な愛着も形成せず，野心，憐れみ，うぬぼれの感情を欠いていることも知ります。更にいえば，良心も欠いています。彼は，動物が無垢であるのと同じ意味において，無垢といえます。

　母親の葬儀の翌日，ムルソーは，新しい女友達のマリーと関係を持ち始めます。その後，彼は，彼女からのプロポーズを受け入れる一方で，彼は，彼女を愛しておらず，多数の女性からプロポーズをされても受け入れるだろうと彼女に告白します。しかし，彼らが何とか結婚に漕ぎ着けようとする直前に，彼の友人の一人が関わっていた何らかのいかがわしい取引により，アラブ人の集団と喧嘩になります。その取引に，ムルソーは，援助を与えていました。しかし，ムルソーは，その取引に熱意も嫌悪もなく，ただ頼まれたからという理由で，援助を与えていたにすぎません。その日の遅く，ムルソーは，喧嘩の最中に友人が彼に貸した拳銃を持ちながら，一人で浜辺を歩いています（しかし，その喧嘩で拳銃は，使われませんでした）。一人のアラブ人がムルソーの行く手に寝そべっています。太陽が情け容赦なく照りつけています。ムルソーは，理由もなくアラブ人に向かって歩き続けます。彼は，容易にアラブ人を避けることができたはずです。アラブ人がナイフを抜きます。しかし，ムルソーを脅すような素振りはしません。ムルソーが危険を感じている兆候も，ありません。それにもかかわらず，彼は，アラブ人に向って1発，拳銃を撃ちます。そして，少し間をおいてから，更に，4発，撃ち込みます。

　彼は，逮捕され，フランスの手続に従って，裁判官と検察官の中間の性格を持つ予審判事の尋問を受けます（私達は『聖女ジャンヌ・ダルク』の裁判や，カフカの小説『審判』の中で，このような人物に出会います）。予審判事は，尋問を通じて，ムルソーが彼の母の死とアラブ人の両方に対する態度に感情が欠けていること，母の葬儀の翌日にマリーと関係を持ち始めたこと，そして，彼がキリスト教を拒んでいることを知り，胸の悪くなるようなムルソーの冷淡さを明るみに出します。裁判で，検察官は，このようなムルソーの性格を巧みに繰り返して主張し，陪審は，第1級謀殺の評決を下します。ムルソーは，ギロチンの宣告を受けます。彼は，刑務所の中で死刑の執行を待ちながら，彼をキリスト教徒に改心させようとする教誨師の努力に激しく抵抗します。彼は，以前のような感情の不明瞭さを失っていきます。間

近に迫る死を認識したことで、彼は自らの声を得て、初めて十分に意識を持ち、人間になり、そして（逆説的に、彼は拘置所に入れられ、今にも死を迎えようとしているがゆえに）、その人生を完全に自らの支配下に置くことになります[54]。

カミュは、殺人犯の立場からこの物語を語っています。そして、カミュは、裁判を被告人が殺人を犯したからではなく、ブルジョワ的なキリスト教の価値を拒絶しているがゆえに非難されているという不吉な茶番劇に変えてしまっています。殺人の被害者は、匿名です。この短編小説の中で、ムルソーの間近に迫った死刑執行は、唯一、完全に表現されており、殺人よりも非道な犯罪であるかのように書かれています。実際に、ムルソーの犯した殺人は、ムルソーの母が亡くなったとき、母が何歳であったかを彼が忘れてしまっていたのと同じ程度の瑣末な出来事であるように描写されています。

ムルソーの「悪い」性格（これは、通常の感覚でいうところの悪質さであり、この小説において認められたものではありません）の立証が、この裁判で、どのように採用され、どのようなかたちで実際に彼の有罪判決の決定的要因になるのかという点は、アメリカの法律家にとって、とりわけ奇妙に感じられます。アメリカの裁判所では、被告人が訴追されている事件の中で、その被告人の性格を示す証拠は、その（悪い）性格が犯罪を行わせたということを立証するためには使用を許されません[55]。事件の中で、被告人の性格を示す証拠は、被告人の悪事を行う一般的な傾向を立証するためではなく、争点に直接関係のある動機、認識その他の事実を証明するためにならば、許容され得ます。しかし、母親に対する態度やキリスト教を拒絶するというムルソーの行為は、犯罪からは、あまりにもかけ離れていて、上記のような目的から考えると許されるものではありません[56]。それでも、そのような証拠を認めることは、フランスの刑事手続に違反していたわけではなく、現在でも、そのように言えます。フランス法は、悪い性格を示す証拠に制限を置いていません[57]。フランス刑事訴訟法第331条は「証人は、被告人が起訴されている事実、<u>または、その性格および素行</u>のいずれかについてのみ、証言し

---

(54) Robert C. Solomon, "*L'Étranger* and the Truth," 2 *Philosophy and Literature* 141 (1978) を参照。
(55) 連邦証拠規則法404条と諮問委員会の注釈を参照。
(56) 被告の信仰内容や信仰の有無に関する捜査は、アメリカの裁判所では考えられない。
(57) Roger Merle and André Vitu, *Traité de droit criminal*, 第1巻, 155, 165-166 頁 (3d ed.1979).

第1章 文学に映し出される法の影響 81

なければならない」と規定しています[58]。そして，フランスの刑事裁判は，ヨーロッパ大陸の司法制度の糾問的性格に整合するように，公開の裁判での裁判長による被告人への尋問から始まります。この順番は，陪審の審理でも同じです。被告人に関する経歴の詳細は，犯罪捜査により収集される関係書類の中に書かれており，それを尋問することは禁止されていません[59]。証拠法則は，陪審員を統制することを主に意図しているため，アメリカの法制度に比べて，大陸の法制度においては，それほど重要でないのは確かです。大陸の法制度では，証拠法則は，それほど重要な役割を果たしていません。しかし，それは，この場合，見当違いだと言えるでしょう。なぜなら，フランスは刑事裁判でも陪審制は採用されているからです。

　カミュには，彼が唯一知っていたところの刑事手続を批判しようという目的は無かったように思われます。しかし，この短編小説は，しばしば死刑に

---

(58) *The French Code of Criminal Procedure* 116 (Gerald L. Kock trans. 1964)（強調筆者）。カミュが『異邦人』を執筆したとき，同法典は，証人の証言の範囲には全く制限を設けていなかった。*Code d'instruction criminelle*, 第317条 (1932) を参照（ムルソーが審理されていたフランス植民地の法制度に関しては，Mary Ann Frese Witt and Eric Witt, "Retrying The Stranger Again," in *Literarture and Law* 1 [Michael J. Meyer ed. 2004] に，詳しく記載されている）。今日でも，ムルソーの裁判で採用されたような悪性格の立証は，フランスの刑事裁判において認められるだろう。Maurice Payrot, "Aux assises de Paris: Un accusé quis' affirme non-violent repond d'une tenatative de viol," *Le Monde*, Sept.12,1987, 11頁では，フランスの重罪裁判所である重罪院での強姦未遂の裁判の模様が描写されている。その裁判所では，三人の専門の裁判官と九人の素人裁判官（すなわち，参審員）が共に座り，有罪判決を下すためには，素人裁判官の過半数の投票が要求されている。被告人の性格や個性に関する広範な証言が提出された。そこで，彼は，神経質，神経過敏，非暴力的，周囲に順応，影響を受けやすい，衝動的，感情的であると証言された。注目すべきこととして，人気歌手の証言が挙げられる。彼女は，被告人に一度も会ったことはなかった。しかし，彼が自分のファンであることを知り，彼女は，次のように証言した。「私は，あらゆる暴力に反対です。これが私の哲学です。私に好意を寄せてくれる人達も暴力に反対するはずです。彼が完全に否認している行為に関して，有罪の宣告がなされるのではないかという彼の懸念が私には非常に印象に残りました。私が今日この場にいるのは，彼が無罪であると完全に確信するからなのです。」それにもかかわらず，この被告人には，有罪が宣告された。

(59) Merle and Vitu, 前掲注58, 第1巻165頁, A. V. Sheehan, *Criminal Procedure in Scotland and France: A Comparative Study, with Particular Emphasis on the Role of the Public Prosecutor* 27, 注14, 28-29, 48-49, 73 (1975) を参照。

関する論争と受け取られています[60]。カミュは，陪審評決にも疑問を示しています[61]。しかし，それは，手続が不規則的だからでも，死刑の合法性に懸念を示しているからでもありません。彼は，ムルソーの性格が法的に重要であることを認めています。彼が拒絶しているのは，彼の性格が悪いものであると宣言する倫理的な社会体制なのです。しかしながら，読者は，この短編小説の中に，当然，決定的なものではないにしろ，英米の刑事司法制度の方を良しとする理由を見出せるように思います。人格を卑しめ，無関係の尋問を行うことを英米の刑事司法制度は，回避します。従って，それは，被告人の性格，身分，前科にではなく，被告人の行為にこそ法的責任を関連付ける匡正的正義に近いものです。第4章で扱うカフカの小説『審判』は，『異邦人』以上に，そこにおける有罪判決を行為とは完全に切り離された性格に基礎付けています。すなわち『審判』では，『異邦人』とは異なり，有罪の基礎となる行為すら存在していないのです。

　従って「法と文学」という運動は，比較法研究（と匡正的正義への考察を対象とする法学）にも貢献できると分かります。しかし，現実に，アメリカとフランスの刑事手続の比較法的評価を行いたいと思う場合，小説の描写を頼りに比較研究をすることは，ありえないことでしょう。その場合には，私が序章【注3】で引用したシビル・ベッドフォードやレベッカ・ウェストの作品のように，現実の裁判記録が研究されることになるでしょう。その上，ムルソーの裁判は，少なくとも，ある点で非常に非現実的であるように思われます。それは，性格に関する証拠を採用したという点ではなく，その証拠に与えられた重要性という点にあります。フランスの植民地裁判所は，武装した「現地の住民」を殺害したフランス人に対して，それほど早急に有罪判決を下すことはないでしょう。ましてや，その殺人を咎めることもしないように思われます[62]。

---

(60) Robert R. Brock, "Meursault the Straw Man," 25 *Studies in the Novel* 92, 98 (1993).
(61) より正確にいえば，黙示されている著作者，すなわち，作品自体から読者が構築する著作者の人格は，この評決に反対している。私は，著作者が自身の作品の権威的な解釈者であるとは考えておらず，著作者に全く信用が置けないことも多い（第8章を参照）。しかし，『異邦人』で扱われている事件において，現実の著作者と黙示されている著作者の見解は，一致している。Albert Camus, "Preface to the American University Edition of *L'Étranger*," in *Albert Camus: A Study of His Work, Lyrical and Critical* 251 (Philip Thody ed.1967) を参照。
(62) Brock, 前掲注60, 96頁。しかし, David Caroll, *Albert Camus the Algerian: Colonialism,*

しかし（その非現実性はさておいて），たとえ性格に関する証拠が裁判から除外されたとしても，ムルソーは，おそらく無罪にはならなかったでしょうし，より罪の軽い犯罪で有罪になるということもなかったでしょう。アラブ人の被害者は，ナイフをひけらかすことはしました。しかし，ムルソーが被害者を銃で撃ったとき，ムルソー自身は，被害者から死や（何らかの）重傷を負わせられるという合理的な恐怖心を感じてはいません。従って，正当防衛を理由にムルソーを無罪とする根拠もないでしょう。殺されるといったことや重傷を負わせられるという現実的である一方で，不合理とも思われる恐怖心は，少なくともムルソーにおける罪の意識を軽減したでしょう。しかし，ムルソーは，そのような恐怖心すら感じてはいません。更に，少し間をおいた後，4発の銃弾を撃ち込んだことは，計画性を強く示しています。荒々しく浜辺に照りつける太陽により，ムルソーが一種の催眠状態に陥ったまま，アラブ人を撃った際に，殺す故意も致命傷を負わせる故意も無かったということは，彼の殺人を第2級謀殺の罪に減じるべき理由になることは確かです。陪審は，この説明を信じるでしょうか？ ムルソーは，裁判で証言をしました。しかし，殺人の状況を整合的に説明することはできませんでした。しかも，そこには目撃者もいませんでした。

「一種の催眠状態…。」ムルソーは，有罪の判決を受けるまで，一種の催眠状態のまま人生を過ごしています。彼は，シェイクスピアの作品の登場人物の中に見出される豊かな内面性を完全に欠いています。このような内面性の欠如は「計画性」や，より広範な刑事責任という文言により私達が意味するものに思いを至らせます。ムルソーがアラブ人を撃つ直前，最中，直後の心情を覗こうとしても，何も見ることはできないしょう。彼よりも思慮深く，そして，明晰な殺人者の心を覗くことができるならば，明確な悪意ではなく，弁明という精巧に組み立てられた上位の心理的構造を見出すでしょ

Terrorism, Justice 26-37 (2007) において論じられている更なる見解は，ムルソーがフランス人に相当する者として振る舞うべき固定観念の遵守を拒否したことから，裁判所は，まるで彼をアラブ人であるかのように扱い，すなわち，彼をフランス人という「人種」から放逐しているというものである。しかし，この見解を支持することはできないだろう。武装したアラブ人を殺害したフランス人に対する死刑執行は，多数派のアラブ人達に次のように受け止められるかもしれないからである。すなわち，その死刑執行は，少数派フランス人達による支配永続の決意が弱体化したと，象徴的に受け取られかねない。

う[63]。おそらく法は，殺人者の心の中のことを実際には重要視しないのです[64]。問題となるのは，心の状態ではなく，むしろ，行為の方なのです。ムルソーの事件では，最初の銃撃だけではなく，その後に生じた行為も問題とされています。つまり，動かない被害者の体への4発の銃撃です。おそらく，法がムルソーのような人物の性格に関心を持つのは，欲望のままに動く人間を漫然と放置しておくのは，あまりにも危険だからにすぎないからでしょう。

　これが一つの興味深い『異邦人』における法の観点です。もう一方の興味深い観点は，法律の専門家，例えば，検察官，被告人の弁護士，裁判官がムルソーの物語を裁判で語る方法に関するものです。両者の観点は，関連しています。ムルソー自身も読者も，法律の専門家が語ることにより，その再現された物語の中におけるムルソーを受け入れていません。ムルソーは，暗黙の内に「国家が押し付けたイデオロギー，つまり，人間は本来魂を与えられた精神的な存在であり，その行動は，首尾一貫しているというイデオロギー」を拒絶し，そして，読者も，この短編小説を読むことで，それを拒絶するように促されます[65]。しかしながら，法は，独自の目的を有するものであり，その目的とは，『異邦人』が浸りきっているような実存主義の目的ではありません。法の基本的な目的は，社会規範を執行することであり，ムルソーの価値とは相容れない善悪を判断する基準を要求しています。アーネスト・サイモンは，次のように主張します。「ムルソーの実在性に関する検察官の解釈が無価値なのは，それが誤っているからではない。それは，法的にも文学的にも，対話という主要な要件を満たしていて，『説得的』である。しかし，検察官の解釈を無価値にしているものは，その安易さ，修辞的な出まかせ，曖昧さに対する配慮の無さと，被告人に対して，あらゆる感情を排除してしまっているということにある。これらは，裁判上の失敗ではなく，むしろ文

---

(63) これを示すものとして，Jack Katz, *Seductions of Crime: Moral and Sensual Attractions in Doing Evil*, 第1章（1988）を参照。

(64) A. D. Nuttall, "Did Meursault Mean to Kill the Arab? — The Intentional Fallacy Fallacy," in Nuttall, *The Stoic in Love; Selected Essays on Literature and Ideas* 191（1989）; Richard A. Posner, *The Problems of Jurisprudence* 168-179（1990）を参照。その他，道徳的な幸運と厳格責任を扱っている第2章の議論も参照。

(65) Patrick McCarthy, *Albert Camus: The Stranger* 67（1988）.

学そのものなのである[66]。」これらが，おそらく，裁判上の欠陥ではないことは確かでしょう。そして，サイモンの主張は，ムルソーの実在性に関するカミュ自身の解釈，すなわち，修辞的な出まかせ，曖昧さに対する無配慮，殺人の被害者に対して，あらゆる感情を欠いているという解釈にも適用可能であることに，私達は，気づくべきです。

現実の被害者を没個性化することにより，ムルソーを殺人者ではなく，むしろ被害者として描写し，更に，読者をムルソーに肩入れさせるように促すことは，カミュの恥ずべき行為と考えられないのでしょうか？ 恥ずべき行為というだけではなく，首尾一貫していないと考えることは可能でしょうか？ 「殺人者が自身の行為に責任を持たないのに，なぜ，裁判官が自身の行為に責任を負うべきなのか？[67]」なぜ，ムルソーに有罪判決を下す裁判所の行為は，ムルソーがアラブ人を殺す行為と同様に「無垢」ということにならないのでしょうか？

ルネ・ジラールは，次のように指摘します。すなわち，彼は，読者がムルソーの死刑判決の理由を母親の葬儀で泣かなかったことであるとは考えていないとします。それゆえ，ムルソーは，極刑に値する罪を犯さなければなりません。一方で，ムルソーが母親の葬儀で泣かなかったことと，その他，中産階級の敬虔な行為に大胆に反抗したことが彼の有罪判決の本当の理由であると読者が信じ込むためには，彼の本質的な純真さが保たれた状況の下で，極刑に値する行為が行わなければならないとします[68]。『異邦人』は，興味本位に新ロマン主義的な形式に手を出したにせよ，まるで，アンドレ・ジッドの小説『法王庁の抜け穴』と同じように，犯罪者の中から英雄を生み出しました。『法王庁の抜け穴』の主人公は，彼の意思が自由であることを示すためだけに，鉄道車両から悪意のない巡礼者を突き落として死なせます。「人間の心の奥底の欲望は，純粋な選択を通して宿命から自由になることである。従わなかった法が重要だからこそ，人は，法に従わないことで自由を主張し，自尊心が保持される[69]。」

---

(66) Simon, "Palais de Justice and Poetic Justice in Albert Camus' *The Stranger*," 3 *Cardozo Studies in Law and Literature* 111, 123 (1991).

(67) René Girard, "Camus's Stranger Retried," in *Albert Camus* 79, 86 (Harold Bloom ed. 1989).

(68) 同上 81 頁。「ムルソーは，パリでの仕事の成功や恋人との結婚を事前に計画することすらできないのに，殺人を事前に計画することができるのだろうか？」

(69) W. H. Auden, "Othello," in Auden, *Lectures on Shakespeare* 195, 198 (Arthur Kirsch ed. 2000).

カミュは，殺人を，あまりにも軽く扱ったことだけではなく，植民地主義をも，軽く扱っているために非難される可能性があります[70]。それだけではなく，アラブ人の被害者を匿名のままにしている点も非難されうるでしょう。アラブの慣習や文化が物語から締め出されています。フランス領アルジェリアでは，アラブ人の数がヨーロッパ人の数よりも10倍を超えていたにもかかわらず，モスク，野外市場，アラビア語，通りを埋め尽くすほどのアラブ人達，これら全てが無視されています。『異邦人』は「白人のブルジョワ的孤立」を描いた短編小説なのです[71]。

しかし，ここで，再検討してみましょう。これらの批判は，政治的あるいは道徳的な性質を持つものです。文学作品を判断する適切な基準は，政治的あるいは道徳的なものである必要はありません。あるいは，倫理的，政治的，法的解釈の秩序に属する必要もありません。『異邦人』が想像力に富んでいる文学という基準以外で判断されない限り，これら政治的・道徳的批判は的外れなのです。この本は，本章で，これまで論じてきた中でも，最も有名な本というだけではありません。この本は，最高の本なのです。たとえ文明的な人間には不愉快な価値構造を内在する唯一の本だとしても最高と言えるのです。この小説は，素晴らしい感情的な力と相当の緻密さで（ジラールが説明している策略のようなもの。その劇的な細工は，暴露されたとしても，その感情的な力を失うことはありません），私達の大半，特に若者の雰囲気を折に触れ劇的に表現しています。この雰囲気は，無邪気な「精神」の果てしのないエゴイズムを抑制し，その成熟した諸価値の複雑さと確立した制度である「社会体制」を嫌います。宗教，内省，罪の意識，後悔に対するムルソーの拒絶，すなわち，母親の葬儀で泣きたいとも思わず，大都会であるパリへの転勤を伴う昇進も承諾しない（それゆえに，これは資本主義的倫

本書第7章では，自由意思の問題を扱う。

(70) Cornor Cruise O'Brien, *Albert Camus of Europe and Africa* 25-26 (1970); Jerry L. Curtis, "Cultural Alienation: A New Look at the Hero of *The Stranger*," *Journal of American Culture*, June 1992,31頁を参照。

(71) Alice Yaeger Kaplan, "The American Stranger," 91 *South Atlantic Quarterly* 87,92 (1992). この『異邦人』における「悲劇的なまでに無感情な強情さ」の感覚は，フランスがアルジェリアで専制的な地位を築いていることをカミュが受け入れていることに起因するというエドワード・サイードの主張である。しかし，この彼の主張を基礎付けるものは，本文中には見られない。「私達は，成してきたことを成してきたまでだ。そのように，私達は，繰り返すのみなのだ。」Said, *Culture and Imperialism* 185 (1993).

理観の拒絶をも意味している），彼の「自由奔放な個人主義」[72]，法の道徳的権威と死への恐怖（ホッブスによるところの人間における社会的衝動の根拠）の承認をムルソーが拒絶することは，遂に「死刑執行の日，大群衆に囲まれ，その呪いの叫びで私を迎えてほしい」という高揚した感覚，自己主張に満ちた最後の願いに到達します[73]。カミュは，文学作品の力を通じて，この異常なほどの否定性に読者を共鳴させています。

しかし，おそらく，このようなことは，それほど異常なことではないでしょうし，少なくとも否定的なことでもないでしょう。この小説の最後は，自己を克服することと永劫回帰というニーチェ哲学の法理を呼び起こします。「私は（中略），再び，人生を始める用意ができたと感じている。あの民衆の怒りが私の罪を洗い清め，私の希望を空にしてしまったかのようだ。この奇跡と星々の輝く暗い空をじっと見つめ，初めて，宇宙の慈悲深い冷淡さに，私は，心を開いた。この宇宙を私自身のもののように感じ，自分の兄弟のように感じることで，私は，自分が幸福であったということ，そして，依然として，幸福であることを悟った（68 頁）。」ムルソーにおいて，この彼の人生の終わりを待ちながら，勝ち誇ったかのような雰囲気は，イェイツの晩年の詩においても，同様の雰囲気を持つものがあったことを思い起こさせます。例えば，『死』の中で，イェイツは，次のように書いています。「恐怖も希望もなく／獣達は死に臨む（中略）／誇り高い偉大な人物は／（中略）冷笑を浴びせかけ／その息の根を留める／彼は死の髄までを知る／死を創ったのは人間なのだと。」更に，『動揺』の中で，イェイツは「墓に赴く者には似合わぬことだ／誇らかに，眼を見開いて，高らかに，笑うことは」というように，知性的で誠実な作品を「呼吸の無駄遣い」として嘲笑しています。

『異邦人』を形而上学的あるいは心理学的に価値のある作品としてではな

---

(72) Stephan Eric Bronner, *Camus: Portrait of a Moralist* 37 (1999).

(73) Albert Camus, *The Outsider*, in *Collected Fiction of Albert Camus* 1, 68 (Stuart Gilbert trans.1960). または，そうすることで彼は彼自身を鼓舞できただろうか？ T. S. Eliot, "Shakespeare and the Stoicism of Seneca," in Eliot, *Selected Essays* 107, 111 (new ed.1950) において，オセロの最後の演説に関する論評と比較対照。「オセロは，道徳的な態度ではなく，審美的な態度を取ることで，彼自身を感傷的な人物に変えることに成功し，彼自身を周囲の世界に抗うように脚色している。」私達は，生まれる前には存在していないことに悩まないから，死の結果，存在していないことを恐れるべき理由がないとセネカは主張している。このように，前向きに陽気になることがストア哲学の基本的な目的である。Seneca, "Letter 54," in Seneca, 17 *Letters* 37 (C.D.N. Costa trans.1988).

く，法学的に価値のある作品として探求し続けたいと望むのであれば，ムルソーと他の悲しい運命を背負った法の拒絶者とを比較することで可能になります。簡単にいえば今日のパラリーガルに相当する書記係の物語であるメルヴィルの小説『代書人バートルビー』との比較が可能です。この小説の題名は，主人公の名前に由来します。ムルソーとバートルビーは，社会の規範的制度を拒絶している点で類似しています。バートルビーは，働くことを拒絶し（使用者からの「私は，そうして欲しくはない」という丁寧であるにせよ，交渉の余地を与えない合理的な要求を突き付けられて），彼は，使用者の敷地から立ち退くことを拒絶し，不法侵入を理由に刑務所に入れられ，食事を拒み，そして，死に至ります（更なる文学作品の例としては，『尺には尺を』のバルナバスが挙げられます。この名前は「バートルビー」という名前に，かすかに反映されているかもしれません。最も古い例は，アキレウスの話でしょう）。「統治される者の同意」は，強力な正当性の主義・主張となります。しかし，私達を閉じ込めている法的・社会的規範の99％は，私達が何らかの有意義な感覚で同意したものというよりも，私達に押し付けられたものです。たとえ，私達が民主主義国家に住んでいたとしても，私達が嫌う法律を避けるために移住あるいは他州へ引っ越す費用があったとしても同様です。拒絶者，精神的な意味での亡命者，非協調主義者達は，その強さと独立心，「大胆な抵抗と抗議の精神[74]」により，私達に強い感銘を与え，その上で，私達に，法的強制を正当化する根拠を発展させるように要求しています。

　バートルビーは，ムルソーと同じく，社会には受け入れられることのない存在です。両者共に手に負えない人物です。しかし，両者の相違は，バートルビーの周囲の人間には，悪意がないという点です。それは，バートルビーを事務所に雇い，彼を救おうとする忍耐強く善良な法律家の存在に象徴されています。バートルビーは，ムルソーと同じく，自らの（宗教的な意味における）使命に忠実であるがゆえに，死ななければなりません。その使命とは，バートルビーに身を粉にして働いてはならないこと，施しを受けてはならないことを命じるものです。しかし，ムルソーとは異なり，彼は，好

---

(74) Graham Seal, The *Outlaw Legend : A Cultural Tradition in Britain, America and Australia* 197 (1996).「法から疎外された者」の文学は，法を扱う想像力に富んだ文学の一種の下位類型と看做すことができる。

感のもてる性格で，彼の礼儀正しさ，落ち着き，厳格さと同時に，恐れを知らず，当たりさわりのない人物であることは印象的です。「メルヴィルの急進的な声は『バートルビーを救い，援助し，神の子供のように抱きしめなさい』と言う。しかし，他方で，彼の保守的な声は『バートルビーのために，これ以上，何ができるというのか？ もし私が全人生を彼に捧げてしまえば，私を当てにする他の人々は一体どうなってしまうだろうか？』とも言う。『バートルビー』の中で，二つの声はまるで人生においてそうであるかのように語りかけてくる。つまり，それらは，同時に語りかけてくる[75]。」

　フランス文学の伝統の中にいるムルソーの背後には，ラフカディオ【『法王庁の抜け穴』の主人公の一人】だけではなく，『赤と黒』(1830年)の主人公ジュリアン・ソレルが控えています。一見したところ，このスタンダールの主人公【ソレルのこと】は，カミュの主人公とは，正反対です。ムルソーは，刑の宣告を受けるまで，感情に乏しい野心のない男でした。ソレルは，非常に感情的で，際限なく野心的な人物です（彼が崇拝しているのは，ナポレオンです）。しかし，二人の若者は同じように，下級階層出身で彼らが身を置く社会からの深い疎外感を表す極端な自己中心主義に苦しんでいます。それは，両者にとって，卑しむべき社会です。両者とも不当な理由，つまり，社会への不適合という理由で有罪の判決を受けます。両者とも死刑を宣告され，どちらの場合も，その宣告は，法に適ってはいます。しかし，それは，行き過ぎているようにも思われます。その一つの理由は，有罪判決が行為ではなく行為者への敵意によって動機付けられているためです。ソレルは，昔の恋人を殺そうとします。なぜなら，彼女の書いた手紙の中で，彼が彼女を誘惑したのは情熱ではなく野心にすぎないと書いてあったのを知り，その内容に耐えられないほどの侮辱を感じたからです。彼は，彼女に軽傷を負わせただけで，彼女も，すぐに彼を許します。しかし，当時のフランス法の下で，殺人未遂は，死をもって罰することができました。そうだとしても，この刑罰がスタンダールの小説で描写されている状況において，死刑が科される可能性というのは，ありそうにないことです。スタンダールは，カミュと同じく，差し迫った時期尚早の不当な死というものを凝視することによってのみ，人生は，威厳と価値と味わいを達成すると示しています。

---

(75) Andrew Delbanco, *Melville: His World and Work* 221 (2005).

ジュリアン・ソレルを破滅させる制度は，ムルソーを破滅させる制度よりも，ごてごてと飾り立てられ，かつ不快です。少なくとも，そのように現代の読者には思われるかもしれません。しかし，おそらく，1930年代のブルジョア的なフランス社会（アルジェリア生まれのフランス人を含む）は，ブルボン朝の王政復古のフランスより，私達の現代社会に似ていることから，そう感じさせるのかもしれません。人間や社会の多様性がスタンダールの小説では，より強烈に描かれていて，それは社会階級，聖職者重視主義，および愛というものが強調されているからです。スタンダールは，彼の描く主人公に，カミュの主人公よりも，一層，批判的な視点を持たせています。

茶番劇としての裁判

私は『異邦人』のムルソーの裁判を「不吉な茶番劇」と呼びました。私達は，本章の残りで，この種の裁判を扱います。法と不正義を結びつけることは，法を描く小説の中で，よく見られる手法です。しかし，しばしば憤りを越えて，嘲笑的な雰囲気が支配的であることもあります。茶番劇としての裁判の例を二つ論じます。『不思議の国のアリス』のハートのジャックの裁判とジョージ・バーナード・ショーの演劇『聖女ジャンヌ・ダルク』の中のジャンヌ・ダルクの裁判です。

ハートのジャックは，ハートのクイーンが作ったタルトを盗んだとして訴えられます（ジャック【ジャックを表すknaveには悪党という意味がある】が悪辣な行為〔knavish conduct〕で訴えられるというのも驚くことではないでしょう）。裁判は，まぬけなハートの王の前で行われます。告訴人である女王は，法廷の正面で王の横に座っています。しかし，女王は，裁判で公的な役割を担っておらず，怒りのあまり首尾一貫していません。有名な台詞「判決が先，評決は後（Sentence first, verdict afterwards）」を述べたのは彼女です[76]。裁判は，12匹の小動物から構成される陪審に付されます。それぞれが似たり寄ったりで愚鈍な生き物達です。驚くべきことに，陪審員は，メモを取ることができるように石板とペンを与えられています。ごく最近まで，現実の陪審員は，メモを取ることを禁じられていました。この禁止を解除することは喜ばしい改革です。しかし，ジャックの裁判における陪審員達にとっては，無駄なことでした。裁判が始まる前に，彼らは石板にペンを走

---

(76) Lewis Carroll, *Alice's Adventures in Wonderland* 122 (1865).

らせているのにアリスは気がつきます。そして，彼らは「裁判の終わらない内に，忘れると困るから」という理由で，それぞれの名前を書きとめているのだと，アリスに説明します（108頁）。これを見て，アリスは「頓馬な連中！」と軽蔑を込めて言います。すると，全ての陪審員が「頓馬な連中」と石板に書きます。「ある陪審員は，きいきいと音の鳴る石筆を持っていました。アリスは，もちろん，これには我慢できません。法廷を廻り，その者の背後に行き，機を見計らって，それを奪いました。それを素早くやったので，可哀そうに，その小さな陪審員（トカゲのビル）は，いったい，どうして石筆が無くなったのか，見当がつきません。それで方々探し廻った挙句，その日は，指で書かなければなりませんでした。ところが，これでは，石板に跡が残りませんから，まるで役には立ちません（108-109頁）。」

　陪審員は，裁判官，証人，傍聴者（裁判中に，おしゃべりをしてしまったことから「発言が禁止された」2匹のモルモットやヤマネを含む）や裁判に関わる全ての関係者と同様に，まぬけなだけではありません。女王がインクスタンドをトカゲのビルに投げつけたように，陪審員は，ひどく威圧されていて卑屈です。トカゲのビルは「一本の指で石板に書いても，何も跡がつかないので，書くのを止めました。でも，インクが顔を伝って来るので，それを使い，慌てて書き始めました（122頁）。」王が最初の証人（奇妙な帽子屋）に警告を与えたときに見られるように，証人も同様の扱いを受けています。「証拠を申し立てなさい。（中略）びくびくするな，さもないと即座に死刑に処するぞ（111頁）。」

　恐らくジャックが書いたと思われる詩が決定的な証拠であるとされています（この詩には，この作者は泳ぐことができないと書かれています。そして，ジャックは，ボール紙で作られていることから，水泳は，できないことを認めています）。その詩は，意味が不明で，ジャックの署名がされてはいません。しかし，その詩には，詩で示唆される者がタルトを元に戻したことが述べられていて，実際に，タルトは，裁判の間中ずっと裁判所のテーブルの上にありました。しかし，ジャックがタルトを盗んだかどうかは，解決されないままです。このような状況で，短気な女王が，たまりかねて「判決が先，評決は後」と叫び，完全な混乱状態です。そこで，巨大な身の丈になってしまったアリスが「ばかばかしい！（中略）先に判決をやるなんて！」と叫びます。それに対して「その首をちょん切ってしまえ！」と女王が言い返し，更に，アリスは，反撃します。「あなたなんか，かまうもんですか（中

略）たかが一枚のトランプのくせに！（122 頁）」そこで，魔法は解かれて，彼女は，夢から覚めます。

「これは，子供の目に，このように写ると思われる法的手続である。これは，理解できない専門用語を使うことで威嚇させ，同時に滑稽で狂った不条理と現状の恣意的な権威を表現している。しかし，私達自身の無邪気な子供の目線で，これらを打ち負かすこともできるのである。『たかが一枚のトランプのくせに』という台詞は，私達に，意味不明な書類を投げつけ，理解できない法的手続に服従させようとする者達に，言い放ちたい台詞でもある[77]。」ジャックの裁判は，ナンセンスな裁判です。しかし，効果的な風刺を十分に含んでいる点で，現実の裁判と重なり合うところがあります。「その首をちょん切ってしまえ」という台詞に見られる動機は，初期の英国法における反逆者（その多くが単なる政敵でした）を処刑する典型的な方法を思い起こさせます。陪審員や証人や傍聴者を威嚇することは，ありふれた話です。同じように，無能な裁判官（国王も，国王の妻である女王が犯罪の被害者という意味で，中立的ではありません），無知な陪審員，怒れる被害者，不愉快な被告人に有罪判決を下したい衝動，無関係な証拠や決定的に曖昧な証拠もありふれた話です「判決が先，評決は後」は，スターリンの粛清裁判の信条になり得ます。女王のような影響力のある人物により唱えられたときは，なおさらです（『不思議の国のアリス』が書かれたとき，英国の君主は，女王でした）。アメリカの裁判官や弁護士は，手続の不適切さを表す比喩として，好んでこの文章を引用します[78]。

しかし，それは全て夢物語に過ぎず，あまりに馬鹿げているので，不吉なものとしても扱うことができません。一方で，ジョージ・バーナード・ショーの演劇で描かれているジャンヌ・ダルクの裁判を，これと同等に評価するべきではありません。この裁判も茶番劇で，ばかばかしいという点では

---

(77) Atwood, 前掲注 31, 515 頁。
(78) 例えば，Southern Union Co. v. Southwest Gas Corp., 415 F.3d 1001, 1003 (9th Cir. 2005); Summers v. McLanahan, 2004 WL 14090843, at *9 (Cal. App. June 24,2004) を参照。Marc Mauer, "Alice in Wonderland Goes to Criminal Court, or, How Do We Develop a More Effective Sentencing System?" 14 St. *Louis University Public Law Review* 259 (1994); Robert S. Pasley, "Sentence First ― Verdict Afterwards: Dishonarable Discharges without Trial by Court-Martial?" 41 *Cornell Law Quarterly* 545 (1956) を参照。アメリカの裁判官による文学作品の引用に関しては，Todd Henderson, "Citing Fiction," 11 *Green Bag* (2nd series) 171 (2008) を参照。

似ています。しかし，途中で終わったハートのジャックの裁判よりも，最終的には，無実の若い女性であるジャンヌが（彼女は，小説上の人物ではなく，歴史上の人物です），死刑執行されるように，この演劇は，より重々しい印象を与えるものです。これは，実際に，判決が評決に先行する裁判です。ジャンヌは，ルーアンにある臨時の教会裁判所で，異端の罪により裁判を受けています。ルーアンは，イングランド人に支配されている都市であり，イングランド人は，彼女を処刑すべきであると決意しています。ウォリック伯爵は，裁判を主催している司教と教会の役職者に，裁判が始まる直前に，次のように告げます。「彼女の死は，政治上，必要なことなのです。（中略）教会の祝福なく処刑しなければならないことは，遺憾です[79]。」イングランドの聖職者の代表（従軍司祭）が裁判で「城門には八百の兵士が待ち構えている。あなた方がどう反対しようとも，この忌まわしい魔女の火あぶりを見るつもりですぞ」と裁判所に警告をします（134頁）。

　茶番劇の印象は，早い段階から，感じとることができます。審問官（検察官。ヨーロッパ大陸の手続における予審判事の原型）は，64件あった異端の告発に関する訴因を12件に減らします。従軍司祭は，これに憤ります。彼は，ジャンヌに対する最も重要な告発内容の一つは，天国の声が彼女にフランス語で（彼女が話す唯一の言語）話しかけたことであると主張します。彼によれば，天上にいる者は，英語で話すと考えられています。こう考えているがゆえに「英語が悪魔の母語だと認めることは，あなたに対しても（中略）イングランド王に対しても，少々礼を失した結論になりますな」と，審問官が従軍司祭をなだめます。なぜなら，審問官も，従軍司祭も，その声は「彼女を破滅させるように，そそのかす悪魔（119頁）」の声であると信じていますし，少なくとも信じているふりをしているからです。もう一人の若き聖職者が現れ「サンリ司教の馬を，あの娘が盗んだという事実を揉み消そうとする陰謀が，あるらしいのです」と主張します。審問官は，無愛想に，回答します。「ここは刑事裁判所ではない。そのような愚にもつかぬ事柄で時間を浪費するつもりですか？（120頁）」

　ラドヴニューという名の修道士は，ジャンヌに同情的です。彼は「しかし，あの少女が異端であることに何か大きな害があるのですか？それは，単に彼女が無知であるということではないのでしょうか？」と尋ねます。こ

---

(79) Bernard Shaw, *Saint Joan: A Chronicle Play in Six Scenes and an Epilogue* 117 (1951 [1924]).

れに対して，審問官は『ハワーズ・エンド』のヘンリー・ウィルコックスが述べたことと同種の「滑り坂理論」で答えます。

> もし，あなたが異端者の中に私の見ているものと同じものが見えたとすれば，その動機は，表面上，如何に悪意もなく，愛すべきもので，敬虔にさえ見えるものであったとしても，それを軽々しく考えることはないだろう。（中略）私の述べることを心して聴いて頂きたい。女が女らしい身なりを嫌って男装するのは，男が毛皮の衣を脱ぎ捨てて，洗礼者ヨハネをまねるに等しいことだ。夜の後，朝が来るのと同じくらい確実なように，服を着るのを拒絶する野蛮な男女の集団が，その異端者の後に続くことにはならないか。娘達が結婚もせず，しかも修道院に入ることを拒み，男は男で，結婚を拒絶し，その者達の欲望を神の啓示として褒めそやすようになれば，夏が春の後にやってくるのと同じくらい確実に，一夫多妻から始まり，近親相姦に終わることも，また，必然の理となってしまうだろう（121-122頁）。

この主張は，ナンセンスです。しかし，法的主張の形式と雰囲気を帯びたものです。

　この裁判は，即決されます。裁判では，ジャンヌと聖職者の言葉の応酬がなされます。相手が慣例を持ち出してきたことに対して，彼女が「先例に従うのが，あなたの行動原理なの？（128頁）」と述べることで，この応酬に，彼女は勝ちます。しかし，全ては無駄でした。「彼女の完全なる単純な物の見方は，この世界の悪意のある過ち，あるいは，善意の過ちの全てを耳障りな音を立てながら切り裂いていく。しかし，それも，ショーが描いているように，世界が怒りを伴って，全ての社会制度を統合化したように，彼女の前に立ちはだかる。そして，全ての権威者の声は，この娘には我慢ならないと宣言するのである[80]。」

　彼女は，拷問を恐れ，信仰を改めます。しかし，そうすることで，彼女の刑が単に終身刑に変えられるだけにすぎないと知ったとき，彼女は，回心を拒絶します。教会裁判所は，彼女を破門するよう命じます。教会の自尊心と

---

(80) Louis L. Martz, "The Saint as Tragic Hero: *Saint Joan and Murder in the Cathedral*," in *Tragic Theme in Western Literature* 150, 160 (Cleanth Brooks ed.1955)（脚注省略）。

しては，殺人を良いものとはしないため，彼女を殺す目的で世俗の権限（イングランド人）に，彼女を引き渡しました（138頁）。(これは，極度の法尊重主義です。）従軍司祭は，彼女を火刑場に送るイングランドの兵士に加わります。フランス人聖職者の一人は「これは不当だ」，「世俗の代表者に娘を受け取りに来させるべきだ」と述べます。審問官は，法尊重主義の更なるパロディのようなかたちで答えます。「私達は，完全なる秩序の中で手続を行ってきた。イングランド人が間違った方法を選んだとしても，正しい方法に導くのは，私達の仕事ではない（139頁）。」審問官は，ジャンヌが「全く無知な者」だと述べています。「彼女は，教会や法律について，何を知っているだろうか？ 私達が話す言葉一つといえども理解してはいなかった（139-140頁）。」しかし，なお，彼は，冷静に彼女の処刑を見つめます。彼は，そのような光景を前にしても落ち着いています。なぜなら，彼が述べるように「先例こそが全て」だからです。これは「慣れていない者は，得てして敏感になるものだ（The hand of little employment hath the the daintier sense)」というハムレットの発言を別のかたちで表現したものです。従軍司祭は，今まで人が火刑場で焼かれるのを見たことがなかったため，彼は，自制心を失います。「［燃え盛る火の中で］彼女は，汝［神］の御名を叫んでいる。イエス様！イエス様！イエス様！と。彼女は，神の御胸に抱かれている。そして，我が身は，永劫の地獄にあるのだ（141頁）。」

第2章

法の起源

― 法の原型・文学的特性としての復讐 ―

　オリヴァー・ウェンデル・ホームズは，法が復讐に由来すると考えるのは正しいと主張しました[1]（私は，本章で，その幾つかの証拠を提示するつもりです）。私も，これは，正しいように思います。起源としての復讐は，幾つかの法理論や手続，匡正的正義や応報思想に関する法原則の全てに，その残滓が見られます。復讐心に燃えた感情は，今日でさえ，法の執行に重要な役割を果たしています。復讐に注目しなければ，一般的な法理論ですら，完全に理解することはできないように思われます。また，復讐は，西洋の文学伝統の不朽の名作における主題でもあります[2]。文学における復讐の描写は，復讐についての何らかを教えてくれます。それは，復讐と隣り合わせにある法の内容や復讐の範囲を限界付ける法や正義といったものです。更には，復讐に関する法律家や社会学者の分析も，復讐文学についての何らかを私達に教えてくれるものです。ハムレットが父親の殺害に対する復讐を，なかなか実行できなかった謎を晴らすことさえできるのです。

復讐の論理

　私は，本章の主要な文学における素晴らしい劇的な作品から離れて，先ず，復讐の論理を概略することから始めます。これから私が示す概略は，合理的選択理論（広い意味での経済学）における専門用語を使用します[3]。し

---
(1) Oliver Wendell Holmes Jr., *The Common Law* 2-25 (1881).
(2) 調査に関しては，John Kerrigan, *Revenge Tragedy: Aeschylus to Armageddon* (1996) を参照。
(3) 例えば，Richard A. Posner, *The Economics of Justice*, 第8章（「応報と，それに関する刑罰の諸概念」）(1981); Robert Axelrod, *The Evolution of Coopertation* (1984); Robert H. Frank, *Passions within Reasons: The Strategic Role of the Emotions* 1-70 passim (1988); Maria

かし，この理論は，歴史的，人類学的に多様な文化の復讐を描く文学とも，整合性がとれています[4]。

　復讐への情熱は，合理的で手段的な思考とは，正反対のもののように思われます。特に，復讐は，埋没費用【事業の撤退または縮小により回収できない費用】を無視し，過去は過去のままにしておけという経済学者の掟を無視しているかのように考えられるからです。加害者を抑止するための法的賠償が講じられる可能性がない場合，その潜在的な被害者は，自己防衛に熱心になります。しかし，自己防衛は，極めて高くつきます。しかも，しばしば無駄なものにもなります。代替手段としては，損害を与えられた後に加害者に対して報復することが考えられます。あなたが「合理的な人間」であれば，その損害は，埋没費用であると理解するでしょう。加害者に対し，報復として，どれほどの損害を与えようとも，自分が負った損害が回復されることはないのです。あなたが相手に報復するために自らが負うべき危険や負担は，どのようなものであっても，単に，最初の加害行為に関する費用を増加させるだけのものです。復讐文化において加害行為を防ぐために，潜在的な被害者は，潜在的な加害者に，次のことを確信させなければなりません。すなわち，それは，たとえ報復の期待便益が被害に遭った後に算定された期待費用よりも少なくても，被害者は，加害者に報復するということです。すなわち，たとえ不合理であったとしても，報復するときが来たときには，必ず報復するという確信を相手に与えなければなりません。このような確信をもたせることは合理的でしょう（しかし，従来の経済学的分析では，見逃されています）。すなわち，損害を少なくする代わりに，とにかく復讐をする確

　　Radinsky, "Retaliation: The Genesis of a Law and Evolution toward International Cooperation: An Application of Game Theory to Modern International Conflict," *2 George Mason University Law Review* 53 (1994) を参照。小説における登場人物の行動を説明するため，または理解するために，私が本章で経済的合理性による行為概念を用いることに関して，Paisley Livingston, *Literature and Rationality: Ideas of Agency in Theory and Fiction* (1991) において，その妥当性が証明されている。

(4) このような文学の例として，Keith Otterbein, "Five Feuds: An Analysis of Homicides in Eastern Kentucky in Nineteeth Century," 102 *American Anthropologist* (new series) 231 (2000); David Cohen, *Law, Violence, and Community in Classical Athens* (1995); Stephan Wilson, *Feuding, Conflict and Banditry in Nineteenth-Century Corsica* (1988); Christopher Boehm, *Blood Revenge: The Enactment and Management of Conflict in Montenegro and Other Tribal Societies* (1984) がある。

信をもたせることで，場合により，復讐を実行しなければならない費用よりも大きな便益を生み出す可能性のある加害行為を十分に抑止することができるかもしれません。復讐を確信させることの法と政治における類似例は，例えば，企業の経営者が敵対的買収を防ぐために講じるような「ポイズン・ピル条項【新株を発行して買収者の議決権割合と株式保有価値とを引き下げて，買収の意欲を削ぐ条項】」のような自滅的な防衛手段も含みます。この結果，買収企業は，負債で壊滅状態になっている企業を所有することになります。あるいは，『博士の異常な愛情／または私は如何にして心配するのをやめて水爆を愛するようになったか』において「『皆殺し』装置（Doomsday Machine）」というかたちでパロディ化されているアメリカ合衆国と旧ソヴィエト連邦の大規模な核報復攻撃も，このような確信の一例です。

　公的な法制度のない社会において，法的な執行という意味で加害者に報復する確信をもたせることはできません。そのような社会においては，本能または文化から復讐の確信が生まれなければなりません。人間の先史時代には，報復の本能に恵まれている人々は，生存競争の中で他の人より生き残る傾向にあったでしょう。現実の被害または想像上の被害に対して復讐をしたい願望を有する者は，復讐を行う際に，純利益【総収益から総費用を差し引いたもの】を計算しているわけではないのです。従って，復讐は，人間の遺伝子における構造の一部なのかもしれません[5]。執念深さが感情に根付いてしまっていることに加え，それが普遍的であることは，このような推測の証拠となるでしょう。

　しかし，報復するという威嚇を完全に確信させるためには，本能以上のものが必要でしょう。復讐が社会的相互作用を調整するための重要な役割を演じている文化においては，名誉心を教え込むことが強調されています[6]。不名誉を与えられたことに対する反応としての羞恥心は，恐怖心を克服することを助け，攻撃されたり罵倒されたりした場合に，その被害者が泣き寝入りすることなく報復に打って出る可能性を高めます。名誉，恥，復讐の相互作

---

[5] Robert L. Trivers, "The Evolution of Reciprocal Altruism," 46 *Quarterly Review of Biology* 35, 49 (1971); J. Hirshleifer, "Natural Economy versus Political Economy," 1 *Journal of Social and Biological Structures* 319, 332, 334 (1978).

[6] 復讐における名誉感情に関しては，Frank Henderson Stewart, *Honor*, 第5章 (1994) を参照．

用から，交換，均衡，互恵，「現状の維持・回復[7]」という概念が成長しました。これは，後に法により採り上げられた概念であり，当初は，匡正的正義という名の下で論じられていました。

　復讐という遺伝子の衝動を覆う更なる文化的産物としては，拡大家族【二組以上の核家族から構成される家族】の存在が挙げられます。復讐社会における加害行為の潜在的被害者は，協力者を必要とします。そうでなければ，殺人を抑止するものは存在しません。協力者を探す通常の場は，親類の中にあります。法律の初期段階には，殺人は，全く私的な罪であり，今日の不法行為訴訟におけるかたちで死亡を理由とする訴訟が殺人の被害者の親族により提起されていました。このことは，親族の居ない人間を殺害しても，何ら法的制裁が存在しないことを意味しています。しかし，超自然的な制裁は，恐れられていたようです[8]。親類関係は，潜在的復讐者の数だけでなく，復讐の潜在的被害者の数も増大させます。そうすることにより，復讐にかかる費用は減少します。XがYを殺したならば，Yの家族は，X自身だけではなく，Xの兄弟に対しても復讐しようと決心する可能性もあります。おそらく，Xの兄弟の方がXよりも復讐を受けやすいかもしれません。従って，責任が共同体全体に広がることにより，人々は，親類の誤った行為が，その行為をした人物ではなく他の親類への報復に広がることを恐れて，親類の構成員が加害行為をしでかさないように管理しようという動機を有することになります。

　復讐の文化は，修辞的な技術に重きを置くようになります。たとえ，親類であったとしても，自分以外の者のために，自らを危険にさらすのは気乗りのしないことです。そこで，あなたは，犯罪者が悪かったことを親類の目にも明らかなように説得できなければならず，更に親類の将来の安全のために，あらゆる危険が伴ったとしても，報復すべき重要性を，その親類に説得できなければなりません。

　この議論は，復讐が社会統制の欠如の徴候ではなく，むしろ，法律のよう

---

(7) 報酬と復讐との密接な関連性に関しては，Peter Singer, *The Expanding Circle: Ethics and Sociobiology* 39 (1981) において，強調されている。

(8) この両者の指摘に関して，S. C. Todd, *The Shape of Athenian Law* 272-273 (1993) を参照。しかし，トッドによれば，古代アテナイの法の下において，殺人が被害者とは無関係の者の命令で訴追されたことは，明らかではないにせよ，その可能性はあるものとされている。同 273 頁。

な社会統制の制度であることを示しています。しかし，復讐は，高くつくだけではなく扱いにくいものです。その理由の一つは，復讐が専門化されていないことにあります。専門化された社会であれば，法を執行するために常勤で働く者がおり，地域社会の残りの人々は，他の常勤の職業に自由に従事することができます。しかし，そうでない社会ならば，全ての人が捜査官，検察官，裁判官，保安官，執行官の役回りを引き受け，その人生における時間を費やさなければならず，それぞれの役割を果たすのに，必要な技術や知識を身につけなければなりません。そして，全ての人が同じ適性や資質を持っているわけではないにもかかわらず，復讐の務めに適していない者が，その役割を担わなければならない場合も生じます。

復讐の倫理的価値観は，拡大家族内における強度の忠誠心を育むことになるため，更に大規模な連帯感を育むことを困難にします。すなわち，小さな集団内の強度の忠誠心は，市民的な意味での忠誠心の形成を鈍らせます。これは，プラトーンが『国家』において，『イーリアス』のアキレウスの描写に対し，異議を唱えていたことを思い起こさせるものです【プラトーンの『国家』によれば，真の聖人君子たる者は，自分のことだけで充足した人物であって，他者の不幸せに関して，それが，たとえ身内のことであっても，決して動揺すべきではないことが説かれており，アキレウスが親友パトロクロスの死を嘆き叫ぶ場面を引用し，それを堪え性のない態度であると批判している。『国家』第3巻第2節以下参照】。

復讐社会においては，誰もが自我を心に抱いています。軽蔑されたと知ったときに，それに対して報復しようという傾向が強まるほど，誰も敢えて軽蔑しようとは思わなくなることも知っています。しかし，一般的な帰結として，大きくなりすぎた名誉心は，ジュリアン・ソレルの破滅の元凶である復讐という異常な行為を導きます。保守的なアメリカ南部や，今日のアメリカのスラム地区のように名誉心が強度に植え付けられた文化では，軽蔑に対して率先して復讐することが知られています。このような傾向が抑止効果になっている一方で，結局のところ，名誉心が軽んじられている文化よりも暴力的であるのです[9]。

---

(9) Richard E. Nisbett and Dov Cohen, *Culture of Honor: The Psycology of Violence in the South* (1996), 特に, 88-91 頁。David Hackett Fischer, *Alboin's Seed: Four British Folkways in America* 892 (1989).

復讐は，頻繁に行われすぎる傾向があります。なぜなら，復讐者は，自らの訴訟の裁判官になり，自分に有利な善悪の均衡の中で誤った判断を下す可能性が高いからです。また，誰も注意を向けてくれないときには，軽蔑されたと感じ，復讐者は，復讐の確信を維持するために，彼に加えられた全ての損害を可能な限り最悪の観点から解釈しなければならないと信じるようになります。そして，加害者は，被害者になります。そのように被害者の復讐の衝動は，文化的に磨き上げられていきます。その衝動は，加害者に対する（おそらく正当な）復讐により活性化され，反対に，元々の被害者か，あるいは，被害者に代わって復讐を遂げた者に向けられるようになります[10]。このような反作用は，十分に，あり得ることです。なぜなら，人間は，自らの行為を合理化するのに長けており，加害者も自らを不法行為者であると認めないからです。（加害者が隠れていたり，十分に保護されており）加害者に対してではなく，その加害者の家族に復讐が行われる場合，その応報を加害者が逃れる一方で，その加害者自身を家族に行われた復讐に仕返しするべき義務を負う被害者とする可能性を高めます。このように，より幅広い共同体を犠牲にして，家族の連帯は，更に強化されます。

　制裁が即座に執行されないことは，最初の被害者の子孫が加害者や<u>加害者の子孫</u>を追い続けるような世代間の確執を生み出す可能性もあります。しかし，復讐の範囲を拡大しても，しばしば，同じ家族の構成員間の犯罪においては，復讐が行われないままになることもあります。例えば，父親殺しの息子に対して復讐するべき者は，その息子自身になってしまいます。『ベオウルフ』は，このような父親殺しの状況で十分に復讐を果たせないことの嘆きが描かれています。『オイディプース王』の話の筋は，このような状況に対処する代替的帰結を描いています。すなわち，オイディプースの親殺しと近親相姦は，テーバイの街に「汚染」（疫病）をもたらします。

　復讐による威嚇が効果的な抑止力となるためには，更に，被害者と加害者の本質的な心理傾向が何らかの点で転換される必要があります。潜在的な被害者は，どんなに費用がかかっても，彼ら自身に加えられた不法行為に対して，暴力的に報復するという揺るぎない確信を加害者に与えなければなりま

---

(10) 従って，オデュッセウスは，彼が自分の妻へ言い寄ってきた求婚者達を皆殺しにした際に，その被害者の家族達が復讐をしてくるのではないかとの懸念を表しており，実際に，その復讐を防ぐために神通力を求めている。『オデュッセイア』XX. 42-43; XXIV. 531-540.

せん。他方，潜在的な加害者は，被害者による報復の可能性をも含めて，加害行為の費用を合理的に計算することで，その加害行為を自制しなければなりません。復讐としての正義は，多すぎる刑罰か，少なすぎる刑罰のどちらかしか生み出さないのです。なぜなら，それは，感情に依存しているからです。平均的な人間の復讐心は，急速に衰えていきます。そのことから，復讐心は，高額な費用をかけてまで，更には，危険を冒してまで，迅速な逮捕を逃れようとする加害者を追い詰めたり罰したりする十分な動機を提供しないかもしれません。初期のローマ法は，英米法や初期のゲルマン法と同様に，現行犯で捕まえられた窃盗犯（「一目瞭然の盗人」）に死刑を科すか，奴隷としました。しかし，その場を逃れ，後で捕まった場合（「一目瞭然ではない盗人」），刑罰は，より軽くなりました[11]。このような例は，抑止的見地あるいは応報的見地からは，ほとんど説明できません[12]。しかし，このことは，復讐，つまり，時の経過と共に冷めていく傾向のある欲求を刑法が裏付けているのです。

　復讐という制度は，執念深い怒りに重きを置き，同じく怒りっぽさと赦し難さという特徴，とりわけ，軽蔑に直面したときに「合理的に」行動することを拒むという特徴があります。これらは，市場経済のような社会的協力の形態の出現を遅らせるものです。商業は，妥協により欲望を抑え込むという意思に基づき（市場は，商品やサービスに，人々が与えている主観的価値を有限の価格に変換し），従って，相互作用の社会的規範としての規制と通約可能性【共通の評価基準が存在すること】を認めることに基づいています。

　現代社会においてでさえ，復讐は，公的な法の執行を補完する役割を果たしています。義憤と正当化された怒りのかたちで表される執念深さは，犯罪被害者やその家族が犯罪者の逮捕を助ける動機を与えます。金銭的な理由から犯罪者が逮捕されるような動機が生じることは稀です。19世紀英国の偉大な刑法学者であるジェイムズ・フィッツジェイムズ・スティーヴンは「犯罪者が嫌われるべき存在であることは，非常に望ましいと考えるべきである」と説明しています[13]。なぜなら，何か悪いことを行った人（あるいは，

---

(11) Henry Sumner Maine, *Ancient Law* 222-223 (1917 [1861]).
(12) しかし，これは<u>無意味</u>なことではない。犯罪者が現行犯で逮捕されたとき，有罪に対する疑いの余地は少なくなり，誤審から生じる費用も減ることになる。
(13) Stephen, *A History of the Criminal Law of England*, vol. 2, 82 頁（1883）. Steven Eisenstat, "Revenge, Justice and Law: Recognaizing the Victim's Desire for Vegeance as a Justification for

その家族や国家等)に嫌悪感を抱かなければ、刑法を執行する圧力は、ほとんど生じないからです。従って、スティーヴンは、裕福な犯罪者を財産刑という手段で罰することは、抑止効果としては十分であるにせよ、拘禁刑に代わりうるほどのものではないことを強調しました。財産刑は、犯罪者に、十分な苦痛を与えないために、復讐を求める一般社会の渇きを癒しはしないからです。

　スティーブンが復讐を強調するのは、自然なことです。なぜなら、彼の時代、刑法は、私達が奇妙に思うほどに、私物化されていたからです。検察官は、公務員ではなく、個々の事件ごとに刑事被告人を訴追するために雇われた民間の法律家でした。商人は、窃盗犯を訴追するために法律家を雇うことができました。公的な警察というのは、近代における革新的制度です。しかし、それは、私達が慣れ親しんでいる警察に比べて、全く専門的でもなく、官僚的でもなく、法の執行は、復讐の本質により近いものであり、犯罪被害者の感情に、より強く依存していました[14]。不法行為者の責任を追及し、罰したいという感情さえあれば、たとえ組織化された法執行機関が存在しなくても、法は、執行され得ます。しかし他方、被害者の感情は、法執行機関が法を執行するための重要な契機として残存します。

　友人や家族による虐待といった問題から、政治家による背任行為に至るまで、扱いにくく費用のかかる法的機構を作動させるには、些細で正当化できないような加害行為と権利侵害を抑止するという役割も、復讐は、担っています。しかし、復讐行為それ自体が罰せられなければならないことも頻繁にあります。例えば、裏社会において、よく見られる報復殺人が行われた場合や、雇用差別に対して訴えを提起した被用者を解雇するような法的権利行使に対する報復の場合です。

　従って、ある者が復讐制度の道徳の枠組みから、一度、踏み出してしまうと、復讐としての正義は、道徳的観点からみて、粗雑なものとなります。復讐としての正義は、法の支配の形成を遅らせ、法の支配を適用するための専門化された制度を欠いているため、非難に値する不正義に対し、正当化され、許される不正義を区別することができません。ここでいう非難に値する

Punishment," 50 *Wayne Law Review* 1115, 1165-1168 (2004) も参照。

(14) Harld J Krent, "Exucutive Control over Criminal Law Enforcement: Some Lessons from History," 38 *American University Law Review* 275, 290-295 (1989) を参照。

こととは，絶対的なものです。復讐者は，本来の加害者と同様に「犯罪者」なのです。復讐としての正義は，この特徴において血讐を社会病理的なものではなく，合理的なものにしています。法は，非難に値する行為に対して刑罰という優れた尺度と不法行為者に対する世間の非難という機構を提供しています。これは，刑罰を正当化するのに役立つのみならず，そこにおいて適度な羞恥心を植え付けるのにも役に立っています[15]。

　復讐の制度は，不安定なものです。親族集団が大きくなるほど，報復の恐れという抑止は，働かなくなってきます[16]。そこで，親族も含む如何なる者による威圧も受けないほどの大きな武装集団を形成する競争が生まれてきます。親族関係の擬制は，その代替となる組織原理としての市民を持つ国家の形成へと至るものであり，親族集団を「本来の」限界を超えて拡大させます。アイスランドのサーガは，この移行を描写しています[17]。もともとは無人の土地であったアイスランドに，西暦10世紀ごろノルウェー人が定住しました。300年もの間，アイスランド人は，復讐を合法であるとするだけではなく，社会秩序の基礎であるとして，基本的な政治・法制度により運用してきました。国が貧しかったために，食糧と身を守ることを引き換えにする封建制度のかたちで君主が家来を養うことは，困難でした。君主は，軍隊を自由に扱うことができなかったために，社会の人々の身の安全を守ることが全くできなかったわけではないにせよ，ほとんど，できないに等しいものでした。指導者は，存在していました。しかし，彼の自由となる軍隊は，少数の親類縁者，扶養家族，午後に休みをとって仲間の世話をする子分達でした。その力は，不十分で，限定されたものでした。誰も，社会全体に，国王による平和を提供するだけの力がなかったのです。

　共同体は，軍隊を養うための経済的余剰を必要とします。アイスランドが独立していた期間の後半に至って，ローマ・カトリック教会は，ようやくアイスランド住民から，相当の税金を徴収することができるようになりました。しかし，ローマ・カトリック教会は，大半の税収を有力な族長の財源に

---

(15) Gary Jonathan Bass, *Stay the Hand of Vengeance: The Politics of War Crimes Tribunals* 288 (2000) と第7章におけるヘンリー・ハートの刑罰論理に関する議論を参照。

(16) Boehm, 前掲注4, 168頁を参照。

(17) William Ian Miller, *Bloodtaking and Peacemaking: Feud, Law, and Society in Saga Iceland* (1990), 私の著作 *Overcoming Law*, 第14章 (1995) における議論を参照。Theodore Ziolkowski, *The Mirror of Justice: Literary Reflections of Legal Crisis*, 第3章 (1997) も参照。

ならないように阻止することはできませんでした。その中でも，6人の族長は，内戦を行えるほどに強力となり，この時点に至って，住民は進んでノルウェー王に保護を求めるようになりました。そのようにして，アイスランドの独立は終局を迎えました[18]。内戦は，避けられるはずのものでした。軍事力を競うことの全てが必ずしも戦争を惹き起こすわけではありません。しかし，政権を独占することから得る潜在的利益が大きく，そして，達成可能であるような場合には，容易に戦争という誤算が導かれるのです。

このような批判があるにもかかわらず，私は，復讐が悪い正義の制度であるとは，主張しません。それは，どのような選択肢を，その制度が用意するかに左右されます。『オデュッセイア』は，復讐を完全に正常なものとして描写しています。オデュッセウスが自分の妻に求婚する無頼漢を殺して，その無頼漢達と寝床を共にした多くの召使達を吊るし首にしています。読者は，それを残虐に思うかもしれません。『オデュッセイア』の世界で正義を実現する他の制度は，存在していません。それはあたかも，冷戦時代に，ソヴィエト連邦が次のように信じられていたことから世界平和が保たれていたのと同じことです。それは，たとえ生き残った少数の人々の利益が全く残されていないほどに，アメリカの国土が荒廃しようとも，ソヴィエトは，核には核をもって復讐をするだろうという確信です。

被害者とその家族から，加害者を罰する責務を引き受ける国家，または，その他の組織化された共同体が存在する前から，復讐を制限するように，慣習は変化していました。応報主義，すなわち，不当な行為と，それに対する均衡ある復讐は，血讐を生じさせる過剰反応（私の眼を，お前の命で贖え）の可能性を減らすものです[19]（従って，応報主義は「骨抜きにされた復讐」といえます[20]）。更なる考えとしては「示談金」（殺害賠償金，人命金）が挙げられます。そのような損害の賠償として支払われた金銭は，被害者，あるいは，その家族に受け取るよう要求されるものであるか，あるいは，少なくとも，受け取るように促されるものです。それにより，加害者は，免責されます。社会にとって，金銭や財産の移転は，暴力をふるうよりも費用がか

---

(18) Thráinn Eggertsson, *Economic Behavior and Institutions* 309-310 (1990).
(19) これはアクセルロッドの主要な主題である。前掲注3, 121-123頁を参照。
(20) Andrew Oldenquist, "An Explanation of Retribution", 85 *Journal of Philosphy* (1988). Thomas C. Bilello, "Accomplished with What She Lacks: Law Equity, and Portia's Con ," in *The Law in Shakerpeare* 109, 122-123 (Constance Jordan and Karen Cunningham eds. 2007) を参照。

かりません。このように一方的に財産を移転しないならば，更に，別の暴力が惹き起こされる可能性があるという意味で社会的な損失は免れないでしょう。

更に，復讐を制限する原則として，双務的な親族関係が挙げられます。アイスランド人は，父系の親族も，母系の親族も，同等の存在として扱っていました。このことは，家族を強化することで，復讐の確実性が増し，それは，加害者への抑止効果として働きます。そして，紛争を引き起こした者は，その紛争における加害者と被害者の両側に，親族を置く可能性が高まります。親族達は，ここにおいて板挟みになり，自然と紛争の仲を取り持とうとします。『イーリアス』は，憐れみが復讐の残酷さを和らげるかもしれない可能性を更に暗示するものです。

応報は，あらゆる不当な行為に有効なわけではありません。例えば，名誉毀損や，被害者と加害者が同じ状況にない場合（隻眼のAがBの一方の目をえぐる場合）には，有効ではありません。加害者が捕まえられ，罰せられるのが必至ではない場合，応報は，十分な抑止とはなりません。なぜなら，このような場合，刑罰の総量と犯罪の総量に，釣り合いがとれていないことになるからです。復讐感情が掻き立てられ，そのような感情に満ちた状況において，制限された報復や不法行為による損害賠償として金銭や財産の授受や憐れみをかけることを維持するのは，困難です。

法的強制力の主たる制度は，国家の誕生と相前後して生まれてきたものです。復讐は，応報，示談金，憐れみの感情というように洗練されていったにせよ，結局は，支持を失ってきました。国家は，権力の独占を主張します。従って，法を誰か一人の人間の手に握らせること自体が犯罪となります。そこで，社会的に見て，それほど混乱を伴わないような手段へと復讐の感情を直接的に採り入れるようになってきています。例えば，民事事件における原告や刑事事件における検察側の証人のように，私的な復讐の代わりとして，被害者に対し，法廷での立会いの機会を与えています。しかしながら，私的訴訟により取り戻すことができる損害賠償は，慣習法の下で得ることのできた示談金や重大犯罪の事件で科される罰金以上に，復讐心を和らげるものではないかもしれません。被害者や，その親族による復讐は，公平無私な応報に道を譲ることで，後で『ハムレット』を題材にして検討するように，透明性という利点を得ることになります。しかし，（『ハムレット』のように）悪事を働く者が法の機構を支配していたり，あるいは，法の支配を免れていた

り，公的な法の強制力が機能していないといったように法的救済が妨害されている場合，復讐は，生じやすいものとなります。

　復讐から，公的な法の執行へと移行する中間段階には，果たし合いや[21]，これに密接に関連している決闘裁判，中世の儀式化された武力による裁判が含まれます[22]。これらは，応報と同様に，紛争を自然に終わらせることで，血讐を阻止する工夫です。しかし，血讐，果たし合い，決闘裁判，神判は，長い間「合理的な」訴訟と共存してきました[23]。特に貴族社会の中での果たし合いは，本質的に現代の法制度が実施されるようになった後も長らく存在していました。アメリカのギャング文化における復讐という規範の根強さは，これに相応する現象です。貴族やギャングは，そこにおける紛争を自らとは異なる社会階級や政治階級が「支配している」公的な法制度に委ねたがらないし，また，そうできないからです。

　匡正的正義は，法制度の役割を違法行為により侵害された人間関係の均衡を元に戻すことであると定義しています。ある人の権利を侵害したことによる憤りが惹き起こした復讐に，匡正的正義は，影響を及ぼしています。しかし，この正義は，集団的な観点からではなく，個人的な観点で考えられたものです。国家が強力な親族集団を敵視するようになると，家族の役割は，次第に重要な存在ではなくなります。国家や正式な法を合法化する社会契約は，匡正的正義を伴う復讐としての正義に代替するものです。しかし，この社会契約は，人間の利己主義と原子論的な個人主義を克服する手段ではありません。むしろ，逆なのです。復讐は，利己主義的な感情ではありません。

---

(21) このような事例に関して，R. S. Radford, "Going to the Island: A Legal and Economic Analysis of the Medieval Icelandic Duel," 62 *Southern California Law Review* 615（1989）を参照。また，Eric A. Posner, "Law, Economics and Inefficient Norms," 144 *University of Pennsylvania Law Review* 1697,1736-1740（1996）と本文中の引用を参照。『イーリアス』第3章に描かれているメネラーオスとパリスとの決闘は，総力を挙げた復讐に代わり得るものとして，安易な決闘を用いようとした試みの一例である（この場合，失敗に終わっている）。Betram Wyatt-Brown, *Southern Honor: Ethics and Behavior in the Old South* 352（1982）も参照。

(22) 「（『ヘンリー5世』の中で）シェイクスピアが描写し，当時の資料により描かれたアジャンクールの戦闘における光景は，裁判による紛争解決が戦闘というかたちで最高潮に達したものであり，そこにおいて正義が確立されている。」A. W. B. Simpson, "The Agincourt Campaign and the Law of War," 16 *Michigan Journal of International Law* 653, 656（1995）.

(23) *The Settlement of Disputes in Early Medieval Europe*（Wendy Davies and Paul Fouracre eds. 1986）を参照。

復讐の倫理的価値観は，強力な家族と小集団内の忠誠心を育みます。国家は，利己主義的な行為が社会秩序に混乱をもたらさないような状況を作り出します。集団としての国家は，競合する集団に対しては，敵対的なのです。

復讐と法の関係は，中世アイスランドの基本的な法制度により示されています。公的な統治機構は，裁判所と議会に限定されており，専門職というよりも，一般市民が，その職員として従事していました。つまり，裁判官はおらず，陪審員だけがいました。そして，上訴が存在していませんでした。保安官も，警察官も，兵士も，検察官も，いませんでした。アイスランドの裁判所が与えた唯一の制裁として，（罰金が科せられる）最も軽微な違反以外に，社会的追放というものがありました。これは，文字どおりの意味で，人間を社会から追放し，その者を殺したとしても，誰も罰を受けないというものです。より軽い社会的追放は，3年間のアイスランド国内からの追放を意味していました。紛争は，その紛争当事者により選ばれた一人または複数の人間が指揮する拘束力のある仲裁に付されることもありました。仲裁判決の遵守を拒絶することは，他の重大な違反行為と同様に罰せられました。血讐は，合法とされていました。しかし，その血讐は，規範に従って統制されていました。例えば，社会的追放を科された者を殺害しても，復讐を受けないものとされていました。つまり，更なる血讐の原因とはされませんでした。

法に基づいた判決が自動的に執行されることはありませんでした。有罪となった被告人が，その判決を愚弄する場合，訴えを起こした者は，自力で判決を執行するために親族を集める必要が生じます。これは，訴訟の原因となった不当な行為を理由に，被告人に対し，直接報復するのと同じことです。しかし，法に基づく判決は，訴えを起こした者が協力者を呼び集めることを容易にし，被告人の側に付く協力者が赦しを請うことを容易にします。その意味で，法に基づく判決は，十分な説得性を伴う強制力が付与されることになります。そして，そのように，被告人を孤立させることで決闘よりも訴訟を選んだ者の判断を擁護することになります。法は，原子炉の中心で黒鉛ロッドが演じるのと同じ役割を演じています。つまり，連鎖反応を遅らせる役割です。従って，法は，両者の親族による怒りの連鎖反応も鈍らせています。

古代アテナイは，サーガに書かれているアイスランドとは異なる法制度を

持っていました[24]。殺人や反逆罪のような重大犯罪に対する訴追でさえ，私人（通告者）により行われ，無作為に選ばれた市民団の前で裁判が行われました。職業裁判官と上訴は，存在しませんでした。法律専門職も存在しませんでした。しかし，訴訟当事者は，その者のための主張を書き表す修辞学に長けた者を雇っていました。刑事事件の判決は，アイスランドの手続とは異なり，公的な役人により執行されました。陪審員も多人数でした。その他にも違いがありました。しかし，その類似は顕著です。制裁として，社会的追放を科すことや「反目しあっている」党派間で，長期に繰り返し提起される訴訟という点も類似しています[25]。サーガに書かれているアイスランドに，より近いものとしては，ホメーロスの叙事詩で表されている社会を挙げることができます。その社会には，未分化の基本的な統治機構がみられ，社会秩序の基本原理として，サーガで見出したのと同じように，復讐が強調されています。実際，国家という体制を有しない他の社会も，このように機能していました。公的な権威が，ほとんど存在していない時代や場所として，例えば，カリフォルニアのゴールド・ラッシュの期間に出現した鉱山のコミュニティーが社会秩序を維持するものとして，これに当たります[26]。

復讐の文学

　復讐は，古代ギリシア文学において（その他の古代文学と同様に）ありふれた主題です（私達は，創世記の中で，シケムによるダナエの強姦に対するイスラエル人の猛烈な復讐を思い起こすでしょう）。アイスキュロスの三部作『オレステイア』は，アトレウス家の伝説としての復讐物語に基づいています[27]。テュエステースは，彼の兄弟アトレウスが彼に行った不当な仕打ちに対する報復として，アトレウスに害を与えます。アトレウスは，表面上の和解をするために，テュエステースを晩餐会に招きます。そこで，テュエス

---

(24) アテナイの法制度に関しては，トッドの前掲注 8 を参照。
(25) Cohen, 前掲注 4．
(26) 例えば，Robert C. Ellickson, *Order without Law: How Neighbors Settle Disputes* (1991); Gary D. Libecap, *Contracting for Property Rights* (1989) を参照。
(27) この伝説の十分な説明に関しては，Timothy Gantz, *Early Greek Myth: A Guide to Literary and Artistic Sources*, 第 15 章 (1993) を参照。『オレステイア』の法，正義，復讐に関しては，Kevin M. Crotty, *Law's Interior: Legal and Literary Constructions of the Self* 42-73 (2001); Michael Gagarin, *Aeschylean Drama*, 第 3 章 (1976); David Cohen, "The Theodicy of Aeschylus: Justice and Tyranny in the Oresteia," 33 *Greece and Rome* 129 (1986) を参照。

テースの息子を殺害し，それを知らないテュエステースに息子の肉を食べさせます（晩餐会の場面は，セネカの悲劇『テュエステース』で，この醜悪な詳細が描写され，また，シェイクスピアの『タイタス・アンドロニカス』でも，繰り返し描写されています）。しかし，テュエステースの他の息子の一人，アイギストスは，殺されませんでした（この伝説の異説によるものでは，彼はテュエステースの息子ではなく，孫となっています）。アイギストスは，アトレウスを殺し，アトレウスの息子とアガメムノーンとメネラーオスを追い払います。最終的に，その追放された者達は，力を回復し，更に，トロイア戦争に参戦します。この戦争は，メネラーオスが妻ヘレンを誘惑したパリスに復讐し，彼女を取り戻すための戦争です。彼らがいない間，アイギストスは，アガメムノーンの妻クリュタイムネーストラーを愛人にします。彼女は，心の痛みを抱えています。その痛みとは，アガメムノーンがトロイアに行く途中，女神アルテミスを鎮めるために，娘イフィゲネイアを生贄として捧げたことに由来するものです。アガメムノーンが，やっとのことでトロイア戦争から帰還したのを見計らって，アイギストスとクリュタイムネーストラーは，アガメムノーンを殺します。

　アガメムノーンの息子オレステースは，アイギストスと母であるクリュタイムネーストラーを殺します。オレステース自身も，【肉親殺しを理由に】超自然的な存在である復讐の女神（婉曲的に「エウメニデス」つまり「慈しみの女神」と呼ばれました）に追われる身となります。しかし，この母親殺しは，アガメムノーンのための復讐という意味を有し，オレステース自身は，それを実行したにすぎません。そのことから，彼は，殺人者にはならないという理由で，最終的に，アテナが統括するアテナイのアレオパゴス裁判所で裁判を受けることになります。彼は，母親殺害について，無罪となり，アイギストスのための復讐者も存在しなかったために，復讐の繰り返しは，断ち切られます。『エウメニデス』は，『オレステイア』三部作の最後の演劇で古典世界において最初の公的な裁判所と考えられているアレオパゴス裁判所の設立を描いています。この裁判所は，復讐の繰り返しを終わらせたいという願望により設立されたとされているので，正規の刑事司法制度がない場合における復讐の在り方を明らかにしています。裁判になる以前から，オレステースによるクリュタイムネーストラーの殺害は，正当性のある不可避なものと思われていました。しかし，一方で，その殺害は復讐されるべきものとも考えられていました。それは，まるで，アガメムノーンがトロイア戦争

の遠征に出発するに当たり，彼の娘を生贄に捧げたことの罰として，殺害されなければならなかったのと同様です。この戦争は，ゼウスにより運命づけられていました。同様に，オレステースによる復讐も女神により運命づけられたものです。オデュッセウスの妻に求婚した無頼漢に対する彼の復讐をホメーロスは，全く正当なものとして提示しています。女神アテナの干渉がなければ，求婚した無頼漢の家族は，その殺害に対して復讐する義務を負っていたことを思い出してください（『オデュッセイア』XXIV. 531-548）。

　復讐は，妥協を許さない厳格責任という形式と結びついています。たとえ，故意によらず，無理もないことで，更には，正当化し得るような損害であっても，それは，復讐と結び付けられます。このように，復讐として法の根源が見られる初期の法制度が現在の法制度に比べても，厳格責任に依拠していることは意外ではありません。オイディプースは，親殺しと近親相姦の罪を犯し，彼が殺した男は，彼の父であり，彼が結婚した女は，彼の母でした。その事実をオイディプース自身が知るべき理由のないような場合でも，彼は，罰せられなければなりません。彼の罰は，人間が置かれた境遇の比喩です。私達は，発生し得る結果を知らないことが正当であったとしても，その行為の結果に，しばしば苦悩を味わいます。すなわち「善意」で行った行為，あるいは，アガメムノーンのように，正当化され，それがゆえに，現代の法制度では許されるような行為であったとしても，当時の法制度では「罰せられる」かもしれません。『オイディプース王』に黙示されている責任制度は，『オレステイア』の最初の2部作と同様に，現代の法的観点からは，粗雑なものに見えます。しかし，この粗雑さが劇的な演出と密接に結び付いています。絶対責任（幾つかの正当化理由を許すだけの通常の厳格責任よりも厳しいもの）は，法を，より効果的な宿命の比喩としています。それは，その者達の地位や功績が，どのようなものであれ，彼らに襲いかかり，彼らの夢を滅ぼし，その者達の力が及ばない世界の比喩です[28]。『オイディプー

---

(28)「知性によりスフィンクスの謎を解くことで，オイディプースは，女王である彼の母と結婚することができた。彼の賢明な論理力で，彼は，自身出生の謎を解き，彼の悲劇を理解できた。（中略）物語の各段階で，彼は，活動的であり，自律的な個人であり，ラーイオスを殺そうと決心し，イオカステーと臥所を共にすると決心する。彼は，積極的に法を犯すことにより，その後，恥辱に見舞われなければならない。しかし，翻って物語全体を考察すると，神と彼の運命が彼の人生を形成していたことは明らかである。」Jennifer Wallace, *The Cambridge Introduction to Tragedy* 18 (2007).

ス王』に見られるように「自然」と「法」が，はっきりと区別されていない場合には，特に，このことが当てはまります[29]。

しかし，私達は『オイディプース王』の世界と，私達の世界における倫理観の隔たりを誇張しないように注意しなければなりません。イオカステーは，自殺し，オイディプースは，自らの目を潰します。しかし，これは，罰というよりも恐怖と後悔によるものです。唯一の罰として明確に科されているものは，オイディプースがテーバイを追放されることです。彼がテーバイを去るまで，その都市の疫病は続きます。（自己防衛のために父を殺した）オイディプースと同じように，重要な地位にある人物が善意で罪を犯した場合，私達現代人は，公的な刑罰を科さないように思われます。しかし，近親相姦という意外な事実がオイディプースや彼の妻である母の精神状態に影響を及ぼすことはいうまでもなく，その重要な人物の公的な身分保障に，どのような影響を与えるかを考えてみてください。カントのいう道徳は，行為ではなく行為者を裁き，不当性と非難可能性を同一視している一方で，私達の道徳の全てを説明するわけではありません。二人の運転手が同じ程度の不注意で運転をし，その一方が事故を起こし，誰かを負傷させ，もう一方には，そのようなことが起こらなかった場合，たとえ，二人の運転手の振る舞いが，その行為の結果とは別に同じ程度に非難を受けるべきものであったとしても，前者の事故を起こした方は，法的な非難だけではなく道徳的な非難を受けることになります。事故を起こさなかった方の運転手は「道徳的な幸運」を受ける人物です。「ある者の人生という物語においては，行為されたこと自体が説得力を洗練化する。それは，意図的に行為することにより洗練化されるものではない[30]。」同様に，アガメムノーンは，イフィゲネイアを生贄に捧げるという自己防衛のための選択をしました。しかし，彼は，いずれにしろ罰せられなければなりませんでした。

私達が戸惑い，そして，『オイディプース王』の後に書かれた続編に当たる『コロノスのオイディプース』の中に出てくるオイディプースも同様に戸惑うのは，責任の概念が変化しうるということです。つまり，この続編の演

---

(29) Lloyd L. Weinreb, *Natural Law and Justice*, 第 1 章 (1987) を参照。
(30) Bernard Williams, *Shame and Necessity* 69 (1993). Williams, "Moral Luck," in his book *Moral Luck: Philosophical Papers 1973-1980* 20, 28-30 (1981), 同様に，Robert B. Pippin, "Morality as Psychology, Psychology as Morality: Nietzsche, Eros, and Clumsy Lovers," in Pippin, *Idealism as Modernism: Hegelian Variations* 351, 367-368 (1997) も参照。

劇では，厳格責任と非難可能性に基づく責任との間に，道徳的な相違を認めているのです。ここにおいて，オイディプースは，計画性の欠如，あるいは，不注意さの欠如に基づいて，彼の道徳的な無実を主張しています。おそらくは，その無実の結果として，アテナイの地における彼の死は，予期された災いではなく，女神アテナにとって祝福として描かれています。責任の根拠であり，事実たる原因と評価たる過誤を区別する基礎としての自由意思の感覚は，初期の演劇において，オイディプースの運命を定めた災い，つまり，父親とは知らずに殺害してしまったオイディプースが招いた災いに対し，後期の演劇において，オイディプースの息子ポリュネイケースに対して，オイディプースが招いた災いとの相違の中にもはっきりとみてとれます。オイディプースは，彼自身が無自覚に招き入れた呪いから逃れるために，結局は，何もすることできませんでした。しかし，ポリュネイケースは，テーバイを攻撃さえしなかったならば，オイディプースの災いの結末から逃れることができたはずです。（そのような攻撃の惨憺たる結末は，『アンティゴネー』の主題になっています。私は，それを次章で論じるつもりです。）ポリュネイケースは，この運命から逃れることを拒絶します。なぜなら，この運命から逃れようとすれば，彼の体面を失うことになるだろうし，特に，テーバイの擁護者である彼の弟エテオクレースの前で，恥をかくことになるからです。オイディプースとは異なり，ポリュネイケースは，彼自身の運命を選択し，だからこそ，責任があると考えられたのかもしれません。

しかし，『オイディプース王』に関する初期の演劇においても，『オレステイア』においても，たまたま不運であったにすぎない人間を罰することには，躊躇を感じているようです。オイディプースとアガメムノーンは，完全に無過失であるとは描写されていません。しかし，彼らの罰は，非難に値するという観点からは，区別されるべきです。オイディプースは，彼の運命を避けようとする際に，神を敬いませんでした。彼は，生まれたときに，父を殺し，母と結婚すると予言されていました。しかし，彼の横柄な態度に楔を差すものとして，自分が捨て子であったという事実を彼は，知らなかったのです。一方，アガメムノーンがイフィゲネイアを殺したときの激情に加え，クリュタイムネーストラーの誘いを受けて，紫の絨毯（「盛大な待遇を意味するレッド・カーペット」の原型）が敷かれた宮殿に足を踏み入れたときの彼の不遜な態度は，彼を無意識に，法の違反者以上の者として特徴付けるものです。それは，まるで，彼が，あまりにも至高の存在であるために，大地

の女神が彼に触れることのないように，絨毯が敷かれているかのようでした。実際，娘を生贄として差し出すことを拒絶し，その結果，ヘレネーの救出が断念されるにせよ，トロイア人が罰せられることを選択する余地もありました。それが，より悪い選択だったとしても，ゼウスによりトロイア人が罰せられるべきことは，運命付けられていました。従って，アガメムノーンは，娘を生贄に差し出すように，実際に強制されてはいなかったことは，明らかです。そのように，このアガメムノーンの行為は，非難されるべき，より不当な行為ということになります[31]。

　オレステースの裁判は，復讐により執行されるべき絶対責任から，非難に値することに基づく法的責任制度への移行を劇的に表現しており，現代的感覚に通じるものがあります。オレステースは，復讐の女神に追跡され，彼の母親を殺すように教唆したアポローンに助けを求めます。オレステースは，神に命じられた通りのことをしたにもかかわらず，罰せられなければならないのは不公正であると考えます。アポローンは，このことに同意し，この責任を明らかにするために裁判を行うことを考えつきます（女神アテナが述べるように「流血の惨事に関する最初の裁判」です）。オレステースの裁判の手続は，神の存在を別にすれば，紀元前5世紀のアテナイの裁判手続に近いものです。復讐の女神は，オレステースの抗弁の前提となるクリュタイムネーストラーによる彼女の夫アガメムノーンの殺害を罰すべきかどうか，同様に，オレステースの母親殺しも罰すべきか否かと問題提起します。オレステースが思い付いた反論は，彼によるクリュタイムネーストラー殺害は，彼女の行為に対する刑罰であったために正当化されうるというものでした。すなわち，死刑執行人は，殺人者ではないという理屈です。しかし，クリュタイムネーストラーの亡霊は，彼女の行為をアガメムノーンが彼女の娘を殺したことに対する何らかの正当性を伴った刑罰であると主張しました。オレステースは，自らのクリュタイムネーストラーの殺人も正当性を有すること（「目的のためには手段を選ばない」というような説得力のない主張として）を争うか，あるいは，より巧妙に，クリュタイムネーストラーの行為は，単なる殺人を意味するだけではなく，王位の簒奪でもあるため，アガメムノーンの不当な行為に対しては不相応な刑罰であり，政治的重要性を有する問題

---

(31)　彼は，その生贄を捧げることを決意する前に苦悩していた。E. R. Dodds, "Morals and Politics in the *Oresteia*," in *Aeschylus* 245, 258-259 (Michael Lloyd ed. 2007 [1960]).

であると主張しなければならないでしょう。

　しかし，オレステースは，別の方針をとります。彼は，復讐の女神に，なぜ，女神達は，クリュタイムネーストラーを罰することに失敗したのかを尋ねます。女神達がクリュタイムネーストラーを罰していれば，オレステースが彼女の血を流す必要もなかったからです。女神達は，血のつながった者を殺害した者のみを自分達は罰するのだと答えます。母親を殺した息子は，血のつながった者です。しかし，夫を殺した妻は，血のつながった者ではありません[32]。この返答は，オレステースの擁護者アポローンのために，オレステースの無罪評決[33]を確実にする圧倒的な反論を提出するための御膳立てを用意するものでした。すなわち，母親は，父親のための単なる保育器に過ぎないため，オレステースは，実際に，クリュタイムネーストラーと血がつながった者ではないとアポローンは主張します。そうであるならば，父親こそ，唯一の本当（私達であれば，遺伝学的というでしょう）の親です[34]。このことは，現代の読者であれば，非常に疑問に思うでしょう。ギリシア人は，母親も，父と同じく親であることを示す母と子供の身体的な類似性に気付かなかったのでしょうか（遺伝学の知識は，全く必要ないはずです）。し

---

(32) それでは，なぜ，女神達は，娘を殺したアガメムノーンを罰しなかったのか？私は，この問題に関する答えが3部作の何処にあるのかは分からない。

(33) 陪審員が11人のアテナイの市民と女神アテナで構成されている場合には可否同数票により，または，陪審員が偶数のアテナイの市民と女神アテナにより構成されている場合には多数票による。どちらかの票決によったのかは，不明。

(34) Lesley Dean-Jones, *Women's Bodies in Classical Greek Science* 149 注8 (1994) を参照。アポローンの遺伝に関する考えは，ディーン・ジョーンズが指摘しているように，紀元前5世紀のアテナイでさえ，少数意見であったように思われる。しかし，この考えは，アリストテレースにより，後になって採用された。『エウメニデス』の最後に描かれる（女性である）復讐の女神の屈辱と同様に，クリュタイムネーストラーを（殺害のための準備的行為をしたアイギストスと共同で殺人を行ったというよりも〔Gantz, 前掲注27, 664-675頁を参照〕）アガメムノーンの唯一の殺人者とする理屈，そして，このアポローンの理論は，女性が市民的権利，すなわち，生殖における女性の役割以外の権利を有するべきだという主張を貶める意図があるように思われる。James Redfield, "Homo Domesticus," in *The Greeks* 153, 162 (Jean-Pierre Vernant ed. 1995) と比較対照。「結婚は，女性の性的な力を現状の存続という目的に捧げることで女性の力を制限し，市民秩序と神との権利関係を確実なものにする。」同様の見解として，Carla Spivack, "The Woman Will Be Out: A New Look at the Law in Hamlet," 21 *Yale Journal of Law and the Humanities* 31 (2008) は，『ハムレット』の隠れた主題をエリザベス1世の長期の統治に対する反発を反映するものとし，女性が政治権力を行使することの不適切さを主張するものと考える。

かし，身体的な類似性は，決定的なものではありません。遺伝的要因と同じくらい環境的要因が生物の構造を決定します。ワインの味は，葡萄が育った土壌の影響を受けるとも言えます。

　アポローンの主張は，生物学的には，不十分なものです。しかし，この芝居の状況においては，適切なものです。これは，復讐の女神が血のつながった者同士の流血だけを罰するといった直後に発言されたものです。復讐の女神が担うべき役割は，恣意的なものではありません。なぜなら，復讐が家族の責務である制度の下で，家族内で殺人が行われた場合に，誰が復讐をするのかという問題が生じるからです。このような殺人の復讐には，超自然的な作用が必要とされます。『オレステイア』の中で，復讐の女神が，その作用を果たしています。『オイディプース王』では，アポローンにより持ち込まれた疫病が，これに対応します。しかし，母親とその子供の血縁を認める一方で，婚姻による親族を除外することは，復讐の女神の担うべき役割の範囲において，抜け穴を作ることになります。クリュタイムネーストラーは，アガメムノーンを殺した罰を免れるように望んでいたに違いありません。なぜなら，彼女は，復讐の女神が以上のような理由で，彼女を罰しないことを知っていたからです。更には，もし，アガメムノーンの復讐として，彼女の子供達が彼女への復讐を果たそうとする場合，その子供達は，復讐の女神により罰せられることを恐れて，そのようなことを躊躇するだろうという算段が彼女にはあったのでしょう。

　専門的に細かな事柄に関して，確固たる見解を述べる訴訟当事者は，相手方に批判の糸口を与えてしまうものです。復讐の女神は，生まれによる親族関係と婚姻による親族関係の相違，つまり，環境による恣意的な相違という主張を行うことで，男親と女親を訴訟技術的に区別する道をアポローンのために開いてしまいました。女神達は，二重にアポローンの術中へと陥ります。出産という女性の役割を軽蔑することにより，父親殺しと母親殺しを区別しているだけではなく，クリュタイムネーストラーがアガメムノーンを殺害した不法な行為と比較して，アガメムノーンの不法な行為，つまり，イフィゲネイアの殺害を，より軽いものとして扱っているように思われます。

　『エウメニデス』のアポローンや，『ヴェニスの商人』のポーシャのような訴訟技術的な議論は，より劇的なものです。従って，そのような議論は，法原理や公序良俗に基づく複雑な均整と均衡に優れ，十分に論じられた議論に比べて，想像力に富んだ文学作品に，より適したものとなっています。訴訟

技術的な議論は，眩しく輝き，人を驚かせ，読者が描く現実の法の姿の期待に合致し，その説明には，時間がかかりません。読者は，法の実質を知りたいというあまりにも高尚な希望を文学に抱くべきではありません。作者は，劇的効果を狙って法技術を用いているにすぎないのです。

　ギリシア以降の最も素晴らしい復讐文学は，『ハムレット』です[35]。シェイクスピアの『ハムレット』以前に，もう一つの『ハムレット』の物語がありました【『原ハムレット』と言われるもの】。それは，既に現存しない物語です。キッドの『スペインの悲劇』は，『ハムレット』と多くの類似点を有するものとされています。しかし，『スペインの悲劇』の中の復讐者であるヒエロニモは，被害者の息子ではなく，父親です。ヒエロニモが抱える問題は，『ハムレット』とは異なるかたちで表現されます。それは，たとえ彼がスペインの将軍であり国家の権力者であったとしても，彼の息子を殺害し，彼が復讐をしたいと望んでいるロレンゾは，スペイン国王の甥であるということです。ヒエロニモは，当初，神や権力者がロレンゾを罰してくれることを期待していました。しかし，徐々に，ロレンゾを罰する義務は，ヒエロニモ自身が負わなければならないということを彼は受け入れるようになります。彼は，適切な計画を考案し，それを実行する時間を稼ぐために，精神が混乱状態であるように見せかけます。最後に，ヒエロニモとロレンゾが配役された劇中劇で，ヒエロニモは，ロレンゾを刺殺します。ロレンゾの妹ベル＝インペリアは，自分を悩ます人物を，その劇中劇の機会を利用して刺殺し，そして，自殺します。ヒエロニモは，拷問により自白してしまうことを避けるために舌を嚙み切り，更に，ロレンゾの父親を殺して，自殺します。『スペインの悲劇』は，ヒエロニモとベル＝インペリアが悪者達を殺害したことにより，ヒエロニモとベル＝インペリア自身も，悪者として「貶められるべきであろう」と述べ，次のような言葉で，その「復讐」に幕を閉じます。「地獄の奥底に落ちてゆく／そこにあるのは，復讐の女神と病苦と拷問のみ／(中略)ここでは死が彼らの苦しみを終わらせた／しかし，私は，こ

---

(35) エリザベス１世時代とジェームズ１世時代の復讐演劇に関しては，例えば，Harry Keyishian, *The Shapes of Revenge: Victimization, Vengeance, and Vindictiveness in Shakespeare* (1995); Peter Mercer, *Hamlet and the Acting of Revenge* (1987); Paul N. Siegel, "'Hamlet, Revenge!': The Uses and Abuses of Historical Criticism," 45 *Shakespeare Survey* 15 (1993) を参照。

こから，終わりのない悲劇を始めよう (IV. 5.27-28, 47-48)。」

　ヒエロニモの死は，偶然ではありません。ルネサンス時代のほとんど全ての復讐劇で，復讐者は，死にます。(『ジュリアス・シーザー』と『マクベス』は，例外です。) これは，『ハムレット』の中で見出されるように，復讐の道徳性に関するキリスト教的な矛盾する価値判断を意味しているだけではありません。復讐を伴う行為自体が新たに繰り返された不当な行為であり，それは，刑罰が要求されるべきものであるという認識を反映しているからです。復讐者が生き残った場合，聴衆は，誰が次に彼を打ち倒すのかという疑問を抱くはずです。

　私は，先ほど，『ジュリアス・シーザー』の名前を出しました。この物語における復讐劇としての性質は，復讐されるべき被害者であるシーザーが第3幕の始まりまで殺されない事実により，曖昧にされています。最終的に復讐が達成されたとき，アントニーは，シーザーの死体に対し，血も凍るような復讐の誓いを立てます (III. 1. 265-277)[36]。

　　骨肉を相食む凄まじい内乱の嵐が
　　たちどころにイタリー全土を席巻するであろう。
　　流血と破壊が日常のこととなり，
　　どんなに恐ろしいことにも人は驚かなくなる。
　　世の母親も，平然と笑ってすませるようになろう，
　　たとえ，その乳呑み子が戦いの手に引裂かれたとしても。
　　思いやりも憐れみも，見なれた兇悪無惨の振舞いに，死に絶える。
　　シーザーの霊魂のみが復讐を求めてさまよい歩く，
　　地獄から出てきたばかりの禍の女神エイテに伴われながら。
　　王者の声を張り上げ，全土に響けとばかりに，
　　殲滅の命令を下し，戦いへと犬共を差し向ける。
　　腐れた死肉の山は，天まで悪臭を放ちながら，
　　地下の休息を求めて，呻き苦しむのだ。

上記の台詞は，復讐に燃えた感情が完全に無限であることを表しています。

---

(36) 本書で採り上げているシェイクスピア作品の全ての引用は，*The Complete Works of Shakespeare* (David Bevington ed., 6th ed. 2009) を参照。

『ジュリアス・シーザー』は，国家の秩序を保つための二つの考え方の対立を映し出しています。ブルータスの考え方は「現代的」，合理主義的，非人間的，そして，高潔です。この考え方は，市民の美徳，個人の自由，自制心に訴えて，執念深さのような「原始的な」感情を軽蔑します。実際，ブルータスは，禁欲主義者です。彼は，妻の死に対する冷淡な感情で表されているように，<u>感情に左右されません</u>[37]。シーザーの考え方は，彼の擁護を受けているアントニーと共有されるもので人間的です。シーザーの考え方は，現実的な理解に基づいています。例えば，それは，キャシアスに対するシーザーの評価や，痩せていて貧相な外見の人物よりも，体が大きく頭の手入れが行き届いた人物の方を好むことで示されています。また，個人や家族の関係性，一般大衆の感情，人間の考えに影響を及ぼす迷信に関するシーザーの評価にも，シーザーの考え方が表れています。ブルータスは，私的な道徳と公的な道徳との相違を理解できませんでした。いくら善良な人間であっても，私生活を支配している原則により，国家を支配することはできないのです[38]。

　ブルータスも，シーザーも，致命的な間違いを犯します。この間違いは，両者とも人間の感情における本質を完全には把握できなかったことに起因しています。シーザーの場合，この失敗は，支配力の喪失と現実感の消滅を意味しました。このことは，彼をブルータスのようにしています。彼は，王冠を戴くことで，誇り高い元老院を，どれほど侮辱するかを理解していません。その王冠を戴くことは，既に完全なものとなっている彼の政治権力の増加をもたらすことになるのです。彼は，占師，卜占官，荒天，妻キャルパーニアが繰り返し行う警告を無視する際に，ブルータスと同様，度を越した合

---

(37) A. D. Nuttall, *Shakespeare the Thinker* 184-190 (2007); W. H. Auden, "Julius Caesar," In Auden, *Lectures on* Shakespeare 125, 133-134 (Arthur Kirsch ed. 2000); Geoffrey Aggeler, Nobler in the Mind: The Stoic-Skeptic *Dialogue in English Renaissance Tragedy* 139,141 (1998). 更に，Geoffrey Miles, *Shakespeare and the Constant* Romans, 第 7 章 (1996) と比較対照すること。(反対の見解として，Giles D. Monsarrat, *Light from the Porch: Stoicism and English Renaissance Literature* 139-144 [1984]) を参照。感情面の根絶という禁欲主義的な願望に関しては，Martha C. Nussbaum, The Therapy of Desire: Theory and Practice in *Hellenistic Ethics*, 第 10 章 (1994) を参照。

(38) Henry Sidgwick, *Practical Ethics*, 第 3 章 (1898); Max Weber, "Politics as a Vocation," in *From Max Weber: Essays in Sociology* 77, 117-128 (H. H. Gerth and C. Wright Mills trans. 1946) を参照。

理主義を発揮します。この演劇は，大なり小なり，ブルータスとシーザーを結び付けています。両者の妻は，意見を求められたいと感じています（この劇には，他の登場人物の妻は，登場しません）。両者共に，お世辞に影響されやすく，両者ともに，彼ら自身を他の人物よりも，高い水準にあると看做しています。そして，両者共に，人間の弱点から，彼ら自身は，免れていると主張しています。ただし，シーザーの場合は，彼の（度々訪れる）迷信深さ，優柔不断，病気（癲癇，部分的な難聴）によって，そして，ブルータスの場合は，政治的な不器用さにより，この主張には説得力がありません。両者共に彼ら自身を純粋な政治原理の権化と看做しています。シーザーの場合は，絶対主義の権化，ブルータスの場合は，自由主義の権化です。両者とも傲慢です。

　ブルータスの失敗は，彼が政治に無知なことを示しています。彼の無知は，シセロを陰謀に参加させなかったこと，アントニーに気を使い，アントニーにシーザーの追悼の言葉を述べることを許したこと，キャシアスと喧嘩をしたこと，キャシアスの軍事的な助言を無視したことで示されています。彼の何よりも重要な間違いは，人間の本質を知らなかったことを反映しています。つまり，その間違いとは，全て思慮深い人間ならば，シーザーの野心が自由への脅威になると理解するだろうから，ブルータスの陰謀は，成功させなければならないものだと決めてかかっていたことにあります。ブルータスは，他の共謀者が高尚な動機を持っていないことを理解していません。ローマの群衆は，高潔でもなく，自由を気にかけてもいません。更に，シーザーによる遺言の文言（金銭と公用地の両方をローマ市民に残すという遺言）が群衆の関心を引き付けていることも，彼は，理解していません。アントニーは，シーザーの遺言にも，ブルータスの大義の利点にも，関心はありません。しかし，シーザーに対する個人的な忠誠心ゆえに復讐に燃えており，ブルータスの忘恩を強調するなどして（シーザーは，ブルータスを息子のように扱っていました），群衆にブルータスへの敵意を抱かせることが可能であることも，ブルータスは，理解していません。シーザーの亡霊に悩まされるであろうことも，ブルータスは，理解していません。この亡霊は，超合理的な政治家の政治計画における非合理性の表れなのです。

　人と人との繋がりが合理主義に勝利するという事実をブルータスが理解していないことは，次のことでも示されています。彼は，共謀者に宣誓をさせることで，彼との絆を強めようとはしませんでした。シーザーの息子に，陰

謀の理由と動機を説明すれば，その息子は，この暗殺に納得するだろうと彼は発言しています。このような些細な逸話から[39]，キャシアスやアントニーのような人間が，どのようなことで憤激するのかを理解できないといった大事に至る逸話まで，ブルータスの人間に対する理解の無さが如実に示されています。ブルータスは，悪人ではありません。オセロが悪人ではないのと同じです。最初の内は，マクベスでさえ，悪人ではなかったのです。彼らは，それぞれ（キャシアス，イアーゴー，魔女により）だまされます。しかし，彼らは，その性格の弱さゆえに，だまされやすいのです。

　この劇は，私達に，シーザーに関する三つの観点を提供しています。先ずは，全盛期を過ぎた男性という観点です。これは，彼が超自然的な兆候を軽んじていたという不注意さだけではなく彼の優柔不断さと，首尾一貫性の無さにより示されています。彼は，迷信に対して軽蔑を露わにしているにもかかわらず，この演劇は，キャルパーニアの不妊を不思議な力で治して欲しいという彼の要請から始められます。また，空威張りと彼の修辞的技巧の拙さによっても，それが示されています。彼は，自分自身をオリンポス山と比較します。カピトル神殿に行くかどうかで２度心変わりをした直後に，自分自身を「北極星と同じくらい揺るぎない」と考えています（III. 1. 60）。しかし，抽象概念を駆使するブルータスは，シーザーの中に年老いて衰えていく専制君主ではなく，擬人化された野心を見出します。

　対照的に，アントニーにとってシーザーは「最も高貴な男／時の移り変わりの中，今まで生きていた人間の中で」ということになります。彼は，シーザーの経歴と二人の間の個人的な関係の中で，無批判であるけれども，確固たる見解を持っています。私達は，『アントニーとクレオパトラ』から，ブルータスの統治理論が時期尚早であるだけでなく，恐らく，どのような時代であっても理想主義的であるだろうことを学びます。そして，アントニーの統治理論は時代遅れで，帝国を統治するに当たって，より適切なオクタヴィ

---

(39) 家族の構成員に対し，進んで有罪を宣告しようとする意思は，正義への忠誠を試す厳密な審査であるという考えがある。これは，『尺には尺を』の中でも繰り返されている。第３章を参照。その考えは『ジュリアス・シーザー』の中で，ブルータス一門の始祖が息子に有罪を宣告したと考えられている事実においても，その強い影響が窺える。しかし，ブルータスの伝説において，それに関する部分は，劇中では言及されていない。シーザーの養子であるオクタヴィウス（後のアウグストゥス）・シーザーは，養父の暗殺が正義に適うというブルータスの説得に断じて心を動かさなかった。

ウスの計算尽くめの理論に間もなく駆逐されるだろうことを私達は，知っています[40]。強い感情に基づく忠誠心は，復讐が組織を構成する原則となっている社会を特徴付ける一方で，大きな国家組織では機能障害を惹き起こします。

　私達がハインリッヒ・フォン・クライストの小説『ミヒャエル・コールハース』(1810年)の中で見るように，復讐文学は，ギリシア古典やエリザベス朝時代と共に終わったものではありません。その小説の題名（歴史上の人物の小説化）にもなっている主人公は，16世紀ブランデンブルクで繁盛していた馬の売買業者です。あるザクセンの貴族が彼から2頭の美しい馬を強奪し，その馬を酷使し，彼に返却することも拒みます。コールハースは，この貴族を訴えようとします。しかし，その貴族は，あまりにも政治的影響力が強く，コールハースは，目的を達成することができません。そこで，彼は，武装した仲間と共に，この貴族の邸を襲い，（逃げた）貴族以外を皆殺しにし，邸を焼き尽くします。彼の復讐心は，収まることはありません。その間に，彼の法的手続が上手く進まないことの副次的結果として，彼の愛する妻が亡くなり，そのことが彼を更に怒らせます。増え続ける武装集団と共に，彼は，ドイツ中に破壊の爪痕を残し，逃げた貴族の男と盗まれた馬を探す中，無益にも街を焼き尽くしていきます。しかし，ここで，コールハースがドイツにおいて，ただ一人耳を傾ける男であるマルティン・ルターが介入します。ルターは，コールハースの破壊行為に対して激怒します。しかし，ルターは，彼が誤解されていると理解し，もし，彼が虐殺をやめて出頭するのであれば，彼に対して恩赦をとりつけ，再度，法による救済の努力を開始すると約束します。コールハースは，その通りにします。紛糾しながらも司法手続は，行われます。しかし，馬を取り戻すことは，不可能であることが証明されます。コールハースは，貴族から盗まれた馬の金銭的価値を損害賠償として受け取ることに気が進みません。貴族は，コールハースに恐れを感じ，馬を盗んだことを後悔します。

---

(40) 私は，これがローマの歴史における実際の史実過程だと示唆するつもりはない。確かに『ジュリアス・シーザー』は，概して史実と一致している。しかし，詳細の多くは不正確か，空想である。ルネサンス期のイングランドにおけるジュリアス・シーザーの曖昧な評判に関して，Ernest Schanzer, *The Problem Plays of Shakespeare: A Study of Julius Caesar, Measure for Measure, Antony and Cleopatra* 11-24 (1963) を参照。

コールハースの武装集団の仲間達が，いまだ略奪を続けていたため，神聖ローマ帝国の皇帝は，ルターの与えた恩赦の条件が破られており，従って，コールハースは，反逆罪を理由に裁判を受けなければならないと決定します。彼は，裁判にかけられ，有罪判決を下され，死刑を宣告されます。コールハースには，ザクセン選帝侯の運命が書かれている一枚の紙（彼の首に掛けられている胸飾りの中ですり減っています）が委ねられており，それを選帝侯に差し出すことで，死刑の宣告を変えてもらうことが可能でした。しかし，彼は，それを拒みます。なぜなら，馬を盗んだ貴族は，選帝侯の家臣であり，その家臣を裁判にかけることができない責任は，選帝侯にあると彼は，考えていたからです。処刑後に，選帝侯が，この紙を探し出すため，彼の体を捜索するつもりであることをコールハースは知ります。彼は，勝利感に浸りながら（『スペインの悲劇』の影響），処刑の直前に，その紙を飲み込み，見物をしていた選帝侯に恐怖を与えます。コールハースは，幸せな人間として死にます。しかし，物語の冒頭において，読者のはらわたを煮えくりかえらせ，コールハースを応援したいと思わせた馬の窃盗事件は，その最後に至る頃において，彼の行った様々な破壊と釣り合わないものだと思われるようになるでしょう。その破壊は，よどみなく行われていきます。コールハースは，復讐を彼自身の情熱が向かうままに実行しました。

『ミヒャエル・コールハース』は，ナポレオンがドイツを征服した直後に書かれたもので，ドイツ分裂の帰結を記録するものです。コールハースが正義を獲得するために，このような横暴を働いた理由の一つは，彼を圧政した者が異なる州に住んでいたことにあります。コールハースの一団が関与している政治的暴力と無秩序は，分断された権威（紛らわしいことに，皇帝と選帝侯とマルティン・ルターが，その権威を共有しています。マルティン・ルターは，世俗の権威では強制できない教義としての「より高次の法」を象徴しています）と，正義を実現する効果的な社会体制が存在していないことが原因となっています。エリザベス朝時代の人々が求める「公的な復讐」に，その効果が期待できないため，コールハース自身が復讐の役割を引き受けざるをえません。ハムレットやアキレウスのように，彼は興奮に我を忘れ（特に，失った馬の代わりに支払われた損害賠償の受領を拒絶する場面は，復讐の代わりに，市民のための法を受け入れるのを拒絶することの象徴です），怪物になり，そして，死にます。

　E・L・ドクトロウの小説『ラグタイム』（1975年）は，ミヒャエル・

コールハースの物語を 20 世紀初頭のニューヨークという都市に移しています。主人公であるコールハース・ウォーカーは（ドイツ語名のコールハースに用いられる Kohle は，英語名のコールハースにおける coal に当たります），黒人男性です。彼は，黒人に対して求められる従順な振る舞いを拒絶しています。そして，T 型フォード車を誇らしげに所有しています。ニューヨークへ向かう途中，彼は，公道の通行料を彼に払わせようとする乱暴な消防士の一群に車を止められます。彼が支払いを拒絶すると，その消防士達は，彼の車に傷をつけます。彼は，法的な救済に訴えようとします。しかし，人種的偏見により妨害され，彼の婚約者は，この問題について援助を乞おうと合衆国大統領に請願に行こうとする途中で，偶然にも死にます。ウォーカーは，法律に頼るのを諦め，消防署を爆破し（しかし，消防署長は，その場から逃げています），消防員を殺すことをも含む残忍な復讐作戦を実行するため，襲撃目的の黒人の一団を組織します。ウォーカーとその一団が J・P・モルガン・ライブラリーに立てこもり，ジョージ・ワシントン直筆の 5 頁にも及ぶ手紙を含む図書館の中にあるものを破壊すると脅している際に（ミヒャエル・コールハースが胸飾りの中に入れていたメッセージに対応するもの），捜査当局は，当代きっての最も有名な黒人ブッカー・T・ワシントンの援助を取り付けます。彼は，『ミヒャエル・コールハース』におけるマルティン・ルターにあたります。ワシントンの助けを得て，和解の交渉が始まります。T 型フォード車は，新品同様の状態で元に戻され，消防署の所長は人々からの屈辱を受け，コールハース・ウォーカーは，降伏します。彼がモーガン図書館を出ると，警察官が彼を射殺します。

　ドクトロウは，熟練した作家です。その複雑な話の筋と，多くの歴史的人物が登場する『ラグタイム』において，離れ業をやってのけています。彼は，見事な筆力で，『ミヒャエル・コールハース』を全く予期できなかったようなかたちで現代に展開し，それを成し遂げています。しかし，原作である『ミヒャエル・コールハース』の精神は失われています。ドクトロウは，T 型フォード車に，黒い馬が有する強力な象徴的意味を与えることはできていません。また，（人種差別というありふれたテーマにもかかわらず）超自然的な，あるいは，政治的な余韻を達成できておらず，コールハース・ウォーカーと彼の一団が白人社会に引き起こす恐れを説得力のあるものとして描写できていません。『ミヒャエル・コールハース』は，復讐が有する道徳的な多義性について考えさせる小説から，ドクトロウの手により，茶番劇

か，あるいは，ファンタジーに変えられてしまっています。

『イーリアス』と『ハムレット』

　アポローンの神官であるクリューセースの娘クリューセーイスは，ギリシア軍による急襲の際に捕えられ，戦利品として，アガメムノーンに分け与えられます。トロイア戦争が10年目を迎え，アポローンは，娘の返還を求めるクリューセースの祈りを聞き入れ，ギリシア軍の野営地に疫病を蔓延させます。この疫病を宥める効果的な手段は，クリューセーイスを彼女の父の元に返すことでしょう。若くて頑固で不器用なアキレウスは，無礼にもアガメムノーンに，そのように助言します。しかし，ホメーロスの社会において，法と統治の公的な制度は存在しておらず，このアキレウスの助言は，危険極まりないものです。ギリシア連合軍に及ぼすアガメムノーンの権威は，非常に曖昧なものです。彼の地位の正当性は「承認の規則【H・L・A・ハートが提唱した概念で，権利義務を形成し変更する権限を与える権威性の根拠となる原理】」によって，確立されたものではありません。この規則は，英国の首相やアメリカ大統領の身分を決定するものです。アガメムノーンが個人的に絶対的な力を持っているならば，彼の正式な権威に関する曖昧さは，それほど問題にならなかったでしょう。しかし，彼は，それほどの力を有しているわけではありません。彼は，自信がなく，怒鳴り散らすような人物です。彼は，面目を失うことができません。もし，彼がクリューセーイスを諦めて，彼女を返還しなければならないとしたら，彼は，その侮辱に対して報復することになるでしょう。彼は，アポローンに報復することができません。そこで，彼は，集会において，あたかもアポローンを代理しているかのようなアキレウスへの報復を決意します。アガメムノーンは，彼がクリューセーイスを手に入れたのと同じように，アキレウスに分け与えられた褒美であるブリーセーイスを奪います。

　この略奪は，アガメムノーンにとって痛恨の失敗となりました。この失敗を理解するためには，ブリーセーイスを略奪したアガメムノーンの行為と，そもそも戦争の原因となったヘレネーを略奪したパリスの行為をなぞらえる必要があります。幾つかの出来事が示すように，アキレウスの方がアガメムノーンよりも強く，たとえアガメムノーンが彼の個人的な名誉を守る必要があったとしても，このアガメムノーンの略奪は，無謀なものでした。アキレウスは，先ず，衝動的にアガメムノーンを殺そうと考えました。しか

し，アテナがオリンポス山から颯爽と降りてきて，アキレウスの髪をつかみ，アガメムノーンの部下でいるように命じます。アテナが更に絶好の復讐の機会を彼に保証することで，彼は，アガメムノーンの殺害を思い留まります。そして，その後，彼女のいう通りになります。彼は，トロイアとの戦いに関与することを拒否します。彼が参戦しない間，トロイア軍は，ギリシア人の肉を切り刻み，そのほとんどは，海に投げ捨てられます。自暴自棄のアガメムノーンは，もし，アキレウスが戦いに参戦しさえすれば，ブリーセイスを無傷のままで彼に返すだけではなく，アガメムノーンの（生きている）娘と，高い価値を誇る無数の贈物を与えるとの約束を伝えるため，特使をアキレウスに送ります。しかし，アキレウスは，ここで戦いに参加すれば，彼は，若くして死ぬ可能性もあることを意識します。そして，英雄が果たすべき倫理的価値に疑問を感じ始めます。英雄の倫理的価値において，名誉は，若くして死ぬこととの公正な交換となるだろうかと，彼は，考えます。ヘクトールがアキレウスの最愛の友であるパトロクロスを殺すことで，ようやくアキレウスは，その重い腰を上げ，参戦を決意します。パトロクロス[41]は，トロイア軍に対して，彼らが戦っているのはアキレウスだと思わせるために，アキレウスの鎧を着用し，あまりにもトロイア軍に近づき過ぎました。アキレウスは，戦いに参加すると，英雄的な洗練さの基準から見ても常人を超えていると詩に詠われるほどの残酷さで，ヘクトールを追い，彼を殺害し，体を切り刻みます。ヘクトールは，アキレウスの古い鎧を着ていました。それは，彼が殺したパトロクロスから奪いとったものです。その鎧を身にまとうことで，パトロクロスと同じように，しばらくの間，ヘクトールは，彼自身に能力の限界があることを致命的にも忘れていました。しかし，最後には，アキレウスは，同情的になり，神の力で元に戻されたヘクトールの遺体を【ヘクトールの父である】プリアモスに返還します。ヘクトールが殺害されたことにより，トロイアの運命とアキレウスの運命の両方に，一段

---

(41) シェイクスピアの演劇『トロイラスとクレシダ』の中で，パトロクロスとアキレウスの関係は，同性愛として描かれている。しかし「イーリアス」においては，そのようなことは，示唆されていない。むしろ，戦士社会において散見される類の同性社会の人間関係である。『トロイラスとクレシダ』は，トロイア人への思い入れを強く有するものでギリシアの英雄とギリシア人を同性愛者として嘲笑するように描写している。この傾向は，ローマ人においても同様である（『アエネーイス』を参照）。英国人も好んでトロイア人の末裔であると主張する。

落が着いたと，私達は理解させられます。

　私達は,『イーリアス』から，復讐が，どのように作用するのかを学びます。パリスがヘレネーを略奪したことは，原始的な文化と古代の文化において非常に重要とされる客人歓待（hospitality）の規範（この規範は『オデュッセイア』で，より強調されます）に違反し，その略奪に対する復讐のために，トロイアは，完全に破壊されます。しかし，私達は，法を執行するために，このような方法を採ると，高い費用がかかることも知っています。そして，私達は，復讐には制限を設けるべきであることも学んでいます。アキレウスがヘクトールの体を切り刻んだことは，過剰な行為とされます。ギリシア人のアキレウスがヘクトールの遺体をプリアモスに返還することは，合法的な範囲における復讐とは区別された野蛮な行為に至るのを回避するために必要なことでした。

　『イーリアス』にも，和解（不正な侵害に対する補償）の例が散見されます。例えば，アキレウスに補償するためにアガメムノーンが苦心の申し出をする場面や，アキレウスが得た新しい盾に描かれる次のような情景が，それに当たります（XVIII. 580-592）。

　　そして人々は，集団となり，市場に集まってくる。
　　ここでは，二人の男の言い争いが起こっている。
　　殺された親族の男の贖罪金をめぐって。
　　一方の男は，聴衆の前で，金銭は全て支払ったと熱弁する。
　　他方は，その言葉を撥ねつける。何も受け取ってはいないと。
　　そこで両者とも，この難問を一気に解決しようと裁判官に押し寄せる。
　　群衆は，各々の側を応援し，各々の側の見方となる。
　　しかし，伝令官が群衆を押しとどめる。市の長老たちが
　　神聖な円を描くように配置され，磨かれた石に座り，
　　明朗な声を持つ伝令官から，杖を受け取って握り，
　　この事件について弁論するため，順番に，杖を手にして立ちあがる。
　　二本の金塊が群衆の前の地面で光り輝いている。
　　最も公明正大な評決を下した裁判官への賞金である[42]。

---

(42) ホメーロスからの全ての引用は，ロバート・ファグレスによる翻訳『イーリアス』(1990年) と『オデュッセイア』(1995年) から得ている。この引用文が仲裁に類似し

しかし，和解は，少なくとも英雄的な行動が望まれる世界，そして，戦時においては，復讐の完全な代わりとはなりません。この盾に描かれた平和な世界とは対照的なのです。少なくとも，アキレウスにとっては，復讐の完全な代わりにはなり得ないのです。復讐の倫理性に関して，繰り返し起こる問題の一つである感情の抑制が効かないことは，アキレウスがアガメムノーンの申し出を拒否する際，明確に描かれています。「いいや，砂の数以上の贈り物をくれようとも，この地球上の塵の数以上の贈り物をくれようとも，無駄である。アガメムノーンの行った胸が張り裂けんばかりの非道を全て私に償うまで，全て私に完全に償うまで，私の闘志を鎮めることはできないだろう。」貴族の損害賠償の提供を拒絶したミヒャエル・コールハースと同様に，アキレウスを「買収」することはできません。彼の怒りが自然に消滅するか，別の対象に向かわない限り，平和的な解決は，あり得ないのです。そのような解決が得られない限り，アガメムノーンに関する復讐が終わることはありません。この態度が行き過ぎた例として，テュエステースの息子達がまだ生きている間に，その血をテュエステースに飲ませられなかったというアトレウスの後悔（セネカの演劇『テュエステース』）が挙げられます。

『イーリアス』は，復讐のための情熱が有する過剰性だけではなく，社会秩序の原則としての復讐の脆弱性をも教えてくれます。アキレウスとアガメムノーンの復讐劇により，トロイア包囲が成功したことを通して客人歓待という規範の正当性が主張される機会は，先延ばしにされます。『イーリアス』の最終章に至るまで，アキレウスは，完全に個人的な名誉への関心のみから行動しており，更に，個人的な名誉からは，明確に区別されないもの，つまり，ブリーセーイスとパトロクロスを含む彼の財産への関心からのみ行動しています（これは，彼の「非社交的」な性格によるものであり，プラトーンも同様に悩んでいた性格です）。危機的な状況に至って初めて，ヘクトールと戦おうという彼の個人的な動機がギリシアとの同盟の必要性に合致していたということは，ほとんど偶然の一致であるように思われます。アキレウスは，ギリシアとの同盟に，ほとんど関心を持っていませんでした。私達は，彼が戦いを放棄することなく，プティエの地にも帰還しないことを知っ

た紛争解決の方法を描写していることにも注目せよ。ここでも古代スカンジナビアのサーガと同様に，私達は，法の前身としてだけではなく，法の起源としての復讐を垣間見ることができる。

ています。しかし，私達は，彼が容易に戦いを放棄できることも知っています。このように，英雄が行うべき倫理性と個人の名誉を暴力的に守ることに基づく社会秩序は，安定的なものでしょうか。この本に描かれているアガメムノーンとアキレウスの対立は，そうではないことを示唆しています。その示唆は，英雄の倫理に関するアキレウス自身の疑問に見られるだけではありません。トロイアの陥落以前に，この物語が終わり，ギリシア同盟の混乱を描く『イーリアス』の出来事自体も，この示唆を裏付けるものでしょう。そして，ヘクトールがアキレウスの鎧を身につけているパトロクロスを（アキレウスと見間違えて）殺して，アキレウスの象徴的な死がもたらされることを皮切りとして，この死のイメージが次第にアキレウスを包み込んでいます[43]。この出来事は，『イーリアス』の中で語られた内容の後に生じるとされているアキレウスの実際の死を前もって暗示するものです。この死のイメージは，英雄の倫理性が説得力を失いつつある中で描かれている感覚をもたらすことに貢献しています。このことは，『オデュッセイア』の中で明確に記されています。

　この解釈に対して，『イーリアス』は，死を予期することのみが生命に尊厳と価値を与えるという感覚を伝えていると読むこともできます。神々は，死を免れています。一方で，浅薄で，原始的です（神々は，人類以前の世代に属する者達です）。『イーリアス』の中で描写される神々において，アキレウスの人生が最高潮のときの尊厳以上のものを有している神はいません。しかし，その最高潮のときは，いつ到達したものなのでしょうか？　彼は，いつから「進歩的」に理解されるようになったのでしょうか？　私達は，英雄の抱く倫理的価値観を消極的に評価してきました。しかし，アキレウスの悲劇的な間違いが特使によるアガメムノーンの嘆願を拒絶したことにあると，この叙事詩は，私達に教えるものではありません。この拒絶は，英雄という絶対的な性格に拠るものにすぎません。そうではなく，アキレウスの間違いは，トロイア軍を騙すために，パトロクロスがアキレウスの鎧を着てアキレウスの身代わりとなって戦うことを許した優柔不断にあることを教えてくれます。この優柔不断な態度は，現代思想における道具主義【観念・知識・思

---

(43) ヘクトールがアキレウスに殺されたとき，彼は，アキレウスの古い鎧を身に付けていたことが想起される。アキレウスは，象徴的に自分自身を殺したことになる。実際，彼は，ヘクトールの死の直後，死ぬことになる。

想を人間における行動のための道具と考える立場】の特徴を有しています。このような態度は，アキレウスに集約される復讐の倫理的価値を定義づける名誉の掟とは相いれません。そして，この態度は，彼の運命を形成し，おそらく，その運命に関わる倫理的価値判断それ自身をも形成しています。この叙事詩の最後に垣間見られる憐れみの倫理的価値観は，アキレウスを称賛してはいません。

　ジェイムズ・ボイド・ホワイトは「法と文学」に関する本の1章を『イーリアス』に割いています。しかし，この叙事詩が描写している法以前の制度や，その中で展開されている正義という主題を彼は論じていません[44]。第1編のアキレウスとアガメムノーンの争いに関して，彼は，次のように述べています。「この問題は，現代の法的事件を率直に表している。すなわち，一見すると『適切な』二つの認知された概念があり，その一方のみが適切とされる状況である。思いもよらない事件が起こったときに，二つの確固たる判例の流れが全く正反対の方向を指し示しているように見えたり，または，二つの法規範が突如として対立しているように感じる場合がある（34頁）。」これは，この物語の理解を助けるような例示ではありません。『イーリアス』における対立に関して，法的観点からは重要であるのに，ホワイトが見落としているものがあります。それは，この叙事詩で描かれている社会には，紛争を解決する公的な機関がなく，従って，血讐のような純粋な個人による紛争解決方法の費用を最小化するために，慣習や，儀式，神（アテナがアキレウスの髪をつかんだように）に頼らなければならないということです。

　シェイクスピアの最も有名な演劇『ハムレット』の中で，私達は，ハムレットの他に，三人の復讐者を見出します。期せずして彼らは，皆復讐者の息子です。フォーティンブラスは，彼の父がハムレットの父により殺害されたことに復讐しようとします。レアティーズは，彼の父と妹の死に復讐しようとしています。そして，この演劇における役者の一人により，アキレウスの息子によるプリアモスの殺害が復讐として語られる場面があります。これは，プリアモスの息子パリスが父アキレウスを殺害したことに対する復讐です。第1幕の中で，ハムレットの父の亡霊が，その父の弟であるクローディ

---

(44) White, *When Words Lose Their Meaning: Constitutions and Reconstitutions of Language, Character, and Community*, 第2章 (1984).

アスにより殺害されたことを語り、それに復讐するようハムレットに命じます。その演劇の残りは、父の亡霊からの命令を実行しようとするハムレットの努力（そして、その前段階として、亡霊による主張の正当性を確認する努力）とクローディアスの対抗策を中心に展開します。

　この演劇の永遠の謎は、ハムレットが彼の任務を実行するのに、なぜ、そんなにも時間がかかったのか、そして、その過程で、なぜ、多くの間違いを犯したのかということです。その間違いと復讐が先延ばしにされたことから、この正義が行われるために、死ぬ必要のなかった（クローディアス以外の）ポローニアス、オフィーリア、レアティーズ、ローゼンクランツ、ギルデンスターン、ハムレットの母、ハムレット自身の七人の死者を出します。観客が支払った観劇料の元がとれるように、演劇を適切な長さに引き伸ばすという単に運営上の必要性も存在します。ハムレットが狂気を装った理由は『スペインの悲劇』のヒエロニモに比べて、それほど明確な動機付けはなく、後の話の展開からしても、復讐の引き延ばしは、それほど自然なものには見えません。他の注目すべき未解決の問題も、確かにあります。しかし、ハムレットの復讐が引き延ばされたことに加え、その不器用さの中には、書き振りの未熟さとは異なる何かが含まれているように私達は感じるはずです。シェイクスピアは、ハムレットの父の死と彼の母親の再婚の出来事の直前から説明することで、不正が行われ、それに対する復讐が行われるまでの間隔を短縮することもできたでしょう。しかし、彼は『ハムレット』を『ジュリアス・シーザー』の場合のように、その内容を短縮することはありませんでした（とにかく、『ジュリアス・シーザー』は長いので、短縮版を利用することもあります）。『オデュッセイア』も、復讐者が、この上なく有能な者であったとしても、復讐物語が短い必要はないことを示しています。オデュッセウスの復讐は、難破事故ゆえにより引き延ばされています。

　『ハムレット』に描写されている中世デンマークは、『イーリアス』の社会と異なり、公的な法制度を持っています。しかし、クローディアスは、為政者として確実なかたちで法に拘束されません。ハムレットも、おそらく、法に拘束されません。ハムレットは、ポローニアスを殺したことを理由に罰せられることはありません。クローディアスは、一時、刑罰の問題を持ち出します。しかし、ハムレットの人気が高いため、その刑罰を諦めます。更に、クローディアスが正統性を有する王を殺し「近親相姦」的な結婚を行ったことを理由に、退位させられ、罰せられる可能性があることも、示唆されてい

ません。エリザベス朝時代の人々は，兄弟の未亡人と結婚することは，故人の兄弟がその未亡人と結婚する兄弟逆縁婚【寡婦の処遇に関する慣習的な制度】に関する厳格な条件，つまり，亡くなった兄弟に息子がいない場合にのみ成し得ると考えられていました。しかし，クローディアスに殺された兄，つまり，ハムレットの父には，当然のことながら，ハムレットという息子がいます[45]。ハムレットは，クローディアスの犯罪を暴露しようとはしません。ハムレットがクローディアスに対して正義を得る唯一の方法，または，レアティーズがハムレットに対して正義を得る唯一の方法は，復讐です。

　しかし，この演劇は，復讐に対する多くの暗黙の批判を含んでいます。この演劇において，七人もの多かれ少なかれ無実と思われる人間の死は，正義の貫徹が高くつくことを印象付けます。また，裁判官，警察，検察官等の職員が自分で決めて常勤で働く公的な正義と異なり，復讐は，性格的に，そのような役割を負うことに適さないような人々に，この役割を負わせる可能性があることを私達に思い起こさせます。裁判官，警察，検察官等の職員といった専門的な訓練と経験，更に，法を執行する職業を選ぶという適性や自発性が社会の不正行為を効率的に処理するために，必要な技術であると共に，人情味を持つべきではないという何らかの確信を与えています。ハムレットは，次のように述べています。「慣れていない者は，得てして敏感になるものだ (V. I. 70)。」彼が第1幕の終わりで，亡霊から復讐を成し遂げるように命令を受けた際「時代の箍が外れている。なんと呪わしい宿命だ。私が生まれてきたのは，それを糺すためだったのだ！ (I.5.197-198)」と述べます。ここでは「私」に強調が置かれます。ハムレットが亡霊の計画に適した道具ではないことは，この直後から明らかにされていきます。すなわ

---

(45) 『ハムレット』初演の観客は，その再婚の近親相姦的性質に加え，その性急さに嫌悪感を覚えただろうことに関しては，Roland Mushat Frye, *The Renaissance Hamlet: Issues and Responses in 1600* 77-82 (1984). しかし，Graham Bradshaw, *Misrepresentations: Shakespeare and the Materialists* 294 注 25 (1993) においては，その結婚の近親相姦的な性質に，それほど観客が思い悩むことはないだろうと述べられている。劇中では，ハムレットと亡霊だけが，その結婚を近親相姦であると語っている。しかし，デンマーク人というよりも，ローマ人のような「クローディアス」という名前は，近親相姦をしたとされるローマ皇帝を観客に思い起こさせるものである。シェイクスピア時代のイングランド法は，そのような結婚を近親相姦であると宣言するだろう。B. J. Sokol and Mary Sokol, *Shakespeare, Law, and Marriage* 152-153 (2003). しかし，この物語で演じられたことは，実際，数世紀前における他国での話を下敷きにしている。

ち，ハムレット以外に，人がいなかっただけなのです。ハムレットは，クローディアスを殺そうという積極的な努力を諦めた直後に，クローディアスを殺害します。レアティーズとのフェンシングの試合の前に，練習用に先止めされたフェンシングの剣の確認を怠ったことは，過失です。クローディアスがハムレットを殺そうとしているのをレアティーズが知っていたことに加え，ハムレットに対するレアティーズの怒りをハムレットは，知っていました。ハムレットがフェンシングの試合の場で，自分を殺害する計画を発見し，彼自身が死ぬ直前にクローディアスを殺すことができたのは，偶然にすぎません。

　ハムレットが，なかなかクローディアスの暗殺を実行に移さないことに関して，クローディアスが無意識に意見を述べる場面があります。クローディアスは，もう一人の未熟な復讐者レアティーズに対し，怒りは，時と共に鎮まるだろうと警告します。時の経過は，不正義に対する救済として，復讐に伴う伝統的な問題です。クローディアスはまた，短時間に起こる多くの悪い出来事に関しても自らの力を誇示して語っています。これらの出来事は，ハムレットが惹き起こしている問題でもあります。それらは，レアティーズが惹き起こすような問題ではありません。ハムレットは，あまりにゆっくりと，そして，あまりにも冷静に行動を起こします。レアティーズは，激昂に駆られて，あまりにも早急に行動を起こします。ハムレットは，クローディアスに対して，不必要な問題を惹き起こしては，時間を無駄にしています。レアティーズは，間違った結論に飛びつく傾向にあります。そのように，レアティーズは，自分が起こした事件において，自らが裁判官になる危険性を強めています。フォーティンブラスは，ハムレットとレアティーズの中間のような人物で，有能な復讐者の模範例です。

　復讐者の思い入れが強すぎる場合の問題とは，神に祈っているクローディアスを殺す機会があったのに，ハムレットが，それを断念した場面により示されています。もし，彼がこの機会を利用していれば，先に述べた七人の命は，助かったでしょう。しかし，彼は，クローディアスが地獄の業火で焼かれることを確実にしたかったのです（『スペインの悲劇』との類似に注目）。同様に，より露骨ではあるものの，次のような場面があります。クローディアスは，レアティーズに「ハムレットが戻ってくるらしい。お前が亡き父の息子であると言葉ではなく行動で示すために，どうするつもりなのだ？（IV. 7.125-127）」と質問したとき，レアティーズは「彼の喉を掻き切るまでです」

と答えます。そして，クローディアスは「殺人の手が及ばない聖域などないのだ。復讐に制限などあろうはずがない（IV. 7.128-129)」と応じます。しかし，この受け答えは，まさに的を射ています。それこそが，この演劇から私達が学び得る要点の一つなのです。

『イーリアス』が失われた英雄の叙事詩を保持しているように『ハムレット』は，作品の質と両価値性を有する点で現代的な復讐文学の性質を保持しています。エリザベス朝時代の多くの復讐演劇やジェームズ 1 世時代の復讐演劇は，暴力と復讐者の感情の行き過ぎにおいて，あまりに異様なため，そこで描かれる社会に対する視点または倫理的見解は，メロドラマに過ぎないものになっています。そのことは，『タイタス・アンドロニカス』にも見られます（復讐者タイタスは，高級官吏であり，ヒエロニモと同様に，そこでの悪者が王室の人物であるため，合法的な手段では正義を得ることができません）。復讐者タイタスがアトレウスからパイ生地を包む葉を借りて，タマラ女王の息子達二人を殺して，その肉をパイとして彼女に提供します。タイタスは，彼に女王の息子達を連れてくるよう頼んだ人物に対して，次のように述べます（V.3. 60-63)。

　　いや，二人とも，ここにいるのだ。焼かれて，そのパイの中に。それを，その子供の母親が上品を気取って食っている。自ら産み育ててきた子供の肉を食らっているのだ。本当さ，本当だとも，このナイフの鋭い切っ先が何よりの証。

そこで，タイタスは，タマラ女王を突き刺し，次に，彼が突き刺されます。次に『ハムレット』の数年後に書かれたシリル・ターナーの演劇『復讐者の悲劇』を考えてみましょう。ここでも敵役は，王です。従って，ヴィンディスは，妻の殺害に復讐するために，法の手段を借りずに行為しなければなりません。彼は，妻の頭部を保管し，それを毒薬で覆います。彼は，女性を紹介するという口実で，好色な王を暗い木陰に誘い込みます。王は，暗がりで，その頭部を抱擁します。ヴィンディスは，王が毒死する直前に，国王の死をより苦しみの多いものとするため，彼の妻による不貞行為を見せようと，女王とその愛人を木陰に誘い込みます。王が叫ぼうとしたとき，ヴィンディスは，その舌を切り落とします。ジョン・ウェブスターの演劇『白い悪魔』の中で，敵役ブラチアーノに対する復讐方法は，彼の兜の面頬の内側

の下の方に毒薬を塗るというものです。復讐者が，我慢できずに絞め殺すまで，恐ろしい苦しみをブラチアーノに執拗に与えます。

　復讐における倫理的価値の拒絶を最も影響力があるかたちで示すものが新約聖書の中に見出されます。私達は『ハムレット』や，おそらく血なまぐさい復讐劇が観客に次の言葉を思い起こさせようとしているのかどうかを考察しなければなりません。「自らは，復讐してはなりません。神の怒りに任せなさい。『復讐するは我あり』と，主は，言われています。あなたの敵が飢えていたら食べさせ，渇いていたら飲ませなさい。そうすれば，燃える炭火を，その者の頭上に積むことになるのです（ローマ人への手紙12：19-20）[46]。」これには，2種類の見方があります。先ず，第1に「燃える炭火」という言及によって示唆されているように神は，来世で全ての価値を糺すという見方です。これは生きている人々にとって，実用的な方法ではありません。いかなる社会も，死後の報酬と制裁に単に訴えるだけで，秩序を維持することはできません。いかなる人も，常に反対の頬を差し出すことに満足するものではありません。第2の見方は，最も純粋な方法として，違法行為者を罰することを全て神任せにするというものです。これも，一つ目と同じく非実用的なものです。しかし，神の代理人である王の助けを得ようというものではありません。この考え方は『ハムレット』の最終幕で示されています。そこでは，もはや，ハムレットは，クローディアスを殺害する計画を立てようとはしていません。しかし，その代わり，時間，場所，手段の調整を神任せにしています。「私達の最期を定めるのは神なのだよ。私達が，どんなに下手な策を練ろうともね（中略）準備は万端だ（V. 2. 10-11, 220）。」（そして，神の摂理は，その願いを聞き入れます。）第5幕に至ると人々を怖

---

(46) 私が引用したジェームズ1世の欽定訳聖書は，シェイクスピアが『ハムレット』を書いたときには，未だ公刊されてはいなかった。しかし，彼が用いていたと思われる『カヴァーデイルの聖書』(1535)，『ジュネーヴ聖書』(1583)，『主教聖書』(1588) は，本文で掲げた関連する一節において，ジェームズ1世の欽定訳聖書と大きな違いはない。例えば，同じ一節に関する『カヴァーデイルの聖書』訳は，次の通りである。「あなた自身で復讐するのではなく，神による復讐の余地を残しておきなさい。主は『怒りは我にあり，復讐するは我にあり』と述べておられます。それゆえに，あなたの敵が飢えていたならば，その者達に食べ物を与えなさい。その者達が喉の渇きを訴えているならば，飲み物を与えなさい。そうすることで，その者の頭上に燃えた炭火を積むことになるのです。」

がらせる異教徒の姿をした亡霊は，忘れられています[47]。亡霊が体現する復讐の倫理的価値は，原始的でキリスト教以前の価値のように思われます。ハムレットの死は，悲痛な尊厳で覆われています。父の亡霊に託された役割を彼が円滑かつ効率的に行っていたならば，そのようには，ならなかったでしょう[48]。

　この劇的な構造に加え，この演劇全体の中に黙示されている価値において，ハムレットが復讐を平和的に放棄したことは，亡霊に急き立てられたことに対する十分な応答にはならないはずです。この演劇は，権利を擁護し，公的秩序を維持する方法としての私人による復讐の否定的な側面をレアティーズの愚かな残忍さとハムレットの復讐計画の破壊的な無益さの中で描いています。しかし，ハムレットには，父の復讐を果たす以外の選択肢は残されていなかったのだという永遠に残る印象を私達に与えています。「名誉には，キリスト教が認めることを拒絶する義務すら伴う[49]」のです。

　エウリーピデースは，彼の演劇『オレステース』の舞台を十分に法制度が機能している社会の中に置くことでオレステース伝説の仮面をはがそうとしました。その社会でクリュタイムネーストラーの父親がオレステースに思い留まらせようとしたように，オレステースは，彼の母親を殺す必要がありませんでした。彼は，母親に刑罰を受けさせるため，公的機関に彼女を引き渡すことが可能でした。ハムレットには，そのような選択肢はありませんでした。私達は『ハムレット』において，公的機関が存在しないことから逆に，法を学ぶことができるのです。

　『ハムレット』から感じ取れる復讐に対して相反する感情は，シェイクスピアの時代における社会の一般的な態度を反映したものです[50]。新約聖書

---

(47)「国王は，果樹園で毒を盛られたために死んだのではない。ガートルードと，その王子に忘れ去られたことを理由として死ぬのである。ハムレットの亡き父は，敵の死体を前にして，その勝利を祝うために帰還することはなかったのだ。」Kerrigan, 前掲注 2, 187頁。
(48)「この劇の最後の幕で，ハムレットは，彼が存在する世界を受け入れている。私達は，彼に別の人間を発見する。」Maynard Mack, "The World of *Hamlet*," in *Tragic Themes in Western Literature* 30, 54 (Cleanth Brooks ed.1955).
(49) William Empson, "Hamlet," in Empson, *Essays on Shakespeare* 79, 121 (David B. Pirie ed.1986).
(50) Frye, 前掲注 45, 第 2 章, Catherine Belsey, "The Case of Hamlet's Conscience," 76 *Studies in Philology* 127 (1979) を参照。この相反する感情は，シェイクスピアの劇団（「国王一

は，ギリシア人とは別の方法で復讐を問題あるものと看做しています。伝統的なエリザベス朝時代の説明は，復讐における三類型，つまり，神による復讐，公的な復讐，私的な復讐を区別しています。そして，最初の二類型による復讐は，政治社会の支配者が政治的領域において「神により復讐の座を占めるよう命じられた」とされる神の代理人としての権限を用いることで「神が罰するように罰する」べきであるという概念に結び付けられました[51]。従って，刑事司法制度は，神による復讐の独占と調和しています。しかし，これでは，刑事司法制度が『ハムレット』のように機能していない場合に，未解決の問題を残すことになります。それは，個人的な復讐の領域です。ハムレットが彼自身を天の「罰であり，天の手先 (III. 4. 182)」と呼ぶとき，私達は，公的復讐と神の復讐を結び付けるのと同じ方法で，私的復讐と神の復讐とを結びつける可能性を垣間見ます。すなわち，その方法とは，私的な復讐者を神の代理人とすることによって達成されます。ハムレットがクローディアスに復讐をすることの根拠は，クローディアスが（カインのように彼自身の兄弟の）殺人者であることの他に「姦淫をした獣」であり，強奪者であることから，不法な支配者，つまり，専制君主であるという事実により，強化されています。国王の個人的な非行を理由とする国王殺害よりも，暴君殺害の方が，より擁護できる私的な復讐の形態となります[52]。

『ハムレット』には，道徳的観点というよりも，経験的観点から，私的復讐を強く思い留まらせる場面が描かれています。ハムレットは，感情に我を忘れ，その後，冷静になるという復讐者の典型的な間違いを犯します。クローディアスが永遠の罰を受けることを望んだハムレットは，クローディアスが神に祈りを捧げている間，その殺害を差し控えたことにより，その後に続く不必要な死が仕掛けられることになります。クローディアスが祈りを捧げている間に彼を殺せば，クローディアスの罪の告白により，この暴君は神

座」）のパトロンであるジェームズⅠ世の生涯をも反映している。イングランドの王座に就く以前において，スコットランド王であったジェームズは，スコットランドにはびこっていた血讐を規制しようとしていた。しかし，同時に，彼は，彼の父親に対する殺人と彼の家族に対して行われたその他の違法な行為に対して，復讐の決意が固い残忍な者であった。Alvin Kernan, *Shakespeare, the King's Playwright: Theater in the Stuart Court 1603-1613* 37-44 (1995) を参照。

(51) Lily B. Campbell, "Theories of Revenge in Renaissance England," in *Collected Papers of Lily B. Campbell* 153, 163 (1968).

(52) Frye, 前掲注 45, 38-40 頁。

に救われるかもしれないと，ハムレットが誤信していることを観客は知ることになります。しかし，これはハムレットの奇妙な間違いです。クローディアスが自発的に王位と女王という彼の犯罪の成果を放棄するだろうとハムレットも思ってはいないはずです。従って，ハムレットは，クローディアスの「改悛の情」は，偽りのものに違いなく，天罰を免れないだろうと理解すべきだったはずです。

　ハムレットがクローディアスを永遠に呪いたいと望むほど残忍なはずはないと考える根拠になる文章は，原文中に見当たりません。従って，クローディアスを殺さないことに対して，彼が与えた理由は，口実にすぎないと考える根拠も原文中には，ありません。過度の残忍さは，復讐者に特有の危険性であるだけではなく，第3幕におけるハムレットの特徴的な性格ともなっています。「[ハムレット]に要求されている行為は，匡正的正義の実践である。しかし，必然的に，その行為者を一般的な罪の意識に巻き込むものである[53]」とされています。祈りの最中のクローディアスを殺すことは，悪であるとハムレットは考えるため，彼は，その時点で十分にクローディアスの罪を確信しているにもかかわらず，（彼自身，クローディアスを殺害しなかったことで，第4幕では，自分を責めているように）悩み続け，惨憺たる結果を招きます。

　ハムレットは，亡霊が悪魔かもしれないと懸念し，クローディアスの罪を確信できるまで，彼の復讐を先に延ばします。亡霊の善意を疑うことは，この先延ばしに対する単なる口実に過ぎないかもしれません。しかし，演劇の初めの部分で，ホレイショや夜警が述べた懸念と『ハムレット』の中に示されている亡霊の存在を考えると，この演劇の当初の観客は，この亡霊の正体が（ハムレットの父なのか，あるいは，ハムレットの父の姿をした悪魔か），ハムレットを煩わせる当面の問題であると考えたのでしょう[54]。このような超自然的な存在による惑わしは，目新しいものではありません。マクベスが魔女に惑わされたことを思い出して下さい。

　更に，クローディアス（彼は，シェイクスピアが描く敵役の中でもスタン

---

(53) Mack, 前掲注 48, 53 頁。
(54) Frye, 前掲注 45, 14-17 頁を参照。私的な復讐が死に値する道徳的な罪であるならば（エリザベス朝時代の未解決の問題），ハムレットの父に偽装した悪魔は，クローディアスが殺人者であったとして，ハムレットに対し，その父の殺人者に復讐するよう教唆する可能性がある。

リー・ボールドウィン【英国の政治家であり，長く実業界でも活躍】のような人物です）は，礼儀正しく，信頼できそうな態度をとっているので，ハムレットが亡霊の確証のない告発を疑うのも，十分もっともなことです。クローディアスの独白は，彼の不正を観客に納得させるためには，必要なものです。しかし，ハムレットは，観客ではありません。亡霊の誠実さに対する疑いは，この演劇全体を覆う顕著な不審に満ちた雰囲気で強化されています。その雰囲気とは，例えば「そこにいるのは誰だ？」という最初の台詞であったり，ポローニアスがパリでレアティーズを監視するためにレナルドーを使いに送るといった一見したところでは重要でない場面です。亡霊の誠実さに対する疑いは，登場人物を苦しめる多くの誤解により強化されています。すなわち，隠れている人間はクローディアスであるというハムレットの信念や，クローディアスがポローニアスを殺したというレアティーズの信念や，ハムレットがオフィーリアと結婚しないのは，彼女の地位があまりに低いからだというポローニアスの信念（しかし，私達は，後に，ハムレットとオフィーリアが結婚するとガートルードが予想していたことを知ります），オフィーリアは，狂気により事故でおぼれたのではなく自殺したのだという複数の登場人物の信念により，亡霊の誠実さに対する疑いは，強化されています。ハムレットの疑念も，また，捜査と裁判のための公的機構が存在していないために，復讐制度において，その疑念が立証できない問題（『オセロ』でも，強調されている問題です）を示しています。しかし，この疑いは，ハムレットの性格と状況の両方から，生じるものです。彼は，亡霊の命令を，なかなか実行できないことで，繰り返し自分自身を責めます。5幕になって，ようやく，亡霊が本物であるとハムレットが確信を得た後でも，彼は，クローディアスを訴える十分な証拠があるかどうかと悩みます。

　復讐が，なかなか実行できないことの十分な動機として，クローディアスが護衛に保護されているとか，あるいは，ハムレットが彼を殺害したら，誰かがハムレットに復讐するかもしれないという可能性が存在していると考えることも可能です。しかし，このような推測は，この演劇の中では十分な根拠がありません（『スペインの悲劇』とは，対照的です）。事実，ハムレットがクローディアスを刺し，毒入りの酒を飲むよう強要するときに，誰も何一つしようとしません。エリザベス朝時代における観客の価値観の中で，登場人物に対する評価を高め，私的な復讐の必要性をもっともらしく見せ，彼らを法に拘束されない者とするために，高尚な演出は，必要です。しかし，

シェイクスピアが描くローマ時代の歴史演劇の中で顕著に表れるような政治的含蓄は，弱められています。キャシアスは，シーザーを暗殺するために陰謀を計画する必要がありました。ハムレットがクローディアスを殺害する際に政治的問題を抱えているとか，国王の殺害が私的問題以上の何かであることを示すものはありません。クローディアスによる国の統治に関しては，何らの不満も示されていないのです[55]。『ハムレット』は本質的には，『オセロ』や『ロミオとジュリエット』のような親族間での悲劇であり，『ジュリアス・シーザー』や『マクベス』のような政治的悲劇ではありません。

　エリザベス朝時代の観客は，現代の観客以上に王位の威厳に強い感銘を受けていることから，亡霊の命令が素早く容易には実行され得ないことは，当然のことと思うかもしれません。例えば，国王によるスイス人護衛への言及であったり，ポローニアスや後にはローゼンクランツ，ギルデンスターンがハムレットを見張るために配置されていた事実であったり，ローゼンクランツの「陛下の運」に関する発言（III. 3.15-23）であったり，クローディアスのガートルードに対する次の発言が，このことを示しています。「私達の民を恐れることはない。国王を守る天の加護がある。反逆が顔をのぞかせることはあるだろう。しかし，何もできはしない（IV.5.126-129）。」この発言は，非常な皮肉です。しかし，エリザベス朝時代の観客には，必要とされる全ての暗示を含んでいるでしょう。

　しかし，ハムレット自身は，このような台詞で表わされるような懸念を述べていません。復讐が引き延ばしにされている根本的な原因は，彼が性格的に，復讐者の役割に適さない点にあると，彼の言動が示しています。彼は，（その名が「復讐者」を意味する）ヴィンダイスや，タイタス，（復讐に全く躊躇を示さなかった）ヒエロニモ，コールハースと異なる性格の持ち主であり，ある程度において類似性が見られるオレステースとも違います[56]。ハムレットと非常に似ているのは，テーレマコスでしょう。彼の父オデュッセウスがいない間に，彼の母親に求婚する者達に対し，彼は，その求婚者達が客人歓待の慣習を侵害したという理由により，その者達を罰するのが彼の責務であると強く意識していました。しかし，あまりにも若かったため，その

---

(55) John F. Danby, *Shakespeare's Doctrine of Nature: A Study of King Lear* 148 (1949).
(56) A. D. Nuttall, *The Stoic in Love: Selected Essays on Literature and Ideas* 34-38 (1989). Kerrigan, 前掲注 2, 173-174 頁と比較対照。

義務を実行できず，気をもみ，腹を立てていました。ハムレットの父の亡霊が第3幕で現れ，ハムレットに告げたように，そして，ハムレットが自分自身を責め続けていたように，彼は，普通の復讐者が持つような宥めがたい怒りや，何物にも動じない憤怒の心情を持っていませんでした。彼の「生きるべきか，死ぬべきか」という独白は，あらゆる問題の両面を見ることで，彼が復讐を行わないことに対して，巧妙な説明を考案する心情を明らかにしています。更には，このような思考傾向には，性格的なものも見られます。すなわち，ハムレットは，心変わりしやすい人物だということです。彼を強く印象付けている衝動性は，彼の冷めやすさの別の側面を表しています。彼が「瞑想や愛の想いと同じくらい素早い翼が付いているなら，私は，すぐにでも復讐へ向かうのに（I. 5.30-33）」と述べているように，亡霊に殺人の詳細を早く告げるよう頼むとき，彼は，あたかも，素早く行動に移さなければ，全く次の行動に移せなくなるだろうということを理解しているかのようです。

　役に立たない僅かな土地のために，進んで数千もの命を犠牲にするフォーティンブラスが示すような，過剰で，反射的な，躊躇のない名誉心をハムレットは持っていません。ハムレットが豊かな想像力に苦しめられていることは，彼の独白の中で明らかです。彼は，復讐の観点から見て些細な問題とも思われるものに悩まされています。その問題とは，彼の母親の不倫と近親相姦です（彼の母親は，父王殺害に関しては無実であり，その亡霊がハムレットに対して母親を傷つけないように言っていることから，それは些細な問題です）。ハムレットは，思想家です。しかし，アントニーのような策略家ではありません。ハムレットは，自分自身が偽善者ではないことを知っていました。そして，アントニーとも異なる性格であることから，ハムレットは，おそらく「奇怪な行動」を演じたのでしょう。ハムレットは，劇中劇での殺人者を国王の弟ではなく，国王の甥であると設定することで，その劇中劇を台無しにすることさえできるのです。ハムレットは，クローディアスの甥であることから，クローディアスは，この劇中劇を自らに対する脅威と受け取るかもしれません。そして，たとえ，クローディアスがハムレットの父を殺したのではないとしても，クローディアスは，その劇に脅え，中止させるかもしれないのです。

　ハムレットは，その父の亡霊がハムレットに命じた復讐に取り掛かるよりも，彼の叔父と彼の母の振る舞いの中に見られる人間のかかわり合いに，関

心を持っていたように思われます。最初の4幕でハムレットに「襲いかかる」唯一の出来事は，イングランドへの旅の間，クローディアスが彼に仕掛けた罠から脱出することです。ハムレットが第5幕で運命を甘受する態度を示すのは，この彼の脱出が運であるか，神意による偶然によるものだからです。漠然とした懸念から，ハムレットは，ローゼンクランツとギルデンスターンの持ち物を，くまなく調べます。そして，ハムレットの運命にかかわる王の委任状を見つけ出します。そして，クローディアスが，その特使の成り行きを知る以前に，ハムレットは海賊との戦いを経て，その次の日には，デンマークへの帰還を成し遂げています[57]。

　しかし，ハムレットは，復讐者として，相応しい性格ではなかったと批判されるべきなのでしょうか？ ハムレットの住む社会（より正確にいうと，『ハムレット』の当初の上演を見る観客が住む社会）が復讐の中に両価値性を見ることに照らせば，ハムレットが思慮深く，読書好きで（『ハムレット』の中で，本は重要な柱です）[58]，学究的であり，彼の住む汚れた世界に疑問を持ち，行動する前に熟考する傾向のある人物であることは[59]，ハムレットの名誉ではないのでしょうか？ つまり，昔ながらの考えを持ち，体面を重んじ，復讐を愛する社会に居心地の良さを感じている彼の父や，フォーティンブラスに見られる断固たる執拗さを持っていなかったことは，ハムレットにとって，不名誉なのでしょうか？ ここで，私達は，再び，私的な道徳と公的な道徳の相違に直面します。兄である国王を殺したことを理由に，クローディアスは，実際に復讐されなければならないという考えを受け入れるならば，ハムレットは，その復讐を果たそうとする際に見せた躊躇と大い

---

(57) 「墓地での場面と，そこにおいて彼に明らかにされたものにより，私達は，ハムレットが強大な敵と最終的な戦いをする準備ができていることを知る。彼は，格闘すべき世界を，そのままに受け入れており，その世界の中で私達の認識とは無関係に，悪魔は，毒をぬった細身の諸刃の短剣と毒の入った盃を携えて，待ち構えているのである。すなわち，その世界において，私達が仮に勝利を得ようとするならば，ありとあらゆるものに相当する犠牲を支払わなければならないのだ。」Mack, 前掲注48, 58頁。ハムレットに好意的ではないオーデンは「ギリシア悲劇の英雄そのもの，すなわち，状況の流れに任されるままになりたかったのだろう」と鋭く指摘している。W. H. Auden, "Hamlet" in Auden, *Lectures on Shakespeare* 159, 164（Arthur Kirsch ed.2000）.

(58) Alastair Fowler, "The Case against Hamlet: Understanding the Multiple Viewpoints of Shakespeare's 'Renaissance Realism,'" *Times Literary Supplement*, Dec. 22, 1995, 6, 7頁.

(59) Frye, 前掲注45, 170-177頁.

なる間違いにより，（復讐を躊躇した別の知識人である）ブルータスと同様，公的な役割を果たすことについて誤解をしている者，または，公的役割を果たす能力を欠く者であるということになります。しかし，当然のことながら，復讐の責務を果たす能力を欠く人物に対し，そのような責務を課すことは，復讐という正義の欠点の一つなのです。

　それでは，私達は，復讐に対するシェイクスピアの「見解」を，どのように捉えるべきなのでしょうか？この質問をするだけでは，3点の間違いを犯すことになります。それは，第1に，文学作品に暗示されている道徳的価値を著作者に投影するという間違い，第2に，文学を啓発的なもの，あるいは，啓蒙的なものであってほしいと望む間違い，第3に，その設定された状況にかかわらず，復讐の道徳性を評価しようとする間違いです。シェイクスピアの演劇は，復讐に対する態度において，ある一定の幅があることを示しています。『タイタス・アンドロニカス』，『ジュリアス・シーザー』，『リア王』，『マクベス』のように，多かれ少なかれ復讐を無批判に肯定する演劇と，『ヴェニスの商人』，『コリオレイナス』，『ロミオとジュリエット』のように，復讐を否定する演劇の中間に，『ハムレット』は，位置しています。例えば，『ロミオとジュリエット』において，キャピュレット家とモンタギュー家の「積年の恨み」は，次の理由により，奇妙ではないにせよ，不合理なものとされています。例えば，両家の確執の由来が既に忘れられているという事実であったり（『ヴェニスの商人』の中で，キリスト教徒に対するユダヤ人の「積年の恨み」の由来とは異なります），演劇の舞台が文明化され，現代的で，十分に統治されている都市国家に置かれているという事実であったり，ティボルトの強い悪意を生みだす動機が存在していなかったり，確執を抱く両家族がロミオとジュリエットの死により，最後には正気を取り戻し，その確執が消えて失くなる速さであったり，ロミオとジュリエットの愛により，両家族間に横たわる殺人を惹き起こすほどの反感は，不合理であるとされています。

　ハムレットが抱えるディレンマは，ウィリアム・フォークナーの小説『征服されざる人々』の最後の章「美女桜の香り」の中で，奇妙な方法で解決されています。この小説を構成する各章は，緩やかに関連付けられています。この物語は，南北戦争直後のミシシッピ州が舞台となっています。古い南部の伝統を体現するかのような乱暴でけんか早い人物であるサートリス大佐

は[60]、この地域の商人であるレドモンドとの長い間に及ぶ紛争を抱えています。二人の決闘を回避することはできません。しかし，サートリスは「人を殺すことに嫌気がさす」ようになってきていました。そこで，法律を学ぶ学生であり，また，過去の残骸から立ち上がろうとしている新しい南部の象徴である息子ベイヤードに，レドモンドと銃器を持たずに決闘するつもりであると告げます。翌日，サートリスは，レドモンドの事務所へ行き，レドモンドは，サートリスを殺します。そこで，サートリスが銃器を持っており，しかし，その場では銃を抜かなかったことが判明しました。サートリスの取り巻きは，これは，正当な決闘であったと納得します。それにもかかわらず，その取り巻きは，ベイヤードが父の死に対して復讐することを期待しています。しかし，ベイヤードは，既に復讐の倫理的価値に身を委ねないことを決意していました。彼の父が殺された後，彼は，レドモンドの事務所へ何の武器を持たずに赴き，事務所の中に入り，レドモンドが座っている机に向かって歩いていきます。レドモンドは，わざと狙いを定めずに，銃を2発撃ち，そして，外します。ベイヤードが机まで辿り着くと，レドモンドは，立ち上がり，帽子を被りました。そして，事務所の外に群がっているサートリスの取り巻きがレドモンドによりベイヤードが殺されたのはないかと懸念している中を勇敢にも歩いて抜け，駅まで，まっすぐに歩き続けます。彼は，その駅でミシシッピを出る次の汽車に乗り（何も荷物を持たず），二度と戻ってくることはありませんでした。合唱隊の役割を果たすサートリスの取り巻きは，ギリシア悲劇の合唱隊が行うように常識を口にして，サートリス大佐の死は，復讐されなければならないと主張します。しかし，彼らは，ベイヤードがレドモンドに立ち向かったことを知ったとき，ベイヤードの勇敢さに心を打たれます。ベイヤードは，彼の決意を貫徹しました。そして，レドモンドは，それに感服したのです。

「臆病者という非難を恐れるベイヤードは，慣例が要求する以上の勇敢な行為をした。彼は，慣例を尊重して殺人者の事務所へ赴く。しかし，ベイヤードは，彼自身の死という危険を冒してまで，レドモンドを銃で撃つまいと決心することで，彼は，慣例を超越した[61]。」ハムレットも父の要求する

---

(60) Wyatt-Brown, 前掲注21, 第2章と352頁, Jack K. Williams, *Dueling in the Old South: Vignettes of Social History* (1980); Edward L. Ayers, *Vengeance and Justice: Crime and Punishment in the 19th Century American South* (1984) を参照。

(61) Cleanth Brooks, "The Criticism of Fiction: The Role of Close Analysis," in Brooks, *A Shaping*

名誉の慣例が意味するところを拒絶し，更に，最終的には，彼のために設定された目標を達成することで，その慣例を超越したと考えることもできます。クローディアスは，死にます。それはあたかも，レドモンドが彼自身を追放に処したのと同じです。

　サートリス大佐には，若妻ドルーシラがいました。彼女は，ベイヤードよりも数歳年上にすぎませんでした。そして，彼女とベイヤードは，恋に落ちました。ベイヤードは，彼の父が翌日に丸腰でレドモンドと対決するつもりであることを告げられたとき，ドルーシラとの関係を父に告げる寸前でした。ベイヤードは，沈黙を守ります。（彼は，父が殺されるのを期待していたでしょうか？父に死んで欲しかったのでしょうか？）大佐が殺害されたとき，ドルーシラは，ベイヤードに大佐の復讐をするよう熱望します。彼女は，彼に二つの大きな決闘用のピストルを押し付けます。それは，彼女にとって，男根の象徴的意味を持っているように思われます。彼は，それを受け取ることを拒絶します。そして，彼がレドモンドを殺害せずに帰宅するとドルーシラは，家からいなくなっています。見たところ，彼女は，二度とは戻ってこない印象を受けます。復讐の倫理的価値を拒絶したことで（法を守るためでしょうか？ベイヤードは，なんといっても，法を学ぶ学生なのですから），名誉を守るために殺人さえも辞さないという度胸と男らしさとが相互に結び付いている南部の価値観の複雑さをもベイヤードは，完全に自発的ではないにせよ，拒絶したことを意味するのです。

　「法と文学」という運動の指導的人物であるリチャード・ワイズバーグは，ハムレットが復讐を行う際に見せた躊躇と復讐の失敗は，復讐に多くの問題があることによるのではないと主張しています。つまり，暗殺を成功させた行動家クローディアスに対する暗殺失敗者ハムレットの嫉妬，そして，クローディアスが死んだ際には，ハムレットに王位が確実に継承されるように，クローディアスに媚びへつらわなければならないことへの苛立ちが原因であるとしています[62]。この分析の中でハムレットは，私達が第5章でみるように，復讐を越えた存在であるニーチェのいうところの「君主」に成りきれずに，弱く無駄な言葉を駆使する人間の象徴とされています。

Joy: Studies in the Writer's Craft 143, 148 (1971).
(62) Richard Weisberg, "Hamlet and Ressentiment," 29 *American Imago* 318 (1972).

確かにハムレットは，憤慨しています。それが当然のように思われます。この劇は，クローディアスを，卑怯者，嘘つき，大酒飲み，凡庸，臆病者として，非常に優れた王（ハムレットの父）から妻と人生を奪い，もう一人の優れた者であるハムレットから王位継承の期待（世襲制を敷く君主制のように自動的な王位継承ではないけれども，明らかに王位継承が推定されている）を奪った者としても提示されています。クローディアスは，好感のもてる物腰で，政治的に抜け目がありません。彼は，フォーティンブラスとレアティーズが彼の王位に対して次々と繰り出す脅威を手際よく受け流しています。「[クローディアスが]彼の兄よりも手際よく，王国を支配できるだろうという確信に基づいて，彼がデンマークにおける権力を熱望していた[63]」という印象さえ，私達は感じます。しかし，クローディアスの政治手腕は，彼の兄の厳格な軍人らしい長所とは重なることなく，ハムレットは，そのクローディアスの政治手腕を称賛することはなく，おそらくは，それを理解すらしていないでしょう。クローディアスは，王位継承を操作しているとか，ハムレットの対抗馬を立てようとしているということも示唆されていません。彼は，王国を支配し，ガートルードと平穏に楽しい日々を過ごすことができる限り，ハムレットに王位を継承させることに満足しているようにも思われます。ハムレットは，クローディアスに取り入る努力をしていません。全く反対の態度をとります。ハムレットは，若くて大胆で感情的です。クローディアスは，年をとっていて，計算高く，妻を溺愛しています。二人は，これ以上，異なりようがないほど異なっています。

　ハムレットは，父の亡霊と遭遇したことにより，自分の天分を知ります。その状況に置かれたときに，彼は「全てを拒絶する」という反応を示します[64]。ハムレットは，女性，彼自身，そして，実際には全ての人間の本性に，嫌悪感を覚えるようになります。亡霊が命じた復讐ではなく，むしろ，この嫌悪感が英国への航海が頓挫した後のデンマークに帰還するまでの彼の行動の焦点となっています。しかし，彼は，デンマークに帰還すると，もはや，そのような嫌悪感は抱かずに運命を引き受ける気持ちになっていきます。このようなハムレットが抱く否定的な感情は，クローディアスに対する嫉妬と同視することはできません。更に，ハムレットは，ニーチェが述べる

---

(63) David Bevington, *Shakespeare* 53 (2002).
(64) Weisberg, 前掲注 62, 325 頁。

ところの「祭司【ユダヤ教的な弱さの象徴的概念】」でも「おしまいの人間【目先の利益に囚われた現代人の象徴的概念】」でもありません。それどころか，この演劇の最終幕では，彼は，ニーチェが述べる自己超克者【「超人」とも呼ばれ，無意味な人生にあって自らの確立した意思でもって行動する強い人間の象徴的表現】になり，復讐を計画するには，あまりにも「偉大な」人物として描かれています。ハムレットは，彼の殺害のために用意された毒入りの飲み物を彼の母親が飲むのを見たことで，衝動的にクローディアスを殺します。彼は，まるでニーチェのように「軽率さとは，ありがたいものだ（V. 2. 7)」と述べます。そしてクローディアスは，ハムレットを「いい加減で，気前がよく，策を弄するなどということは全くしない（IV. 7. 135-136)」男だと描写します。この描写は，ニーチェが述べる君主【意志強固な人の象徴的表現】の特徴を表しています。

　この劇の前半で，ポローニアスが劇中劇の役者を，その「手柄」に見合うかたちで「扱う」（家と食物を与える）ように指示したとき，ハムレットは，次のように，ポローニアスを非難しました。「こん畜生。もっと丁寧に扱え。皆，その手柄に応じて扱うならば，鞭打ちですら免れないさ。自分自身の名誉と威厳に従って，彼らを扱え。彼らの手柄が少ないのに，もてなしすぎたとしても，それは，気前がいいというものだ（II. 2. 529-532)。」この台詞は，最終幕での彼の運命論と寛大さを予期しています。この台詞において，ハムレットは，復讐制度（更には，それ以上の制度）の基礎を成している交換，互恵，現状維持の倫理観を拒絶します。これが華やかで，寛大で，貴族的なハムレットです。後にニーチェにより批判された怒りに満ちた復讐制度を越えたところに，彼は，います。同じことが『ヴェニスの商人』でも垣間見られます。この物語の中で，怒りに満ちた復讐者であるシャイロックとバサーニオ（特に，金と銀にではなく鉛の小箱を選択する際に）は，現状維持の考え方を拒絶します。『ヴェニスの商人』には「掴む者と貯め込む者は，敗者になる。物を与える者は，賭けにおいて，勝者になる[65]」という一文があります。ワイズバーグは，シェイクスピアを過小評価していると言えるでしょう。

---

(65) Joseph Pequigney, "The Two Antonios and Same-Sex Love in *Twelfth Night and The Merchant of Venice*," in *Shakespeare and Gender: A History* 178,190 (Deborah Barker and Ivo Kamps eds. 1995). この論文の題名にもかかわらず，著作者は，アントーニオとバサーニオの関係を性的に捉えようとする現代的な批評家の仮説的主張に対し，説得力のある反論を展開している。同上 187 頁を参照。

復讐そのものではなく，シェイクスピアの復讐演劇について，もう少し論じてみましょう[66]。『ハムレット』に関する文芸批評は，得てして復讐と，ほとんど無関係の問題に焦点を当てる傾向にあります。フロイト主義は，ハムレットが，なかなか復讐を実行できなかったことをエディプス・コンプレックスに起因するとしています[67]。クローディアスは，ハムレットの父を殺し，母と結婚することで，(フロイト主義が述べるところでは)ハムレット自身が無意識の内に望んでいたことを成し遂げました。その考えによれば，ハムレットは，クローディアスと一体化しているため，クローディアスを殺害すると考えることは，不快さを二重にします。つまり，クローディアスを殺害することは，ハムレットにとって，自殺を決行するようなものです。そして，国王であるクローディアスの地位を乗っ取ることは，象徴的な意味でガートルードと結婚することを暗示しています。A・D・ナットールは，フロイト主義の理論とコールリッジの理論を原文で補足し，ハムレットは「考えすぎて身動きがとれない男」[68]であると論じています。この解釈は，少し行き過ぎているように思われます。ハムレットには，考える時間と行動する時間が残されていました。思考と行動は，均衡が保たれていなければなりません。ハムレットは，その均衡を保つことができていませんでした(レアティーズも同様です。彼は，ハムレットの逆で思考よりも行動に高い比重が置かれています)。

フロイトの解釈を，この演劇に適用する理由は，ハムレットが気まぐれな性格の持ち主ではないならば，彼が亡霊の命令をなかなか実行できなかったことを説明できない点にあるとされます。しかし，そこまで不可解ではないように思います。ハムレットは，普通の人間です。しかし，普通の人間は，大抵，有能な復讐者となるのに相応しい特性を持っているわけではありませ

---

(66) 注目に値する議論に関して，Janet Adelman, *Suffocating Mothers: Fantasies of Maternal Origin in Shakespeare's Plays, Hamlet to The Tempest*, 第 2 章と第 5 章に加え，86-102 頁 (1992) を参照。前述において，私は，エリザベス 1 世の長期政権への反動として，シェイクスピアの演劇が女性に政治権力を与えることに反対しているというカーラ・スピヴァクの主張に言及した。

(67) Sigmund Freud, *The Interpretation of Dreams* 204, 注 23 (Joyce Crick trans. 1999 [1900])；Ernest Jones, *Hamlet and Oedipus* (1949).

(68) Nuttall, 前掲注 37, 199-202 頁。

ん。これこそが復讐としての正義を専門家により管理される法執行の制度として譲歩された理由の一つなのです。

マルグレータ・デ・グラツィアは，ハムレットの行為に心理学的解釈を施すことを拒絶します。彼女は，ハムレットの行為をクローディアスの王位簒奪により「ハムレットが王国を受け継ぐという期待を，だまし取られたことに対する憤慨」の現れであると主張します[69]。この理論は，多くの事柄を無視して論じる一方で，緻密な議論を展開しています[70]。これに反して，ハムレットの演劇解釈の幾つかには，冷静さを欠いているものがあります[71]。そのような冷静さを欠いた解釈というのは『ハムレット』の中で無言劇（パントマイム）が演じられる場面に関して，クローディアスが，その劇中劇の意味を理解し損ねたとして，そこに推測をめぐらしています。この点に関して，検討してみましょう。シェイクスピアのト書きで明確な説明がなされているように，その無言劇の内容は，ルシエーナスが王の耳に毒を注ぎ，次に首尾よく女王への求婚を果たすという内容です。それは，クローディアスがハムレットの父と母に行ったのと同じことです。ネッド・ルカーチャーは，次のように推測しています。つまり，クローディアスが，その無言劇を見ても，当初，驚かなかった理由は，以前にもその無言劇を見ており，実際に，ハムレットの父親を殺害する方法のヒントを，そこから得ていたことによると主張します[72]。更に，クローディアスを警戒させた唯一の出来事に関しても，その演劇が台詞付きで演じられる場面でルシエーナスが国王の兄弟ではなく甥であると分かったからだと主張します。なぜなら，このことは，ハムレットが彼を殺そうとしていることを暗示しているからだと理由付けられています。兄弟から甥という殺人者の変更は，私達が知っているように，この劇中劇にハムレットを投影させるものです。しかし，クローディアスが，この演劇を以前見たことがあるという主張には根拠はありません。ルカーチャーの推測は，この演劇が成り立つ上で，クローディアスが観劇の間，冷

---

(69) De Grazia, *Hamlet without Hamlet* 175 (2007).

(70) Bart van Ess, "Gone to Earth," *Times Literary Supplement*, Aug. 15, 2008, 12 頁。

(71) Jacques Lacan, "Desire and the Interpretation of Desire in Hamlet," 55-56 *Yale French Studies* 11 (1977); Ned Lukacher, *Primal Scenes: Literature, Philosophy, Psychoanalysis*, 第 6 章 (1986); *Shakespeare and the Question of Theory*, pt. 4 (Patricia Parker and Geoffrey Hartman eds. 1985) 等を参照。

(72) Lukacher, 前掲注 71, 231-232 頁。

静さを装い続けなければならないことを見落としています。上演中の劇中劇において，役者が扮する国王にルシエーナスが毒を盛ろうとしたとき，クローディアスは，それを中断させようとしたため，無言劇の中では，この殺人者役が女王役へ求婚する場面だけが演じられます。この殺人者とクローディアスを完全に類似させるために，この求婚の場面は，必要なものです。クローディアスが無言劇を完全に中断させたならば，観客は，劇中劇と『ハムレット』における「現実の」出来事が類似したものとは理解できなかったでしょう。

　ある批評家は，ハムレットが劇中劇を役者に演じさせる際に，彼が「幼いころ垣間見た両親の性行為を再現しようと試みている」と述べています[73]。別の批評家は「クローディアスの犯罪方法は，クローディアスが彼の兄を言葉で毒殺したということを象徴的に暴いている」と主張します。この言葉とは，ハムレットの父がポローニアスの助けをかりて，フォーティンブラスの父を毒殺するという裏切り行為をしたことをクローディアスは，知っていたのだと暴きたてるものです[74]。しかし，フォーティンブラスの父の死に不正があったと疑う根拠は，原文では見出せません。フォーティンブラスの父は，ハムレットの父に対し，自らが挑んだ一騎打ちで亡くなりました[75]。『ハムレット』に関する批評の多さは「解釈」という名の下で，原文を遥かに超えて，むしろ原文を否定するといってよいほどまでに拡大しています。一部の文芸批評家により，遠慮なく，その解釈の範囲は，広げられています。これは，後の章で論じる文学理論と法理論の両者における傾向を予期させるものです。

　アキレウスとハムレットには，興味深い類似点があります。両者とも，他の登場人物を圧倒する生まれ持っての威厳に満ちています。そして，その超然とした態度と洞察力ゆえに，その架空の世界を支配しています。両者とも

---

(73) 同上225頁, 注70, オットー・ランクの理論を要約。Stanley Cavell, *Disowning Knowledge in Seven Plays of Shakespeare*, 第5章 (updated ed. 2003) を参照。

(74) Lukacher, 前掲注71, 225-226頁, ニコラス・アブラハムの理論を要約。

(75) この劇の最後において私達が知ることになるように，若いフォーティンブラスがデンマーク人に対する復讐を達成せずに，デンマーク国王としてクローディアスの後を継いだことは注目に値する。これは，復讐の倫理的価値を暗示するものとして，更なる批評をもたらすものである。

若くて衝動的ではあります。しかし，両者とも，その短い人生が終焉を迎えるにつれて急激に成熟します。この青年期から成熟期への移行は，精神的な準備期間と強く結びついています。つまり，アキレウスであれば，天幕の中にいて戦いには参加していない間，そして，ハムレットであれば，途中で引き返した英国への航海の間です。命からがらデンマークの海岸に打ち上げられたハムレットの帰還は（ハムレットが，そのように叔父に対して手紙を書いています），再生を象徴しています。両者とも，その身分と運命が彼らに賦与した役割を拒絶します。つまり，アキレウスの場合には，トロイア人との戦闘，ハムレットの場合には，父の死に対する復讐です。彼らは，その役割について想いを巡らせている間は，何も行動に移しません。両者とも，近親者や，その他無数の人々の死に，意図せずに責任を負うことになります。

人間は，永遠の幸福を想像することが可能です。しかし，いつか死ぬことも知っています。人間は，よりよい世界を想像できます。しかし，もし世界が改善されたとしても，自分が生きている間には，ささやかな改善しか成し得ないことも知っています。人間は，安楽で勝利に満ちた人生を想像できます。しかし，欲求不満の人生を送ります。シェイクスピア作品に出てくるトロイラスが述べているように，意思は無限であり，しかし，行動は，制限されたものであり，欲望は，果てしなく，しかし，行為は，奴隷のように制限されるものです。これらの重苦しい事実を理解するには，時間がかかります。その重苦しい事実とは，フロイト主義者が述べるところの「自己愛の傷つき」，すなわち「私達の本質的な無力さと孤独を衝撃的に認識」することでもあります[76]。若者は，その夢で見た通りに人生を送ることができるならば，そして，物事を成行きに任せている老人の恐れと躊躇がなければ，世界を正せるかもしれないと考えます。若者の想像力には，経験による裏打ちがありません。

アキレウスやハムレットのような若者は，当初，大人による気の滅入るような人間の本性に衝撃を受けます[77]。アキレウスの場合は，アガメムノーン

---

(76) Martha Grace Duncan, *Romantic Outlaws, Beloved Prisons: The Unconscious Meanings of Crime and Punishment* 96 (1996).

(77) 彼らの若さに関する印象は，両方の作品で登場する老人達により，更に強調されることになる。その老人達とは『イーリアス』におけるネスターと『ハムレット』におけるポローニアスである。リア王は，高齢にもかかわらず，ネスターやポローニアスというよりもアキレウスやハムレットと同列の人物であり，彼は，まるで子供のようである。

が彼の褒美を奪い取ることであり，ハムレットの場合は，母親による軽率で近親相姦とも思える結婚と亡霊の出現です。彼らは，青臭い理想主義的な憤りで反発します。「ハムレットの危険で破壊的なユーモアは，若者の自由と無力さを永久に定義づけるものである。異常なものでも，ありふれたものでもない。しかし，彼を縛り付けている社会の権威を否定するものである[78]。」彼は，成熟し，父と同じく，クローディアスに殺害されます[79]。第3幕でハムレットが母親と言い争った後，亡霊が現れなくなったことの一つの説明として，ハムレットが父と同一化したとも言われています。

このような成熟を扱う文学作品の性質は[80]，物語の冒頭に配置されている衝撃により，主人公が世界を熟考することで特徴付けられます。アキレウスは，それまで選択することのなかった選択肢について，考え始めます。原則として，彼は，栄光に満ちた短い人生と不名誉な長い人生を自由に選択することができます。しかし，どちらを彼が選択するかは，あらかじめ彼の性格により決められています。私達の生命は，短いのです。しかし，人間社会に参加する者として，私達は，後世の人々の記憶の中で永遠に生きることができます。アキレウスの功績は，ホメーロスにより数百年にわたり，謳われています[81]。しかし，それは，アキレウスの功績が素晴らしいからこそ，謳われるのであって，それはまた，危険と早世を暗示しているのです。従って，短く輝かしい人生の方が不名誉な長生きの人生よりも，現実には長く生き残ることができるという感覚が生まれます。私達は，死を求めることにより，死を免れているのです。

ハムレットの内省は，更に別の見方として，人間が抱くディレンマとは異なる解釈を発見します。つまり，根源的に不吉な存在としての人間です。例えば，クローディアスの根深い悪意，ガートルードが夫を見る目を持っていなかったことに加え，彼女の性的な不品行が挙げられます。このことは，人間の中の動物性を反映しています。これは，人間関係における巡りあわせの

全ての責任を逃れ，無限の愛を要求する彼の欲求は，子供に特有の振る舞い方である。
(78) Barbara Everett, *Young Hamlet: Essays on Shakespeare's Tragedies* 22 (1989).
(79) 同上 126 頁。
(80) 『ハムレット』に関する同様の見解を強調するものとして，メイナード・マックの有名な論文である前掲注 48, 52-58 頁。
(81) 話し言葉で伝播していく名声の重要性に寄せるギリシア人の信念に関しては，Jesper Svenbro, *Phrasikleia: An Anthropology of Reading in Ancient Greece*, 第 3-4 章 (1993) を参照。

役割，そして，動機と欲望を効率的な行為へと転換することの難しさを表しています。『ハムレット』は，復讐の先送りと早急に行われる復讐とが同じ程度の災難をもたらすものとして示されています。クローディアスが神に祈っている場面でハムレットが彼を殺し損ねたように，復讐をなかなか実行できないハムレットは，対処を間違っています。それと同時に，彼がポローニアスを刺殺したときのように，衝動的な行為に及んだことも，誤った対処であると言えるでしょう。この演劇は，計画の無益さ，つまり，人間が行うことの偶発さの重要性を特に強調しています。ほどほどの加減は，この演劇において，存在しません。熟考をするのに適当な時間的余裕も与えられていないのです。

　安易に責任を逃れ，それを合理化し，人間関係において誠実さを欠いているといった私達人間のいい加減さをハムレットも理解するようになります（ポローニアスやクローディアスが人間関係において誠実さを欠いているのは当然です。また，ガートルード，ローゼンクランツ，ギルデンスターン，オフィーリアでさえ，人間関係において誠実ではありません）。彼は，全ての人間が悪い意味において，演技をしているのだと学びます。そして，彼も，また，有能な（劇中劇の）舞台監督であるかのように，実世界で演技をしなければならないのだと学ぶのです。

　ハムレットが目にする悪徳と不完全とに由来する人間性は，登場人物が暗示するエデンの園（つまり，人間の堕落）とカインの実弟殺しにより強調されます。また，イアーゴーやゴネリルのように，クローディアスや，特にガートルードも，表面上は，ハムレットに悪意を持っていないようにも見られ（実際に，ガートルードのハムレットに対する愛情は感動的です），このことも，人間の不完全を物語るものです。この演劇で描写される架空のデンマークを初めから包み込んでいる酩酊状態と性的な不義の雰囲気も同様です。この雰囲気は，この演劇の中で真正直な性格を持つホレイショにより，更に引き立てられています。ハムレットが第5幕で見せた諦めは，苦労をして人間の本性を彼が理解したことに加え，人間の本性と進んで対決しようという決意を反映しています（しかし，ハムレットは，挫折感を和らげる手段を講じずに，そのような挫折を受け入れたことで，彼の性格上，人間の本性との対決には敗北しています）。この諦めは，苦心して作り上げた計画が不首尾に終わることで，もたらされたものではありません。この劇の中では，ハムレットが立てた計画が不首尾に終わるだけではなく，クローディアスが

ローゼンクランツとギルデンスターン，そして，後にレアティーズと共謀した計画も不首尾に終わっています。私達は，夢に描いた通りの人生を歩んではいません。マクベスや（次章で扱う）フォースタスのように，夢に思い描いたような人生を歩もうとする者は，彼らの夢が悪夢であったことに気づくのです。

　『イーリアス』や『ハムレット』における更なる主題は，世界に馴染んでいく過程です。この描写は，特に『ハムレット』の中で顕著なものです。『ハムレット』の冒頭における謁見の場面で，ハムレットは，喪服を着ていたことにより，他者とは区別され，叔父と母に対して辛口の冗談を述べます。自分が場違いの世界にいると彼が感じているのは，明らかです[82]（天幕の中で苛立っているアキレウスと同様です）。この落ち着かない感覚は，第3幕で強く印象付けられています。しかし，その後，特に最後の幕において，ハムレットがホレイシオと語らうときでも，オフィーリアの墓の前でレアティーズと取っ組み合いをするときでも，オズリックとの議論のときでも，レアティーズと致命傷を負い合うような決闘をしているときでも，すなわち，どのような状況でも，彼は，すっかりくつろいだ雰囲気で，初めて，この演劇の中で心地よさを感じているかのように見えます。彼が感じているくつろぎの感覚は，彼の短い人生に達成感を与えています。このように将来に対する計画を諦めて，命が日々失われていく感覚を覚えるようになるまで，十分に生きていることにはならないという考えは，数世紀後，『赤と黒』の中でも繰り返されています。死刑執行の直前，ジュリアンは，野心を捨て「過去も未来もない人生，すなわち，現在の瞬間に常に存在する人生，毎日を生きる人生を」送り始めるとき，彼は「スタンダールが描くに値する存在」となります[83]。ジュリアンは，ナポレオンに憧れる野心に満ちた貧しい青年という役割を演じているときには，彼自身ではありませんでした。ハムレットも，父のための復讐者となろうとしている間は，彼自身ではなかった

---

(82) William Empson, *Some Versions of Pastoral* 186（1950）と比較対照。「堕落の法則に関する別の見方が彼［ミルトン］の心中にあるように思われる。すなわち，人間という創造物は，この世界において本質的に場違いな存在であり，そのような存在として創られた。そのことから，結局のところ，堕落しないように望まざるを得なくなるという見方である。」

(83) Georges Poulet, "Stendhal and Time," in *Stendhal, Red and Black: A Norton Critical Edition* 470, 473 (Robert M. Adams ed. 1969).

のです。

　アキレウスとハムレットは，優れた復讐者です。しかし，それを述べるだけでは，彼らを部分的に捉えたにすぎません。なぜ，彼らが，そのように行動したのか。なぜ，ハムレットは，亡霊に命じられたように行動しなかったのか。これを理解することが重要です。これらの作品は，復讐としての正義に対し，批判的な見方を提供しています。しかし，その著作者は，より大きな目論見を狙っていたのです。その目論見とは，本書の冒頭で概略を示したような復讐の社会科学的な分析に関して，その原型を描き出し，それを劇的に構築する観点だったといえるのです。

第3章
法理論が抱える矛盾

ソポクレースからシェリーまでの法を扱った演劇

　法は，熟慮に熟慮を重ねて発展してきた経緯を有しています。それは，概念的側面と制度的側面の双方の間で自己矛盾を抱えながら分裂してきたものとも理解することができます。例えば，コモン・ローとエクイティの対立関係，規範と裁量の対立関係，実定法と自然法の対立関係，慣習法と制定法の対立関係，裁判官と陪審の対立関係，そして，おそらくは，男性と女性という対立関係が考えられます。このような対立が法学の枠組みとなっています。このことは，法学を扱った多くの優れた哲学的文学，法律に関する文学作品を解釈する上で，総じて補完的な役割を果たしており，優れた躍動感を文学作品に与えています。

　エウリーピデースの『ヘカベー』を題材にして，史劇に見られる法学の演劇化を考察してみましょう。トロイア戦争が終了したところから，この物語は始まります。ギリシア軍は，ヘカベーやその他の女性を奴隷として連れ去り，トロイアから戻る途中，トラキアに立ち寄ります。その地でヘカベーは，トラキアの王ポリュメストルが唯一生き残っていたはずの彼女の息子ポリュドーロスを殺害してしまったことを知ります。ヘカベーの夫である王のプリアモスは，戦争の危険から財宝とこの息子が守られることを願って，多くの財宝と共に息子をポリュメストルに委ねていました。ポリュメストルは，彼女の息子を殺害したことを認めます。しかし，後々，ポリュドーロスは，トロイア軍を立て直し，自らの家族が被った父親の死とその他の災難に対して復讐しようとするかもしれませんでした。その危険からギリシア人を保護するために，彼を殺されなければならなかったのだとポリュメスト

ルは，主張します。もし，これが事実であるならば，意味のある主張と思われます。しかし，ヘカベーは，この主張は，間違っており，ポリュメストルは，金のためにポリュドーロスを殺害したのだと確信しています。彼女は，この演劇における2回の非公式な裁判の場面の初回の方で，アガメムノーンにポリュメストルを罰して欲しいと嘆願しています（ll. 790-805）。

あの裏切りを働いた友に，私の復讐を思い知らしめて下さい。
天上と地下にいる全ての神を愚弄し，
残忍な殺害を行った，あの者を。
　　　共に食卓につき，もてなしたことも，しばしば。多くの友人の中でも
最も大切な友人として重要に扱い，私の尊敬と名誉を受け，
一人の人間が受けることができる最大の好意を与えたのに，
冷酷な計画を立て，私の息子を殺してしまいました（中略）
　　　私は，今や，奴隷の身，
奴隷は，弱き者。しかし，神々は，強き者。
神を支配する絶対的で，道徳的な命令
あるいは，法の原則は，最終的で，何よりも強固なもののはず。
その道徳が基づく法に，世界は，依存しているのです。
この法に基づいて，神は，存在しているのです。
私達は，その法により生き，
善と悪を判断するのです。
　　　その法を，この私に，適用して下さい。
この法を愚弄するのであれば，冷酷にも神々を公然と無視する輩は，
罰せられないまま，人間の正義は，消えてなくなり
元から腐っていくだけでしょう[1]。

　市民としての権利を何一つ有することのないヘカベーが特定の政治社会における実定法ではなく，自然法[2]に訴えることは，当然のことでもありまし

---

(1) 本文の引用は，*The Complete Greek Tragedies, vol.3: Euripides* 495 に収録されている William Arrowsmith 訳『ヘカベー』495 頁を参考にしている。(David Grene and Richmond Lattimore eds. 1955).
(2) 彼女の主張するところによれば，そのようにも考えられる。アロースミスは，ノモス（nomos）を「何らかの完全で道徳的な命令」と訳している。ノモスは，多様な意味

た。彼女が実定法の一部である刑事罰ではなく，本能の根源である復讐について言及するのも当然のことです。とにかく，この劇で描かれている軍事社会において，正義を実現する公的な制度は，存在していません。正当性を欠く殺人を非難する規範は，実定法以前のものであり，実定法を拘束するものであることを彼女の発言は，意味しています。更に，エウリーピデースの演劇を観る者は，アガメムノーンが自然法により罰せられるだろうことを，うすうす気が付いているのではないかと知っていました。すなわち，彼は，自然法に違反して，自らの娘を殺したことを理由に，自らも殺されるだろうということが語られています。

「自然法」は，主として，ローマ・カトリック教会の法理と結び付くようになります。しかし，実定法を特徴づけ，また，実定法に疑問を呈し，より広範な深く根付いた人間感情，つまり，根拠のない侵害に対して本能的に反応する憤りの感情にも，自然法は，基づいています。このような感情は，多くの法的権利や義務の基盤となっています。しかし，これらの感情は，権利や義務が実定法により定義され，その執行方法を実定法が定めていることと相容れないものでもあります。ヘカベーが自然法に助けを求めたことは，古代の宗教的な手法で表現されています。しかし，現代的な印象も有しています。

アガメムノーンは，ヘカベーの嘆願に同情を示します。しかし，ポリュメストルに対して行動を起こすことに躊躇しています。カサンドラは，死なず

を持ち「自然法」という訳はその内の一つにすぎない。ノモスは，必ずしも自然法を意味するものではない。Martha Nussbaum, *The Fragility of Goodness: Luck and Ethics in Greek Tragedy and Philosophy* 400 n.* (1986) において，ヌスバウムは，これを「人間的なノモスを意味し，永遠のノモスではない」と主張している。一方で，この単語が登場する文章のヌスバウムの翻訳は「神々は力強く，神々を支配する協約 (convention)，すなわち，ノモスも同様に堅固なものなのだ（同400頁）」とされている。そこでは，神性を帯びた意味での約束の取り交わしであることが示唆されている（ヘカベーが神々を人間の想像の産物に過ぎないと考えているとして，たとえ，その考えをアガメムノーンに伝えたとしても，ヘカベー嘆願の意味が減弱することはないであろう）。このような人工的な規範は，どのようにして神をも支配する強力なものとして説明し得るのか？ ヌスバウムによるノモスの翻訳は，John Kerrigan, *Revenge Tragedy: From Aeschylus to Armageddon* 352 (1996) と352頁における注14に引用されている参考文献において，疑問が示されている。しかし，エウリーピデースは，明らかに慣習を無視することがあり，しばしば，彼の描く登場人物の口を借りて，伝統無視の発言をさせることもある。

に済んだヘカベーの娘であり，アガメムノーンの愛人であるため，彼は，ヘカベーとギリシアの盟友であるポリュメストルの争いでトロイア側のヘカベーに味方すると，その不公正さを疑われてしまいます。彼は，次のように説明します（Il. 852-861）。

 正義に関する限り，神は，知っておられる。
 私に喜びをもたらすものは，
 この殺人者を責める以外，ないだろうと。
  しかし，ここでの私の立場は，
 微妙なのだ。私が，そなたの復讐をかなえてやれば，
 ギリシア軍は，必ずや非難するだろう。
 私の愛人カサンドラのため，トラキア王の死に対し，
 密かに協力をしたと。私は，板挟みの状況にある。ギリシア軍は，
 ポリュメストルを友と思っている。
 お前の息子を敵と思っている。お前は，息子を愛している。
 しかし，おまえの愛情がギリシア軍にとって，どれほど重要性なのか？
 私の立場も考えてくれ。

アガメムノーンの返答に見られる二つの考えが注目に値します。先ず，一つ目は，専ら，打算的な御都合主義と自然法の教えを重ね合わせている点に現れています。人間の法は，世論に敏感でなければならないと彼は明確に信じています。ここでの世論とは，ギリシア軍の世論です。彼の見解は，現代の裁判官の見方と，かけ離れたものではありません。標準的な裁判における美辞麗句は，訴えを提起した者の主張に関する自然の正義を認めながらも，その者に対して，次のような理由で不利な判決を下すものです。すなわち，実定法は，純粋に世論を結晶化したところの見解であり（裁判官は，その世論に何らの補足を施すべき者では<u>ない</u>），その実定法が相手方当事者に有利な判断を下しているのだから，訴えを提起した者の主張は，退けられるという言い回しです。更には，古代ギリシアの実定法と現代アメリカの実定法は，一つの特徴として，市民が外国人よりも，有利な権利を持っているということで共通しています。

 アガメムノーンの理由付けにおいて，二つ目に注目すべき側面とは，司法機能が行政機能と混合している場合においては，正義を行うことが困難にな

るというものです。アガメムノーンは，権利と義務の問題にのみ，関心を払えばよいという訳にはいきません。なぜならば，敵対する国家の国民に有利な判決を下すことでもたらされる政治的な結果は，政府の行政という他の部門に関わってくる問題だからです。彼は，行政部門の人間に<u>属しています</u>。裁判官であれば，事件の政治的側面は彼らの仕事ではないと確実に宣言することができます。また，政府の政治部門が同じ程度の確実さをもって，司法の意思決定に介入しないと述べることができることで，法の下での正義は促進されます。このような役割の割り当てにより（憲法理論で「三権分立」と呼ばれる考え方の一側面），法的正義は，確保されます。

　ヘカベーを直接的に援助することを拒否する一方で，アガメムノーンは，彼女がポリュメストルに個人的な復讐をすることに関して邪魔することは，ありません。彼女は，女性の従者の手助けを得て，ポリュメストルを盲目にし，彼の子供達の殺害に成功します。今度は，ポリュメストルがアガメムノーンに正義を訴える番です。この損害は被るべくして被ったと言えることから，アガメムノーンは，ヘカベーの訴えのときに比べて，より司法的な立場に立つことができます。「これ以上残忍な行為はたくさんだ／あなた方には，それぞれ言い分があるであろう／私は，公平に判決を下すつもりだ（ll. 1129-1131）。」ポリュメストルがポリュドーロスを殺した理由をヘカベーとポリュメストルは，それぞれの立場から主張します。アガメムノーンは，ヘカベーの主張を受け入れ，殺人に関して，ポリュメストルの責任を認めます。そして，ヘカベーがポリュメストルに与えた結果に関して，それを耐え忍ばなければならないと告げます。

　アガメムノーンは，判決を下す際に，2回にわたって意味ありげな発言をします。最初の発言は「私がこの事件を採り上げておきながら，評決を下すのを拒み，または，評決を下せないとなれば，私は，愚か者の謗りを免れない」というものです。次の発言は「私達ギリシア人は，［客人を殺した者を］殺人者と呼ぶ。（中略）あなたを無罪放免にすることができようか。それこそ，私の面目を失う行為である（ll. 1242-1249）」というものです。この最初の発言は，単に，アガメムノーンが政治的駆け引きをしていることを表しているにすぎないものです。アガメムノーンは，ポリュメストルを無罪とした場合に世論がアガメムノーンに反発を示すかもしれないという限りにおいてのみ，ヘカベーの言い分の正しさに興味を示しています。アガメムノーンは，ポリュメストルの刑罰から，一定の距離を置くことで，ギリシア軍と敵

対するトロイア人の味方をしている外観を何とか回避しています，それと同時に，彼は，ある種の正義が行われるべきことを容認しているのです。しかし，その正義は，過剰な暴力により実現されています。それは，復讐が正義として行われる際には，特徴的なものです。すなわち，ポリュメストルの子供達は，父親ポリュメストルによる殺人の共犯ではないにもかかわらず，殺害されました[3]。

　しかし，アガメムノーンが置かれた立場をこのように評価することは，不完全です。彼は「私達ギリシア人が」客人を殺せばどうなるかと言及する際に，超越的または普遍的な意味における自然法や世論としての法とは異なる法の概念を援用しています。彼は，社会的要求を満たすために深く根付いた慣習としての法の概念を援用しています。客人を殺害することに独特の憎悪を表明する理由は，演劇の中では語られていません。しかし，その理由は，十分に説明できます。貿易が有用とされながらも，法を執行する公的機関がないために，貿易に危険が伴う社会において，貴重な必需品を遠くから運んでくる客人の保護に関する主人の義務は，重要な慣習的規範です（貴重な必需品とは，プリアモスがトラキアに，ポリュドーロスと共に財産を送ったことを指します。ポリュドーロスという名前は「多くのものを与える人」あるいは「多くのものを受け取る人」という意味です）。この慣習的規範は，超自然的な命令ではなく，実際的な社会的要請により理由付けられるものではあるけれども，より印象的にするために超自然的な後ろ盾が与えられています。そして，その規範は，地方的なものです。「私達ギリシア人は」客人を殺さないことを信条としています。これは，必ずしも「私達ギリシア人とあなた達トロイア人も」客人を殺さないことを信条としている意味にはならないはずです。特にトロイア戦争の原因は，トロイア人がギリシア人のための歓待を侮辱したことにも窺えます。

　慣習的規範は，地域的に適用される点と実用的な基礎を持つ点の両者にお

---

(3) ヘカベーが多くの復讐者と同様に，過剰な復讐を加えようとする印象は，この演劇においても強く感じることができる。私達は，この演劇において，彼女が犬に姿を変えられることで，この行き過ぎた復讐に罰が加えられたことも知ることになる。Nussbaum, 前掲注 2, 第 13 章, Judith Mossman, *Wild Justice: A Study of Euripides' Hecuba*, 第 6 章 (1995) を参照。『ヘカベー』がルネサンス時代に人気を博した演劇であったことは驚くことではないとされる（同 236-243 頁）。ヘカベーは『ハムレット』における演者の発言やハムレットの苦悩に満ちた発言を思い起こさせる。

いて，自然法と異なります。自然法は，（人間の本性を含む）自然における規範的秩序の想定に基づいており，地域的でもなく，便宜的でもなく，普遍的で強制的であると考えられるものです。しかし，慣習的規範は，根強い民衆の支持を受けているため，通常の制定法が世論の素早い動きの影響を受けやすいのとは異なり，多くの影響を受けません。従って，慣習規範は，憲法規範に類似しています。

　アガメムノーンがギリシア人を怒らせることなく，2回目の裁判で立場を入れ替えることができた理由は，ヘカベーが彼に代わって，彼が行うべきはずの汚れた仕事（ポリュメストルへの刑罰）を行ったことにあると私は，述べました。この説明は，彼の動機に，不名誉にも「政治的な」印象を与えるように思われるかもしれません。実際に，この説明は，繰り返し述べられている面目を保てるかという彼の懸念と合致しています。しかし，そうではなく，私達は，アガメムノーンの裁定の中に，熟慮した上で調整された合法性を見るかもしれません。彼は，ギリシア軍の指導者であって，専制君主ではありません。民主主義の指導者と同様に，彼にとっても世論に注意を払うことは義務なのです。彼の指導力の有効性と，それを維持することは，彼の名声にも関わってきます。従って，彼は，その名声を守る必要があるわけです。私達は，ここで熟慮の法学と利益衡量の（あるいは，実用主義的な）法学を垣間見ることができます。これは，法尊重主義者が嫌うものです。しかし，多少なりとも，アメリカの裁判官は，これを実践しています[4]。

　堕落した裁判官は，どの時代においても文学作品に描かれています。この堕落に関しては，2種類の類型があります。1種類目は，個人的な堕落であり（例えば，『尺には尺を』の中で描かれているイザベルに対するアンジェロの情欲のような）強欲さや私情により堕落した裁判官像です。2種類目は，政治的な堕落であり，『ヘカベー』の中でアガメムノーンの判決により描写されているものです。前者は，疑いもなく，法の支配に反しています。しかし，後者は，徐々に実用主義的な考え方に溶け込んでいます。そこで，このアガメムノーンの判決と類似するものとして，ポンティウス・ピラトを考察してみましょう。彼は，イエス・キリストが磔にされたとき，ローマのユダヤ総督であった歴史上の人物です。しかし，福音書に書かれているイエスの裁判の描写は，史実というよりも文学と言えるものになっています。それ

---

(4) 私の著作 *How Judges Think* (2008) における主題である。

は，まるで『聖女ジャンヌ・ダルク』で描かれる歴史上の人物ジャンヌ・ダルクの裁判と同様です[5]。

　イエスは，彼自身がユダヤ人の王であり，神の息子であると宣言したことを理由として，ユダヤ教における聖職者の主流派から告発されます。ユダヤ人達は，イエスをピラトの前に連行し，イエスの処刑命令を下すように頼みます。最初，ピラトは，それに異議を唱え，ユダヤ教の聖職者に「彼を連れて帰り，あなた達の法に従って，彼に判決を下しなさい」と告げます。しかし，ユダヤ人達は，処刑を実施することは，ローマ法により禁じられていることをピラトに思い出させます。ローマは，ユダヤにおける権力の独占を主張していたからです。そこで，ピラトは，イエスに対して，実際に，ユダヤの王であると宣言したのかと尋ねます。すると，イエスは，そうだと答え，更に「私は真理について証をするために生まれた。真理に属する人は皆，私の声を聞く」と付け加えます。この発言がピラトの有名な問い掛けを引き出します。すなわち「真理とは何か？」という質問です。

　ピラトは，ユダヤ人に対し，イエスに罪を見出せなかったと告げ「過越しの祭【ユダヤ人の祭で，先祖がエジプトの奴隷身分より解放されたことを祝うもの】においては，誰か一人をあなた達に釈放するのが慣例になっている。あのユダヤ人の王を釈放してほしいか？」と付け加えます。しかし，彼らは，その男を釈放するなといい，強盗のバラバの釈放を望みます。ピラトは気が進みません。なぜなら，イエスの中に，ユダヤの異教徒以上の何かを感じ取っているからです。ピラトは，イエスに尋ねます。「お前は，どこから来たのか？」イエスは，答えるのを拒否します。ユダヤ教の祭司長は，ピラトに「もし，この男を釈放するなら，あなたは，皇帝の友ではない。王と自称するものは皆，皇帝に背いているのだ」と警告します。これに，反駁することができず，ピラトは，イエスを処刑するよう命じます。そして，ピラトは「ナザレのイエス，ユダヤ人の王」と書いた罪状書きを十字架の上にかけさせ「ナザレのイエス，『ユダヤ人の王』を自称した」という文言に変えて欲しいとの祭司長の要求を彼は，拒否します。

---

(5) 私の主張の下敷きとなっている『ヨハネの福音書』18-19 での裁判における描写の芸術的価値に関する説明は，John Ashton, *Understanding the Fourth Gospel* 411-414 (2d ed. 2007), Bart Ehrman, "Jesus'Trial before Pilate: John 18:28-19:16," 13 *Biblical Theology Bulletin* 124, 127 (1983) を参照。この描写の歴史的に不正確な点に関しては，後出注 6 および 7 の参考文献を参照。

ピラトは，アガメムノーンやクレオーンのように，正義に関する市民の考え方と普遍的または超自然的な概念の間に挟まれて，前者を選びました。ここでは，法の曖昧な適用に関しては，何も指摘されてはいません。この裁判の場面において，イエスがユダヤ人の王，あるいは，神の子であると宣言したことが，この地域の法の下で極刑に値することを誰も疑う者はいません[6]。また，この犯罪が証明された場合，ピラトに犯人の処刑を命じる権限があることを疑う者もいません。イエスは，ユダヤ人の王であると称したことを認めたことにより，有罪とされます。ピラトは，ユダヤ人ではなかったので，イエスの犯罪を不快に思うこともなく，彼を釈放したいと思っていました[7]。しかし，ユダヤ人は，バラバを釈放することを望みます。ピラトにとって，ユダヤ人の望みに応じることを不適切と示唆するものはありません。

　ピラトの「お前は，どこから来たのか？」という質問に，イエスが答えていたならば，ピラトは，イエスを釈放したかもしれないと示唆する手掛かりがあります。イエスが，その質問に答えないでいる間，ピラトは「答えないのか。お前を釈放する権限も，十字架にかける権限も，この私にあることを知らないのか？」と言います。イエスは，謎めいた言葉で，印象的に返答します。「神から与えられたものでないならば，私に対して何の権限もないはずだ。だから，私をあなたに引き渡した者の罪は，更に重い。」「そこで，

---

(6) しかし，極刑に相当するほどのものではないことは，明らかである。例えば，Paula Fredriksen, *From Jesus to Christ: The Origins of the New Testament Image of Jesus* 118 (2d ed. 2000); S. G. F. Brandon, *The Trial of Jesus of Nazareth* 25-59, 140-150 (1968); T. A. Burkill, "The Trial of Jesus," 12 *Vigiliae Christianae* 1 (1958) を参照。しかし，私は，史的事実としてではなく，物語としてイエスの裁判に興味がある。

(7) 福音書には，そのように書かれている。しかし，実際には「イエスは，［神の］王国が武装反乱によるものではなく，神の行為により建国されるだろうと宣言したように思われる。しかし，イエスに耳を傾けるユダヤ人達は，ピラトと同様に，このような王国は，イスラエル建国を暗示するものでローマ帝国による支配権の排除を意味すると理解していただろう。歴史的に最も早い段階のパレスチナにおける紛争の火種として，このような預言者の磔は，ローマにおいて賢明な対応であるといえよう。」Ehrman, 前掲注5, 125頁。同129頁と前掲注6の参考文献も参照。このことの全ては，ジェイムズ・フィッツジェイムズ・スティーブン（以下の注8の資料を参照）が正確な歴史認識を持っていたことを示唆している。福音書がピラトに注ぐ同情的な書きぶりは，福音書の説明の方が歴史的に不正確であることの更なる例証となる。Elaine Pagels, *The Origin of Satan* 28-34 (1995)。

ピラトは，彼を釈放しようと努めた」とされます。しかし，ユダヤ人がピラトに対し，ピラトがイエスを釈放したならば，ピラトは，もはや，皇帝の友とはみなさないと警告したために，彼は，引き下がります。慎重に考慮した結果，イエスの言い分は，聞き入れないと判断しました。この時点が重要な場面となります。なぜならば，ユダヤ人がピラトに対し，イエスは，ユダヤを支配するローマの権威に異議を唱えているのだと警告している場面だからです。

アガメムノーンやクレオーンと同様に，ピラトも司法的な責任だけではなく，行政的な責任も負っています。この両者は，危険な組み合わせです。司法的役割におけるピラトの義務は，イエスが，この地域の法に基づいて極刑に値する罪を実際に犯したとピラト自身が納得した上で，イエスの処刑命令を下すことです。行政的役割において，ピラトは，犯人を赦免する権限を持ちます。しかし，この法の支配の及ばない赦免権限を行使する際に，ピラトは，公序良俗というような政府の行政部門が保護すべき利益を考慮しなければなりません。第2章で，私達が触れたジェイムズ・フィッツジェイムズ・スティーブンは，次のように説明しています。

> ピラトの地位は，パンジャブにおけるイギリス人州知事の地位とは異なっている。（中略）多かれ少なかれ，現地の支配者と密接な関わり合いを持っているピラトは，おそらく，帝国の最も危険で重要な地域の平和に責任を負っていたことだろう。（中略）法廷に連行された人物を放免することがピラトの義務であるとか，彼のような地位にある者の義務に違いないと本気で主張することは確実に不可能である。私は，神が人間の姿をしたことに関して，述べているのではない。それは，ピラトにより具体化された道徳というよりも，むしろ，より高次元において，道徳が説教するところ，そして，それが指し示すところについて述べているのであり，持続力のある社会秩序の在り方について述べているのである。ピラトと同じ地位にいる人間にとって，彼が代表している道徳や社会秩序は，実用的な目的を有し，最終的で完全な基準である。このような明快な見解に反して，［ジョン・スチュアート］ミルは，宗教の自由の原則をピラトは，尊重すべきであったと述べるだろう。それに対しては，もし，ピラトが宗教の自由の原則を尊重したならば，全ての地域が

炎に包まれる危険を冒すことになっただろうと答えられる[8]。

　ある者は，ピラトをアガメムノーンや（この後に考察する）クレオーンと同様に，自然法の要求に耳を傾けず，政治的な日和見主義者と受け取るでしょう。しかし，実際のところ，この三人は，法実証主義者といえます。彼らは，自然的または超自然的な正義の要請とは異なり，政治的権威により認められた強制力を有する法を保持しています。そして，自然法的な正義の要請を恩赦のための理由と扱っています。これら全ての事例で見られるように一人の人間が行政的権威と司法的権威を兼ねるとき，混乱が生じることが分かります。
　「真理とは何か？」というピラトの質問は，法実証主義からの問い掛けです。彼は，既にイエスに対する祭司長の告発の真相，つまり，イエスがユダヤ人の王であると述べていたことに決着をつけています。ピラトの質問は，イエス自らが真理の証であるというイエスの主張を受けて発せられたものであり，形而上学的な真理を意味しています。これは，実定法を司る裁判官の仕事ではありません。彼の仕事は，ありふれた事実を認定し，そこに法を適用することです。ピラトの修辞的な質問は，彼が真理に近づく特権を持っていないことを白状していることになります。彼は，この地域のユダヤ人聖職者の指導部における政治選択に従うより他に，イエスの処遇に関して，良い方法を思いつくことができませんでした。
　更に，実定法が実施されない場合，その重大な結果として，個人的な復讐が怒涛の如く，繰り返されることになります。このような状況を私達は『ヘカベー』の中で確認し，前章で論じた他の作品の中においても確認しました。そして，ここでは，ベアトリーチェ・チェンチに関して，考察してみましょう。彼女は，エウリーピデースが描いたヘカベーの末裔のような存在であり，パーシー・ビッシュ・シェリーが詩的な文章で書いた恐ろしい戯曲『チェンチ家』（1819年）の主人公でもあります。この作品は，エリザベス1世時代とジェームズ1世時代の復讐悲劇に加え，シェイクスピア（特に『マクベス』）の影響を受けたような作品です。しかし，作品の雰囲気は，ウェブスターやターナーの作品に近く，その主題は，『ヘカベー』や『ミヒャエル・コールハース』に非常によく似ています。父であるチェンチ伯爵は，16

---

(8) Stephen, *Liberty, Equality, Fraternity* 113-115 (1991 [1874]).

世紀のローマの有力者であり，歴史上の人物です。この作品の中で，シェリーは，彼の悪行を誇張しているわけではありません。チェンチ伯爵は，ポリュメストルを凌ぐ怪物です。彼は，狂気の沙汰と思われるほどに，貪欲で虐待趣味があり，性的倒錯者で，二人の息子の死を祝って宴会を催すほどです。彼の娘であるベアトリーチェが抗議すると，彼は，彼女を強姦します。ベアトリーチェは，チェンチ伯爵が生き残っている息子達と妻（ベアトリーチェの継母）を殺害し，ベアトリーチェを性的に利用し続けるつもりであることを知ります。チェンチ伯爵は，ベアトリーチェを妊娠させるとまで脅迫しています。その生まれてきた子供の外見は，父親に似るであろうことから，彼女にとって父親を生涯にわたり思い出させるような憎むべきものになるでしょう。ベアトリーチェは，法的正義を得られないことに絶望し，父を殺す計画を立てます。なぜなら，教皇が司る法制度は腐敗しており，教皇は，彼女の父親を相手にして訴えを起こしたベアトリーチェの嘆願を拒絶したからです。彼女は，逮捕され，裁判にかけられます。この殺害計画に参加していた彼女の兄と継母が拷問の末，罪状を認め，彼女は，有罪判決を受けます。この演劇は，三人が処刑を待つシーンで終わります。教皇は，アガメムノーンがヘカベーに対して示したほどに寛大ではありません。

　ベアトリーチェは，彼女の裁判を司る邪悪な裁判官に堂々と抵抗し，彼女の共犯者から自白を引き出すために拷問が行われたことを説得力のある言葉遣いで非難しました。しかし，彼女の父親に対して復讐をしたいという感情は，理解可能である一方で，その激情に身を任せるような深い性格上の欠点を私達に印象付けています。この劇の当初において彼女の名前が示すように，彼女は，聖人のように忍耐強い人物です。しかし，彼女が父を殺そうと決意したとき，彼女は，冷淡になります。この演劇は，ヘカベーの場合とは異なり，ベアトリーチェが勝手に法の制裁を下すことを承認していません。一つには，父を殺害した直後，教皇の役人がチェンチ伯爵の逮捕令状を持って現れることが，それを示しています。おそらく，人間の正義は，ベアトリーチェが考えていたほどに絶望的ではないのでしょう。更に付け加えると，彼女自身が罪を認めることを拒否する一方で（実際に殺害の手を下した「暗殺者」は，彼女の説得を受けて，拷問による自白を撤回したにもかかわらず），彼女の継母と兄は，その計画の共犯者という理由により拷問を受けて有罪の判決が下されています。

ソポクレースの演劇『アンティゴネー』の舞台は，テーバイです。オイディプースが失脚した後，クレオーンが，この地を支配しています。オイディプースの息子の一人であるポリュネイケースは，反乱をおこし，彼の弟であるエテオクレースが防衛している都市を攻撃します。両者は，戦闘の中で亡くなります。クレオーンは，エテオクレースのために名誉ある埋葬を命じます。しかし，ポリュネイケースに関しては，埋葬しないように命じます。埋葬をしないということは，古代ギリシア人の宗教観において，ひどく残忍な刑罰であり，ギリシア文学に繰り返し出てくる主題です（『イーリアス』と『ヘカベー』の両作品にも現れます）。アンティゴネーは，オイディプースの近親相姦により生まれた娘であり，ポリュネイケースとエテオクレースの妹です。彼女は，このクレオーンの命令に逆らい，名誉を奪われた兄を埋葬します。そして，この彼女の行為は，発覚します。短い裁判の場面で，彼女は，神の法の優越性を主張し，一方，クレオーンは，彼の命令における絶対性を主張します。クレオーンは，埋葬禁止の命令に違反したことを理由として，アンティゴネーに死刑を宣告します。その後，恐ろしい出来事が続きます。クレオーンの妻が死に，アンティゴネーと婚約していたクレオーンの息子が彼女と共に死ぬ決意をします。死者に対して相応の埋葬をしなければ，その魂は，黄泉の国に到達することができないと考えられており，その黄泉の国における神々の要求を守らなかったことで，クレオーンの行為は，不敬であり，罰せられなければならないとされています。

　しかし，クレオーンを相応の罰を受ける道徳の破壊者にすぎないと考えるのは，間違いであるように思われます。反逆者ポリュネイケースと英雄エテオクレースの双方を丁重に埋葬することは，この二人の兄弟の間にある道徳的な基準を曖昧にすることになり，将来の反乱を促すことにもなるでしょう。従って，ポリュネイケースを埋葬しないように命令することは，現代の制定法や裁判所の命令という観点から考察しても，合法性が推定されるものです。そして，この命令に違反した者が誰であっても死刑に値すると定めることは，アンティゴネーの違反行為により揺るがされたクレオーンの権威，ひいては法の権威に対する挑戦に，クレオーンは，直面していることを表しています。アンティゴネーが女性であること，彼女が前の支配者の娘であること，埋葬されない反逆者の妹であること，彼女が慈悲を請うのではなく，強固な独善主義によって彼女の主張を述べていることが問題の解決を難しくしています。クレオーンは，彼の面目を失うことなしに，彼女を非難するこ

とはできないのです。(『イーリアス』の第1編のアキレウスとアガメムノーンの対峙と類似しています。)これは，クレオーンにとって，絶望的な状況です。結局のところ，彼は，ひどく罰せられることになります。この演劇は，アンティゴネーの悲劇であると同時に，クレオーンの悲劇でもあるのです。

　アンティゴネーがクレオーンの実定法に反対して打ち立てた自然法は，戦死者の適切な埋葬を命じる天からの命令ではありません。むしろ，妹と兄の間の血縁に基づく義務から生じるものです。クレオーンの命令が強化しようとしている政治的関係性（テーバイや都市国家への忠誠）よりも，『エウメニデス』のクリュタイムネーストラーや復讐の女神達と同様にアンティゴネーは，血縁を上位に置いています。クレオーンに対する彼女の挑戦の残忍性は，この演劇で描写されている未発達の政治文化において，復讐の倫理的価値観が根強く残っていることを反映したものでしょう[9]。私達は，この復讐の倫理的価値観が堅固に結びついた家族という単位の形成をどのように促したかを，そして，より大きな社会集団への忠誠をどのように蝕むかを既に検討したところです。しかし，現代人が当たり前に理解し，アンティゴネーが理解していない点として，私達は，家族に対する忠誠と国家に対する忠誠とを比較衡量しなければならず，自然に基づく法が文化に基づく法よりも「高次のもの」ではなく，血縁が実定法を無視してもよいことにはならない点が挙げられます。しかし，私達は，このような血縁がもたらす感情的な影響を無視しているわけではありません。それは，例えば，裁判官の親族が事件の当事者であったり，あるいは，弁護士であるような場合，その裁判官等に対して事件を担当しないように要求できることからも明らかでしょう。私達現代人は，激しい宗教的な感情が社会平和を蝕む可能性があることも理解しています。アンティゴネーとクレオーンは，宗教上の義務と市民的義務という対立する主張を，それぞれ妥協させて解決することができませんでした。彼らは，合衆国憲法修正第1条の国教樹立禁止条項が試みているような中庸を見定めることができなかったのです[10]。

---

(9) R. P. Winnington-Ingram, *Sophocles: An Interpretation* (1980), 特に，第6章を参照。
(10) Th. C. W. Oudemans and A. P. M. H. Lardinois, *Tragic Ambiguity: Anthropology, Philosophy and Sophocles' Antigone* 160-169 (1987) を参照。

「自然性（nature）」の規範的な曖昧さは『リア王』の中心的主題ともなっています。シェイクスピアの『リア王』は「法律」を扱った演劇とは，通常，考えられてはいません。しかし，この演劇には，裁判の場面が3カ所も含まれています。そして，これらの裁判の場面により，この演劇の主題である自然性と自然法に読者の注意を向けさせることができます。第1の裁判場面として，ヒースの荒野でリアと彼の頼りない従者により，彼の悪賢い娘に対する模擬的な裁判が行われます。第2の裁判場面は，庶子エドマンドにより罠にはめられたグロスター伯が反逆罪という虚偽の告発を受け，その告発に基づく裁判が行われるものです。この裁判において有罪の評決が下されることで，グロスター伯は盲目にさせられます。最後の裁判場面は，グロスター伯の嫡出子エドガーがエドマンドを殺害する決闘裁判です。第2の裁判のみが現代的な意味で，法的な手続に従ったものです（それは，シェイクスピアにおいても現代的であるのと同時に，私達にとっても現代的であるという意味です）。これは，陰険な茶番劇として仕組まれたものです。第1の裁判の方は，無意味な茶番劇であって，悪賢い娘達への非難という正当なことが行われているように見えるだけのものです。しかし，そこで語られる正義は，実効性のないものなのです。

　最後の裁判は，決闘裁判で中世の英国法に立ち戻るものです。中世において，正当な主張を持つ決闘者に神は，勝利を与え，それにより，法的紛争が解決されると信じられていました。しかし，『リア王』の中で，エドマンドに対するエドガーの勝利が自然法の擁護を意味するかどうかは「自然性」や「自然的な」という言葉の意味によります。この演劇の早い段階で，エドマンドの独白の中に「自然性」に対して態度を決めかねているかのような感情的表現が述べられています（I. 2. 1-22）。その独白は，次のように始まります。「自然よ。お前は，私の女神だ。私の敬意は，お前の法だけを守ろうとする。」エドマンドは，結婚生活において「ベッドの上で退屈を持て余し，ありきたりで面白くもない」現実を考えるよりも「自然に湧き上がる淫らで密やかな想い」の方が自然の生命力に満ちており，本質を帯びているというように考えています。グロスター家は，伯爵の家柄であり，貴族の結婚は，花嫁と花婿の父が取り決めているために，愛情に満たされたものではない可能性がありました。そこで，エドマンドは，どんな手段を使ってでも，エドガーを追い落とし，父親の後釜を奪う決意を固めるようになります。

　リーガンとゴネリルは，子として当然の忠孝を欠いている点で自然の法則

に反しているようにも思われます。しかし,エドマンドの感覚からすれば,彼女達は,自分本位で,冷酷で,抑制のない性欲を持っている点において,非常に自然的なのです[11]。リーガンとゴネリルは,既婚者でありながら,エドマンドと寝室を共にすることに関して,争っています。また,ゴネリルは,彼女の執事であるオズワルドとも浮気をしています。リアに関しては,当初,コーディリアを勘当した点において,自然の法則に反するようにも思われます。しかし,彼は,際限なく自らが愛されることを求め,責任を負うことなく人生の楽しみを享受したいという子供じみた願望を抱いている点において,あまりにも自然的です。しかし,進化論的生物学の観点からすれば,特に親が子供を産まない段階に至れば,子供が親を愛するよりも,親が子供を愛する方が自然であるといえます。親が生殖を通じて,その者の遺伝子を広めることがなくなった後においては,親は,子供達が生き延び,繁殖するのを助けることでのみ,その者の包括適応度(将来の人口において,遺伝子が拡散する割合)を増加することができます。生物学的見地から考えるとリアが子供達を愛しているのと同程度に,子供達が彼自身を愛することはないという事実を理解していません。

　しかし,私達は,ダーウィンにより想定される自然が牙と爪による争いで血に染まっていることを知っています。(目から鱗が落ちたときの)リアとグロスター伯が訴える正義の感覚は,私達がギリシア悲劇の中で見出したような自然の規範的な秩序とは異なるものです。その正義の感覚は,財産と社会的身分の階層の上に構築された文明的な価値の複合体として表現されるものです。すなわち,その価値の複合体とは,暴力的な自然の要求を乗り越えたものであり,リア,エドマンド,エドガー,オズワルド,その他の人物における身分や相補的な権利義務の関係を規定するものなのです。そのような意味で中世的な価値観,つまり,ルネサンス時代のイングランドと同じ伝統的な価値が染み付いているエリザベス朝時代の価値観から見れば,この演劇を観る者は,エドマンド,リーガン,ゴネリルの行為(そして,リアが最初にコーディリアを勘当したこと)は「自然の法則に反するもの」であり,エドガーがエドマンドを打ち破ったことは,その意味における自然法を示すこ

---

(11) ブラッドリーは,『リア王』の中で「下等動物と人間との類似性が頻繁に引き合いに出されている」と述べている。A. C. Bradley, *Shakespearean Tragedy: Lectures on Hamlet, Othello, King Lear, Macbeth* 218 (1969 [1904]) (脚注省略)。

とになるのです[12]。コーディリアにおいて「私の責務により」父を愛するという彼女の冷静な発言は「物事の正しい秩序たる（中略）完全に自由な意思による敬意であり，全く当然のこと」を表明したものとされています[13]。

　動物的に行動するエドマンド，リーガン，ゴネリルは，自然に反しているという考えもあります。これは，不合理な考え方とまでは言えません。そして，現代的な自然科学に反しているものでもありません。人間は，動物です。しかし，全ての動物が同じ性質を持っているわけではありません。冬眠をすることが熊の性質です。しかし，冬眠をする人間は，自然に従って行動しているとは言えません。アクィナスは，ルネサンス時代において，自然に関する伝統的な概念の原型を述べました。それによれば，人間の本性は，理性に関する能力を有している点で他の動物の本性とは異なると主張されています[14]。しかし，その理性は，理性自体を良い目的に利用するように命じることはないと，彼は，理解していました。シェイクスピア演劇の悪者は，悪事を企て，それを実行するために理性を利用します。従って，もしその悪者達が自然の法則に反していると考えるのであれば，人間の自然たる本性を善と悪とに分けざるを得なくなります。この自然を善悪に分けることは，自然に従った道徳が存在し得ないことを意味しています。すなわち「自然」自体は，どこに善悪の切れ目を入れるべきかを私達には教えてくれないということです。そこで，社会規範が道徳的判断の基礎となります。悪賢い登場人物や，この演劇の冒頭の段階におけるリア王の行為を自然に反するものと感じさせているのは，それが自然に対して，大胆にも反抗しているからではないのです。それが慣習，すなわち社会的身分を定義する連帯感（bonds）に対して反抗するものだからです（これは，『ヴェニスの商人』に出てくる1ポンドの肉のような契約上の債務（bonds）とは区別されるものです）。コーディリアは，子としての当然の義務，すなわち自然の連帯感を守っていま

---

(12) 『リア王』に見られる2種類の性格に関して，John F. Danby, *Shakespeare's Doctrine of Nature: A Study of King Lear* 43-53 (1949) を参照。

(13) Robert Speaight, *Nature in Shakespearian Tragedy* 94 (1955). 観客は，彼女のことをアンティゴネーと同様に考え（または，『ハムレット』第1幕第2場における謁見の間でのハムレットとも実際に重ね合わせたかもしれない。この場面は，『リア王』における冒頭の場面とも重なる），強情で無愛想で外国からの来賓が控えている宮廷において，国王に対して逆らうことは，破滅的であるとさえ考えたかもしれない。

(14) Thomas Aquinas, *Summa Theologica*, vol. 1, pp. 1009-1010 (1947) (question 94, articles 2-3) を参照。

す。しかし、その自然の連帯感を社会的な連帯感である夫婦間の義務より高い地位に置いているわけではありません。それゆえに、コーディリアは、彼女の全ての愛情が欲しいというリアの要求を退けているのです。

この演劇は、商業社会の基礎である約束を守る義務に力点を置いています。『リア王』以上に人間関係で術策を弄することの軽率さに対して強い警告を発するような演劇をシェイクスピアは、描いていません[15]。エドマンドと悪賢い娘達は、おそらく、当時、発生しかけていた資本主義を体現するものであり、リアと彼の従者達は、消えゆく封建的な価値を表すものであるとも言えます[16]。すなわち「『私は、一人孤独だ。』これこそがエドマンドの思考を表現するものである。（中略）これは、自由参加の社会、無制限の競争の場であり、新世代が幅を利かせるようになる奔放な資本主義である。ここには慣習の代わりに冒険があり、地位の代わりに契約があり、神の代わりに人間がいる[17]」のです。リーガンとゴネリルは、リアが王国をこの二人の娘に分割した際に率いていた家臣達を100人から50人に減らし、次に、25人にまで減らし、最後には、0人としました。それは、費用がかかるという理由と必要性がないという理由からです。すなわち、娘達自身の家臣だけでリアの世話は十分であるというわけです。現代のアメリカ企業においても、退職者に与える医療補助の費用が過剰になる場合、それを減額し、しばしば支給しないという決断がなされます。この娘達の決断は、それを思い起こさせるものです。年金給付とは異なり、医療補助は、法的な義務が課せられていないので、企業は、このようなことを合法的に行うことができます。

リア自身の家臣は、必要ではないというリーガンの主張に対して、リアは、その「必要」という言葉の意味する価値が異なることを示しながら、次のように反論します。「あまり暖かいものでもないのに、贅沢にも、お前が着飾っている衣装は、人間として何の必要があるのだ (II. 4. 271-272)。」こ

---

(15) Barbara Everett, *Young Hamlet: Essays on Shakespeare's Tragedies* 61 (1989) において指摘されているように、リアは、王国を分割し、権力を譲り渡した後でも、その特権を保持できるものと考え、彼に対する娘たちの愛を測るのに、公衆に向けての宣誓（事前交渉【ゲーム理論における拘束力のない合意のこと】）を判断資料にした点で思慮に欠けていた。

(16) 例えば、Paul Delany, "King Lear and the Decline of Feudalism," in *Materialist Shakespeare* 20 (Ivo Kamps ed.1995) を参照。

(17) Speaight, 前掲注 13, 95 頁。道具主義的な理論家としてのエドマンドに関しては、Bradley, 前掲注 11, 250-251 頁を参照。

れは，経済学的な要点に対する的確な反論です。この指摘は，リアの心にさえ，市場社会の思考が浸透してきていることを暗示するものです。更には，まるで愛情が供給に限界のある商品であるかのように振る舞うコーディリアも同様であると言えるかもしれません。すなわち，コーディリアは，自分が注ぐべき愛情の半分を夫のために確保しておかなければならないことを理由に，その愛情の全てをリアに注ぐことを拒絶しています。（しかし，これも考えてみると，奇妙な話です。もし，あなたに，二人の子供ができたならば，最初の子供に対して，以前の半分の愛情でしか接することができないのでしょうか？）しかし，このような考え方は，この演劇で善良とされる登場人物達が商業的価値を拒絶していることに対して，例外的に描かれる態度です。この演劇が高く評価する義務は，自由契約よりも，むしろ社会的身分に基づくものです。リアは，費用便益分析を行うような者ではありません。更に，私利私欲の影響力を理解し損ねている点がリアの破滅する原因でもあります。他方で，エドマンドとオズワルド（執事で，一種の商売人）と悪賢い娘達は，道具主義と合理性を模した存在であり，その者達は，近視眼的な私利私欲を着実に最大化しています。

　封建的価値は，既に，時代遅れのものとなっていました。そして，怪物エドマンドが庶子という身分を擁護する際に述べる彼の独白「自然よ。お前は，私の女神だ」という言葉も，連邦最高裁判所で下された判決の内容を350年も前に予期しているかのようなものでした。その判決とは，非嫡出子（庶子を現代的に洗練させた文言）に対する政府の差別は，重要な社会的利益により正当化されない限り，憲法違反になるという判決内容です[18]。しかし，市民的自由主義という言葉が生み出される以前のエドマンドに，その考え方を見出すことは，無理があるかもしれません。なぜなら，誰も<u>エドマンドを差別していない</u>からです。グロスター伯は，エドマンドを嫡出子であるかのように扱っています。実際に，グロスター伯の悲劇は，非嫡出子も差別せずに扱ったことに原因があります。彼は，慣習としての自然を致命的なまでに軽視していました。

　エドマンドは，エドガーよりも後に生まれているため，長男子相続制によ

---

(18) Weber v. Aetna Casualty & Surety Co., 406 U.S. 164 (1972); Gomez v. Perez, 409 U.S. 535 (1973); Jimenez v. Weinberger, 417 U.S. 628 (1974); Trimble v. Gordon, 430 U.S. 762 (1977) を参照。

り，たとえ，彼が嫡出子であったとしても相続を受けることはないでしょう。従って，エドマンドは，長男子相続制も激しく非難します。これは，彼が現代的な人物であることの更なる証拠です。長男子相続制は，優秀さを出生順序という恣意性の下で犠牲にしているからです。『ハムレット』のクローディアスと同様に，おそらくエドマンドも，エドガーに比べ，長男子として相続を受けるのに相応しい人物でしょう。

シャイロックの「ユダヤ人には目がないのか」という発言，出自という偶然性から生じる不正義に対してハムレットが言及する場面と共に[19]，エドマンドの独白を並べて考えてみると，私達は，法の平等な保護という現代的な概念に似た何かを修辞的な言葉で裏付けているのではないかという印象を受けるのです。しかし，これがシェイクスピアの考えであったとか，この演劇を支配する考えであったと断定するつもりはありません。シェイクスピアの個人的な意見は分からないからです。そして，演劇というものは，倫理的問題や政治的問題における特定の見方と結び付けるべきものでもありません。

シェイクスピアの最も有名な「法を扱った」演劇『ヴェニスの商人』は，商取引を作品の対象としています[20]。実定法と商業的価値との関連性は，偶然の産物ではありません。貴族バサーニオは，資産家の令嬢であるポーシャに適切な流儀で求婚するために資金が必要です。しかし，彼は，浪費家で，その貸付けを得るための担保となる資産を持っていません。バサーニオの友人で，この演劇の題名になった商人アントーニオは，裕福で気前のよい人物です。しかし，そのとき，アントーニオの財産は，全て航海中の船上にあり，簡単に現金化できる状態ではありません。この二人の男性は，資金を借りるために，シャイロックに近付きます。アントーニオとシャイロックの間には，友好的な人間関係が何ら存在しません。しかし，シャイロックは，ア

---

(19)「個人の場合にも，しばしば起こることだ。それは，生まれ付いた汚点といってもよいだろう。出生は，それ自体，自らの罪ではない。生まれは，自分で選ぶことのできるものではないからな。（中略）優美さと純粋さに加え，様々な長所として，人間が持ち得ないほどに無限の美徳を兼ね備えていたとしても，ただ，その欠点を有するがゆえに，衆人の目には，その者は，駄目な人間であると見えてしまうのだ（I. 4. 23-36）。」

(20) Everett, 前掲注 15, 41 頁。この演劇を「百万長者の冒険小説」と呼ぶ。A. G. Harmon, *Eternal Bonds, True Contracts: Law and Nature in Shakespeare's Problem Plays*, 第 4 章 (2004) も合わせて参照。

ントーニオに資金を無利子で貸し付けます。これは，シャイロックのようなユダヤ人の金貸し業者にとって，不利益なことです。既に中世において，更には，この演劇で想定される時代においても，利息付きでの金銭の貸借は，キリスト教徒の間でも違法ではありませんでした。しかし，完全に推奨されるようなものでも，ありませんでした。これは，シェイクスピアが生きていたイングランドにおいても同様です。1571年以降，利息付きの金銭貸借は，事実上合法であり[21]，年間の利率が10％を超えないようにと定められていました[22]。

　アントーニオは，金銭の貸付に利息をつけないことでシャイロックを出し抜いている上に，ユダヤ人に対する侮蔑を露わにします。アントーニオは，実際にシャイロックを蹴り上げたり，唾を吐きかけたりしています（商人としては奇抜な振る舞いであり，穏やかで消極的なアントーニオの性格からは考えられない行為です）。シャイロックは，アントーニオをキリスト教徒であるとの理由で嫌っています。更には，アントーニオがシャイロックに行った商売上の不利益とシャイロック個人に対する不当な扱いも，シャイロックがアントーニオを嫌う原因でした。それにもかかわらず，シャイロックは，バサーニオが望んでいた金銭をアントーニオに貸すことに同意し，利息も要求しません。しかし，その債務が不履行に陥った場合には，アントーニオの肉1ポンドを担保として受け取れるという内容の誓約を要求します。原典によれば，アントーニオが債務不履行に陥るであろうことをシャイロックは望んでいると示唆されています。アントーニオが債務不履行に陥れば，シャイロックは，彼を殺し，要求しないことになっていた利子を上乗せして金銭債権を回収するつもりでいます。シャイロックは，この誓いを「酔狂な証文」と呼びます。歴史修正主義【従来の歴史観とは異なる歴史観を主張することで，既存の情報を再解釈し，歴史を叙述し直すことを主眼とする試みのこと】の見解によれば，このことから，シャイロックの意図は，慈悲深いものであると主張されています。この劇の真の主人公は，シャイロックであると

---

(21) Ian Ward, *Shakespeare and the Legal Imagination* 124-126 (1999); Norman Jones, *God and the Moneylenders: Usury and Law in Early Modern England* 77-80, 145 (1989); P. S. Atiyah, *The Rise and Fall of Freedom of Contract* 66 (1979)（「貸付金を相応の金額で返済することは，不承不承ながら黙認されるようになっていった」とされる）を参照。

(22) シェイクスピアの父は，それ以上の利率を上乗せしたことで訴追された。James Shapiro, *Shakespeare and the Jews* 99 (1996).

し，シェイクスピアを潜在的な親ユダヤ主義者であると解釈する長年の努力は「『ヴェニスの商人』において，ユダヤ人の誓約は，最終的にキリスト教の仲裁に勝る[23]」とするリチャード・ワイズバーグの主張において頂点に達します。しかし，実際には，シャイロックは，敵役であり「酔狂な証文」も不吉な罠です。シャイロックの性格は，アントーニオがバサーニオに貸付けを行う際に比喩的に用いられる「友情の証文」という言葉との対比[24]，そして，シャイロックが陽気なお祭り騒ぎを楽しむこともできずに，心の余裕を欠いていることからも表現されています。

　しかし，シャイロックが単なる敵役ではないことは確かです[25]。「同情を生み出す余地は，そこにある。(中略) 彼 [シェイクスピア] は，演劇の構想の許す限りで，そして，彼の身を置く文化が設定している範囲で，ユダヤ人は，どのように振舞うだろうかと想像していたにすぎない。しかし，劇的な想像力がシェイクスピアの水準に至ると，道徳的な性格を有し，人間性を形成するのである[26]。」「シェイクスピアが描く至高の演劇に見られる彼の偉大さ，そして，彼の『特定の個人を超えた性質』(中略) は，彼の作品の中で表現されることにより，単一の意味しか持たないかのように見える洞察や主張が<u>完全に劇的に表現されてしまう</u>という事実にある。すなわち，そのような洞察力や主張が決して個々の作品において，『決定的な表現』とはならないように，複雑な対話の過程に設定されている[27]。」俳優の間では，どんな人間も自分自身の視点においては悪人ではないという格言があります。敵役を納得がいくように演じるためには，この格言を理解していることが必要です。シェイクスピアは，彼自身が役者であり，この格言を自己のものとしていました。

---

(23) Weisberg, *Poethics and Other Strategies of Law and Literature* 103 (1992). ワイズバーグは，伝統的な文学解釈を好んで裏返して見せようとする。シャイロックよりも，ポーシャを野心に燃えた人物と看做し，シャイロックを欠点があるにしても，穏やかな人物と看做している。同 209-210 頁。

(24) Harmon, 前掲注 20, 82-83 頁を参照。

(25) John Gross, *Shylock: A Legend and Its Legacy* (1992); Shapiro, 前掲注 22, Thomas Moisan, "'Which Is the Merchant Here? And Which the Jew?': Subversion and Recuperation in The Merchant of Venice," in Shakespeare Reproduced: The Text in History and Ideology 188 (Jean E. Howard and Marion F. O'Connor eds. 1987) を参照。

(26) Gross, 前掲注 25, 349 頁。

(27) David Parker, *Ethics, Theory and the Novel* 60 (1994).

金銭の貸し借りが成立した直後，シャイロックは，どういうわけか，キリスト教徒とは社交をしないという彼の決まり事を捨て，バサーニオの夕食の招きに応じます。シャイロックがバサーニオの家にいる間，シャイロックの娘ジェシカは，家にあった宝石を持ち出して，キリスト教徒の恋人と駆け落ちをします（彼女は，後に駆け落ち相手と結婚をし，キリスト教徒に改宗します）。この出来事でシャイロックは，怒り狂い，復讐を考えます。彼にとっては都合がよいことに，そのとき，アントーニオの財産を積んだ船が海上で行方不明になり，金銭の返還約束は，債務不履行に陥ります。シャイロックは，債権を執行するために訴えを提起します。そこで，ヴェニス公が主宰する裁判が開かれます。アントーニオは，シャイロックに慈悲を願います（しかしながら，それほど強く慈悲を求めているわけではありません。アントーニオは，半ば安楽な死を望んでいるようにも見えます）。シャイロックは，これを拒絶します。公爵もまた，シャイロックに対して慈悲をかけるよう勧めます。しかし，その説得にも，シャイロックは応じません。一方，バサーニオは，ポーシャと結婚をすることに成功し，借りた金銭を更に高い利子を付けた上で返済するのに十分な資金を持っていました。そこで，バサーニオは，代わりに返済を申し出ることでシャイロックを説得しようとします。シャイロックは，その申し出も拒絶します。彼は，アキレウスやハムレットとは異なり，法に服し，復讐の手段として彼が有する法的権利を利用しようと決意しています。ミヒャエル・コールハースも同様に，法に訴えようとしました。ところが彼の場合，法では正義を得られることがなく，それが判明した直後から，私的な復讐へと傾倒するようになりました。シャイロックの場合は，復讐者が望みうる最も残酷な方法によりアントーニオに復讐する手段として，法に頼ることになります。

　この切迫した争いの場面で，（男性の）法学者に変装したポーシャが現れます。初めの内，彼女は，法を擁護する四角四面な人間を装い，シャイロックの態度を称賛します。この場面は，二つの目的に適っています。先ず，ポーシャは，法について権威のある擁護者であるとの印象をシャイロックに与えています。そして，シャイロックが貸付けた元金の2倍を支払うというバサーニオの申し出（ポーシャが資金を調達しています）を承諾するつもりはないというシャイロックの決意を強化させています。その上で，ポーシャは，シャイロックへの反駁を試みます。彼女は，債権が血ではなく，肉であることを指摘します。もし，シャイロックが債権を執行している間に，アン

トーニオの血を1滴でも流したならば，シャイロックは，債権による保護を受けることはなく，殺人の罪で有罪となるだろうと述べます。すなわち，このことにより，シャイロックは，既に，ヴェニス市民の殺害を計画したとの理由から[28]，極刑に当たる罪を犯したことが意味され，罰せられるべきことが意味されています！誰もがポーシャの賢さに驚き，そして，誰もそれに反論をしません。しかし，キリスト教徒は，ユダヤ教徒よりも慈悲深いことを示すために，ヴェニス公は，シャイロックが全ての財産を引き渡して，キリスト教に改宗すれば，彼を赦免すると申し出ます。シャイロックは，それに異議を述べながらも，結局のところ，改宗に応じることで彼の財産の半分か，おそらく，その全部は，返還されることになります[29]。しかし，駆け落ちをしたことにより相続権が奪われた娘ジェシカに対し，シャイロックが死亡した時点で，彼の財産を相続させることを約束させられます。シャイロックは，このように修正された申し込みを承諾し，散々に打ちのめされて，立ち去ります。

『ヴェニスの商人』の法的観点には，ある種の不合理さが残ります。1ポンドの肉という担保に対して，正当理由が何ら検討されていません。例えば，この1ポンドの肉という担保には，アントーニオが債務不履行に陥らないようにシャイロックの財産を保護するための普通以上の努力をするようにアントーニオを鼓舞する意図があるとします。これは，債務不履行に陥っている債務者の足を折るぞという高利貸しの脅迫が貸付金を返済するように促している理由と同じことになります。更に，このような条項に合意させることで，債務者は，本当に返済をする決心をしているのだと債権者を安心させることにもなります。債務不履行に陥れば，あまりにも酷な結果になるから

---

(28) この裁判の当該側面は，Charles Ross, *Elizabethan Literature and the Law of Fraudulent Conveyance*, 第6章（2003）において，徹底的に分析されている。16世紀の英国法において，殺人未遂が犯罪に当たるかは，不明確であった。同 119-121 頁。このロスの著作における第6章の巻末注，同 124-131 頁には，『ヴェニスの商人』で表現されている法的問題に関し，ほぼ完全に近い文学的言及が専門的になされている。

(29) 財産の半分は，シャイロックに即座に返還されることになる。残りの半分は，シャイロックが死んだ時点でジェシカに相続させるためにアントーニオに信託財産として保有される。仮に，シャイロックが生きている間，その信託の受益者とされるならば，彼が死んだ時点では，ジェシカの相続財産となるにしても，没収された財産は全て戻されたのと同じことである。信託における収益がジェシカのためにのみ蓄えられる場合でも，没収された財産の半分は既に戻されている。どちらの解釈が正しいかは，不明確である。

です。

　この証文は，演劇を観ている者に，ユダヤ人が過越しの祭でキリスト教徒の血を飲むと考えられていることを確実に思い出させる意図を有しています。また，これを思い出させることは適切です。なぜなら，そのような担保をシャイロックが要求した動機は，彼の憎むべきキリスト教徒の競争相手を駆逐するため，一か八かの機会を利用しようというところにあるからです。「権利消滅条件付きの違約金付帯債務証書」は，債務証書を提供した者が貸付金を返済するならば，約定されている違約金は，取消されるものです。確かに，シェイクスピアの時代，この債務証書は，強制的に執行することが可能でした。しかし，洗練されていない16世紀の法制度であったとしても（ヴェニスは，文明化された国家であると描写されています），違約罰が金銭ではなく，生命を奪うものであったり，体を切断するものであった場合には，その債務証書は執行されなかったと思われます。実際のところ，16世紀の終わりに至るまで，英国のエクイティ裁判所である大法官府裁判所は，担保の単なる金銭による違約罰に関しても，債務者を何らかのかたちで救うこともありました[30]。今日においても，契約違反が生じた場合，その不履行によって生じる可能性のある損失の合理的な推定額よりも，遥かに高額な金銭を支払うように明記する違約罰条項は，強制的に執行できません。違約罰条項の内容と，それを執行すべきか否かとは，別の問題です。すなわち，このような条項を盛り込むことで，債権者は，返済をしてもらえる大きな期待を持つことになり，利率を下げるかもしれません[31]。しかし，債権者が債務不履行に陥った債務者を殺したり，手足を切断したり，暴行を加えることを許す条項を擁護する者はいません。

---

(30) A. W. B. Simpson, "The Penal Bond with Conditional Defeasance," 82 *Law Quarterly Review* 392, 416 (1966); Simpson, *A History of the Common Law of Contract: The Rise of the Action of Assumpsit* 118-119 (1975); Thomas C. Bilello, "Accomplished with What She Lacks: Law, Equity, and Portia's Con," in *The Law in Shakespeare* 109, 115-116 (Constance Jordan and Karen Cunningham eds. 2007); William H. Loyd, "Penalties and Forfeitures," 29 *Harvard Law Review* 117, 123 (1915); Theodore Ziolkowski, *The Mirror of Justice: Literary Reflections of Legal Crises* 167-172 (1997) を参照。ローマの十二表法は，債権者に対して，債権者の人数と同じ数だけ債務者の体を切り分けることを許していた。しかし，これは紀元前5世紀の法律である。

(31) 違約罰条項の経済的な側面に関しては，Richard A. Posner, *Economic Analysis of Law* 127 - 130 (7th ed. 2007) を参照。

更に、債務不履行に陥った債務者は「エクイティ上の受戻権」と呼ばれる権利を有しています。この権利は、債務者が借りている金銭を合理的な期間内に工面することで、支払期限が過ぎているために債務不履行となり没収されようとしている財産を保持することができるとする権利です。従って、アントーニオの財産が没収される前に、バサーニオが法外な利息を付けて、弁済期の過ぎた金銭をシャイロックに提供した場合[32]、現実の裁判所であれば、アントーニオを救うと思われます。アントーニオに対するシャイロックの貸付期間は、たった3カ月間でした。このことから考えるとシャイロックの貸付けた元金の2倍を支払うというバサーニオの申し出は、年率にすると400％の利息の支払いを申し出ていることになります。この素晴らしい申し出をシャイロックが拒絶したことは、この証文がアントーニオの生命を賭けたギャンブルであることを裏付けています（シャイロックが、この証文を執行するよう主張した理由は、ジェシカの駆け落ちによるものという解釈があります。しかし、この解釈は、説得力はありません。なぜなら、アントーニオは、ジェシカの駆け落ちの共犯ではないからです。また、シャイロックにとって、憐れみをかけられることは、祭りの馬鹿騒ぎと同じくらい我慢のならないことなのです）。しかし、ポーシャが高度に専門技術的な主張を持ち出すまでは、この演劇の中の誰も、シャイロックの要求の正当性について疑っていません。シャイロックは、ポーシャの主張に反論して、例えば、この証文は、シャイロックに対してアントーニオの血を流すことを黙示的に認めており、そうでなければ、1ポンドの肉をとることはできないだろうと主張しようともしません。更に、もし、シャイロックがアントーニオを殺すことになったとしても、それは、法を執行しただけのことであり、アントーニオの殺害に関する法的資格を裁判所がシャイロックに認めない限り、シャイロックには、アントーニオを殺す意図がないとシャイロック自身が主張する

---

(32) 「エクイティ上の受戻権」という専門用語と、この権利の譲渡抵当権への適用は、イングランドの法制史において、後から出てきた考えである。しかし、別の類型での財産没収を救済する概念は、17世紀初頭までには確立していたように思われる。おそらく、それよりも早い時期から、そのような概念は、適用されていたであろう。George E. Osborne, *Handbook on the Law of Mortgages* 12-15 (2d ed.1970) を参照。この演劇は、イングランドではなく、ヴェニスが舞台となっている。しかし、シェイクスピア演劇における当初の観客は、特に強調でもされない限り（後述する『尺には尺を』の場合と同様）、演劇で描写されている法をイングランド法と同じものと捉えていたであろう。

こともありません[33]。悪い動機があっても，適法な行為が無効とされることはないのです。

　高度に専門技術的な主張というのは，エクイティとは正反対のように思われます。しかし，実際のところ，両者は，互いを補うものなのです。専門技術的な主張も，エクイティも，悪法を回避する手段となります。悪法が，あまりにも厳格すぎる理由で悪法といわれるのか，抜け穴だらけという理由で悪法といわれるのかにかかわらず，両者を用いることで妥当な結論は得られます。「文字は，死をもたらし，精神は，生命を与える」という言葉があります。そのように，裁判官や法律家がエクイティを理由に，法（この場合，如何に残忍であっても契約は履行すべしという法原則）に死をもたらしたい場合，ポーシャが行ったように，文字の意味を字義通りに解する直訳主義が最善の武器になるように思われます。

　実際に，直訳主義がポーシャの唯一の武器でしたし，そうしなければならなかったのです。なぜなら，この劇にとって，契約における違約罰や財産没収を修正するための法原則を見つけられないことが必須だからです。観客には，アントーニオが殺される可能性を深刻に印象付ける必要があります。命に関わる違約金付金銭債務証書が全く執行されないとなれば，彼の死を観客は，深刻に考えないでしょう。確かに，ポーシャが繰り出した更に意外な主張，つまり，ヴェニス市民の殺害を計画することを極刑とする法は，シャイロックの証文を無効とする理由になるため，アントーニオが殺される可能性を低くするものです。しかし，そのような法の存在を彼女が突然，暴露したことで全ての人を驚かすことができるのです。その時点に至るまで，アントーニオの運命は，決まってしまったかのように思われていたからです。しかし，少なくとも，アントーニオとシャイロックは，証文に署名をした時点，または，遅くとも，裁判が始まる時点において，この法律を知っているべきではなかったでしょうか？しかし，不明瞭な法は，沢山存在します。そして，現実的であろうがなかろうが，この不明瞭な法を援用することにより，シャイロックの敗北で最後が締め括られることは，必要です。シャイロックが単にこの証文を執行できないだけだとしたら，彼は，失望し，そして，アントーニオに貸した資金以外の財産を保持し続けることになったでしょう。すなわち，シャイロックは，自分の命を救うためにキリスト教に

---

(33) Bilello, 前掲注 30, 122 頁.

改宗する必要もないですし，キリスト教の慈悲が示される機会もなかったでしょう。シェイクスピアは，演劇上の必要な効果をもたらすために，説得性を犠牲にしていると批判されるべきではないのです[34]。

　ヴェニス市民殺害の計画を禁じる法は，別の劇的な効果をも，もたらしています。「この最後の瞬間において，シャイロックの行動により，私達は，この劇の最初の段階で彼に抱いていた同情心をも打ち捨ててしまうのである。私達は，その時点で彼の個人的な性格とは関係なく，彼の置かれている地位が劣ったものとされていることを思い起こす。ユダヤ人は，法においてでさえ，兄弟とは看做されないのである[35]。」

　この演劇において，法の取扱いが現実性を欠いているのは，法の内容だけではありません。法の手続も，現実性を欠いています[36]。ポーシャは，身分を詐称しているだけではありません。彼女は，裁判の結果に対して，利害関係があることを隠しています。両当事者には，弁護士が付いていません。このヴェニスには，専門の裁判官はいません。更に，民事事件であるにもかかわらず，刑事上の断罪で終わります[37]。それでもなお，この演劇は，有意義

---

(34) 『ヴェニスの商人』に見られる別の非現実的な性格として，アントーニオの貨物を運んでいる船が全て洋上で行方不明になり，しかし，それらの船は奇跡的に戻ってきたことが挙げられる。アントーニオに対しては，なぜ，債務不履行の場合に備えて，彼の貨物に保険を掛け，自らの身を守らなかったのかと尋ねる人がいるかもしれない。確かに，彼ならば，そのような保険を容易に掛けることができたはずだからである。Luke Wilson, "Drama and Marine Insurance in Shakespeare's London," in *The Law in Shakespeare*, 前掲注 30,127 頁 ; H. A. L. Cockerell and Edwin Green, *The British Insurance Business: A Guide to Its History and Records* 4-5 (2d ed. 1994); C. F. Trenerry, *The Origin and Early History of Insurance*, 第 25 章 (1926) を参照。

(35) W. H. Auden, "Brothers and Others," in Auden, *The Dyer's Hand and Other Essays* 218, 229 (1962).

(36) この点をビエロは，前掲注 30 で強調している。しかし，John T. Doyle, "Shakespeare's Law － The Case of Shylock," *Overland Monthly*, July 1886, 83 頁という古いながらも興味深い論稿は，アントーニオの裁判を 19 世紀のスペインやメキシコの法廷に関して私達が思い描くものに比べても，それほど変則的なものではないと主張している。

(37) ヴェニス公がヴェニスの法に関する専門家を見つけるために，パドヴァへ使いを送らなければならなかった部分は，一見すると，この演劇の更なる非現実的な筋書きであるかのように見える。しかし，これは非現実的な話ではない。パドヴァは，法律研究の中心地であり，かつ，ヴェニスの所有領であった。しかし，シェイクスピアは，観客を煩わせないように，その事実を伝えなかった。そして，イタリアの法制度において，ヨーロッパ大陸諸国の法制度と同様に，裁判官が学者に法的意見を求めることは慣習的

に法律を扱っています。先ず，シャイロックの性格には，三つの性質が融合されています。それは，商業的な倫理感を持つ人間（「経済人」としてのシャイロック），執念深い人間，そして不正な目的を達成するために法を利用しようとする人間です。シャイロックは，現代的な商業人としても通用する典型的なユダヤ人であります。また，同時に「汝の敵を許せ」という新約聖書の命令を拒絶し，（目には目をという）旧約聖書の命令を守る復讐者という点でも典型的なユダヤ人です。シャイロックは，彼の金銭貸付けに関する法外な利息を受け取るよりも復讐を望み，その貪欲さにより，彼の心は，動かされています。「あいつが約束を破ったなら，その心臓をもらってやる。あいつがヴェニスから居なくなれば，好きなように商売ができるからな（III. 1. 119-121）。」

前章で，復讐は，匡生的正義に生まれ変わると私は，述べました。悪事を犯せばそれを是正する権利が生まれます。しかし，その権利は，被害者と，その家族の手に残されているのではなく，法を通じて，もたらされるものです。また，悪事は，不法行為者が負うべき被害者への債務も生み出します。このことは，一方の観点において，強制的な交換を扱う不法行為法や刑法があり，他方の観点において，自発的な交換を扱う契約法が存在していることを私達に教えるものです。また，この両者の観点が権利と義務に関する各々一対の法理論として，市場における相互交換を基礎付けていることを私達に教えてくれています。

アントーニオの性格は，幾つかの点において，シャイロックと異なっています。彼は，憂鬱な独身者であり，利息を請求する貸金業者の敵であり，浪費家といってよいほどに気前のよい人物です。彼は，鬱状態で，家族もいないため，バサーニオを救うために進んで死のうとすらします。「私は，群れの中で，役立たずになった羊だ。死ぬのに相応しい人間なのだ。果物も，最も腐りやすいものから，一番早く地面に落ちる。どうか落ちるままにしておいてくれ（IV. 1.114-116）」とアントーニオは，発言しています。利息を取って金銭を貸付けることに関し，聖書の中に，それを認める記述があるか否かについて，アントーニオとシャイロックが議論をする場面で，私達は，口先の巧い悪魔がキリストを誘惑する場面との類似性を感じ取るでしょう。すな

になされていた。Charles Fried, "*The Lex Aquila* as a Source of Law for Bartolus and Baldus," 4 *American Journal of Legal History* 142 (1960).

わち，アントーニオは，悪魔たるシャイロックが聖書を引き合いに出すことをさえ，批判しています。旧約聖書に特徴付けられる復讐心と「戒律」（アクィナスが「古い法」と呼んだもの）を形式的に，厳格に，遵守することをアントーニオは，シャイロックの中にある支配的な性格として拒絶しています。シャイロックが1ポンドの肉を得ることは，ユダヤ人聖職者指導部の要請により，イエス・キリストを磔にしたことの再現に値するでしょう[38]。または，聖パウロがユダヤ人の儀式に対して「心の割礼こそ，真の割礼である」と反論したように，ユダヤ人の儀礼主義は，悪魔が文字通りにしか理解できないことに値するものなのです[39]。

しかし，逆説的にいえば，アントーニオの中にも，シャイロックに見られる特徴の多くが存在しているのです[40]。彼の面白みの無さ，独身生活，憂鬱な心情，反ユダヤ主義，そして，本質的に孤独な性格において，彼は，シャイロックをキリスト教徒に置き換えて投影した者とも言えます。そして，両者とも商業に従事しています。これらの陰気な登場人物に対し，ポーシャは，名門の出身であり，自律しており，裕福で賢明な女性であり，商業に身を窶すこともなく，魅力的な生き方を象徴しているといえるでしょう。質素で，純朴で，禁欲的なシャイロックやアントーニオの性格に比べると，如才のないポーシャは，非常に魅力的でさえあります。ポーシャは，命を救うための法の専門技術や倫理的に疑わしい駆け引きを駆使することを恥とも思いません。それは，まさに大勢の求婚者の中から，屈託のない大らかなバサーニオを選び出すために，彼女の父による遺言の文言を枉げようとすることを恥とは思わなかったり，シャイロックとアントーニオとの間の紛争において，元金を2倍にして返すことで決着を試みたり，シャイロックの不意打ちを突くことに関して，躊躇を覚えないところにも表れています（第5幕における指輪の策略も，ポーシャが約束事を弄んだ更なる例です）。法が，どのような規定を用意していようとも，その証文を執行することは，酷な結果を

---

(38) アントーニオを描写する際の更なるキリスト論的特徴として，彼が独身であることに加え，シャイロックを罵る場面が挙げられる。すなわち，キリストが聖堂から両替商を追い払ったことの残滓が見られる。
(39) Shapiro, 前掲注22, 126-128頁。
(40) キリストの姿を両面的に描写すべきであるという考えは，シェイクスピアの演劇がキリスト教の正統派における価値を裏付けているとするティリヤード学派（第1章参照）の主張に対して，異議を唱えるものである。

もたらすものでした。そこで，ポーシャは，その強制的な執行を回避するために必要なことを成し遂げます。しかも，彼女は，ヴェニスという都市において，悪い先例を作ることなく，その商業都市としての評判を損なうこともなく，それを成し遂げたのです。シャイロックが繰り返し指摘しているように，ヴェニスという都市は，外国人にも（ユダヤ人は，16世紀にはヴェニスの市民になることはできなかったでしょう），市民と同等の正義が享受されることを求めていました。

　私達は「コモン・ロー」と「エクイティ」を，この接点において，区別する必要があります。元来，アリストテレースが明確に表現したように，十分に秩序だった社会にとって，如何に厳格な法規範が必要であろうとも，厳格な法規範は，敏感に機転を利かせて適用されなければならないという認識がエクイティです。なぜなら，その法の精神が不必要に，その法に書かれた文言の犠牲とならないようにする必要があるからです。法制度の発展は，厳格で単純な規範から，より緩やかで柔軟性のある基準へと移行していく傾向があります。厳格で単純な規範は，それを作成し，記述し，執行することが容易です。読み書き能力が欠如し，事実を捜査するための信頼できる技術もなく，複雑な政府がない社会において，法的権利と義務を単純にしておかなければならないということは，重要なことです。原始的な社会の構成員がポーシャではなく，シャイロックに味方することは，驚くべきことではありません[41]。法の執行技術が，より柔軟で微妙な違いにも対応できるようになるに

---

(41) イサク・ディーネセンは，ソマリアの部族民ファラーに，『ヴェニスの商人』のことを語った。「そのユダヤ人は，要求を放棄したのですか？ 彼は，放棄すべきではなかった。肉は，当然，彼に支払われるべきですし，全ての金を返してもらったからといって，彼にとっては十分ではありません。」「しかし，彼は，血を1滴も流してはならないのです。その場合，彼は，どうすればよいというのですか？」と，私が尋ねると「奥様，彼は，真っ赤になるまで熱したナイフを使えば，よかったのです。血を1滴も流さなくて済みますよ」とファラーは言った。私は「でも，彼は，1ポンドきっかりの肉を取ることしか許されてなかったのですよ」と答えた。すると，ファラーは，次のように答えた。「誰が，そんなことで怯むのですか？ そのユダヤ人ですか？ 彼は，少しずつ1ポンドになるまで，削り取ることができたかもしれない。そのユダヤ人に助言するような友人は，いなかったのですか？（中略）彼は，そうすれば，よかったのに。彼は，多くの損害を被ったに違いないのですから，どんなに長い時間がかかっても，そうすることができたはずです。」私は，次のように述べた。「でも，この物語では，そのユダヤ人は，肉を切り取ることを諦めたのです。」ファラーは「ええ。それは，すごく残念です，奥様。」と答えた。Dinesen, *Out of Africa and Shadows on the Grass* 269-270 (1985).

したがって，単純な規範を適用することにより，実質的な正義が否定されるような状況も生じます。ある状況に単純な規範を適用すると，その代償があまりにも高くつくことになるような場合もあります。そこで「コモン・ロー」といわれる厳格な規範は「エクイティ」といわれる柔軟な法原則に補われることになるのです[42]。しかし，厳格な規範であるコモン・ローを緩和し，その裁量が裁判官に付与されるかのような法制度を嫌われ者の外国人が信頼しないことは，理解可能です。なぜなら，裁判官は，その裁量を外国人に対して不利に行使するとも考えられるからです。形式を厳格に遵守する法尊重主義は，社会の除け者を擁護する考え方でもあります。しかし，法の文言に従って生きようとする除け者は，その文言により，死ぬことにもなりうるのです。

そこで，この演劇におけるエクイティの真意は，まさに，法の実体ではなく，精神であると理解する必要があります。16世紀のイングランドにおいて「エクイティ」は，3点の意味を有していました[43]。1点目は，法の精神（正義，良心に従った法の執行）という意味であり，2点目は，（アリストテレースが述べるところ）制定法の緩やかな解釈原則という意味であり，3点目は，法原則の集大成という意味です。この3点目の意味は，1点目の意味から派生してきたものだろうと思われます。すなわち，衡平のため，または「良心」のための裁判所を主宰する大法官により，大法官裁判所は，運用され，そこで執行される法原則の集大成をエクイティは，意味しています。ポーシャの「慈悲の本質」に関する発言（IV. 1. 182-203）は，コモン・ロー上の主張ではありません。シャイロックの憐れみの感覚に訴えるものです（残念ながら，彼は，その感覚を持っていません）。これは，第1の意味における「エクイティ」を呼び起こすものです。彼女が天から生み出される「王の心に鎮座するもの」としての慈悲に言及することは，英国のエクイティ裁判所の起源が国王や教会にあることを暗示しています[44]。すなわち，私達が

---

(42) Henry Sumner Maine, *Ancient Law* (1861) を参照。

(43) 例えば，Bradin Cormack, *A Power to Do Justice: Jurisdiction, English Literature, and the Rise of Common Law, 1509-1625* 103 (2007) を参照。コモン・ローが正しい理性を具体化し，君主により執行され，更には，君主の権限を制限することに関しては，Ward, 前掲注21と比較対照。

(44) Stephen A. Cohen, "'The Quality of Mercy': Law, Equity and Ideology in *The Merchant of Venice*," *Mosaic*, Dec. 1994, p. 35. Andrew D. Majeske, *Equity in English Renaissance Literature:*

イエス・キリストの裁判で見てきた恩赦の権限も，伝統的な国王の（行政上の）特権だということです[45]。しかし，この演劇の世界においては，誰もエクイティにより，コモン・ローを打破する権限を有してはいません。従って，彼女がシャイロックに慈悲を要求し，それが失敗したところで，彼女は，法尊重主義の観点から主張せざるを得なくなりました。そのような観点に立つため，ポーシャの主張は，表見的に理解されているものよりも，更に強くなります。シャイロックが自ら有能な弁護士として，ポーシャの主張に反論するのならば，当該債務を執行するに当たっては，いかなる行為も認められなければならず，したがって，アントーニオの血を流すことも認められなければならないと指摘することになるでしょう。しかし，そのような反論をするためには，証文の文言ではなく，証文の精神をシャイロックは訴えなければならないことになります。なぜなら，当該証文には血を流すことについては，何らの規定もないからです。しかし，一度でも，そのような主張をしてしまえば，自身の法的地位を保持することも難しいと，シャイロックは，理解していたのでしょう。確実に全額返済を受けることが証文の精神だからです。バサーニオは，シャイロックに2倍の額を支払うと申し出ていますし，あるいは，シャイロックが望めば，それ以上のものを支払ったかもしれません。しかし，シャイロックは，節度を欠く復讐者にありがちな一般的な失敗を犯してしまったのです。

　本書の第2版で，私は「ポーシャは，エクイティの精神を象徴している」と述べました。しかし，ポーシャの性格に関する見解として，この言葉は，正確ではありませんでした。彼女の「慈悲の本質」に関する発言は，他人の心情を鼓舞するための仕掛けです。しかし，彼女自身の心を覗き見るための窓ではありません。アントーニオが債務を認めた直後に，ポーシャは「ならば，ユダヤ人のお前は，慈悲深くなければならない（IV. 1. 180）」という言葉から話し始めます。この言葉は，もし，シャイロックがアントーニオに慈悲を示さない限り，アントーニオは，死ななければならないことを意味しています。彼女は，発言の終わりに，もう一度繰り返します。「私が長々と話してきたのは，お前が嘆願する正義を宥めるためである。もし，お前が自分

Thomas More and Edmund Spenser (2006) を参照。

(45) Janelle R. Greenberg and Martin S. Greenberg, "Crime and Justice in Tudor-Stuart England and the Modern United States: The More Things Change, the More They Stay the Same," 6 *Law and Human Behavior* 261, 270 (1982).

の正義に従うというのであれば,このヴェニスの厳格な裁判所は,ここにいる商人【アントーニオのこと】に不利な判決を下さなければならない (IV. 1. 200-203)。」すなわち,シャイロックの勝訴であると言っていることになります。しかし,彼女が考えるように,彼は,負けることになっています。シャイロックに勝訴を告げることで,ポーシャは,彼女自身が提供した資金を守っているのです。彼女は,詐欺師であり,ペテン師であるという方が相応しいかもしれません。【結婚相手を選ぶ場面で】バサーニオが正しい小箱を選び出したのも,彼女の巧妙な策略によるものです。また,彼女は,演劇の最後で別の策略,すなわち指輪に関する策略も行うつもりでいます。「彼女は,一貫して,明らかに悪戯めいたことを行っている[46]」とも評されています。アントーニオやこの演劇の他の登場人物とは異なり,ポーシャとシャイロックは,法とは,ただ何もせず服従するものではなく,利用すべきものであると理解しています。つまり,シャイロックにとっては,アントーニオに対する復讐のために,ポーシャにとっては,シャイロックの裏をかき,お金を守るために利用すべきものなのです。シャイロックとポーシャを通して,シェイクスピアにより「ベルモントとヴェニスの分裂状態に終焉が告げられた」と私達は,理解します。すなわち,ポーシャにより象徴される愛の都市であるベルモントとユダヤ人の金貸しにより象徴される自己愛の都市ヴェニスとに分裂された状態が終焉したということです。「男装でヴェニスに現れたポーシャは,彼女や彼女の意志を継ぐ女性達がベルモントの台座の上に喜んで留まり続けるわけではないことを示している」一方で,シャイロックが強制的にキリスト教に改宗させられることにより「尊敬される実業家になるだろう」と私達に示しています[47]。

---

(46) Samuel Ajzenstat, "Contract in *The Merchant of Venice*," 21 *Philosophy and Literature* 262, 273 (1997).

(47) 同上 273-274 頁。シャイロックは,確かに尊敬される実業家になるであろう。なぜなら『ヴェニスの商人』における反ユダヤ人的な雰囲気は,民族的な問題に由来するものではなく,宗教的な問題に由来するものだからである。このことは,ロレンツォとシャイロックの娘の結婚に関して,キリスト教徒が異議を申し立てることなく,その二人の結婚を受け入れていることからも明らかである。ユダヤ人の改宗者は,隠れてユダヤ教の儀式を行い続ける日和見主義者だというキリスト教側の疑念が存在しているならば,このように二人の結婚を受け入れることは,非現実的であろう。Janet Adelman, *Blood Relations: Christian and Jew* in *The Merchant of Venice* 4-12 (2008). この問題は,ユダヤ人を単なる宗教集団と看做すのか,あるいは,人種(現代的な意味でアイルランド人

同じくエリザベス朝時代の演劇で，契約に関して良く知られた描写として，マーロウの『フォースタス博士』に描かれている悪魔との契約を挙げることができます。フォースタスは，呪文を唱えてメフィストフェレスを目の前に呼び出し，簡単な交渉をした後，様々な約束と引き換えにして，フォースタスの魂をメフィストフェレスが仕える主人に譲渡するという証書に血で署名をします。契約書面の全文は，次の通りです (1.5.95-114)[48]。

契約の条件は以下の通りである。
第1に，フォースタスは，外形も中身も，霊体となることができること。
第2に，メフィストフェレスは，フォースタスの従僕となり，フォースタスの命令に従わなければならないこと。
第3に，メフィストフェレスは，フォースタスのために，あらゆることを行い，あらゆるものをフォースタスにもたらさなければならないこと。
第4に，メフィストフェレスは，フォースタスの部屋，または家屋の中で姿を見せてはならないこと。
最後に，メフィストフェレスは，当該ジョン・フォースタスの望む姿で彼の前に現れなければならないこと。
私，ジョン・フォースタスは，ヴィッテンベルクに住む博士である。当該契約証書により，東方の王ルシファーと，その代理人メフィストフェレスに私の肉体と魂の両方を捧げる。更に，24年の期間が過ぎ，上記の契約条項が遵守された暁には，当該ジョン・フォースタスの肉体，魂，身，血，あらゆる財産を，その者達の居るところへ運び去る権限を与えるものである。
ジョン・フォースタス

この演劇の終わりでは，24年の月日が経過して，悪魔の一団が現れ，フォースタスは地獄へと連れ去られていきます。
不道徳な契約を結んだ者として，フォースタスは，シャイロックと類似の

のような民族集団のようなもの）と看做すのかに関連する長年の懸案に由来する。
(48) マーロウによる作品の全ての引用は，Christopher Marlowe, *The Complete Plays*（J. B. Steane ed. 1969）を参考にしている。

立場にある人物です。シャイロックの証文にも，悪魔が持ちかけたかのような内容が含まれているからです。シャイロックにも，フォースタスにも，忌まわしい結末が待っており，シャイロックの場合は，改宗することで救われるとされます。旧約聖書で記されるかのような復讐心に燃えるシャイロックは，多少，現代的な人間性に欠けていると言えるかもしれません。しかし，エドマンドと同様に，シャイロックにも資本主義の原型となる手掛かりが見え隠れしています（第6章参照）。フォースタスにも，悪魔の力に魅入られているにもかかわらず，現代的な人間性が見出せます。彼は，自然科学的にも，社会科学的にも，周囲の世界を理解し，支配したいという人間の探究心には制限がないことを理解しています（悪魔の力は，そのための手段です）。魂は，神に属しているという伝統的なキリスト教の見解とは対照的に，フォースタスは，自らが自らの魂を所有しており，したがって，彼が望むのであれば，誰に対してもその魂を売り渡すことができると考えています。フォースタスは，信義を重んじる男であり，自らの道義を果たすために，彼は，自分が売った魂を引き渡す期限が来たとき，その契約を破ろうとはしません。彼は，契約の神聖さを神の神聖さに代わるものとして，それを唯一の正義であると考えることができました。したがって，彼は，慈悲に溢れる神を想像することができなかったのです[49]。

　しかし，この契約を有効であるとフォースタスが受け入れたことは，法的に間違いです。なぜなら，メフィストフェレスは，彼に負担するべき債務を履行することができなかったからです。契約には「上記契約条項が遵守された暁には」ルシファーに，フォースタスの肉体と魂を与えるという条件が付いています。契約に署名をした直後，フォースタスは，メフィストフェレスに妻を要求します。メフィストフェレスは，急場を凌ぐために「<u>女性の服装をした悪魔を連れてきた。そこで，言い争いが始まった</u>」とされています。フォースタスは「忌々しい，娼婦じゃないか」といい，この花嫁を拒絶します。メフィストフェレスは「何てことだ，フォースタス。結婚なんて，格式ばった遊びに過ぎないじゃないか。お前が私に好意を持っているなら，これ以上，結婚について，考えないでくれ（1.5.149-156）」と弁明します。

　この結婚問題に関する紛争は，ここで終わりとなります。フォースタス

---

(49) Cleanth Brooks, "The Unity of Marlowe's Doctor Faustus," in *Christopher Marlowe* 97, 105-106 (Harold Bloom ed.1986).

が，この問題を追及しなかったことは，メフィストフェレスの契約違反を大目に見たのだと考えることも可能です。更に言えば，このメフィストフェレスの契約は，人と人との関係性を構築する契約として，最も上手に描写されているとするダニエル・イーガーの指摘は，正しいようにも思われます[50]。このような契約は，長期間にわたる人間関係を確立するものだからです。すなわち，この長期の契約期間に生じるかもしれない全ての不測の事態を予測することは不可能であり，当事者は，そのような事態に対処するため，契約の文言に固執するのではなく，誠実に行動することが要求されます。それは，フォースタスにとっても，妻に関する言い争いを解決するための法の精神であるようにも思われます。メフィストフェレスは，フォースタスと夜を共にする女性として，トロイアのヘレネーを召喚します。フォースタスは，彼女を妻の十分な代役であると考えたようにも思われます。そして，このことも，メフィストフェレスの契約違反を許容する更なる理由を示唆しています。すなわち，これは，実質的な履行の法理と呼ばれるものであり，軽微な契約違反を免除する法理です[51]。この演劇の世界が背景としているキリスト教にとって，いかなる宗派においても，結婚は，神聖な儀式であるため，結局のところ，悪魔は，フォースタスのために，妻を調達することはできません。花嫁を調達することが，そもそも不可能であることも，契約条項を文字通り解釈することに制限を課すという理解が黙示的に含まれているとも考えられます。

　フォースタスが契約の不法性を理由に，それを拒絶しようとすれば，より強い根拠に基づく説明が必要となるでしょう。法は，公序良俗に反する契約の執行を認めません。悪魔との契約は，この要請に適うものです。しかし，冷淡な懐疑論者が運営する裁判所にあっては，このような根拠でフォースタスを免除することに躊躇を覚えるかもしれません。未履行の契約は，半分履行されてしまった契約とは異なるという法的な区別が，その躊躇の理由です。未履行の契約とは，両当事者とも約束しながらも，未だ履行されていない契約のことです。それは，単に，約束が取り交わされたに過ぎないものです。もし，その契約が不法なものであれば，法は，その契約を強制的に実現

---

(50) Yeager, "Marlowe's *Faustus*: Contract as Metaphor?" 2 *University of Chicago Law School Roundtable* 599, 611-612 (1995).

(51) Jacob & Youngs, Inc. v. Kent, 129 N.E. 889 (N.Y. 1921) (Cardozo, J.) を参照。

することは、ありません。しかし、当事者の一方が、その債務を履行した後であったり、少なくとも、かなりの部分を履行した後に、当該契約が不法であるとか、あるいは、別の理由で契約の履行を免除するよう相手方当事者が要求する場合、この契約は、どのように扱われるでしょうか？ 例えば、Aが合意によりBのために売春宿を建築し、Bの支払い期限が到来したときに、Bが支払いを拒絶したとします。このような事件において、もし、Bが不法という抗弁を主張したとしても、裁判所は、ほとんど共感することもないでしょう。なぜなら、Bが支払いを免れるとしたら、Bは、不当に利得を得ることになるからです[52]。このBに当たるのが、まさにフォースタスなのです。悪魔が<u>彼自身</u>の履行を終えるまで、フォースタスの契約部分は、履行されません。フォースタスにとっては、24年間もの間、一方的に利益を享受した後、その契約の履行が拒絶可能であるというのは、快楽に満ちた不道徳な生活を享受した日々の後に、彼を放免するのと同じことなのです。フォースタスは、予測していたほどの利益を受けることはできませんでした。それでも、彼は、相当な利益を享受しています[53]。このような状況において、契約の履行を守らせようとメフィストフェレスは、フォースタスを脅し続けるかもしれません。しかし、フォースタスが心から後悔しているかどうかを確認するのは、困難です。

　裁判所が半分履行された不法な契約に関して、それが完全に執行不可能であると判断した場合、当事者は、相手方に対して、履行で受け取った価値を返還するように請求することで履行当事者の苦痛を軽減することができるでしょう[54]。しかし、契約が有効であった24年もの間、メフィストフェレスが提供してきた物や役務の価値をフォースタスは、どのようにして返還する

---

(52) Kelly v. Kosuga, 358 U.S. 516 (1959); E. Allan Farnsworth, *Farnsworth on Contracts*, vol. 2, § 5.1 (3d ed. 2004) を参照。

(53) 『フォースタス博士』が書かれた当時、疫病に苦しむロンドンで24年間の生命が保障されることは、非常に有意義なことだった。Christopher Ricks, "*Doctor Faustus* and Hell on Earth," in Ricks, *Essays in Appreciation* 1, 7 (1996). しかし、フォースタスは、現代の知識人のように更なる多くのものを期待していた。彼は、書物で得られた知識で活性化した想像力を有しており、その想像力が期待するところは、この世界で実現できないことを知り、大いに失望する。Ian Watt, *Myths of Modern Individualism: Faust, Don Quixote, Robinson Crusoe* 40 (1996).

(54) American Law Institute, *Restatement of Contracts* (*Second*) § 197 and comment b, § 198 (1979); Farnsworth, 前掲注 52, § 5.9 を参照。

ことができるのでしょうか？フォースタスには，返還をすることのできる物質的な資産がありません。その代わりに，刑罰による償いをしたとしても，メフィストフェレスの利益にはならないでしょう。むしろ，損したと言えます。フォースタスによる原状回復が不可能ならば，おそらく，裁判所は，フォースタスの契約上の債務を免除する可能性は低いでしょう。

　しかし，更に重要な条件を，ここで，見落としてはいけません。不法の抗弁が提出され，しかし，その契約を断固として強制すべきように思われる場合であっても，そこで生じる不正義を裁判所は，最小限にする必要があります。そのために，契約の執行を求める当事者（この場合，メフィストフェレス）が契約の不法性を知らなかったことに無理がない場合，または，そのような契約に合意したことに関して相手方当事者よりも有責性が少ない場合にのみ，その契約は，執行可能とされるべきです[55]。しかし，悪魔は，フォースタスと結んだ契約が不法であることを知らなかったとか，または，主たる不法な行為者が悪魔ではなくフォースタスであると主張をすることも，この場合，無理であるように思われます。

　結論として，フォースタスは，この契約から逃れられる可能性があります。しかし，この事案から，あまり多くの議論を引き出すべきではありません。悪魔との契約は，結局のところ，契約法の対象ではないのです。この契約の文学的な機能は，契約法に関する問題を提起することではありません。その契約における機能とは，フォースタスの選んだ道が引き返せないことを象徴するにすぎません。フォースタスは，明らかに破滅へと通じる道へ踏み出していきます。『フォースタス博士』の中で，契約は，悪魔との関わり合いの比喩とされているのです。

　『尺には尺を』の舞台となっているウィーンは，婚姻前の性交渉に対して死刑を科すという非常に厳格な法を有する場所として描写されています。しかし，この法は，事実上，無視された状況にあります。すなわち，売春，不倫，婚姻前の性交渉が盛んに行われているため，ウィーン公は，この状況に満足していません。しかし，自ら進んで厳しく取り締まることには，躊躇を覚えています。彼は，次のように，説明しています（I. 3. 19-36）。

---

(55) 同上 §§ 5.1, 5.9.

私達は，厳格な制定法と最も過酷な不文法を有している。
　　　それは，強情な馬達に必要不可欠な馬銜と轡なのだ。
　　　この 14 年間，私達は，それらを外したままにしていた。
　　　(中略) 私達の判決は，
　　　罰を加えることができない。判決自体が死んでいる。
　　　そして，自由が正義を根こそぎにしてしまった。(中略)
　　　人々に裁量を与えたのは，私の過失であるから，
　　　彼らを打ち，不満を与えでもしたら，私は，非道と謗られるだろう。

公爵は，休暇をとる手配をし，厳格で禁欲的な彼の副官アンジェロに仕事を任せます。アンジェロは，直ぐに，婚約者を妊娠させた青年クローディオに対して，婚姻前の性交渉を理由に死刑を宣告します。クローディオの妹で修道女であるイザベラは，アンジェロの許へ行き，兄の命を助けてくれるよう請願します。アンジェロは，イザベラに心を奪われ，彼女が自分との性交渉に応じれば，兄の命を救おうと申し出ます。イザベラは，憤然として拒絶します。この全ての事情をイザベラがクローディオに報告すると，驚いたことに，彼は，アンジェロの申し出を受けるよう彼女に懇願します。彼女自身の不滅の魂よりも，自分の生命の方がより重要であるとする兄の考えに彼女は，愕然とします。アンジェロとの性交渉により，イザベラの魂の救済は，危機に陥る可能性があります。しかし，その明確な心情までは語られていません。(クローディオが彼女に対して指摘したように) 婚姻前の性交渉は，死刑が科される犯罪の中でも最も死に値しない罪であり，無垢な人間の命を救うためならば，免責される余地は，ないのでしょうか？しかし，婚姻前の性交渉は，犯罪であるため，イザベラは，罪に値しない人間を救うために彼女の純潔を犠牲にすることはないようにも思われます。そして，彼女にとって，それは，婚姻前の性交渉のみならず，賄賂という二つの罪をも犯すことを意味しています。修道士に変装して，その事情を盗み聞いていた公爵は，ある解決案を考え出します。すなわち，彼は，イザベラにアンジェロの申し出を承諾するように助言し，しかし，その性交渉は，暗い中で簡単に済ませたいと伝えるように助言します。そして，公爵が扮装している修道士は，アンジェロの以前の婚約者であるマリアナをイザベラの代わりに差し向けることにします。アンジェロは，マリアナの婚姻持参金が船の難破事故で失われたことにより，彼女を見捨てたという経緯があります。

そして，全てが手配通りに行われました。しかし，アンジェロの背信的行為は，悪化します。アンジェロは，イザベラとの性交渉をクローディオが知り，復讐されないように，いずれにせよ，クローディオを処刑することに決めます（これは，エリザベス朝時代の演劇が復讐を普遍的に扱ったことの一例です）。アンジェロは，クローディオを斬首し，その頭部を自分の許に送り届けるよう命じます。しかし，修道士に変装した公爵は，丁度，自然死をしたばかりの受刑者の頭をクローディオの代わりに手配します。そして，現在，公爵は，ウィーンに帰還中であり，アンジェロの行った任務の報告書を見たいとの知らせを送ります。公爵とアンジェロが都市の門の外で会ったとき，イザベラが進み出て，アンジェロを告発します。アンジェロは，最初，全てを否定します。しかし，すぐに事実が暴露され，彼は，自白をします。公爵は，【『ヴェニスの商人』の】ヴェニス公と同じように，慈悲を示し，マリアナと結婚するように命じた後，アンジェロを赦免します。クローディオは，自由の身となり，公爵は，クローディオに対して，婚約者と結婚するよう命じます。公爵は，イザベラと結婚するように劇では暗示されています。しかし，この二人の結婚は，確実とはいえません。なぜなら，公爵がイザベラに対して，求婚した際に，彼女は，沈黙したままだったからです[56]。

この戯曲と『ヴェニスの商人』には，多くの類似点があります。アンジェロは，シャイロックと同様に，法に対して厳格で融通の利かないところがあります。その上，その冷淡な外見の下にイザベラを襲おうとする違法で暴力的な情熱を有しています。アンジェロは，まさに婚姻前の性交渉というクローディオに死刑を宣告したのと同じ犯罪を行おうとしているのです。シャイロックが契約法を濫用したのと同じ方法で，アンジェロは，自らの法的権限を濫用しています。シャイロックとアントーニオの関係は，アンジェロとイザベラの関係に類似しており，法に対して厳格であるという意味で対応関係にあります。イザベラは，アンジェロにより兄に対して有罪を宣告することが正義に適っていると説得されています[57]。イザベラがアンジェロの性欲を目覚めさせる最初の女性であったことも，アンジェロの詩的正義【道徳的報い】とされています。ここにおいて，両者は，道徳的に熱狂しやすい点で

---

(56) Karl F. Zender, "Isabella's Choice," 73 *Philological Quarterly* 77, 88-91 (1994) を参照。

(57) Ernest Schanzer, *The Problem Plays of Shakespeare: A Study of Julius Caesar, Measure for Measure, Antony and Cleopatra*, 第2章 (1963). イザベラは，神をアンジェロのような存在だと想像しているように思われる！ 同100頁。

似ています[58]。私達は，おそらく婚姻前の性交渉に死刑を与えることを不合理であると考えるでしょうし，(明確な理由は，見出せないにせよ)兄の命を救う目的で処女を犠牲にすることに憤慨して，その申し出を拒絶するイザベラに対しても滑稽に感じるはずです[59]。結局，公爵は，クローディオが犯した罪と類似のものをマリアナにも犯すように唆します(この罪を犯すことを許可する意味は，その後の展開で明らかにされる通りです)。

カール・ゼンダーは，イザベラが社会から侮蔑されたことに対する青年期特有の感受性を象徴するものであり，クローディオの差し迫った死を現実の問題としてではなく「世界から引きこもりたいという欲求を満たす限られた期間」と看做すことができると指摘しています[60]。若者が死の十分な意味を理解するのは，困難なことです(あるいは，老齢になるにつれて，私は，ほとんど習慣的に人生に執着するようになるだけなのかもしれません)。従って，イザベラは，尼僧になり世間から引きこもる自分と死んで世界から消えて失くなるクローディオが異なる存在ではないことに葛藤を覚えているのです。すなわち，この演劇は，人間の精神的成長に関する小説という側面を有しています。イザベラにとっての詩的正義は，アンジェロとマリアナの性的接触を手配する公爵の計画の協力者となることです。しかし，私達は，

---

(58) Darryl J. Gless, *Measure for Measure, the Law, and the Convent*, 第 2 章および 97 頁 (1979) は，シェイクスピアが描くイザベラの「度を越した敬虔心」をエリザベス朝時代における禁欲的な修道院生活への拒絶感に対置している。Schanzer, 前掲注 57, 105-106 頁は，アンジェロが慈悲による枉法を拒絶したことに関して，イザベラが仕方のないものと受け入れている点に対し，『ハムレット』(V. I. 240-242) において，オフィーリアのために正式な葬儀を執り行うことを拒絶した司祭にレアティースが「分からず屋の司祭め」と非難した点を比較対照する。

(59) シェイクスピアの最初の子供は，その結婚前に妻が身籠った子供である。アンジェロがマリアナと結婚することを条件として公爵が彼を赦した背景には，エリザベス朝時代のイングランドにおいて，婚姻前の性交渉に対する標準的な「刑罰」として強制的に結婚させられていたことを反映している。この国では，最近まで，そのようなことが行われていた。Gless, 前掲注 58, 108 頁を参照。ピューリタン達は，姦淫を極刑に値する犯罪と考えている。イスラーム法も同様である。しかし，私は，婚姻前の性交渉を極刑に値する犯罪だと扱う法制度に詳しくない。

(60) Zender, 前掲注 56, 83 頁。「若者は『生きるべきか，死ぬべきか』という問題が投げかけられていると思い込む。そのように若者だけが大人になることの可能性を距離を置きながら苦悩に満ちたかたちで綿密に検討することができる。すなわち，大人になれば「守るべき約束」を背負って，肩をすくめながら重々しく歩き続けなければならない。」Everett, 前掲注 15, 22-23 頁。

『尺には尺を』と『エマ』を混同してはいけません【『エマ』は、ジェーン・オースティンの長編小説のことであり、その主人公エマが恋愛の橋渡しを買って出る性格とを比較している】。アンジェロが感じたイザベラの魅力は、高潔な凛々しさによるものです。これは、シャイロックに対峙したポーシャの魅力と類似したものです。また、ブライアン・ヴィッカーズは、[シェイクスピア劇における] 女性の登場人物が当時においては、一般的とは言えないほどの独立心と言論を駆使する技術と雄弁さとを享受しているのは、明らかであると主張しており、エリザベス朝時代の社会における女性の地位に関する研究者によっても、その主張は、裏付けられています[61]。

　この演劇における最も難しい法的問題は、2個の婚姻契約上の地位、つまり、クローディオとジュリエッタに加え、アンジェロとマリアナにおける各々の婚姻契約上の地位に関する問題です。第1幕で、クローディオは、ジュリエッタを「妻」と呼んでいます。これは、エリザベス朝時代のイングランド法において、その法が1572年に変更されるまで正当とされることでした。すなわち、当事者同士で結婚したと宣言する契約は、結婚の儀式が行われなくても有効でした[62]。しかし、将来において結婚をするという単なる口約束、つまり、アンジェロがマリアナと交わした種類の約束で後に破綻したものは、婚姻が成就するまでは、有効な婚姻とは言えませんでした[63]。しかし、公爵が手配した寝室の策略により二人の婚姻は、成就します。しかし、この演劇では、クローディオが婚姻前の性交渉で有罪であることを問題視する者は、クローディオを含め、誰一人いません。このウィーンにおける（想像上の）法は、非公式な婚姻を止めさせようという目的で、1572年に改正された後のイングランド法に類似しています。クローディオの結婚は「形式がない実体だけのもの」であり、アンジェロの結婚（寝室における策略が仕掛けられる前のマリアナとの結婚）は「実体のない形式だけのもの」です。この法改革は、有効な婚姻のために、形式と実体の両方を要求することを意図していました[64]。

---

(61) Vickers, *Appropriating Shakespeare: Contemporary Critical Quarrels* 414 (1993).
(62) Frank Kermode, "Justice and Mercy in Shakespeare," 33 *Houston Law Review* 1155, 1165-1166 (1996).
(63) 同上。
(64) A. G. Harmon, Eternal Bonds, *True Contracts: Law and Nature in Shakespeare's Problem Plays* 31-32 (2004). ハーモンは、16世紀の結婚に関する法が流動的であったことを強調

公爵が修道士の格好をして，イザベラが共犯となり，アンジェロとマリアナの性的接触を手配したことは，不道徳と言えるでしょうか？これは，アンジェロがマリアナとの結婚の約束を破棄した後に行われた性的接触になります。このような性的接触は，有効な結婚と言い得るものなのでしょうか？

マーガレット・スコットは，トリエント公会議【1545年から1563年まで，トリエントを中心に行われたカトリック教会の総会議で，宗教改革に対抗して，教義の確定が行われた】が1563年に非公式の婚姻を違法としたことを指摘しています。また，彼女は，この演劇がウィーンをローマ・カトリックの国であると強調しており，この点で【イングランド国教会である】イングランドの状況とは全く異なると主張します[65]。この指摘を受けて，正確に何が言えるでしょうか？この演劇が描く世界の法律は，イングランドであろうとヨーロッパ大陸であろうと，または，1563年や1572年の前後であろうと，現実の法制度と同視することができないというスコットの主張は，有意義であるように思われます。他のどの世界でも，婚姻前の性交渉が極刑ではないのに，この演劇の世界においては極刑とされています。したがって，この演劇の外における世界での法的立場とは無関係に，あらゆる形態の非公式な結婚が，この演劇においては違法になるのだと観客が容易に受け入れることが重要です[66]。このことは，より慎重にシャイロックが証文を作成しさえすれば，その債務を執行できたであろうと私達が様々に思い巡らせてしまうことに比べれば，理解が困難なことではありません。例えば，シャイロックは，血を流さなくて済むように，絞殺によりアントーニオの死を償うべしと規定することもできたはずです（シャイロックが望んだのは肉1ポンドではなく，アントーニオの死だからです）。それでも『ヴェニスの商人』では，その文言を巡って契約法が描かれました。シェイクスピアは，法の実体的側面に関しても，手続的側面に関しても，現実的な法を描写することに関心を払ってはいなかったのです。アンジェロは，一人の陪審員が泥棒であるからと言って陪審全体の評決が無効となることはないと指摘します。しかし『尺には尺を』で描写されている世界の法律には陪審員は，存在していません。

している。B. J. Sokol and Mary Sokol, *Shakespeare, Law, and Marriage* (2003) も参照。
(65) Scott, "'Our City's Institutions': Some Further Reflections on the Marriage Contracts in *Measure for Measure*," 49 *English Literary History* 790, 704-795 (1982).
(66) A. B. Nuttall, *The Stoic in Love: Selected Essays on Literature and Ideas* 42-44 (1989) を参照。

この演劇が描く世界では，アンジェロこそ，司法長官であり，裁判官であり，陪審であり，控訴審をも担う者なのです。

　スコットは，公爵が両者の結婚契約を矛盾するかたちで取り扱っている問題に答えていません。しかし，これは，大した問題ではないでしょう。公爵は，アンジェロとマリアナが婚姻前の性交渉を犯したこと自体に関しては，否定していません。しかし，これに関しては，そのように考えない方が公正であると言えるでしょう。なぜなら，公爵は，当初から両方の夫婦を赦免し，その後，彼らを正式に結婚させる算段でいたに違いないからです。それがゆえに，公爵は，婚姻前の性交渉が極刑に値するだけの罪であることも懸念する必要がありません。公爵は，本物の修道士でもないですし，おそらく，善良なカトリック教徒でもないでしょう。善良なカトリック教徒がエリザベス朝時代の観客を惹き付けることもないのです。

　より重大な矛盾と思われそうなことは，イザベラが公爵の計画に何らの異議をも唱えていない点です。彼女は「待って下さい。私の不滅の魂が正に危機に陥ってしまうように，マリアナの不滅の魂も，危機に陥ることにはなりませんか」とは，反論しません。その代わり，彼女は，それが素晴らしい考えであり「その考えを想像するだけで，既に心が満たされてしまいます（III. 1. 261）」と感激すら覚えています。この考えを思いついたのが公爵の扮する修道士であることも，彼女の神学上の懸念を和らげているかもしれません。しかし，イザベラの反応は，彼女が性的に堅実（または堅実だった）ことを示す更なる証拠を意味するのであって，彼女の首尾一貫性を示すものではなく，侯爵の実用主義的な見方を共有し始めているのでもないのかもしれません。あるいは，マリアナの結婚契約は，神の目から見れば，マリアナの行為を赦すものだろうとイザベラは，考えたのかもしれません。イザベラがアンジェロに身を許したならば，彼女は，このような「抗弁」を主張することはできないことになります。

　この演劇での公爵の役割は『ヴェニスの商人』のポーシャに類似したものです。つまり，手放しで称賛するには値しない策略を駆使して，物事を上手く運ぶように調整する役割です（両者とも変装をして活動しています）。公爵は，ウィーンを離れていると見せかけて，アンジェロに法を厳格に執行するよう委ね，その責任を負わせ，更に，公爵が戻るとアンジェロに恥をかかせるという方法を採っています。この方法は，マキャヴェリの『君主論』で推奨されていた戦術を公爵が借用したものです。修道士に変装していたと

き，公爵は，クローディオに対して，死刑が執行される予定であると繰り返し語ることで彼に恐怖心を植え付けます。更に，公爵は，クローディオが処刑されようとしており，イザベラがアンジェロの名誉を毀損したことを理由に，彼女の逮捕を命じようとしているとイザベラに語ることで，彼女をも震え上がらせています。更には，アンジェロとマリアナの違法な性的接触をも手配しています。そして，修道女として生きるイザベラを自らの妻へと誘い込もうと画策しています。実際に，この企みは，全て上手くいきます。そして，アンジェロの恐怖政治が成功したことで，公爵は，自らの評判を落とすことなく，不道徳を是正したと私達は，信じ込まされるようになります。アンジェロは，教訓を得ます。マリアナは，ようやく正義を得ます。エスカラス（アンジェロの代理人）や刑務所の番人といった穏健な役人達は，身の潔白が証明されます。そして，イザベラは「禁欲生活こそが使命であると思いあぐねていた。［しかし］（中略）最終的に，それが使命ではないと悟ることになる。それが使命なのだと思い込まなければならない過剰な感情こそが彼女には，その使命に対する資格がないことを意味しているからだ[67]。」すなわち，イザベラには，栄光に満ちた結婚の方が相応しいのです。

　アンジェロの対極として，喜劇的な場面に登場する売春宿の主人が居ます。アンジェロは，天使であり，売春宿の主人は獣として，両者は，対峙しています。中世とエリザベス朝時代の世界観においては，この両極端の中間にいるのが人間です。そして，この「天使」たる人物【アンジェロ】も，結局は，獣であることが判明します。法学的観点から興味が惹かれるものとして，この演劇で描写される更なる両極端な例があります。それは，決して執行されない法と厳格に執行されすぎる法という両極端です。婚姻前の性交渉を違法とする試みは，私達の文化と同様に，この演劇の文化においても非実際的であることが示されています。そして，公爵は，完全に道徳的な人物ではありません。しかし，公爵は，賢明な妥協点に到達したということを私達は学びます（ここで，私達は，公的な道徳と私的な道徳の相違についての教訓も得ます）。つまり，節度を保ちながら法を執行すべきということです。それが意味するところとは，婚姻前の性交渉に対する「制裁」は，その者と結婚しなければならないということであり，そして，売春は，完全に禁圧す

---

(67) W. H. Auden, "Measure for Measure," in Auden, *Lectures on Shakespeare* 185, 192 (Arthur Kirsch ed. 2000).

るべきものでも，完全に解放するべきものでもないことが意味されているのは明らかなのです。

　徹底的に法を執行すべきというアンジェロの主張は，シャイロックやイザベラだけではなく，現在における多くの法律家や裁判官が共有している法の概念を反映しています。つまり，法は，人間から離れて存在するという概念です。この概念は，シャイロック，アンジェロ，イザベラのように，人間的な思いやりを欠いている人々に相応しい概念です。人間的な観点から見れば，クローディオには斟酌すべき事情があり，彼に対して寛大に振る舞うべきです。そのことをアンジェロは，理解できません。アンジェロにとって，厳格な法は，頑なに適用されるべきであり，寛大に振る舞うことは，それに手心を加えることを意味するのでしょう。アンジェロは，何人かの裁判官の中に見出される権威主義的な人格の好例です[68]。イザベラが兄クローディオの命を救うよう嘆願したとき，アンジェロは，次のように答えます。「あなたの兄に有罪の宣告をしているのは，私ではなく，法なのだ。彼が私の親族，兄弟，息子だったとしても，あなたの兄と同じように罰しなければならない (II. 2. 85-87)。」自分の息子に有罪を宣告する裁判官の心象は，法と人間性の分裂を最も鮮明なかたちで表現するものです。アンジェロは，その原型としてのブルータスとロバート・ルイス・スティーヴンソンの『ハーミストンのウェア：未完のロマンス』(1896 年) で描かれるところを思い起こさせるものです。このスティーヴンソンの作品の最高潮では，裁判官が自分の息子に有罪を宣告し，息子を死に追いやる場面があります。アンジェロの天使のように無邪気な考え方は，肉体と精神とを不自然に分離するものです。イザベラは，人間から分離されたものとして法の概念をアンジェロと共有しています。クローディオの生存が判明する前に，イザベラが公爵に対してアンジェロの命乞いをする理由は，結局のところ，クローディオは，有罪であり，クローディオの刑の執行は，裁判官が腐敗していたとしても間違いではなかったという核心に求められます。

　マルクス主義の文芸批評家テリー・イーグルトンは，シャイロックとアンジェロを擁護する立場をとり，ポーシャやヴェニス公に対して，対決姿勢を見せています。シャイロックがナイフを用いてアントーニオを殺すことを望み，アンジェロが性交渉を求めて，司法権限を利用しようとしたことも，問

---

(68) Posner, 前掲注 4, 98-100, 110 頁。

題なかったとしています[69]。「法の精神を尊重しているのはシャイロックで，尊重していないのは，ポーシャである。シャイロックがアントーニオの1ポンドの肉を切り取る際に，一緒に血も流してもよいとは，確かに，シャイロックの証文には書かれていない。しかし，現実の裁判所が認めるように，このことは，文言から合理的に推論される。（中略）ポーシャの独創的な言い逃れは，現代の裁判所では，根拠のないものであると判断されるだろう。シャイロックは（彼の証文が，そもそも合法であるならば），この訴訟で勝訴するはずなのである[70]。」現実の裁判所がシャイロックを勝訴させるとは，どういうことなのでしょうか？現実の裁判所は，16世紀であろうが，それ以後の何時の時代であろうがシャイロックの債務を執行することはないはずです。このような取引契約の執行は，イーグルトンが信じているのとは異なり，法の支配とは無関係です。契約の中に，このような違約罰条項を盛り込むことは禁じられています。それこそが規範なのです。

　更に，エクイティは，アリストテレース以来の西洋において，法概念の一部となっています。イーグルトンが「法が法であるために，その命令は，普遍的で，公平でなければならず，いかなる具体的な状況からも独立し，公平でなければならない（36頁）」と主張するとき，このエクイティという観点を見落としています。法は，状況や結果とは無関係に，完全なかたちで執行されなければならないわけではありません。法は，そのような曲げることのできない規範から構成されるものではありません。裁判官に対して，ある事件により提示されている具体的な状況を考慮することを許す基準，すなわち原則を修正する法理も法の一部なのです。エリザベス朝時代の人々は，法的

---

(69) Kermode, 前掲注62, 法の素人は，腐敗した裁判官の魔の手に落ちてしまうことに一般的な恐怖を感じていると述べている。この演劇の題名は，マタイの福音書 7:1-2 に由来している。「人を裁くな。あなたも裁かれないようにするために。あなたが人を裁けば，その裁きで自らが裁かれ，自分が量る秤で自らが量られるのだ。」アンジェロは，この警告を心に留めておくべきである。

(70) Eagleton, *William Shakespeare* 36-37 (1986). Roberto Mangabeira Unger, *Knowledge and Politics*, 第2章 (1975) を参照。Unger, *The Critical Legal Studies Movement* 64 (1986)（『ヴェニスの商人』を論じている），John Denvir, "William Shakespeare and the Jurisprudence of Comedy," 39 *Stanford Law Review* 825, 827-832 (1987). しかし「彼の証文が合法であるならば」という部分でイーグルトンが何を意味しているのかは，不明確である。彼の議論は，この証文が合法であるということを当然の前提と想定している。しかし，主観的な「であるならば」という部分は，その前提の不確かさを感じさせるものである。

正義は慈悲によって調整されるものと信じていました[71]。それとは，若干，異なるにせよ，私達も含め，現代の法律家も不合理な結果や明らかに不当な結果を回避する必要がある場合，規範の厳格な解釈は，曲げられるべきと考えるでしょう。

イーグルトンは，法により最大限の極刑でクローディオを罰しなかったことは，法の普遍性を致命的なまでに侵食していると主張します（55-57 頁）。また，彼は，正義を慈悲により抑制してはならず「訴追という悪循環の内部と悪徳との卑しい結合において慈悲が湧き出てくるのであれば，その慈悲が，どのようなものであっても，その悪循環を断ち切ることはできないだろう（57 頁）」とも主張しています。これらの主張から，イーグルトンが法への忠誠とは常に最大限の刑罰を科すべきであると考えていることも分かります。逆に言えば，<u>最大限</u>という概念を彼が想定していることは，適法な刑罰が一定の幅を有しているものであり，点として捉えられるものではないことを意味しています。英米法は，法執行機関に対し，全ての犯罪を常に訴追する裁量を与えているわけではありません。各犯罪類型の範囲内で，明らかになった犯情や情状酌量の状況に応じて，裁判官が刑罰の内容に強弱をつけることを許しているのです。

刑事司法における規範と裁量の使い分けは，裁判官が何らかの「悪徳と結託」していることを意味するものではありません。それは，功利主義的な理由から説明できます。法が違反されているかもしれない特定の状況に関する情報が不足している場合，立法府は，通常，刑罰内容の外枠だけを確定して，各犯罪の状況や犯罪行為に刑罰を当てはめる仕事を検察，裁判所，更には，矯正機関に委ねます。これは，合理的な労働の分配であって，法の概念と矛盾するものではありません。

---

(71) Schanzer, 前掲注 57, 114-129 頁。

表1：法の二律背反

法治主義	人治主義
形式主義	現実主義
法	政治
コモン・ロー	エクイティ
法	慈悲
法	正義
規範	裁量
規範	模範
規範	根本原理
コモン・ロー上の準則	エクイティ上の法諺
本来的な規範（Per se rule）	合理性の規範
論理	政策
厳格	柔軟
正しい答え	良い答え
実定法	自然法
先例による判断	仲裁
裁判官	イスラーム教における裁判官，陪審
厳格責任	過失責任
契約の客観主義的解釈	契約の主観主義的解釈
客観性	主観性
非人間性	人間主義
原則主義的	結果志向的
正当性	必要性
権利	権力
制定法	判例法
制定法	憲法
逐語解釈的	非逐語解釈的
厳格な解釈	緩やかな解釈
文言	精神
裁判官による法の発見	裁判官による法の創造

　合法性に関するイーグルトンの見解は『ヴェニスの商人』や『尺には尺

を』を誤解していることによります。この誤解は，一掃し得るものです。シャイロック，アンジェロ，イザベラ，ひいてはイーグルトンが法を体現化する者であり，ポーシャやウィーン公が法ではないものを体現化しているという理解は，間違っています。両者共に法という位置付けにおいて，前者の四人は，両極端の一方の端を表していて，後者の二人は，もう一方の端に近い位置にいるにすぎません。上記「表1」の左側には，法学，哲学，心理学，制度に関する複数の異なる単語が列挙されています。それらは，法を抽象的なものとします。すなわち，実際に，法を執行し，紛争に判断を下す責任を負う人間から分離独立した概念を表しています。これら左側に列挙されている用語は，裁量と人的要因を最小化し「規範化された状態」や「法尊重主義」を最大化する要素を示唆しています。ここにおいては，専門職業意識，論理，厳格な規範，明確な区別，実定法，「解決困難な事件」（これは，通常の意味における難しい事件を意味するものではありません。理屈と心情とに折り合いが着かない厳しい結果に至る事件を意味しています）が強調されます。また，その事件における固有の状況，情状，紛争当事者の個性を排除することが強調されます。

　裁判官が，より多くの裁量を有するようになれば，裁判官の行為を監視し，その腐敗，無能な仕事ぶりを発見することが困難になってくるのは確かです。もし，クローディオに対する死刑判決の取り消しをアンジェロが裁判官としての義務に違反するものと考えていたのならば，彼がイザベラに性交渉を強要することもなかったでしょう。しかし，この司法の腐敗を許す裁量の危険性と厳格な規範を文字通り解釈し，頑なに適用することから生じる費用は，相殺し合う関係にあります。そして，その費用は，実際に，高くつくものとなるでしょう。文明社会は，今まで純粋なかたちでの法尊重主義者の見解を受け入れてきませんでした。あらゆる文明社会は「表1」の右側に列挙されている手段の一部，または，全部を用いて，厳格な法尊重主義の過酷さを和らげています。法とは，規範による統治の技術であり，それ自身が自動的に執行される機械装置ではありません。規範を厳格に執行することは，その趣旨を超えるものです（「順法闘争をする」とは，被用者が使用者の事業を中断させてしまう意味もあります）。過度の法尊重主義に対し，正義に関する過度に純粋な裁量を認める制度は，両者共に原始的な社会の中にしか見出せません。成熟した社会には，厳格な法と裁量が混在しています。上記の表に記載されている全ての事項を現代のアメリカ法の中に見出すことがで

きます。この混在は，法の概念と矛盾するものではありません。これこそ，文学の助けをかりて，私達が理解すべき法の概念なのです。

法に社会的性差はあるのか？

　法尊重主義な考え方は，男性の思考様式を明確に反映するものであると論じるフェミニストもいます[72]。すなわち，文学の中で「表1」の右側の用語によって表されている法の観念は，女性を象徴し，左側の観念は，男性を象徴すると頻繁に主張されています。この主張は，実際注目に値します。ポーシャやイザベラの慈悲による懇願を思い出して下さい。ヘカベー，ベアトリーチェ・チェンチ，アンティゴネーは，全て法実証主義の具体化である男性と対立しています。オレステースは，私的な意味での復讐のみならず，公的な意味での復讐（父親殺しは，国王殺しという意味も含んでいます）をも果たしているのに対し，クリュタイムネーストラーは，純粋に私的な意味での復讐を果たすのみであるとも述べることができます。復讐の女神達も公的な意味での復讐者というより，私的な意味での復讐者であり，女性的であると言えます[73]。第5章でみるように『ビリー・バッド』において，ヴィア艦長は，厳格で無情な正義のために「男の中の女性的な部分を」無視するようにと軍法会議で命令しています。ポーシャが文学における典型的な女性法律家を表しているならば，文学における男性法律家の典型は，【ディケンズ『大いなる遺産』の】ジャガーズ，【ディケンズ『荒涼館』の】タルキングホーン，【トルストイ『イワン・イリイチの死』の】イワン・イリイチのような残忍で冷血にも命を狙う仇敵として表現されています。しかし，私達

---

(72) 例えば，Carol Gilligan, *In a Different Voice: Psychological Theory and Women's Development* 105 (1982) (『ヴェニスの商人』に関する議論), Robin West, "Jurisprudence and Gender," 55 *University of Chicago Law Review* 1 (1988).「法と文学」一般に関する男女同権主義的な考え方に関しては，Melanie Williams, *Empty Justice: One Hundred Years of Law, Literature and Philosophy: Existential, Feminist and Normative Perspectives in Literary Jurisprudence* (2002); Maria Aristodemou, *Law and Literature: Journeys from Her to Eternity* (2000); Robin West, *Caring for Justice* (1997) を参照。最後に掲げた著作は，ギリガンの考え方を強力に支持するものである。

(73) Paul Gewirtz, "Aeschylus' Law," 101 *Harvard Law Review* 1043 (1988) 参照。Bernard M. W. Knox, *The Heroic Temper: Studies in Sophoclean Tragedy* 77-78 (1964) は，アンティゴネーと復讐の女神達を対比し，アンティゴネーが擁護している自然法は，私達が見てきたように家族の責務に関するものであると強調する。

は，ポーシャの描写の中に否定的な特徴があることを見逃してはなりません[74]。

スーザン・グラスペルの『女だけの陪審員』(1917 年) は，社会的な性差を表現するものです[75]。この物語は，実際の事件を基礎にしています[76]。この物語は，中西部の田舎，おそらく，アイオワ州が舞台となっています。ある農民が寝室でロープにより首を絞められた状態で発見されます。外から家の中に押し入られた形跡や自殺を示すものもないので，その農民の妻に嫌疑がかけられます。彼女は，逮捕され，拘置所に収監されます。ピータース保安官は，郡の検察官と死体を発見した男ヘイルと共に，殺人現場を捜査します。ピータースとヘイルは，妻達も連れてきます。男達が寝室を捜査している間，妻達は，階下で待っています。女性達が典型的な「女性の部屋」である台所の粗探しをしたところ，首が折られたペットの小鳥を見つけます。男性達は，この台所を捜索しようとは考えません。ヘイル夫人は，この小鳥が孤独で子供のいない農家の嫁に，唯一の安息をもたらしていたのだと瞬時に理解します。そして，冷酷で頑固な男性であった夫が，この小鳥を殺したのだとも理解します。更に，この彼の行為が彼女を夫殺しに走らせたのだとも理解します。ヘイル夫人は，男性達に，この発見を告げてはならないと決心します。保安官の妻は，証拠を知らせないことに不安を覚えます。しかし，彼女も，これに従います。

男達は，独善的で，恩着せがましいのです。彼らは，自分達が見逃しているものを女性が発見するかもしれないとは，決して思いつきません。これが，この物語の皮肉な側面です。グラスペルが，この物語を描いた時代は，法律家であれ，裁判官であれ，陪審員であれ，法制度から女性が事実上，排除されていました。このことを効果的に描いています[77]。更に，この物語

---

(74) 奇妙なことに，アメリカ映画では，女性法律家に関する相反した描写が併存している。これに関しては，Carole Shapiro, "Women Lawyers in Celluloid: Why Hollywood Skirts the Truth," 25 *University of Toledo Law Review* 955 (1995) を参照。

(75) この物語は，彼女の 1 幕劇『些細なこと』(1916 年) を書き直したものである。*Susan Glaspell: Essays on Her Theater and Fiction* (Linda Ben-Zvi ed. 1995) を参照。この物語は，West, *Caring for Justice*, 前掲注 72, 242-258 頁で論じられている。

(76) State v. Hossack, 89 N.W. 1077 (Iowa 1902). Marina Angel, "Criminal Law and Women: Giving the Abused Woman Who Kills A Jury of Her Peers Who Appreciate Trifles," 33 *American Criminal Law Review* 229, 241-244 (1996) を参照。

(77) Leonard Mustazza, "Gender and Justice in Susan Glaspell's 'A Jury of Her Peers,'" 2 *Law and*

は，法に関して，別の重要な側面を指摘しています。法律家の視点からは，小鳥の首を折ることが殺人を惹き起こす明らかな怒りの原因ではないように思われます（ベアトリーチェ・チェンチが，どのような仕打ちを受けていたのかを思い起こして下さい。チェンチの怒りを惹き起こす原因は，その数千倍も大きいものです）。しかし，女性は，そのような視点から物事を判断しません。女性は，男性に比べ，事件の心理的な状況に敏感です。（量刑段階より前においては，判決において示すべきことのみを考慮すればよいという）心理的状況を無視する規範に従って，有罪か否かが判断されるべきという法尊重主義的な考え方に，男性よりも女性は，それほど縛られてはいないことが分かります。更に，この女性達は，重要な証拠を隠すことで事後的に犯罪を手助けする決意すらしているのです。

　男性は，争われている状況から若干の顕著な事実のみを取り出して，法的な判断を下していることを，この物語は，暗示しています。これが規範の集大成としての法であり，規範とは，そういうものだということになります。女性は，狭い視野を要求する規範に縛られず，または，一般的で「中立的な」原則に従わなければならないということに煩わされることなく，事件に関する全ての状況に基づいて判決を下す方を好むとされています。具体性の強調がフェミニストと法に対する文学的研究を結び付けます。文学表現は，具体的な描写が特徴とされています。そして，多くのフェミニストは，抽象概念に批判的であり，抽象概念を現実把握のための男性的な手段と看做しています。

　この物語には，遠い昔に書かれた『アンティゴネー』を思い起こさせる内容と同等か，それ以上のものが含まれています。『アンティゴネー』とグラスペルの物語の両方に，家庭や家事は，女性の領域であり，政治と法は，男性の領域であり，女性の領域内で女性の権威は認められなければならないという強い感覚が描かれています（更に，ヘイル夫人は，ピータース夫人を支配しています。これは，アンティゴネーが妹のイスメーネーを支配しているのと同じです）。しかし，ここで，私は，女性が法について，男性と異なった考え方をし，抽象的ではなく具体的に物事を考えるという指摘に関して，検討してみたいと思います。この指摘は，厳格に社会的性差を強調して法を理解する考え方です。そして，この社会的性差の想定を排除した上で法を理

Semiotics 271 (1988) を参照。

解する考え方との二項対立を形成します。この両極端な考え方は，微妙な心理的状況を読み取る女性の長所として想定されているものが蔑ろにされてしまうことを私は，指摘したいのです。例えば，非人間的な正義が擬人化されると，伝統的に目隠しされた女神の姿で表現されます。『エウメニデス』の中で，法と秩序を守るための広告塔として活躍するのは，女神アテナです。しかし，彼女には，母親がおらず，女神としても全く女性的とはいえません。『ヘカベー』で描かれるアガメムノーンは，競合する法の概念にあって，軽々しく明言することを避け，フォークナーの作品に出てくるギャヴィン・スティーヴンスは，ポーシャを男性に置き換えたような語り方をします。すなわち，文学において，法に対する女性的な考え方の典型とされるものも，いわゆる男性的な観点を好ましくないものとし，女性的な観点に好意的な男性による創作物なのです。「男性的な」法概念に強い憧れを抱く男性達は，シェイクスピア作品に登場します。例えば，シャイロックやアンジェロは，強い人物というよりも，実際には，弱い人物として描かれます。シャイロックは，邪魔者扱いされています。法尊重主義的な法概念が如何にして邪魔者扱いされた者の方便となるのかを私達は，見てきました。アンジェロは，元来は，従順な人物であると読者に示されています。公爵がアンジェロに対して，今から職務を任せると告げたとき，アンジェロは，まだ，それを引き継ぐ用意ができていませんと主張します。すなわち，彼は，自分が下す決定の責任を負うよりも，むしろ，法から逃れようとしているのです。公爵が不在の間，法が彼の主人になります。アンジェロの法尊重主義は，臣下の者として生まれ育った彼の性格と（イザベラに出合うまでは）肉体的なものを超越して，精神化されたものになりたいという彼の欲望とに関連しています。過度の法尊重主義は，未熟で，弱く，父親の強さに執着する性格に関連があるのです[78]。

社会的な意味での性差と法や正義の表現法との間には，偶然の関連性以上のものがあるというグラスペルの示唆するところは，キャロル・ギリガンの『もうひとつの声』の中でも詳しく論じられています。この本で，ギリガンは，男性的な特徴を有するとされる「正義の倫理的価値観」（「権利の倫理的価値観」の方が適切な用語かもしれません）と女性的な特徴を有すると考

---

(78) これは，ジェローム・フランクによる法尊重主義への有名な批判の要点である。*Law and the Modern Mind* (1930). 私の著書 *How Judges Think*, 前掲注 4, 98-103 頁も参照。

える「ケアの倫理的価値観」とを区別しています。彼女は，この主要な論拠として，ある遊びにおける決まり事に対しての少年と少女の態度の違いを挙げています。少年は，違反が申し立てられると，即座に「判決を下し」，違反者を非難します。少女は，それほど断定的ではなく，申し立てられている違反を（グラスペルの小説に出てくる女性が殺人を評価したように）より完全な状況の下で評価します。少女は，少年に比べて，人の気持ちを察することができます。そこで違反が申し立てられたときには，告発の内容を決定することで敗者の感情を損なわないようにするために，少女は，その遊びを止めることもあります。権利の倫理的価値観は，法を執行するという法尊重主義的な方法と調和し，ケアの倫理的価値観は，周囲の状況を重視し，個人的で裁量的な方法と調和します。このように，ギリガンの理論は，徹底したフェミニスト法学の萌芽となるものを含んでいます。すなわち，それは，女性特有の法的問題，例えば，社会的格差の男女間の比較，強姦，ポルノグラフィー，職場におけるセクシャル・ハラスメントといった問題枠組に限定化されない法学を生み出すものです。そのように，彼女は，男性的（法尊重主義的，規範志向的）ではないものとして，法全般を作り直そうとしているのです。

　しかし，ある遊びの決まり事の違反に対する少年と少女の態度が何であれ，ケアの倫理的価値観は，もはや文学の中では女性的な領域とはみなされてはいません。同様に，法律の領域でも，それが女性的であるとは，みなされていません。フェミニズム，マルキシズム，法学における有力派が主張しているのとは異なり，女性の裁判官や女性法律家が存在する以前から，法制度は，形式主義，厳格な規範，理屈と心情とに折り合いが着かない過酷な結論を導き出すことだけに支配されていたわけではありませんでした。ラングデルの考えには，カードウゾが対峙しました。フランクファーターの考えには，マーフィーが対峙しました。レンキストの考えには，ブレナンが対峙しました。スカリアの考えには，ブラックマンが対峙しました。もし，私達が各事案における法的推論の認識論的長所を強調するのではなく，敗者に対する同情（ケアの倫理的価値観の一側面）を強調したいと望む場合，そのような同情心を表明している多くの男性裁判官を列挙しさえすればよいのです。人間関係の維持を強調する考えは，フェミニズムに特有のものではありません。長期間の契約における人間関係的な側面を強調するのは，ほとんど男性研究者の商売道具となっています。フェミニストが女性的と看做す特徴

を男性よりも女性の方が多く持っているというギリガンの指摘は，正しいかもしれません。しかし，多くの女性裁判官が男性裁判官に比べて，このような性格を持っていることにはなりません。なぜなら，女性裁判官も男性裁判官も，全人口を母集団として，その中から無作為に選ばれた人々ではないからです。女性の裁判官が男性裁判官に比べて，一定の振り幅の中で「ケア」の目的に，より近い見解を主張したとしても，一定程度に予見された範囲内で，その主張を展開していることに変わりありません。従って，それが必ずしも法の変容をもたらすわけではないのです。

サンドラ・デイ・オコナーが連邦最高裁判所裁判官に就任して数年の間，法の研究者の中には，彼女の法廷意見の中に「いかなる現代的な法学とも異なる可能性を有する女性的な法学」を発見したと考える人々がいました[79]。(現在は引退している) オコナーについて，既に，長い期間にわたり，そのような見解が主張されてきたと言えるでしょう。しかし，特に，感情面を表に出すこともなく，法尊重主義的な法廷意見を書くルース・ベイダー・ギンズバーグ裁判官に関して，同様の評価がなされる可能性は低いでしょう。多くの女性の裁判官と同様に，この二人の裁判官が女性の権利に非常に共感を示しているのは確かです。しかし，女性の権利に共感を示すことが女性の法的推論様式において固有のものであることを意味しません。女性裁判官が男性裁判官に比べて，性別による差別の告発を重要視する傾向にあるのは，認識構造の違いというよりは，人生経験の違いによるものと思われます[80]。

シャイロックやアンジェロが考える法制度を望む人は，いません。しかし，社会が法の執行を柔軟にしたり，個別の事件に応じて処理の仕方が異なったり，愛情により左右されるなど，全く正反対の方向へと偏り過ぎた場合，無秩序や専制政治という結果に至るでしょう。その意味において「人民の正義」が批判されるのは，正しいことなのです。これは，プラトーンが描

---

(79) Suzanna Sherry, "Civic Virtue and the Feminine Voice in Constitutional Adjudication," 72 *Virginia Law Review* 543 (1986). Frank I. Michelman, "The Supreme Court, 1985 Term: Foreword, Traces of Self-Government," 100 *Harvard Law Review* 4, 17, 注 68, 33-36 (1986) を参照。

(80) Christina L. Boyd, Lee Epstein, and Andrew D. Martin, "Untangling the Causal Effects of Sex on Judging" (Northwestern University School of Law and Washington University School of Law and Department of Political Science, July 28, 2007); David R. Songer, Sue Davis, and Susan Haire, "A Reappraisal of Diversification in the Federal Courts: Gender Effects in the Courts of Appeals," 56 *Journal of Politics* 425 (1994) を参照。

いたソクラーテースの示す架空の裁判にも見られるように，アテナイにおける正義の問題でもありました。ソクラーテースは，医者【何が「善であるか」を知る者の比喩】が料理人【何が「快」であるかを知る者の比喩】に訴えられて，子供の陪審員【民衆の比喩】の前で裁かれるように，自らも裁かれるであろうと述べています[81]。ウィーン公が『尺には尺を』の中で国政の問題を取り扱う手法には，無政府主義に近い考えすら見出せます。アンジェロと公爵の対比を「無慈悲な原則と無節操な慈悲」との対比であると述べたグラハム・ブラッドショーの見解は，的を射たものです[82]。その意味でアンジェロに見られる非人間的な形式主義は，悪の本質というよりも，むしろ善の濫用といえます。そのような意味で「抽象概念は，男性中心主義の下で，無知の道へと至る第一歩である」と主張することは間違っています。その主張を支える理由として「その概念から排除された弱い性としての女性は，男性から保護され守られるべきという抽象的な原則に縛られ，その原則により，女性は，自身の財産を所有することが妨げられている[83]」という見解は，誤解であるように思います。抽象概念は，思考の前提条件に過ぎません。男女の体力の相違を無視してまでも男性と女性を同等に扱わなければならない規範よりも，女性が弱いという理由により男性から女性を区別しなければならないとする規範の方が，より抽象的で意味不明だとは，言えないはずです。

---

(81) Plato, Gorgias 100-101（W. C. Helmbold trans. 1952）. この恣意的な裁判は，ロバート・グレイヴスの小説『神，クラウディウス』(1935 年) 327-336 頁において，想像力豊かに描写されている。

(82) Bradshaw, *Misrepresentations: Shakespeare and the Materialists* 143 (1993). Ziolkowski, 前掲注 30,174-182 頁は，シャイロックとポーシャからも同じような対比を導き出している。

(83) Mari J. Matsuda, "Liberal Jurisprudence and Abstracted Visions of Human Nature: A Feminist Critique of Rawls' Theory of Justice," 16 *New Mexico Law Review* 613, 619 (1986).

第4章
文芸批評的な法学の限界

カフカ

　想像力に富んだ文学の作家の中で，カフカ以上に法を描き出した者は，いないように思われます。カフカ自身，法律家でした。彼の偉大な小説『審判』は，主人公ヨーゼフ・K．の逮捕で始まり，1年後のK．の死刑執行で終わります。カフカの描く短編や草稿には，しばしば，法が主題に採り上げられています。カフカは，アメリカの法廷意見に 400 回以上も引用されています[1]。しかし，このことが裁判官やロークラークの意外な文学的素養の高さを表していると判断するのは早計です。そこにおいて「カフカ的」という表現は「オーウェル風」という表現と同様に，その文学作品の表面的な理解によるものであり，作品内容とは無関係のものが多く，カフカの作品を読んだことのない者か，その作品を既に忘れている者が使うような言い回しになっています。

　第6章で，カフカの小説が人間行動の経済学的分析に批判を加えているというロビン・ウェストの主張を私は検討します。人間行動の経済学的把握は，法学研究の一学派として有力な「法と経済学」の中心に位置するものです。本章では，カフカの『審判』と 1917 年に『審判』の執筆を中断して書かれた短編『流刑地にて』を採り上げ，その法的な意味と，その他に様々な考察を加えたいと思います。

　短編『流刑地にて』では，ある旅行者による死刑執行の立ち会いが描かれ

---

(1) Parker B. Potter Jr., "Ordeal by Trial: Judicial References to the Nightmare World of Franz Kafka," 3 *Pierce Law Review* 195 (2005).

ます。ヨーロッパにおける匿名の国が支配する流刑地で伝統的に行われている処刑に立ち会い、その地に新しく任命された司令官に、その処刑の印象を報告するため、旅行者は、招待されたことになっています。ある見張りの兵士が居眠りをしており、上官である大尉が乗馬用の鞭で、その兵士に暴行しました。そこで、その兵士が目を覚まし、大尉の足に掴みかかり「その鞭を捨てろ、さもないと生きたまま食ってしまうぞ！」と叫びました。そのことから、この反抗的な行為を理由に見張りの兵士は、死刑を宣告されています。死刑執行を担当する将校は、このカフカの物語に出てくる匿名の主人公（名前は明らかにはされません）の旅行者に対して、尊敬に値するとされた前司令官（少なくとも、この将校は、前司令官を尊敬しています）が考案した死刑執行の方法をこの将校は、詳細に至るまで熱心に説明します。有罪宣告を受けた兵士は、裸にされ、綿で覆われたテーブルのような処刑機械の上に横にされます。機械は、大きなミシンのような形状をしています。この機械の稼働部分は、何かを示唆するかのように「まぐわ」と呼ばれ、機械のベッド部分が体を回転させ、綿が血を吸いながら、針をより深く体に突き刺すことで、沢山の飾り文字と美辞麗句で飾った判決文を体に刻んでいきます。この兵士の場合は「上官を敬うべし！」と体に刻まれます。この処刑は、6時間が経過した後に一段落を迎えます。すなわち、この将校が旅行者に説明するように、どのような判決が下されたか分からない被処刑者は、繰り返し針が体に突き刺され、その判決文が刻まれることで、その処刑の内容を初めて理解するようになるまでに6時間かかるということです。その判決を熟考するための6時間が更に経過し、12時間後、その兵士は死に至ります。そして、この処刑機械は、隣に掘られた穴に、その被処刑者を投げ込みます。

　旅行者は、この有罪宣告を受けた者が判決内容を知らされていないことだけでなく、嫌疑に対して自己弁護をする何らの機会も与えられていなかったことに驚きを表明します。しかし、この将校は、訴追者、裁判官、および死刑執行者の役割を全て一人で担っています。そのため複雑な裁判制度が抱える悩みの種としての誤審の問題が回避されていると説明します。被告人に彼自身の抗弁を話す機会を与えることは、嘘の連鎖が生じるだけなのだと彼は、旅行者に説明します。そして、将校は、現在の心境を旅行者に打ち明けます。将校は、新しい司令官が伝統的な処刑方法に不賛成であることを知っています。彼は、この処刑方法について、旅行者が肯定的な報告をすること

を望んでいます。この将校は，死刑執行に対する予算が減らされていることに加え，人々の関心が低下していることに悩んでいます。かつて，この流刑地では，子供を含む全ての人々が死刑執行に参加し，有罪を宣告された男が判決を理解する最高潮の瞬間を全員で厳かに見守っていたものだと将校は，過去を懐かしみます。

そして，死刑執行が始まります。しかし，有罪宣告を受けた男が機械の上に横たえられたとき，その男は，食べ物を吐いてしまいます。それは，死刑執行が間近に迫っている者に食事を与えてはならないという内務規定が守られていなかったことに加えて，死刑執行のための資金が不足しているため，同じ猿轡を不衛生にも繰り返して使用せざるを得なかったことによります。結局，この死刑執行方法への支持を取り戻したいと望んだ将校の不気味な計画を旅行者が拒絶を示したこともあり，この機械を汚す結果となった出来事は，将校を憤慨させ，将校を破滅の時へと誘います。将校は，その有罪宣告を受けた男を赦免し，機械が刻む判決を「正義をなせ！」に変更しました。そして，自ら服を脱ぎ，機械によじ登り，汚い猿轡を口にくわえます。しかし，彼が執行開始のレバーを倒す前に，まるで魔法のように機械が動き始めます。最初，機械は，滑らかに動きます。しかし，直後に故障が生じ，将校の体に判決文を刻むのではなく，針が額を突き刺します。そのようにして，彼は，死に至り，判決文で飾り立てられる瞬間を与えられませんでした（しかし，彼は，判決文の内容を知っていたことから，彼が6時間の拷問から何を学びたかったのかは不明確です）。その間に，機械の後方部が開き，何百もの部品が毀れ落ちます。

その後，旅行者は，喫茶店に立ち寄ります。この喫茶店の中庭に置いてあるテーブルの下には，年老いた前司令官が埋葬されています。そして，旅行者は，この植民地を離れる汽船に乗り込み，帰宅します。将校の死と機械の破壊により，彼は，報告書を作成する必要がなくなったからです。

カフカは，しばしば，ジョージ・オーウェルと同様に，予言者めいた人物として考えられています。『流刑地にて』は，ナチの強制収容所の予言と考えられており，『審判』は，ヒトラーとスターリンにより行われた国家的な恐怖政治の予言と考えられています。法律家は『流刑地にて』を適正手続と残虐で異常な刑罰に関する論評として読みたくなるかもしれません。しかし，この物語で最も目を引くのは，処刑方法の不快な不条理性と将校が処刑機械の長所を説明する重々しさが併存していることです。この将校が抱える

問題は，カフカの小説の中で繰り返し扱われる主題です。すなわち，将校にとって世界で最も重大なことが他の人々にとっても同じように重大であると受け止めてもらえない問題です。この他者の無理解さは，刑が執行される者との対話もなく，その判決内容を伝えようとする機械に将校が没頭していることにおいて示唆されています。有罪を宣告された男は，まぬけです。その男のために，6時間，あるいは，それ以上の時間をかけても，その男から有意義な洞察は得られないでしょう。彼は，将校が話している内容を理解していませんし，機械が「体に刻んだ内容」も理解できないでしょう。(いったい誰が体に刻まれた言葉を理解できるというのでしょうか？) 有罪宣告を受けた男を警護する兵士も，まぬけです。この状況を観察する者は，唯一，旅行者のみです。彼は，冷淡にも無関心を気取り，礼儀正しくも嫌悪感を示しています。結局，将校の妄想的な懸念に同情していないことは，明らかです。物語の設定における透明感は，カフカの小説における顕著な特徴であり，私達は，厳しい砂漠に佇む将校の孤独を感じるようになります。すなわち，それは，有意義な人間同士の接触から切り離された彼の妄想が生み出す悲哀です。私達は，この怪物を気の毒に思い始めるでしょう。私達は，彼が偏った見方をしていると感じるはずです。それは，普通の人間が他者と目標や情熱を共有できないことを病理的に表現したものなのです。

リダ・キルヒバーガーは『流刑地にて』を法の寓話として解釈しています[2]。拷問の機械は「正義の機構」を象徴しており，機械の破壊は「機械的な」法学が不可能であり，裁量の全てが排除されるような法学は，存在し得ないことを象徴していると考えています。すなわち，テリー・イーグルトンが考えるような法の概念による法学は，あり得ないとしています【第3章で紹介されたイーグルトンの法尊重主義に偏向した考えを批判している】。しかし，キルヒバーガーの解釈では，将校の性格や悲哀に関する点，拷問機械が規範を形成せず，事実を認定もせず，判決を宣告しない点，司法制度が判決を執行する以外にも様々なことを含んでいる点を説明できません。

1914年に書かれた『審判』は，オーストリア＝ハンガリー帝国の刑事手続の詳細を忠実に再現しています[3]。しかし，法は，この作品の核心部分に

---

(2) Kirchberger, *Franz Kafka's Use of Law in Fiction: A New Interpretation of* In der Strafkolonie, Der Prozess, *and* Das Schloss, 第2章 (1986).

(3) Martha S. Robinson, "The Law of the State in Kafka's The Trial," 6 *ALSA Forum* 127 (1982) を参照。『Prozess（審判）』というドイツ語原題に関して，よりよい翻訳は「Trial（事実

置かれるものではありません。ヨーゼフ・K.は，気難しい独身者であると同時に，成功した銀行の役員で，質素な下宿暮らしをしており，官僚的な見解を持ち，法を遵守し，しばしば尊大であり，どちらかといえば，卑屈で，自己断定的でもあり，神経質で，思慮深く，幾分か平凡で，上品というよりも都会的で「性欲を有する平均的な人間（l'homme moyen sensuel)【エズラ・パウンドの詩の題名に用いられた言葉】」です。彼は，30歳の誕生日の朝，下宿で二人の私服警官と検察官に逮捕されます。彼らは，身分証明書も見せず，どの法執行機関のために働いているのか，そして，K.の告訴の内容に関する手掛かりすらも与えません。ヨーゼフ・K.は，犯罪を行ってはおらず，また，中産階級の立派な社会人であるため，憤ります。「あの男達は，いったい全体，何者だろう？ 何を話しているのだ？ どんな職務だ？ なんといってもK.は，法治国家に住んでいるのである。そこには普遍的な平和があり，全ての制定法が効力を持っているはずだ。全く誰が彼の下宿において，彼を襲撃してもよいというのだろうか？ (6頁)[4]」彼は，検察官にも尋ねています。「『誰が私を告訴したのですか？ どの機関が，この手続の責任を負っているのですか？ あなた達は，役人ですか？ 誰も制服を着ていないじゃないか。あなたが，そのスーツを」』といいかけて，彼は，フランツ（私服警察官の内の一人）の方を向いた。『その格好を制服と呼びたいというなら別ですけど，むしろ，旅行服でしょう（14頁)。』」しかし，この問い掛けに関して，彼らは，何も答えません。

　この旅行服という発言は，この事件の発端に引き続いて，単に法の適正手続が否定されたことよりも奇妙な何かが起こるという憶測を呼ぶものとなっています。最初から，K.は，フランツの服に魅了されていました。彼には

審)」ではなく「case（事件）」か「proceeding（手続）」であろう。なぜなら，この本において模倣的に描写されているものは，英米法系における事実審ではなく，時間のかかる非当事者対抗主義的なヨーロッパ大陸法系の刑事手続だからである。セオドア・ジオルコフスキは，The Mirror of Justice: Literary Reflections of Legal Crisis 235-239 (1997) において，『審判』の手続に関する世紀転換期のプロイセン刑事法とオーストリア刑事法との差異を論じている。後者の刑事法は，ヨーゼフ・K.を告発した裁判所に類似していると，彼は主張する。犯罪行為よりも犯罪者の心理状態に，より強い関心を有するのがオーストリア刑事法である。ジオルコフスキが興味を寄せる小説の側面は，この観点にある。なぜなら，彼の目標は，各々の時代における法律論争を文学作品から探り当てることだからである。

(4)『審判』の引用は，1998年のブレオン・ミッチェルの翻訳を参考にしている。

「体にぴったりの黒い服を着ていた。それは，旅行服と似ていて，様々な折り目，ポケット，留め金，ボタンがついており，各々の用途は，ともかくも，とても実用的に見えた（4頁）」ことに気が付きます。K.は，適正手続とは無縁の状況に心を奪われていくことになります。

そのような状況下で，K.は逮捕され，私服警官は，K.の下着を没収します。告知されたところによれば，その下着は，保管されると言われます。K.が朝食を貪り食べている間，開いたままの窓から向かいの通りに住んでいる老人が「老人特有の好奇心で（5頁）」K.の部屋で起こっている出来事をじっと見ています。K.は，私服警官に，K.の友人である検察官に電話をかけてよいかと尋ねます。私服警官は，それを許可します。しかし，同時に，それは，無駄なことだとも答えます。それを聞いて，K.は腹を立て，まるで，電話をかけないことが私服警官を論破することになるかのように，その友人の検察官に電話はしないと怒りを込めて言い改めます。

この小説は，夢を見ているかのような雰囲気があります。しかし，最終章に至るまで，それは，悪夢のような雰囲気というわけではありません。K.を逮捕した後，奇妙な三人組は，K.が仕事に行くのは自由であるということに加え，裁判所は，その内にK.と接触することになるだろうと告げ，そして，立ち去ります。K.は，拘束されたわけでもなく，保釈金を払うようにも言われていません。次に，K.が別の下宿人であるビュルストナー嬢に言い寄るという不可解な幕間が存在します。彼女は，その後，姿を消します。最終的に，裁判所との駆け引きにおいて，K.が女性達に助けを求めるのは，誤りの原因であり，そのことが私達には明らかにされていきます。

次に（このカフカの物語は未完です。この物語には，むらがあり，幾つかの挿話により構成されています），K.は，裁判所の予審判事から最初の審理のための呼び出しを受けます。この予審判事には名前はなく，K.の逮捕を命じた人物です。裁判所は，狭い路地裏に濫立する共同住宅の陳腐な部屋の一角にあることが分かります。K.が，ようやく裁判所を見つけたとき，その裁判所には，看板も無ければ，公的機関を示す一切の装飾もありませんでした。この場面は，『荒涼館』における大法官府と『神曲』における地獄界にも類似しています。この裁判所からは正義を得ることはないと読者の誰もが徐々に気付き始めます。老齢のため体が動かなくなるか，あるいは，死に至るまで，人は，この裁判所に，ひたすら出向くだけなのです。言うまでもなく，取調べは，行われません。翌週，K.が裁判所に再度訪れる

と（自発的に，彼は訪れます。しかし，彼は，訴訟を促進しようとしているし，少なくとも，告発の内容が何であるかを知ろうとしています），その場所には，人の気配がありません。彼は，裁判官席にある本を漁ります。しかし，それらは，法律の本ではありません。猥褻な小説です。K．は，そこで知り合った洗濯婦と戯れに浮気をして，その女性を巡り，法学生と喧嘩をします。次の場面では，K．が勤務する銀行の小部屋にK．が入ると，彼を逮捕した二人の私服警官が彼の下着を盗んだことを理由に鞭で打たれているのを発見する逸話が展開されます。そこにおける描写，言い訳，鞭打ち人の衣装，K．の反応は，サドマゾヒズムの幻想として，この挿話を際立たせています[5]。

　K．の伯父は，甥に対する不可解な司法手続を聞き付けて，フルト（「恩寵」を表すドイツ語）という名の有能な弁護士を紹介します。フルトは，オーストリア＝ハンガリー帝国における「ワシントン・ロイヤー【政府当局に影響力のある法律家のこと】」に相当する人物であることが分かります。フルトは，不可解な裁判所業務の内部事情を知っているとK．に話します。フルトは，その裁判官を知っていて，K．の事件についても聞いており，影響力と手腕があるように見え，事件を彼に任せれば安心であるようにも思えます。「最も重要なことは，弁護士との個人的な関係だよ。弁護士との関係こそ，最も意味のある抗弁になるのさ（115頁）。」しかし，何も起こりません。K．は，フルトの女中であるレニに夢中で，二人は戯れに性交渉を繰り返すような生活を送っています。

　K．は，次第に，事件のことで頭が一杯になってきます。しかし，裁判所から誰かが呼び出しに来て，彼を煩わせることはありません。中途半端に終了した最初の裁判所への出頭の後，裁判所は，彼と接触を取ろうとはしません。K．は，仕事にも悩まされ，競争相手である頭取代理（K．は支配人で銀行内では3番目の地位にあります）と銀行内での立場を争っていることへの影響も心配の種となります。しかし，この事件による逮捕と，それに引き続いて行われているはずの審理手続がK．に汚名を着せていると示唆するものもないのです。

---

(5) この逸話に関する素晴らしい議論として，Ronald Gray, *Franz Kafka* 112-113 (1973); Henry Sussman, "The Court as Text: Inversion, Supplanting, and Derangement in Kafka's Der Prozess," 92 *Publications of the Modern Language Association* 41, 43 (1977) を参照。

彼の銀行の顧客の一人がK.に，画家であるティトレリとの接触を勧めてくれます。K.は，陰険さを感じさせる10代の少女達の妨害を逃れながら，ティトレリが住む賃貸の共同住宅を発見します。それは，裁判所の建物の中にあります。全ての道がK.を裁判所へと導きます。ティトレリは，裁判所の公式の肖像画家であることが判明します。彼は，K.が無実であるならば，3種類の可能性があると説明します。それは，真実の無実（これは決して得られるものではありません），表面上の無実（この場合，被告人は，いつでも再逮捕と再起訴される可能性があります），引き延ばし（無期延期）です。この場面で，もたらされる印象は，K.が決して裁判所の支配から自由になることはないだろうというものです。まるで，彼は，慢性の不治の病にかかっているかのようです。それは，注意深く扱ってさえいれば，彼の人生が縮められることはないというのに等しいものです。

K.は，事件が全く進展していないと感じます。K.のための最初の答弁書を下書きするのに苦労しているフルトを解雇する決心をします（あるいはフルトがそう言っているだけで，苦労しているというのは，おそらく嘘でしょう）。K.もフルトも，告発内容が，どのようなものなのか全く考えを持っているようには見えません。そのような場合に，どのような答弁書を書くべきなのかという問題があるにもかかわらず，フルトは，少しも慌てた様子を見せていません。このことは，この予想外の展開を繰り出す奇妙な物語の中に出てくる多くの冗談の一つになっています。

フルトには，ブロックという別の依頼人もいます。彼の事件は，5年目に入っています。K.の事件がK.の心を完全に占めてしまった以上に，ブロックは，自分の事件に心を奪われています。しかし，このときK.の事件は，まだ1年もたっていません。ブロックは，実際のところ，フルトの家にまで引っ越してきており，日中，レニは，ブロックが，いらいらしないように，彼女の部屋に閉じ込めています。フルトは，解雇に関して，K.と議論し，法は，完全に素人の理解を超えているように思わせ，依頼人を脅すという法律家の策略を用います。フルトは，最近，ブロックの事件に関して，裁判所の裁判官と交わした会話を報告します。フルトは，裁判官が述べたことを次のように説明します。『『ブロックは狡猾なだけだ。（中略）しかし，彼の無知さは，その狡猾さを上回っている。あの男の裁判が，まだ始まってもいないと知ったなら，彼は，何て言うと思う。裁判の開始を告げる鐘が，まだ鳴ってもいないと知ったら，あいつは何て言うだろう。』』『落ち着け，ブ

ロック』と，弁護士が叱りつけた。ブロックは，膝を震わせながらも立ち上がって，明らかに説明を求めようとしていた（196-197頁）。」ブロックが，どのように感じているのかは，想像することができるでしょう。彼は，事件が未だ始まっていないと知るためだけに，全ての資産を注ぎ込んできたのです。そして，フルトが自らの支配力を主張する時がやってきます。

「裁判官の発言は，お前にとって，重要なことではない」と弁護士は，言った。「何を言われたとしても，驚いてはいけない。もう一度そんなことをしたら，これ以上何も教えてやらないぞ。（中略）一体，私が何を言ったというのだ？ 私は，裁判官の言ったことを繰り返したまでだろう。この訴訟手続の見通しが立つまで，様々な発言がされるだろうことは，お前も知っているだろう。例えば，この裁判官は，裁判に関して私とは違う意見を持っている。意見の相違だ。それだけだよ。裁判では，ある段階で鐘が鳴らされるという古い伝統がある。今，その意見に対する反論を，お前に全て教えることはできないし，お前も全てを理解できないだろう。それに対する反対意見が数多くあると言えば，それで十分だろう。」ブロックは，当惑しながら，ベッドの傍らにある毛皮の敷物を掻き毟っていた。（中略）「ブロック。」レニが叱りつけ，ブロックの上着の襟を掴んで，引っ張り上げた。「毛皮に触ってはいけないでしょ。弁護士さんの話を聞きなさい（197-198頁）。」

その後の場面で，K.は，銀行の顧客に街を案内する約束をします。彼らは，大聖堂で会う約束になっています。K.は，約束の時間に行きます。しかし，顧客は，来ません。大聖堂は暗く，ほとんど人の気配がありません。聖職者が説教壇にあがります。K.は，説教を聞きたくなかったので，そっと歩き出します。突然「初めて聖職者の声を聞いた。力強く，十分に訓練された声だった。その声は，広大な聖堂に満ち溢れた！ 聖職者が呼びかけたのは，その聖堂区の信者達に対してではなかった。それは，はっきりと紛れもない名前を呼んでいた。彼は，叫んだ。『ヨーゼフ・K.！』（211頁）」この聖職者は，裁判所の別の役人である教誨師だと分かります。彼は，K.にある寓話を話します（これは『掟の門前』という題名で，個別に短編化されています）。掟の門前に，門番が立っています。田舎から一人の男がやってきて，入れてくれと頼みます。門番は，今は駄目だと言います。男は，門番

が差し出してくれた腰かけに座って待ちます。男は，何年も待ち続け，その間にも，許可を得るために，あれこれと手を尽くします。最後に，男は老い，死にゆく中で門番に言います。「『誰もが掟を求めているのに（中略）この長い年月の間，私以外，誰一人として，中に入れてくれと頼みに来る者がいなかったのは，どうしてなのですか？』門番は，男が死に近づいていくのを見ていた。次第に衰えていく男の耳に届くように，門番は大声で叫んだ。『他の誰もここには入れない。この入口は，お前だけのものだったのだ。さあ，俺は，もう行く。この門を閉めるぞ』(217頁)」教誨師とK．は，この寓話の意味について要領を得ない議論をします。K．は，その場を立ち去ろうとするとき，次のように尋ねます。「私に何か用があるのではありませんか？」教誨師は，答えます。「私は，裁判所の人間だ。（中略）私が，あなたに用事なんか，あろうはずがない。裁判所は，あなたに用はない。あなたが来れば受け入れ，去るならば，忘れてしまうだけだ（224頁）。」

それにもかかわらず，最後となる次の章でK．は，処刑されます（カフカは，この最後の章と大聖堂の章の間に，別の章を書く予定でした）。『流刑地にて』の受刑者と同様に，彼は，何の理由で罰せられるのかを告げられていません。31歳の誕生日の前夜「二人の紳士がK．の下宿にやってきた。（中略）フロックコートを着て，青白い顔で太っており，見たところ固そうな山高帽を被っていた。(225頁)」彼らは，K．を郊外に徒歩で護送し，人のいない場所まで来るとK．を石の塊に押し付けて座らせ，彼らの内の一人がナイフを取り出します。K．は，何も言われなくても，自分自身で，そのナイフを胸に突き刺すべきであると理解しています。しかし，

> 彼は，自ら，それを成し遂げることはできなかった。彼は，この全ての仕事から，その役人達の手を煩わせないようにしておくことができなかった。自分自身で，ナイフを突き立てるために必要な力を残しておかなかった彼は，この最後の失敗の責任を負う者なのであった。彼の視線は，石切場に隣接する建物の最上階に向けられた。反射光が動き，開き窓が開いた。その窓は，遠くに離れており，高いところにあるので，ぼんやりとしている。はっきりとは見えない。しかし，突然，人影が身を乗り出した。そして，両腕を思いっきり伸ばした。誰だ？友人か？善人か？誰か心配してくれる人なのか？助けようと思っている人なのか？たった一人だけなのか？それで，全部か？他にも助けてくれる人

はいるのか？ 何か言い残していた反論が，あったのか？ もちろん，反論はあった。その理屈は，間違いなく，揺るぎないものだ。しかし，生きたいと望む人間を理屈が阻むことはできない。一度も会わなかった裁判官は，どこにいたのか？ 彼が一度も辿り着けなかった上級審は，どこだ？ 彼は，手を挙げ，指を広げた。

　しかし，一人の男の手がK．の喉元をとらえ，もう一人の男が彼の心臓にナイフを突き立て，二度，ナイフを回した。失われていく視界の中で，K．は，二人の男が彼に顔を近づけ，頬を寄せ合うようにして，評決の行方を見守っているのを見た。「まるで犬だ！」とK．は，言った。恥辱だけが彼を遺して生き延びていくように思われた（230-231頁）。

『審判』の要点を，ある人物が逮捕され，秘密の裁判所で不明確の罪により審理され，不可解な手続が果てしなく行われ，密かに，そして，即座に死刑が執行されることが如何に恐ろしいかということに，その核心があると考えるのは，自然です。要するに，この小説は，法的正義の逸脱に関して書かれたものだと考えるのは，自然なことです。しかし，この印象は，読者を誤った方向に導きます。この小説の骨格となる裁判手続は，主人公にとっては残酷な冗談であり，『変身』の最初の場面で，グレゴール・ザムザが巨大な虫に変身していたのと似ています。ある朝，目が覚めて自分が虫になっていると気付いた状態を想像して下さい。朝起きたら不明確な容疑で逮捕され，その容疑が何なのかを理解することができない状況を想像して下さい。とにかく，あなたは，法を犯したと考えられるようなことは，一切，何もしていないのです[6]。人生の不条理さの象徴として説得力があるのは，厳格責任です。厳格責任とは，非難可能性がなく，実際に回避できない行為の結果

---

(6) 訴えられた者が自分に対する告発内容に心当たりがないというカフカ作品の特徴は，『火夫』の題名の由来となった主人公においても見られる。この小説は，カフカの未完の小説『失踪者』の第1章に当たる部分でもある。しかし，各々の物語は，別々に刊行された。この火夫は，上司に不満を持っている。それに対し，彼は，生き生きと表現された「裁判」の場面で，自らの不満について明確に述べることができない。この場面が『火夫』の中心となるものである（この場面と「流刑地にて」で将校が自分の想いを伝えられない点とを比較対照）。火夫の意味のない呟きを論駁するために，彼の相手方が召喚した多数の証人は，素晴らしいほどの滑稽さに満ち溢れている。自分の話していることを誰も聞いてくれないし，理解もしてくれない点は，ヨーゼフ・K．が抱える問題と同様である。

に対する法的責任のことをいいます。この厳格責任自体も，実に酷いものです。しかし，ヨーゼフ・K．は，彼のしたことが非難されるべきものか否かにかかわらず，罰せられているわけではありません。彼は，何もしていないのです。彼の世界では，非難可能性と刑罰の関係性だけではなく，行為と刑罰の関係性すらも断絶して描かれています。『審判』において「有罪は，法の仕掛けにより生み出されるものであって」法により発見されるものではありません[7]。

　『審判』と『変身』の両者において，主人公は，残酷で理解不可能で不条理な出来事に巻き込まれます。私達は，その主人公達が不合理にも悲しく奮闘し，最終的には，屈辱的な敗北に身を沈めていくのを見ます。『流刑地にて』で拷問を行った将校も同様に，これらの主人公が負うことになる奇妙な葛藤が何かしら人間の置かれている状態を象徴しているように感じさせられます。ヨーゼフ・K．が個性の薄い中庸な人物として描かれていることから，このような感情は『流刑地にて』に比べて『審判』における方が，より印象的でしょう。おそらく，このことは，その他のカフカ作品の主人公とは異なり，カフカが『審判』の主人公を不運でまぬけな人物として描いていないからだともいえます。

　私は，『審判』に法的な重要性が全くないと示唆しているわけではありません。ダニエラ・パッカーは，私がカフカの小説と法という社会問題との関連性を否定していると述べています[8]。しかし，この指摘は，間違っています。私は，ただ，カフカの小説における形而上学的で心理学的な主題の理解が法との関連性において強調されてしまうことで矮小化して欲しくないだけなのです。法との関連性も適切な範囲で論じられるべきなのです。K．が自分自身の嫌疑を発見できないことは，法律の素人が法を理解する際に抱える困難さ，理解できない訴訟手続に巻き込まれることで感じる不安，正義が行われるはずだという期待と法的手続の実情が乖離していることの比喩になっています。「掟の門前」の寓話は「扉の奥に何か望ましい輝かしいものが見える。しかし，普通の人が，それを自身の権利であると感じ，その分け前に与かろうとすると，意味不明な法尊重主義に苦しめられ，断固として締め出

---

(7) Mark M. Anderson, *Kafka's Clothes: Ornament and Aestheticism in the Habsburg* Fin de Siècle 192 (1992).

(8) Daniela K. Pacher, "Aesthetics vs. Ideology: The Motives behind 'Law and Literature,'" 14 *Columbia-VLA Journal of Law and the Arts* 587,602-614 (1990).

されてしまうことを示唆している[9]」とされます（例えば，K.は，フルトにより苦しめられています）。「掟の扉から，止めどなく溢れだしている輝き（216頁）」は，実に，いじらしいものです。実際の法は，門前に立つ門番そのものであり，彼は「大きく尖った鼻と，長細く，黒い蒙古髭」を蓄えています。彼は，賄賂を受け取ります。しかし，返礼に何かをすることはありません。（「これは，受け取っておこう。お前が，何か，やり残したことがなかったかと悩むことのないようにな（同上）。」）しかし，この寓話も，カフカの小説における登場人物の典型的な特徴である忍耐強い性格を表現したものといえます。この門が田舎から来た男のためだけのものであったのならば，彼は，門番を無視して通り過ぎ，その中に踏み進んで行くだけの旺盛な好奇心を持ち合わせていなかったとは説明できないのでしょうか？

　他の専門職と同様に，法律家は，自尊心を高め，その特権的な地位を強く求めるがゆえに，自らの業務を神秘的に包み込みます。この神秘性が訴訟当事者に不満を抱かせるのです。田舎から来た男として比喩される者は，全ての裁判官に，お馴染みの人物，すなわち，気を病んでいる訴訟当事者です。その者は，ブロックでもあり，オスカー・クリースでもあり，ディケンズの小説に出てくるリチャード・カーストンでもあります。ここで，ラーニド・ハンド裁判官の発言が思い出されます。「数十年もの経験を経て訴訟に関与した人間として私は，病気や死以外の何よりも，訴訟を恐れるべきであったと言わなければならない[10]。」ヨーゼフ・K.にとって訴訟は，病気であり，文字通り，死を意味するものでした。

　しかし，『審判』を法に関して語っている小説と呼ぶことは，この程度にしておくべきように思われます。さもなければ，この小説の内容を不幸なまでに限定するものとなるでしょう。この小説には，それ以上のことが書かれています。特に，裁判所に象徴される世界は，人間にとって，順応しやすく合理的に作られているわけではなく，恣意的で，非情で，残酷で，人を欺くかのように存在しているのであり，その中で，人間の意味を見つけ出そうとするK.の努力が描かれています。そこにおける世界は『掟の門前』の門番に似ています。彼は，田舎から来た男が「掟の扉から，止めどなく溢れだし

---

(9) Frank Kermode, "Justice and Mercy in Shakespeare," 33 *Houston Law Review* 1155, 1174 (1996).

(10) Hand, "The Deficiencies of Trials to Reach the Heart of the Matter," 3 *Lectures on Legal Topics* 1921-1922 89,105 (Association of the Bar of the City of New York 1926).

ている輝き」の源泉へ到達しようという努力を馬鹿にし，痛ましいものにしています。誰に対しても，そうであったように，この輝きは，数十億年前に死んでしまった星から放射される光だったのかもしれません。人間は，正義を求めます。しかし，そこに見出されるのは，門番だけです。

『審判』の中に，その世界を支配している絶対的な神が見え隠れしています。その神は，星を散りばめた天上から，共同住宅の屋根裏部屋[11]へと不意に訪れたかのようです。その屋根裏部屋は，全ての者にとって，不明瞭で，居心地が悪く，近寄りがたい印象を有し，そして，下品な性欲（K.とレニの人目を忍んだ性行為，裁判官の卑猥な本）に満ちています。その世界でのK.の行動は，全て間違ったものとされ，それを修正する方法は，存在しません。人間が行うことは，全く無駄であることが思い知らされます。K.は，自分の人生を混乱させ，恥辱に満ちた死へと導く一連の出来事を論理として習得（理解することと制御することの両方の意味）できないだけではなく，『流刑地にて』の将校のように，彼の言い訳を誰にも分かってもらえません。

カフカは，ジョイスが『ユリシーズ』を書き始めたのと同じ時期に『審判』を書きました。T・S・エリオットが『荒地』を書いたのは，その数年後でした。これら現代主義の模範的名作は，西洋文化の頂点として，20世紀の都市文化における下劣な側面と対峙するものです[12]。『ユリシーズ』の中でホメーロスが描いた英雄は，20世紀のダブリンに住む妻に浮気されたユダヤ人の広告取りに置き換えられています。『荒地』の中では，聖アウグスティヌス，スペンサー，シェイクスピア，ダンテ，マーヴェル，ワーグナーの調子に乗せて，都市の荒廃と「フラッパー世代【第一次世界大戦後，従来の道徳感等の制約に囚われない女性に対して用いられた蔑称】」における性の不健全さが詠われています。少なくとも，ある水準において，この詩

---

(11) 多くのカフカ作品の中で宗教的な解釈が施されている。例えば，『流刑地にて』では，キリスト教徒によりユダヤ教が棄て去られることが寓意として込められていると考えられている。これは「新しい法」による「古い法」の廃止という意味である。Thomas Aquinas, *Summa Theologica*, 第1巻, 999-1000頁（1947）(question 91, article 5)を参照。すなわち，前の司令官が採用していた正義制度の応報的な過酷さは，古い法に対応し，新しい司令官の女性的な優しさは，新しい法に対応する。この解釈によれば，前の司令官の精神的な息子である将校が考案した拷問機械による死刑執行は，キリストの磔刑の寓意となる。啓蒙を施す（6時間かけて教え論す処刑）という考えは，現代のキリスト教神義論の中心に位置するものに通じる。

(12) オウィディウスを模倣した『変身』は，更なる例証となる。

が究極的に描き出そうとするところは，現代のロンドン周辺を当てもなく彷徨することにあります（この解釈が限定された妥当性しか有しないことに関しては，簡単に後述します）。ダンテが豹から逃れて地獄と煉獄を抜け，天国の入り口まで旅をするのは，30歳です。キリストが逮捕され，有罪宣告を受け，死刑執行され，復活したのも，30歳です。『審判』でも，主人公は，30歳という年齢で，小市民として再臨し，共同住宅の屋根裏部屋よりも高く昇ることもなく彷徨し，犬のように死ぬことになるのです。

　ここには，『不思議の国のアリス』とは，正反対の教訓が込められています。『不思議の国のアリス』も『審判』も空想家が幻想的な状況の下で自分自身を見つける夢見心地の小説です（K．の夢の世界は，裁判所です。アリスの夢の世界は，話をする動物や身長を変化させる飲み物や生きているトランプのカードです）。しかし，アリスは，異国の土地を探検するヴィクトリア朝時代の典型的で勇敢な探検家であり，幼い女の子に過ぎません。そして，その異国の環境に彼女の思うところが無理やり押し付けられています。他方で，K．は，自滅するがままになっています。K．は，教誨師から立ち去るのは自由であると言われます。しかし，K．は，留まり，そして，死に逝くに任せます（田舎から来た男との類似に気が付きます）。アリスも裁判の場に留まるように言われます。しかし，アリスは，立ち去り，打ち首にならずに済み，そして，その不安定で不確実な世界は崩壊します。「不思議の国が勝利をもって閉ざされたことは，彼女が空想を卒業し，空想から目覚め，そして，空想を軽蔑できるようになったということである[13]」とされています。『不思議の国のアリス』は，人間が為すことを積極的に評価しています。しかし，『審判』は，ヨーゼフ・K．が覚めることのない不安感の中で人間が為すことの意味を否定しています。その消極的な評価は，ハムレットの大失敗と復讐への躊躇やマクベスが魔女に欺かれたことや意思は無限であるのに，行為は有限であることに関するトロイラスの不満やエリオットの「うつろなる人々」で表現された概念と創造，感情と反応の間にある「影」を思い起こさせます。

　しかし，これは『審判』のみならず，『ユリシーズ』や『荒地』にとっても，あまりにも冷徹すぎる世界観です。『荒地』で語られる究極的な目的は，

---

[13] William Empson, *Some Versions of Pastoral* 270 (1950).

完全に無益なものではありません[14]。この詩は,全体的に乾燥した大地の心象を与えた後に,突然,雨が降り始める場面で終わります。そこでは「血が私の心を揺さぶり」,「敗者たるコリオレイナス」が復活し「小舟には,手応えがあった/陽気に,航海と舵の操作に慣れ切った者に。/海は,穏やかだった。君の心にも手応えが得られるはずだった/陽気に,求められるままに。」そして,粉々に砕けた残骸が「私の崩壊を支えていた」と述べられています。この「君の心にも手応えが得られるはずだった」というのは,実際には,それが得られなかったことを意味しています。そして,敗者たるコリオレイナスの復活も単なる「一瞬」に過ぎない事実によって示されているように,厳しく限定された上での成就の過程が表現されています。従って,その詩は,何も得られないことを表現したものではありません。『ユリシーズ』は,モリー・ブルームの独白のかたちで彼女の夫が浮気相手の男に対して象徴的に勝利を得るかのように締め括られます。『審判』は,これらの3作品の中では,最も冷徹な作品です。しかし,裁判所に関わらないように教誨師が勧めたにもかかわらず,ヨーゼフ・K.は,それを拒絶し,その代りに,K.が裁判所に理解と支持を求めるといって譲らなかった点に一種の英雄的行為を見出すことができます。これは恐らく,彼の死に対し,悲劇的な尊厳を与え,彼の恥辱の感覚を相殺しているのでしょう。彼は,田舎から来た男とは異なり,掟の門前に,ただ受け身のままで座っていたわけではなかったのです。彼は,門番を押し退けて,その中へと入ろうとしたのでした。

　本書で論じている文学作品の社会的主題,例えば,『審判』や『異邦人』における法的な主題の根底には,そのような社会的主題を対象としてではなく,比喩として再解釈を促す形而上学的な主題が,しばしば存在します。しかし,その形而上学的な主題は,法を扱う文学作品において,常に存在する

---

(14) Cleanth Brooks, *Modern Poetry and the Tradition*, 第7章 (1939). ジェイムズ・ウッドは,この詩に見られる贖罪の性質に関して,興味深い解釈をしている。「『荒地』は,事物を拡大視して捉える考え方に基礎付けられている。(中略) 悪性の吹き出物に悩む若者やロンドン・ブリッジを通り過ぎる通勤者のような平凡な人間は,一見,謙遜し,幾分,哀れな存在にも思われることだろう。なぜなら,ヨーロッパの詩の内に秘められた憐れみは,その平凡さに目を向けようとするからである。実際に,このような人々は,憐れむべき者として描かれる。(中略) なぜなら,その者達を詩人が憐れむからである。そして,そのような者達の中に詩人自身も含まれるからである。」"T. S. Eliot's Christian Anti-Semitism," in Wood, *The Broken Estate: Essays on Literature and Belief* 128, 141 (1999).

わけではありません。例えば『ヴェニスの商人』は，社会的主題が支配的です。『審判』は，社会的主題が物語を支配しているようには思われません。しかし，そのような社会的主題が突出して散見されるといってもよいでしょう。私が前述したように『審判』で描写されている法的手続は，ヒトラー時代のドイツやスターリン時代のソヴィエト連邦，その他の全体主義的体制において，現実または仮想の政敵に適用された法的手続と類似していることが思い起こされます。私は，真実の無罪判決が存在しないことにも，若干，言及しました。すなわち，被告人の身の潔白を証明するものが全く与えられず，仮に，釈放されたとしても，何度でも再逮捕・再訴追され，二重の危険に晒されているという現実的な問題です。二重の危険の禁止は，私人と同様に，国家も法に拘束される原則に依拠するものであり（無罪とされた事案を以降，覆してはならない），法治国家の中心に位置するものです。しかし，全体主義が掲げる前提は，その考えとは，対照的です。アテナイが二重の危険にさらされた場合を違法とし，スパルタが合法としたのも，驚くことではありません[15]。再起訴をする国家の権限から被告人を保護することにより，現実に無罪判決が下されるならば，無謬性と万能性という全体主義的国家の威光は，蝕まれることになるでしょう。そして，『審判』には，裁判所の秘密主義や，迷路のような裁判所の官僚主義や，国家の公的機関とは別に存在する類似の裁判所や，不明確な犯罪，更には，不存在の犯罪を理由とする人々への刑罰が描かれています。裁判所の関心は，人々の行動ではなく，その性格や思想へ向けられています。これら全てが全体主義的な意味での「正義」を象徴するものであって，中世における戦士の教会【地上で悪と戦う教会・キリスト教徒のこと】の残滓であって，この小説の神学的象徴の側面を表すものとなっています。

　しかし，『審判』では，全体主義的体制の本質的な特徴が取り除かれています。そのことは『審判』と1930年代のソヴィエト連邦における粛清裁判を描いたアーサー・ケストラーの小説『真昼の暗黒』と比較することで理解することができるでしょう。ケストラーの小説の主人公ルバショフは「古くからのボリシェビキ【多数派という意味で，暴力による革命と徹底した中央集権による組織統制を主張する一派】」です。彼は，実際には，スターリン（小説の中では「ナンバー・ワン」と表現されています）に対する陰謀

---

(15) Douglas M. MacDowell, *Spartan Law* 143-144 (1986).

は企てていません。しかし，スターリンの誇大妄想的な恐怖心を刺激してしまい，真夜中に逮捕され，ルビヤンカ刑務所に護送されます。そこで，ルバショフには，ナンバー・ワンの死を企んだという供述書に署名するまで巧妙な心理的圧力が加えられます（肉体的な拷問は加えられません）。ルバショフは，自分の供述がボリシェビキの大義のために自分ができる最後の役割であると信じるようになります。ルバショフは，世論操作のために自分を利用する裁判において，全く誠実な態度から，虚偽であることを知りながらも，その供述の誘導に応じます。その後，彼は，ルビヤンカ刑務所の地下室で背後から撃たれて処刑されます。

　この小説は，寒気を覚えさせるものです。実際に，粛清裁判で証拠としてもたらされる供述のほとんどが例えば，被告人の家族を殺すと脅迫するというように，それほど突飛ではない手段により誘導されたものです。この小説は，全体主義における司法制度，すなわち，ソヴィエト連邦時代の司法制度の印象を信憑性あるかたちで伝えています[16]。この物語は，例えば，『罪と罰』でラスコーリニコフを追及するポルフィーリ予審判事や，コンラッドの小説『西欧人の眼に』において，ラズーモフを追求するミクーリン顧問官のように，職業的に糾問を行う役人への関心を喚起させるものかもしれません。『真昼の暗黒』は，マルロー，オーウェル，ドス・パソス，その他に代表される20世紀のドキュメンタリー小説の分類に属するものとされています。しかし，『審判』は，明らかに，法に関する詳細な描写を有しているにもかかわらず，ドキュメンタリー小説の雰囲気を欠きます。そのような雰囲気以上のものが描き出されています。ドキュメンタリー小説と本質的に異なる点は，何らかの<u>政治的な</u>視点が欠けている点です。ヨーゼフ・K.は，政治的主張をしているわけではなく，彼に有罪を宣告する不可解な裁判所には，政治的使命がありません。カフカは『荒涼館』から『審判』での裁判所

---

(16) Robert Conquest, *The Great Terror: Stalin's Purge of the Thirties* 189-191 (rev. ed.1973). ルバショフは，ブハーリン，トロツキー，ラデックを混ぜ合わせたような人物である。同注190を参照。Nathan Leites and Elsa Bernaut, in *Ritual of Liquidation: The Case of the Moscow Trials* (1954) は，モスクワにおける裁判でルバショフが述べた告白の中に，抵抗を続ける雰囲気に加え，反抗的挑戦という隠されたメッセージが込められていると強調する。実際の被告人に対する洗脳は，ケストラーの小説で描かれているほど完璧なものではなかった。ブハーリンの場合，洗脳は完全に失敗に終わった。Stephen F. Cohen," Introduction," in Anna Larina, *This I Cannot Forget: The Memoirs of Nikolai Bukharin's Widow* 11, 17-19 (1993).

の描写を借用しているにもかかわらず，『荒涼館』で描かれる英国の大法官裁判所と比較しても，人々を威嚇するための公的な機関として，裁判所を描くことに主眼を置いているわけではないのです。

　『審判』は，『ミヒャエル・コールハース』と比較されてきました[17]。カフカは，クライストの作品を称賛していました。カフカは，彼の作品から細部を借用していたかもしれません。ヨーゼフ・K．と教誨師との対談は，コールハースとマルティン・ルターとのそれを模倣したものです。また，コールハースが正義を求めて，無駄に奮闘する相手方たる「謎の多い体制的組織網」[18]は，ヨーゼフ・K．が奮闘した屋根裏部屋の裁判所と類似しています。コールハースは，あらゆる手段を尽くして，彼を虐待した貴族の手掛かりを発見しようとします。K．も，あらゆる手段を尽くして，画家や教誨師との出合いを通して，裁判所の正体を突き止める手掛かりを見つけます。しかし，この2作品が醸す雰囲気と主張は，根本的に異なるものです。コールハースは，伝統的な復讐者で，あまりにも過剰なものを求めすぎるという復讐者にありがちな問題を抱えています。クライストは，諸邦が対立状況にあるドイツで正義を得ることは，不可能であると主張したかったのです。一方で，ヨーゼフ・K．は，蜘蛛の巣に捕えられた蠅のような存在です。その蜘蛛の巣も，一部は，彼自身が吐き出した糸で作られたともいえます。苦境に置かれる彼の姿は，復讐者の抑制の利かない激怒よりも，愚かしく無駄に喘ぐ姿に過ぎません。

　『審判』の精神により近いのは，フリードリッヒ・デュレンマットの気味の悪い短編小説『罠』（1956年）です[19]。これは，カフカの『審判』と『判決』（第6章参照）を合わせたような作品で示唆に富んでいます。トラップスという不倫好きの巡回販売員が主人公です。彼の車が故障した際に，引退

---

(17) J. M. Lindsay, "Kohlhaas and K.: Two Men in Search of Justice," 13 *German Lift and Letters* 190 (1959); Eric Marson, "Justice and the Obsessed Character in *Michael Kohlhaas, Der Prozess and L'Étranger*," *Seminar (A Journal of Germanic Studies)*, Fall 1966, 21 頁；F. G. Peters, "Kafka and Kleist: A Literary Relationship," 1 *Oxford German Studies* 114 (1966).

(18) John M. Ellis, *Heinrich von Kleist: Studies in the Character and Meaning of His Writings* 74 (1979).Charles Bernheimer, "Crossing Over: Kafka's Metatextual Parable," 95 *Modern Language Notes* 1254, 1263 (1980) を比較対照。

(19) ドイツ語の原題である Die Pannne は「（機械・装置の）故障・（車の）エンジントラブル」，「失敗・失策・ミス」を意味する。しかし，この短編小説は，『罠（The Traps)』という英語に訳されている。(Richard and Clara Winston trans. 1960).

した裁判官は，彼に自分の家に宿泊するように申し出ます。彼は，その申し出を受けます。引退した裁判官は，引退した検察官，引退した刑事弁護士，引退した死刑執行人という古くからの仲間と模擬裁判を開いて楽しんでいます。訪問客も参加したいと望めば，それに参加することができます。トラップスは，進んで参加することにします。笑いと素晴らしいワインを陽気に飲んでいる中，検察官がトラップスから「殺人」の告白を引き出します。トラップスは，現在，彼の上司であったガイギャックスの役職を引き継いでいます。この上司は，自分の妻とトラップスが不倫をしていると知った直後に心臓発作で亡くなったのでした。トラップスは，自分の昇進を邪魔したガイギャックスが嫌いであったことに加え，その上司が死んで嬉しかったことを認めます。しかし，引退した弁護士は，被告人を弁護して，死に至った心臓発作は，妻の不貞を知ったことが原因なのではなく，おそらく熱のせいであろうと，もっともらしく指摘します（ガイギャックスは，心臓に病を抱えていたことが前提とされています）。そこで，トラップスは，憤慨します。彼は，自分が殺人で有罪であると主張します。検察官により主張された一連の仮説，すなわち，不倫という手段こそがガイギャックスを殺し，その彼の地位を奪うために考え抜かれて成功した作戦の決定的な一手であったという仮説が，これまで見えてこなかったトラップスの人生において，形式と実質を与えるものとなります。裁判官は，親切にもトラップスに死刑を宣告します。死刑宣告は，冗談として意図され，冗談として理解されていました。しかし，トラップスは，彼が宿泊している 2 階の部屋に上がって，そこで首を吊って死んでしまいます。

　トラップスは，ヨーゼフ・K．に比べると，全くの平凡な人物です。トラップスは，殺人を含め，大それたことができる人物ではありません。彼は，普通の男として，多少の不正行為と狡猾さでもって，有罪となります。この模擬裁判は，トラップスを，その平凡さから救い出し，彼を殺人者という高貴な者に仕立て上げます。そして，殺人者に対して言い渡された死刑宣告を自ら執行することで，その追認を要求します。ヨーゼフ・K．も，トラップスと同様に「有罪」を宣告されています。しかし，その外見上の高貴さですら，K．は，否定されています。この登場人物達には，死刑に当たるような「大それたこと」を含め，何もなしえなかったことが極刑に当たる罪とされるのです。

ディケンズ

　ディケンズは，『荒涼館』において霧を大法官裁判所の象徴としました。この小説は，延々と続くエクイティ上の事件により構成されています。この事件は，最終的に却下されます。エクイティ上の事件の訴訟物である不動産権は，弁護士料その他の費用により完全に消費尽くされていきます。このように，法の実現が引き延ばされることは，長年にわたる不満の種です。ハムレットが『生きるべきか，死ぬべきか』という独白の中で人生に生きる価値があるのか自問することも，その表れといえます。裁判官は，しばしば，ハムレットの苦悩を引用することがあります。しかし，法の実現が引き延ばされ，その引き延ばしに関する訴訟費用に対して激しく異議が唱えられる場合に，裁判官は『荒涼館』の方を，より頻繁に引用するようです[20]。

　ディケンズの小説で描写されている大法官裁判所の手続は，理解困難な神秘性と無益さという点で『審判』に描かれている裁判所の手続と類似しています。これは，驚くべきことではありません。カフカがディケンズの小説を高く称賛していたからにすぎないわけでもありません[21]。19世紀初頭の英国の大法官裁判所は，緩慢な手続の進展，書証に重点を置く点，糾問的な手続という点でイングランドやアメリカのコモン・ロー裁判所よりもヨーロッパ大陸の裁判所に似ていました。法を扱ったという意味で，より陽気なディケンズの小説『ピクウィック・ペーパーズ』が主たる出来事として描く『バーデル夫人対ピクウィック氏』事件の婚約違反に関する裁判がエクイティ上の問題を若干指摘しているとはいえ，本来的に，エクイティ上の事件ではなく，コモン・ロー上の事件であるというのも偶然ではありません[22]。

　『審判』と同様に『荒涼館』は，司法手続自体を主たる背景としています。ここにおける司法手続は，糾問主義的な制度における当事者対抗主義的な手

---

(20) M. Todd Henderson, "Citing Fiction," 11 *Green Bag* (2nd series) 171, 178-179 (2008); Jim Chen, "Poetic Justice," 28 *Cardozo Law Review* 581, 599-600 (2005).

(21) George H. Ford, *Dickens and His Readers* 254-256 (1965); Gray, 前掲注 5, 72 頁, Ernst Pawel, *The Nightmare of Reason: A Life of Franz Kafka* 159 (1984).『荒涼館』と『審判』の明確な類似性に関しては，以下の論文で論じられている。Mark Spilka, *Dickens and Kafka: A Mutual Interpretation*, 第 10 章 (1963), および, Deborah Heller Roazen, "A Peculiar Attraction: *Bleak House, Der Prozess*, and the Law," 5 *Essays in Literature* 251 (1978).

(22) ディケンズの法を扱った小説の検討に関して，Larry M. Wertheim, "Law, Literature and Morality in the Novels of Charles Dickens," 20 *William Mitchell Law Review* 111 (1994) を参照。

続の減退に関連しているかもしれません。『ピクウィック・ペーパーズ』は，『バーデル夫人対ピクウィック氏』事件における婚約違反の法廷劇だけではなく，破産，不動産法の問題にも触れており，同情を誘う事務弁護士のパーカーといった人物を含む複数の法律家達も登場します。このように，法的話題を圧倒的な多様性でもって描いていました。しかし，そのような法的話題は『荒涼館』において，省かれています。『荒涼館』では，特に弁護士タルキングホーンや，事務所員ガッピーのような不愉快な登場人物の印象的な描写や，誇大妄想的な熱心さで自分の訴訟と他人の訴訟の後を付け回す裁判所通（例えば，フライト婦人）や，根は，真面目であるのに訴訟で一攫千金を狙おうとして訴訟に夢中になり最終的には破産する不運な男であるリチャード・カーストンといった登場人物が数多く出てきます[23]。

『荒涼館』には，誇張や空想も見られます。しかし，この物語において，大法官裁判所は，単に批判の的とされるのみならず，人間の利己主義や無関心の比喩としても表されています。そのように，この小説は，特定の法制度を真剣に批判することを意図しています。しかし，この批判は，見当違いなものになっています。なぜなら，大法官裁判所の手続は『荒涼館』が書かれる以前において，既に改善されていたからです。そして，この小説は，遺言無効の申立てと後見人制度を誤ったかたちで描き出しています[24]。この物語における『ジャーンディス対ジャーンディス』事件は，遺言無効申立ての裁判であり，大法官裁判所ではなく，遺言検認裁判所で審理されるべきです。そして，大法官裁判所の事件も延々と続くかのようなものとして描かれています。しかし，これは，未成年者の後見人を大法官裁判所が監督しなければならないことによるものです（以後「大法官府による監督」と表現します）。このような監督は，未成年者が成人に達するまで継続しなければならないと

---

(23) Björn Quiring, "A Consuming Dish: Supplementing Raffield," 17 *Law and Literature* 397, 403 (2005)．この論文は，『荒涼館』が描く大法官裁判所が「人柄を審査する」ものとして表現されていると興味深く論じている。そこでは「道徳的な欠点を有する登場人物のみが（中略）『ジャーンディス対ジャーンディス』事件に没頭している」とも述べられている。

(24) Allen Boyer, "The Antiquarian and the Utilitarian: Charles Dickens vs. James Fitzjames Stephen," 56 *Tennessee Law Review* 595, 597, 617-624 (1989) において，英国司法制度に対するディケンズの批判がベンサムからの多大なる影響を受けているとボイヤーは指摘している（同 598-599 頁）。しかし，その指摘によれば，ディケンズが『ハード・タイムズ』において，登場人物であるグラドグラインドをベンサムに似せて揶揄している理由が分からなくなってしまうだろう。

されていました。

　『ピクウィック・ペーパーズ』は，法への批判に関する格好の素材といえます。この小説は，バーデル夫人が実際には交わされていない結婚の約束違反を理由にピクウィック氏を訴えた訴訟と陪審員を誤審に導くことにより，高額の賠償判決を彼女が引き出そうとする無駄な努力が描かれています。この訴訟は，法の練習問題になり得る可能性があるとしても，現代における大方の読者には，茶番劇と思われるでしょう。バーデル夫人もピクウィック氏も証言をしないので，結婚の約束があったか否かを決める最善の証拠を陪審は，見つけることができません。更に，ピクウィック氏が有する相当の資産から損害賠償を支払わせるための判決を執行する手続すら存在しません。バーデル夫人ができることは，せいぜいのところ，彼が支払いを拒否するならば，裁判所侮辱罪で彼を拘禁する程度のことだけです[25]。しかし，実際に，このようなことは，全て事実であり，架空の物語ではありませんでした。ディケンズが『ピクウィック・ペーパーズ』を書いたとき，訴訟当事者は，証言を認められませんでした。更に，ピクウィック氏の保有財産が証券である場合，判決内容を満足させる目的で，それを徴収することもできませんでした[26]。

　大法官裁判所の改革前の手続でも，『バーデル夫人対ピクウィック氏』事件のように，その手続に便乗して悪用しようとする多くの者達を，その手続から排除できなかったわけではありません。既に知られているように，エクイティは，コモン・ローに比べて柔軟で，ある程度，融通が利いており，それほど規範に縛られたものではなかったからです。むしろ，大法官裁判所の問題は，裁判手続に時間と労力がかかり過ぎることでした[27]。大法官裁判所

---

(25) これは，ゲーム理論が説明するような有効ではない救済手続である。なぜなら，この手続は，臆病者が賭けに出る道を開くことになるからである。バーデル夫人は，ピクウィックが損害賠償の支払いを拒めば，彼に対し，その残りの人生を拘禁したままにすると脅迫している。ピクウィックは，損害賠償金額の法外な値引きを彼女が受け入れない限り，一生，拘禁されたままでいてもかまわないと彼女を脅している。Linda S. Beres, "Games Civil Contemnors Play," 18 *Harvard Journal of Law and Public Policy* 795 (1995) と比較対照。

(26) William S. Holdsworth, *Charles Dickens as a Legal Historian*, 第 4 章 (1928).

(27) 同上 第 3 章。John P. Dawson, *A History of Lay Judges* 170-172 (1960); G. W. Keeton, *An Introduction to Equity* 18-20,35 (6th ed. 1965); D. M. Kerly, *An Historical Sketch of the Equitable Jurisdiction of the Court of Chancery*, 第 13 章 (1890).

は，信託や後見に関する訴訟だけではなく，差止命令，倒産管財制，複雑な償還を求める訴訟，契約の特定履行[28]のようなエクイティ上の救済手続に分類され，複雑で時間のかかる重要な類型の訴訟をも独占していました。それは，標準的な金銭賠償を求める「コモン・ロー上の」救済手続とは異なっていました（現在でも同様です）。エクイティ上の救済手続は，しばしば継続的な監督を必要とします。大法官裁判所は，通常のコモン・ロー裁判所に比べて，書証を多用していました。このことも，大法官裁判所の手続の遅滞を惹き起こす原因となっていました。また，大法官が大法官裁判所で争われている全ての事件に関して，実質的に，ほぼ一人で審査していたという事実も，この遅滞の原因を招いていました[29]。英国の通常のコモン・ロー裁判所は，伝統的に素早く事実審を進め，事件の審理が1日以上かかることは稀であることから（現在でも同様です），大法官裁判所の遅さは，更に，顕著なものでした。そして，大法官裁判所の訴訟は，労力が多くかかりました。訴訟当事者が支払った訴訟費用から，裁判官の報酬が支払われていました。同裁判所の独占している訴訟類型が高額な事件を対象としていることもあって，その報酬も非常に高く支払われていました。大法官は，英国で最も高い収入を得ている人物の一人とされていました。

『荒涼館』は，そこに描かれた法制度が既に改善されていたことから，時機を失しているとはいえ，重大な欠点を有する法制度への強烈な風刺作品となっています。しかし，改革前の英国の大法官裁判所を知りたいと思う者で『荒涼館』のみを参考にする者は，皆無でしょう。なぜなら，その裁判所に関して，より完全で，より適切な情報資料が他に多く存在しているからです。ディケンズの小説は，ホメーロスの叙事詩や古スカンジナビアのサーガとは異なります。ホメーロスの叙事詩やサーガは，私達が，その時代の社会における法制度を知る主たる原典ともなり得るものです。『荒涼館』は，単に大法官裁判所を描写し，それを批判した1世紀半前のジャーナリズム小説の一

---

(28) これは，契約違反者に対して，契約を履行しなければ，裁判所侮辱罪に問うという条件付きで契約の履行を命じることを意味している。従って，特定履行の命令は，差止命令【不作為だけでなく，作為も含む】の一類型である。

(29) John H. Langbein, "Fact Finding in the English Court of Chancery: A Rebuttal," 83 *Yale Law Journal* 1620, 1629 (1974). しかし，この方法は，1851年までに変更されていた（George W. Keeton and L. A. Sheridan, Equity 73-74 [1969] を参照）。この方法は，大法官裁判所における多くの慣行と同様に，『荒涼館』では，揶揄されている。

作品にすぎません。更に，ディケンズは，不正義に対する鋭い感覚を持ちながらも実際の改革者ではありませんでした[30]。ディケンズは，確かに大法官裁判所の手続の遅さと費用の高さに憤慨していました。しかし，彼は，それを動かしようのない秩序の一部として受け入れていたようにも思われます。彼は，読者に対して，裁判所の魔の手に落ちないように警告をしているのであって，この魔の手の残忍さを弱めようとしているわけではありません。

『荒涼館』で描かれているエクイティへの悲観的な描写は，『ヴェニスの商人』で描かれているエクイティへの楽観的な描写（しかし，それは，法よりも慈悲に関するものです）とは際立った対比をなしています。英国のエクイティに関する裁判権は，中世において，コモン・ロー裁判所の厳格さと極端な技術主義に対処するために生まれたものです。コモン・ロー裁判所は，多くの原始的な裁判制度と同様に，ほとんどの訴訟類型で実質的な正義を実施できませんでした。大法官は，元々（ベケットやウルジーのように）ローマ・カトリックの聖職者であり，厳格な法の形式ではなく，良心に従って正義を施していました。後に，大法官により発展させられた法理が知られるようになり，エクイティ上の規範と救済手続は，大法官裁判所で制度化されました。『荒涼館』においてディケンズが描いている皮肉とは，この良心による裁判所が英国における法の濫用の最悪な例として扱われていることにあります。社会制度が人間の生まれながらの美徳を腐敗させていると信じていた（ロマン主義的な精神を有する）道徳家にとって，この大法官裁判所は，皮肉を浴びせるべき格好の対象となってしまいました。

エクイティは，それ自体の長所の中に弱点を有しており，それは，コモン・ローが，それ自体の弱点の中に強みを有しているのと同じことであると，ある法律家は，指摘するでしょう。これは，規範と裁量の対立関係において，昔から見られる板挟みの状況です。エクイティは，裁量的正義の源泉として出発しました。しかし，それだけでは問題があると判明したことにより[31]，エクイティに関する規範が生まれました。それにもかかわらず，エク

---

(30) George Orwell, "Charles Dickens," in *The Collected Essays, Journalism and Letters of George Orwell*, vol. 1, 413 頁（Sonia Orwell and Ian Angus eds. 1968）; Joseph I. Fradin, "Will and Society in *Bleak House*," in *Critical Essays on Charles Dickens's* Bleak House 40, 63（Elliot L. Gilbert ed. 1989）; Robert A. Donovan, "Structure and Idea in *Bleak House*," 29 *English Literary History* 175 (1962).
(31) この問題は，16世紀に至るまでには，ゆっくりとした展開ではあるにせよ，十分

イティの手続は，比較的，形式に囚われないものでした。このことが訴訟の遅滞と不確実性を促進していました。コモン・ローの手続は，気まぐれと罠に満ちていました。しかし，少なくとも，効率よく迅速に展開するものでした。このように，両制度の根底にあるディレンマは，避けられないものなのかもしれません。

ウォーレス・スティーヴンズ

　ウォーレス・スティーヴンズは，カフカと同じく法律家でした。実際，両者とも保険法を扱う仕事に就いていました。しかし，カフカが，しばしば小説の中で法を扱っているのに対して，スティーヴンズが詩の中で法を扱うことは決してありませんでした。法学教授のトマス・グレイがスティーヴンズに関する本を書くまで，法律家であり，会社の幹部役員であった彼の本職と彼の詩が関係があるとは，誰も考えませんでした[32]。

　グレイは，法的結論が一般原則から演繹的に引き出されるという「公的な」見解と，法は，実際には単なる政治的決断にすぎないという「対立する」見解を設定し，法的思考は，この非現実的な両極端の立場を行ったり来たりしていると主張します。また，スティーヴンズの詩は，この揺れ動きを生みだす「二者択一的思考という慣習化された制度の硬直さに対して，ある種の治療を施すもの」としての役割を担っているとグレイは，主張しています（7頁）。私は，最初の指摘に賛成します。法学の争点として，法は，完全な論理学であるのか，あるいは，完全な政治学であるのかと考えること，すなわち，第3章の「表1」で示したように，全ての事柄が，その表の左側に属するのか，右側に属するのかと考えるのは，意味のないことです。ま

　に理解されていた。例えば，Andrew J. Majeske, *Equity in English Renaissance Literature: Thomas More and Edmund Spenser* 96-98 (2006) を参照。

(32) Thomas C. Grey, *The Wallace Stevens Case: Law and the Practice of Poetry* (1991). 比較的，短い詩の中に法を主題として扱っているものが僅かに見られるだけである。しかし，スティーヴンズと同様に法律家としての訓練を受け，実際に法律実務家である現代詩人のローレンス・ジョセフは，法を彼の詩の主題としている。David A. Skeel, "Practicing Poetry, Teaching Law," 92 *Michigan Law Review* 1754 (1994) を参照。そこでは，ローレンス・ジョセフ『私達の目の前で』（1993年）が論評されている。法律家の家庭で育ったエミリー・ディッキンソンは，その詩の中に，多くの法律用語を使用していた。Robert G. Lambert Jr., *Emily Dickinson's Use of Anglo-American Legal Concepts and Vocabulary in Her Poetry* (1997) を参照。

た，裁判官を詩人と看做すべきか，あるいは，経済学者と看做すべきかという選択において，詩人と看做すべきであると信じている「法と文学」の研究者は，全く見当違いな審美主義を採用しているとグレイが論じている点にも，私は，同意します[33]。そして，私は，ある程度まで，スティーヴンズが「哲学的な」詩人である点にも同意します。この哲学とは，実用主義です。これにより，グレイは，スティーヴンズとオリヴァー・ウェンデル・ホームズとの興味深い類似点を引き出すことに成功しています。二者択一的な法的思考に関して，法学上の主要な学派や主要な人物をグレイが正しくも非難する一方で，スティーヴンズの詩が（その難解さは別として），その法的思考を矯正するのに役立つというグレイの主張に私は同意しません。

　スティーヴンズは，彼の詩『比喩への動機』[34]の中で，(「ほの暗い月の光が朦朧とした世界を照らしている／そこでの物事は決して明瞭には表現されないだろう」と表現される）比喩の世界と「暗示を拒絶する鋼鉄（中略）／生気にあふれ，尊大で，宿命的なまでに，支配的なX」と表現される「現実の」世界とを対比しています。この未知数Xは，効率性の比喩であり，冷徹な実利主義者の比喩であり「原色的な真昼／存在の根本／赤々と焼き入れされた金槌／その赤と青，その硬い音」として特徴付けられ，世界が目指す先として示される「結論」の比喩です。グレイは，スティーヴンズが詩人に対峙するかたちで，曖昧さと比喩を軽蔑する実際的な法律家を配置して，その両者の比較をしていると考えています。そのように解釈すれば，この詩は「スティーヴンズが彼の人生において実際に行ったように（中略），詩の領域と法の領域が明確に区別される（59頁）」とも言えます。

　しかし，グレイは，その詩が比喩的な世界と現実の世界という二者択一を実際には，不明瞭なものにしようとしていると考えています。スティーヴンズは，移行の季節である春が微妙な差異を内在し，捉えどころがなく（そして暗示を含んだ）世界の適切な比喩であるとしている一方で，日々の現実や明敏な世界の象徴としては，読者が予測しやすい夏という季節ではなく，瞬

---

(33) 「[例えば，『法と経済』という学問的運動のように]戦略的なかたちで感情的な部分と理性的な部分とを分離し，その上で当事者間の紛争に専心することは，自分自身を平凡な地位に貶め，週末と業務時間後にしか存在しない者へと追い遣るに等しい。これは，敗北を意味している。」Grey, 前掲注32, 89頁。私は，第9章の最終節において，この問題に立ち返る。

(34) *The Collected Poems of Wallace Stevens* 288 (1954).

時の間しか続かず、そして、どの季節にも生じる瞬間、すなわち、真昼を好んでいます。この点にグレイは着目します。比喩の世界と現実の世界の対比は、次の事実によって、更に曖昧にされています。すなわち、この詩の冒頭部分は、比喩の世界を描いている一方で（「秋になると、あなたは、この木陰を好む／なぜなら、全てが半ば死んでいるからだ」）、その情景は、（スティーヴンズにとって）非常に正確で、明快で、想像力の働かないほど厳密である事実が描かれています。スティーヴンズは、比喩の世界が全て空想的な霧に包まれている一方で、現実の世界が（【ハワーズ・エンドの】ヘンリー・ウィルコックスが送る人生のような）輪郭のはっきりした男性的な明快さを持っていることを否定しているとグレイは結論付けています。比喩の世界も、現実の世界も、硬さと柔らかさ、明確さと曖昧さ、男性的なものと女性的なものが混在化しているのです。「『比喩への動機』は、法律家が葉の触れ合う音や溶けて消えていく雲を扱う文学の曖昧な世界を重視し過ぎることの危険性、そして、真昼の過酷な鍛冶工場における汗と荒々しさを軽視し過ぎることの危険性を警告している。そのように、スティーヴンズは、私達の知性の働きを鈍磨させたことに成功すると、更なる解釈として、それに対峙する法学へと私達を導く。そして、逆の側面から、そこにおける危険性の警告を発するのである（64頁）」とグレイは評価しています。

　これは、独創的な説明です。確かに、読者は「原色の真昼」、「赤々とした焼き入れ」、「暗示を拒絶する鋼鉄」、「未知数Ｘ」という世界が法と関連するのかに疑問を抱くことができます。グレイは「暗示を拒絶する鋼鉄という比喩は、法の二つの側面を併存させている。それは、厳格な硬直さと（中略）想像力を前にした柔軟さである（67頁）」と述べています。スティーヴンズの表現手法によるならば、ハワーズ・エンドでヘレンが一晩泊るのを禁じたヘンリー・ウィルコックスの主張を法尊重主義的であると私達は、断定できなくなります。スティーヴンズは、法律家でした。しかし、人々は、いくつも区別された複数の役割を演じることもできるはずです[35]。グレイは、スティーヴンズが法の実務をこなしながら、その上で詩を書くことの分業にも成功しているとしています[36]。

---

(35) Erving Goffman, *The Presentation of Self in Everyday Life* (1959).
(36) しかし、この結論には、疑問がある。David A. Skeel Jr., "Notes toward an Aesthetics of Legal Pragmatism," 78 *Cornell Law Review* 84, 94-104 (1992).

詩は，比喩を伝えるものです。従って，詩を形成する全ての「言明」が比喩的な言葉で表現される可能性があります。斬新な比喩は，意味が異なる言葉を結び付けるため，容易に皮肉として受け取られます。皮肉の要素こそ，新批評主義を信奉する者達が最も称賛した詩に見られる特徴でした。しかし，このことは，私達に詩の多くを教えてくれるものであっても，法に関するものではありません。グレイは，日常としての現実の世界が比喩的な特徴を有していることをも示そうとしています。しかし，そのためにグレイが用いる具体例には，更なる疑問を投げかけることもできます。例えば，そのような日常の現実を示唆するために，スティーヴンズの詩において，夏（または冬）というべきところを真昼に置き換えたという説明がありました。「夏」という言葉は，複雑な連想を惹き起すものです。しかし「真昼」は，太陽の明るさを直接的に思い起こさせるだけのものともいえます[37]。だからこそ，スティーヴンズは，次の詩節で現実の世界の心象を展開していくために「硬い音」や「激しい閃光」という言葉を補う必要があるとも説明できます。

『比喩への動機』を吟味することで，裁判官，法律家，法学生における「二者択一的な法的思考」を矯正するのに役立つだろうという見解には，私は疑いを抱いています。もし，スティーヴンズが法の実務と詩を分けて捉えていたのならば，彼の作品の読者も，それらを分けて考えてはいけない理由があるのでしょうか？詩の解釈は，法の専門家を先導するというよりも法の実務や法学書とは無縁のものとは，言えないのでしょうか？法律家は，スティーヴンズの詩を研究する際に，その詩が単に難解という理由だけで何らかの専門的な実用性を引き出すことができると考えているのかもしれません。すなわち，それは，この詩人の法律家という経歴の中から，その詩の理解の助けとなるものを探し出そうという気を読者（そして，グレイ）に起こさせた何らかのものです。確かに，スティーヴンズによる詩の解釈は，読者に対して，全ての単語に慎重な配慮を要求するだけではなく，その詩の背景にある情報源と照らしても適切に導くことができる意味の範囲を確定するような解釈を要求するものです。また，スティーヴンズが読者に対して彼の詩を解釈する際に期待したであろう言語的能力と文化的能力を活用すること

---

(37) だからこそ，アーサー・ケストラーによる小説の題名『真昼の暗黒』がキリストの磔を暗示したものだと分からない読者にとっても，その小説は，非常に目を引くものなのである。

も，その詩は，要求しています。良い法律家であるために，人は，慎重で臨機応変な読者である必要があります。従って，詩その他の難解で想像力に富んだ文学作品を吟味することは，法学研究や法曹実務にとって，全く無意味というわけでもありません。

第 5 章
法の不正義を告発する文学作品

　本章では，他の作品に比べても「法と文学」の研究者が，より注目することの多い『ビリー・バッド』と『カラマーゾフの兄弟』を中心に扱いたいと思います（その他の文学作品も，適宜，論じるつもりです）。それに加えて「法と文学」研究に影響を与えている文学思想と法思想におけるロマン主義や（ニーチェ哲学を含む）新ロマン主義の流れにも焦点を当てます。私の目指す最終地点は，リチャード・ワイズバーグの著作『言葉の失敗[1]』に関して論じることです。この著作は，ニーチェの思想とロマン主義の上に構築されており，『ビリー・バッド』と『カラマーゾフの兄弟』の両作品に関する異端的解釈論を展開しています。

法とルサンチマン

　ワイズバーグの著作を支配する概念は，ルサンチマンです。この言葉が世の中に広まったのは，ニーチェによるところが大きく[2]，本来的な弱者から

---

(1) Weisberg, *The Failure of the Word: The Protagonist as Lawyer in Modern Fiction* (1984). 特に，指示がない限り，本章中で頁数を示した参照部分は，このワイズバーグの著作の該当箇所である。この著作に対する洞察力ある批評に関しては，John D. Ayer, "The Very Idea of 'Law and Literature,'" 85 *Michigan Law Review* 895 (1987) を参照。

(2) 例えば，Friedrich Nietzsche, *On the Genealogy of Morals* 73-75 (essay II, § 11), 121-129 (essay III, §§ 14-16) (Walter Kaufmann and R.J. Hollingdale trans. 1967). ニーチェの概念に関する様々な観点に関しては，R. Jay Wallace, "*Ressentiment*, Value, and Self Vindication: Making Sense of Nietzsche's Slave Revolt," in Wallace, *Normativiry and the Will: Selective Essays on Moral Psychology and Practical Reason* 212 (2006); Robert C. Solomon, *Living with Nietzsche: What the Great "Immoralist" Has to Teach Us* 89-93, 101-105 (2003); Robin Small, *Nietzsche in Context*, 第 10 章, (2001) を参照。

本来的な強者に対する憎悪に満ちた妬みを意味しています。「奴隷は、その者達に惨めさをもたらす者（君主や圧制者）に対して、物理的な行動を起こすことができない。そのため、奴隷が唯一採ることのできる方法として、煮えたぎる君主への憎悪は、君主の価値観を転覆させる新しい価値観を生み出すことへと駆り立てられる。それは、君主を貶める価値観である。このような価値観は、実際に、この強い反動的な感情が期待しているものなのである[3]。」この新しい価値観には、キリスト教的価値観、法的正義、知覚の言語化すらも含んでいます。知覚を言語化することは、知覚されたところを歪曲してしまうということです。この2番目と3番目に挙げた価値観がニーチェの問題意識の上に構築されたワイズバーグの異端的解釈です。

　最初に、ニーチェ自身がルサンチマンと法を、どのように関連付けたのかを考察しましょう。ニーチェは、この問題において両極端な見解を有していました。ワイズバーグが与する見解は、次の一文に要約されるものです。すなわち「ある者達が『私は、正義である』と言うとき、常に『私は、正に報いを受けた者である』と言っているように聞こえる[4]」という言葉です。これは、ルサンチマンを、どのような復讐がなされるべきかという心理状態に関するものとして扱う立場です。そして、法的権利を要求する者は、復讐者と同様に、ルサンチマンにより、歪められています。シャイロックが、そのルサンチマンの好例です（私達が第2章でみたように、ワイズバーグによると、ハムレットもルサンチマンの好例とされます）。ニーチェの述べる「君主」[5]は、そのような妬みを覚えることもなく、軽蔑に気を病むこともあり

---

(3) Brian Leiter, *Nietzsche on Morality* 203 (2002).

(4) Friedrich Nietzsche, *Thus Spoke Zarathustra: A Book for All and None* 95 (pt. II) (Walter Kaufmann trans. 1966). この英語訳は、ドイツ語における言葉遊びを巧みに活かそうと試みるものである。ドイツ語の原文は、次のようになる。*Und wenn sie sagen: "ich bin gerecht," so klingt es immer gleich wie: "ich bin gerächt."* （そして、ある者達が『私は、正義である』と述べるとき、常に『私は、報いを受けた者である』と言っているかのように聞こえるのだ。）」ここで、Recht【gerechtは、Rechtの派生語】は、正義を意味し、Rache【gerächtは、Racheの派生語】は、復讐を意味している。

(5) 「君主」と超人の違いに関しては、John Richardson, *Nietzsche's System* 52-72 (1996) を参照。君主は、僧侶が支配する以前の世界に属し、生まれながらにして高貴な存在である。一方、超人（「overman」または「higher man」）は、その者自身の内部にある奴隷道徳を必死に克服しようと後から遅れて登場した者である。典型的な超人は、ゲーテのような想像力豊かな非凡な才能とされる。Leiter, 前掲注3, 115-123参照。

ません。それゆえ「君主」に復讐の必要はなく，おそらく法のような復讐の代わりとなる手段は，一切，不要ということになります。シェイクスピア作品に出てくるコリオレイナスは，その率直さ，勇敢さ，謙虚さ，政治に関わることを拒絶する態度，精神的悩みを抱いていないように見える点において，ニーチェの君主と似ています。しかし，コリオレイナスは，その激情に身を任せる性格のため，君主との類似性は，不完全とも言えます（彼と卑怯な嘘を関連付けた護民官は，ルサンチマンを例証するものです）。歴史上の人物であるジュリアス・シーザーは，寛大さにおいても有名であり，ローマ時代の指導者においても独特で他人に悪意を抱くことの無かった人物とされています。ニーチェ哲学の信奉者であるジョージ・バーナード・ショーの作品『シーザーとクレオパトラ』や，ソーントン・ワイルダーの『3月15日』の中で描写されているように，シーザーは，コリオレイナスよりも君主として好例であると言えるでしょう。

　それに反する見解として，ところどころ，ニーチェは，法がルサンチマンを克服するための努力の成果であるような言及もしています[6]。ワイズバーグは，この示唆を採り上げていません。ワイズバーグは，法をルサンチマンの道具として例示したいと考えています。彼は，このような主張を非常に強く押し出しています。例えば『尺には尺を』のアンジェロが抱いている法尊重主義的な法の捉え方がナチスによるヨーロッパのユダヤ人虐殺に直接的な関連性を有していると主張しています。しかし，【ユダヤ人である】シャイロックもルサンチマンに満ち溢れており，非常に厳格な法尊重主義を擬人化したものであるはずです。それにもかかわらず，ワイズバーグは，そのことを指摘すると，ルサンチマンと反ユダヤ主義との関係性を不明瞭にしてしまうがゆえに，敢えて，そのような擬人化を無視しています。

　実際に，法尊重主義に囚われた態度は，不愉快なものであったり，更に悪いことに人を不正義に導いたり，より一般的には，その不正義すら人に気付かせないものにしてしまいます。しかし，それが大量虐殺を促進するという示唆は，論証としても飛躍しすぎているように思われます。そのような主張は，立証できないものです。更に『ビリー・バッド』に関するワイズバーグ自身の分析においても，彼の主張から彼自身が導き出した結論とは逆の結論を導き出すことも可能です。ワイズバーグが18世紀の英国の海事法につい

---

(6) 特に，Nietzsche, 前掲注 2 , 73-76 頁（essay II, § 11）を参照。

て正しく理解しているか否かは，後述します。とにかく，『ビリー・バッド』の登場人物であるヴィア艦長が法の細部において執拗なまでの法尊重主義的な態度で臨んでいれば，ビリー・バッドは，処刑されなかったようにも思われます（少なくとも，物語で描かれるほど迅速には処刑されなかったでしょう）。そして，私が第3章で法尊重主義を【判断する者の裁量が排除されているという観点から】世間から排除された者にとって有利になる考えであると述べたことも，ここで思い出して下さい。更に，ワイズバーグは，ヨーロッパの予審判事が専門的な観点から法を実施するというより，非公式で裁量的な権限を有していることから，人々に予審判事制度への不信感を抱かせていると批判しています。しかし，アメリカの刑事司法制度のように，刑事被告人に対し，より厳格な（非常に法尊重主義的な）保護を与えるならば，陪審員がムルソーを有罪とするのは，困難になるとも言えるのです。

文学と法におけるロマン主義的価値観

　ルサンチマンという概念の背後には，2種類の人間類型の対立があります。「自然的」人間に対峙するものとして「社会的」または「文明的」人間（ニーチェが述べるところの「怨恨」の人間）が配置されます。最初の類型の人間は，ニーチェの君主に当たる者でアキレウスが原型となっています[7]。彼は，体面を重んじ，共同体の要求には無関心な英雄的人物です。そのことから，共同体の規範に服従しながら生きている普通の人々とは，必然的に対立します。アキレウス自身は，英雄の倫理的価値に関する疑念を表しているにもかかわらず，『イーリアス』で描かれている社会の要求に応えようとはしていません。従って，トロイア戦争で，アキレウスがギリシア軍の大義よりも，自身の名誉を上位に置くことは，反逆ではなく，むしろ称賛に値すると描写されています。

　ギリシア悲劇やエリザベス朝時代の悲劇は，個人主義への賞賛を和らげるために，それと競合する社会的要請を鋭く喚起することで（『縛られたプロメーテウス』や『タムバレイン大王』は，その例外です），しばしば，裏切られた者（オイディプース，リア，ブルータス，オセロ，コリオレイナス）

---

(7) ニーチェが「金髪の野獣」と称したアキレウスに関しては，W. Thomas MacCary, *Childlike Achilles: Ontogeny and Phylogeny in the Iliad* 249 (1982) を参照。しかし，アキレウスの激情的性格は，コリオレイナスの激情的性格と同様に，彼を「自然的」人間として不適格な者にしているように思われる。

と未成熟な者（ハムレット）を素晴らしい主人公に仕立て上げます。過度の個人主義は，特に『リア王』のエドマンドにも見られます。『神曲』や『失楽園』のようなキリスト教文学においても，偉大な個人は，しばしば地獄に送られる一方で，社会に貢献するような価値（ニーチェが「群れていたい衝動」や奴隷道徳と呼んだもの）は，称賛されます[8]。

クリストファー・マーロウの『タムバレイン大王：第1部』は，スキタイ人の羊飼いが最高権力者へと昇り詰める不屈の意志の勝利を描いています。タムバレインが彼の人生観を打ち負かしたペルシア王に説明する場面があります (II. 7. 12-29)。

> 支配の渇望と王冠の甘美さ，
> 天上に住まう豊穣の女神が，その息子に求めたものは，
> 自らを溺愛する父親を，その玉座から落とすこと，
> そして，彼自らが天上の帝国を築くこと，
> そのことが汝の国に剣を向けるよう私を動かした。
> 強大な神が行ったこと以上に素晴らしい先例などあろうか？
> 自然，それは私達を万物の根源から生み出し，
> 支配を求めて私達の胸の内で争いが生じ，
> 私達に野心を抱けと教えている。
> 私達の魂は，理解し得るのだ，
> この世界の実にすばらしい構造を，
> そして，驚嘆すべき惑星のあらゆる進路を測るものを，
> 無限の知識を求めて昇り続け，
> 絶えず変化する天空と共に，常に動き続け，
> 私達が疲れ切ったとしても，決して休むことはなく，
> 私達が完全に熟れきった果実を手に入れるまでは，
> それは，完全なる至福と無二の幸運，
> 地上の王冠という甘美な成果。

---

(8) C. S. Lewis, *A Preface to Paradise Lost*, 第11章 (1942). ミルトンの叙事詩は，サタンが主人公であると逆説的に解釈するものとして，John M. Steadman, *Milton and the Renaissance Hero* (1967) を参照。また，英雄的な行為に関するルネサンス時代の相矛盾する感情に関して，*Concepts of the Hero in the Middle Ages and the Renaissance* (Norman T. Burns and Christopher J. Reagan eds. 1975) を参照。

タムバレインの語る先例とは，首尾よく成功した反乱のことであり，彼の目標は，天国ではなく地上の王冠を所有することです。それは，冒涜的な目標であると同時に破壊的な目標です。私達の全てが地上の王冠を望むことができると示唆することは，神授王権に正面から挑戦するものです。タムバレインが誇りと世俗的な野心を科学的な好奇心と関連付けていることに注目しましょう。この考え方は，階層的な世界観において，個人に与えられた立場を受け入れることに対して，個人が，自分自身の運命を支配することを主張するものです。『タムバレイン大王：第2部』で，タムバレインは，死の床においてさえも人間の有限性に気が付きません。

もう一人のマーロウ作品の主人公『フォースタス博士』は，傲慢さに関して，当初，タムバレインと同じく野心的でした。しかし，マクベスと同じく，フォースタスは，より賢明な人間になって死に至ります。彼は，人間の現実を変化させようとする想像力に対し，その現実世界が抗っていることを発見しました。マクベスは，魔女の助けを借り，そして，フォースタスは，メフィストフェレスの手助けを受けて，彼らが望んでいた物のほとんどを手に入れたように見えます。しかし，それは，結局のところ，彼らの望んでいたものではなかったことが判明するのです。

『フォースタス博士』は，それを観劇した者に，そこで描かれる悪魔との契約に関して，伝統的なキリスト教的見解から解釈するべきことを期待するものであったのか，それとも，プロメーテウスを思わせるようなフォースタスの野望に共感を抱くべきことを期待するものであったのか，大いに議論されています[9]。フォースタスを最もよく解説しているのがロバート・ポッターです。彼は，フォースタスを「偉大なる極悪非道の者」と描写しています[10]。フォースタスは，悪魔と契約することで人間の野望を抑圧しようという神の制約に対抗しようと望んでいます。この制約に否応なく気付かされる

---

(9) Wilber Sanders, *The Dramatist and the Received Idea: Studies in the Plays of Marlowe and Shakespeare*, 第11章, (1968). ジョージ・サンタヤーナは, *Three Philosophical Poets: Lucretius, Dante, and Goethe* 133-135 (1910) において, マーロウの演劇で描かれるフォースタスは, その心象からしてフォースタスに名誉回復の契機を与えるようなものであると述べている。この傾向は, ゲーテによる『ファウスト』の第2部において頂点に達するものともされている。Ian Watt, *Myths of Modern Individualism: Faust, Don Quixote, Don Juan, Robinson Crusoe*, 第2章, (1996) も参照。

(10) Potter, *The English Morality Play: Origins, History and Influence of a Dramatic Tradition* 128 (1975). 同じ表現を『失楽園』のサタンにも当てはめることができよう。

ことでフォースタスは，たとえ天罰を受けたとしても，この制約に屈することを拒絶しようとするわけです。

　ロマン主義者が科学に対してルネサンス時代におけるような情熱を有してはいなかった点を除けば，タムバレイン大王による「野心」への言及は，ロマン主義による高らかな宣言としての役割を果たすことができるでしょう。『失楽園』の本当の主人公は，サタンであると考えていたウィリアム・ブレイクは，マーロウのタムバレイン大王が行い，ニーチェも行ったのと同じように従来の価値観を覆そうとしました（そして，私達が見てきたようにリチャード・ワイズバーグも従来の価値観を覆そうとしています）。自然的な人間は，善であり，社会や宗教は，悪であるとされます。ウィリアム・ブレイクが『愛の園』で次のように詠っています。

　　私が愛の園に入っていくと（中略），
　　そこには，たくさんの美しい花が咲いていた。
　　私は，そこが墓で埋め尽くされているのを見た
　　花が咲いているはずのところに墓石をみた。
　　そして，黒い法衣をまとった僧が歩き回り，
　　私の喜びや希望を茨で縛りつけている。

　「ロマン主義」という単語を正確に使用するならば，18世紀後半から19世紀初頭における文学，芸術，哲学に関する一連の運動に限定されなければなりません[11]。しかし，ロマンティックな衝動や気質は，人間が抱く基本的な感情の一種です[12]。すなわち，幼年期の果てしない利己主義の残存，成長

---

(11) Arthur O. Lovejoy, *English Romantic Poets: Modern Essays in Criticism* 3 (M. H. Abrams ed., 2d ed. 1975). この言葉を，このように限定したとしても，この単語は，多くの多様性を秘めている。例えば，バイロンのロマン主義は，シェリーのロマン主義よりも現実的である。私は，このような微妙な違いを無視するつもりである。この言葉を私が使用する際の文脈では，ルソーが最も一貫したロマン主義の支持者だと考えている。
(12) 20世紀の新ロマン主義の詩人達，特に，イェイツへと連なっていく傾向は，ジョージ・ボーンスタインの *Transformations of Romanticism in Yeats, Eliot, and Stevens* (1976) において，特に，その第1章と第2章の中で十分に論じられている。Frank Kermode, *Romantic Image* (1957) も参照。私は「大文字で始まるロマンティック（Romantic）」という言葉を思想運動を表すために用い「小文字で始まるロマンティック（romantic）」を心理的側面を表すために用いる。

することに伴う喪失感，このような感覚が生み出すところの失われた青春期に対する郷愁といった感情です。例えば，ロマンティックな衝動と，その拒絶の両方が『オデュッセイア』の中で顕著に表れています。

　20年にも及ぶ戦争と放浪の後，オデュッセウスは，ようやく故郷のイタケーに帰還し，彼の下僕であった豚飼いであるエウマイオスに出合います。そこで素性を隠すために次のような偽りの話をする場面があります（『オデュッセイア』14. 199-359）。そのオデュッセウスが演じる素性不明の語り手は，クレタ島の出身で多くの嫡出子を持つ裕福な男性の非嫡出子として育ったとされます。しかし，その父親は，彼の異母兄弟と同じように彼を扱ってくれたと語られます。その父が死ぬと，傲慢な嫡出子達は，父親の財産である土地を分割し，彼には小さな土地しか分配されなかった。それにもかかわらず，彼は，その才能により，裕福な家庭から妻を迎えることができたとされます。彼は，伏兵戦が得意で，逃亡する敵を襲撃するのに長けていたとされます。農業と家庭の管理は，彼向きの仕事ではありませんでした。航海や戦闘といった人々が恐れているものの方が彼の性分には合っていたと語られます。トロイア戦争が起こる以前に，彼は，外国に対して，船で9回も襲撃を行い，多くの略奪品を得ることで，彼は，仲間のクレタ人から恐れられ，そして，尊敬されていたとされます。

　そして，ゼウスは，多くの人間を殺した忌まわしい遠征を命じました。素性を偽る語り手のオデュッセウスは，この遠征をトロイア戦争と呼んでいます。人々は，このオデュッセウス【語り手】とイドメネウスに対して，トロイアに出向するよう迫ります。イドメネウスは，クレタ島からの派遣団の長であり，ギリシア軍と同盟を結んでいます。この状況から逃れる術はありません。逃げたとすれば，厳しい世論に晒されるでしょう。トロイアが陥落した後，その語り手は，ようやく帰宅の途に着くことができたと言います。しかし，ナイル河へと漕ぎ出したいとの気持ちが沸き起こったことから，彼は，家には1カ月しか留まることはなかったと語ります。彼は，船を沿岸に停泊させ，偵察として何人かの男をエジプトの地へ送り込み，残りは船で待つように命じたと言います。しかし，その偵察隊は，自信過剰でした。彼らは，自分達の力を過信して，エジプトの土地を荒廃させます。エジプト人は，その居住地の街から出撃し，クレタ人を敗走させ，【この語り手である】オデュッセウスだけが生き残ります（語り手は，ここまで話すと，一旦，物語を中断し「エジプトで私が死んでいたら！」と嘆息します）。彼は，エジ

プト王の膝をしっかりと掴み，接吻して命乞いをしました。王は，彼を気の毒に思い，怒り狂う民衆から彼を保護したとされます。

　素性を偽る語り手のオデュッセウスは，エジプトで7年間を過ごし，富を蓄えたと言います。しかし，8年目になった頃，嘘つきの商人にフェニキアまで一緒に行くよう説得されたと語ります。その商人は，1年後，語り手を荷物と共にリビア行きの船に乗せます。しかし，実際には，船が到着したら，語り手を奴隷として売り渡すつもりでした。船が嵐で遭難し，マストにしがみつきながら海で10日間，漂った後，語り手は，テスプロイト人の国に流れ着いたとされます。この地の支配者であるペイドンの息子が苦しい試練で疲れきっている語り手を見つけ，家に連れて帰り，服を着せてくれたとされます。ペイドンは，クレタ島へ漕ぎ出そうとしていたテスプロイト人の船乗りに対し，語り手を一緒に連れていくように依頼しました。陸が見えなくなると，船乗り達は，語り手の衣服を奪い，物乞いが着るような布くずを与えました。その日の夕方，船がイタケーに停泊したとき，船乗り達は食事で陸に上がる間，彼を縛っておきます。しかし，語り手は，縄を解き，岸まで泳ぎ着いたのだと語ります。

　この素性を隠すために偽られた物語は，オデュッセウスの実体験とされる物語と比較することで，その実体験の方が栄光に満ちていることを強調しています。更に，それだけに留まるものではなく，それは，オデュッセウスの人生を現実にあり得るものとして語り直し，再解釈することで，オデュッセウス自身を現実世界に引き戻す効果が含まれています。確かに『オデュッセイア』には，多くのロマンティックな要素が含まれています。それは，トロイアでのオデュッセウスの冒険やイタケーに帰還するまでの放浪という彼の実体験の中で語られています。しかし，この叙事詩の態度を見れば，ロマンティックな考えに対抗していることは明らかです。例えば，この叙事詩の冒頭では，オーギュギアー島で永久に続く肉体的快楽と豪勢な暮らしを与えるという女神カリュプソーの申し出をオデュッセウスは，拒絶しています。それは，彼が治めていた小さな王国への想いや，命がけで過ごした年月への想いや，成長したであろう息子と齢を重ねたであろう妻への想いを理由としています。この申し出を拒絶したことは，重要な意味を有しています。更に，このオーギュギアー島での楽園のような生活は，トロイア戦争における神にも見紛うほどの彼の活躍と以後の神話的な冒険（怪物キュクロプス，魔女キルケーとの出合い，冥界での出来事など）を経た上で達成されたものとも

考えられます。これらのことを考慮すれば，それを拒絶することが更に強調された意味合いを有するように思われます。オーギュギアー島での生活は，オデュッセウス一人のために用意された神の殿堂であって，オデュッセウスがトロイアで達成した戦功や，その後における彼の冒険譚に見合うだけの人生の絶頂期であるとも言えるはずです。オデュッセウスのトロイアでの武勇伝は，伝説や歌になるほどのものです。それにもかかわらず，オデュッセウスは，オーギュギアー島を離れます。そして，この叙事詩の最後でオデュッセウスは，人間を超えた存在としてではなく，人間の英雄として表現されています。彼は，物乞いの格好をしていたことから，妻にさえ，当初，その正体に気が付いてもらえませんでした。それに加え，妻に求婚する者達から耐えられない屈辱を受けます。彼は，その求婚者達を手際よく追い払います。しかし，その求婚者達は，この詩の前半に出てくる彼の屈強な敵対者に比べると貧弱な相手です。彼は，小国の王として復活し，夫として，息子として，父として，その真価を発揮するために，息子と何人かの誠実な家臣の援助を求めることになります。私達は，人間社会への復帰こそ，たとえ，それが英雄の宿命ではないにしても，英雄の人生における到達点であることを理解させられます。

　このような教訓は，アガメムノーンとその他のトロイア戦争における英雄の不幸な末路と，このオデュッセウスの平凡な結末との比較対照によって，更に強固なものとなります。オデュッセウスは，ギリシアの英雄の中で最強の者でもなければ，最も高貴な者でもありません。彼は，単に最も知性に優れた者であったにすぎません。彼の武器に関する技術論や実践的な理論が『オデュッセイア』では，強調されています。知性は，人間という動物の際立った特徴です。その点において，オデュッセウスは，ホメーロスの作品の中で最も具象化された人間像となっているのです。これが（他の古典に描かれる英雄の中でも，特に）オデュッセウスをジョイスにおけるユリシーズのモデルとして採用する由縁なのです。

　トロイアから故郷へと帰還する前にオデュッセウスが「実体験した」物語と偽られた物語との間には，多くの類似点があります[13]。偽られた物語の方は，絶えず変化を求める一方で，目的を達成できない不運で平凡な男の物語です。すなわち，落ちぶれた冒険者の愚痴です。偽られた物語においても，

---

(13) Irene J. F. de Jong, *A Narratological Commentary on the Odyssey* 353-355（2001）を参照。

語り手は，トロイアでの軍務に就きます。しかし，それは，特に際立ったものではありません。その後の放浪譚も同じようなものです。実際のオデュッセウスは，美しい王女（スケリア島のナウシカアー）に救われ，即座に恋に落ちることになります。偽られた物語の語り手の方は，王子に救われます。実際のオデュッセウスは，魔法の国の国王に提供された船を自分で漕いでイタケーに戻ります。偽られた物語の語り手の方は，彼を襲った凶悪な男達によって船で運ばれたとされます。そして，その語り手は，人目を忍んで岸に這い上がり，藪に身を隠さなければなりません。実際のところ，その語り手は，家に帰り着いたことにはなりません。なぜなら，その語り手は，イタケー出身ではなく，クレタ出身とされているからです。すなわち，彼がイタケーに留まる理由はないはずです。

この偽られた物語は，『オデュッセイア』で基調となっている展開を際立たせる効果を有しています。すなわち，オデュッセウスを相互比較の観点から，極めて卓越した人間に仕立て上げるものです。叙事詩の当初，彼は，漠然として不明確な存在でした。私達は，彼が辛うじて生きていることを知るのみです。しかし，叙事詩の中で，ほぼ全ての登場人物は彼が何者であるかを知りません。オデュッセウスが冒頭に，この叙事詩に登場した際，彼は，生きているのか，死んでいるのか，曖昧な状態で女神カリュプソーの洞窟で神の食物を食べています。その後，オデュッセウスがナウシカアーに助けられた際，彼は，スケリア島の宴会場に姿を現し，荒唐無稽な放浪話を語ります。最後に故郷イタケーに戻り，家族を相手にし，家庭内のことに専念し，トロイア戦争前の人生を思い起こします。そこで，オデュッセウスは，完全に実体化した人間となり，この叙事詩の前半部分に描かれているオデュッセウスの物語は，思い出になります[14]。

物語の前景と背景を区別することで，しばしば，文学作品をより深く理解することができます。ある意味において，『オデュッセイア』は，トロイア戦争後のオデュッセウスの放浪譚に関する物語です。それは，『イーリアス』がトロイア戦争の物語，『オイディプース王』がオイディプースの物語，『ハ

---

(14) Pierre Vidal-Naquet, "Land and Sacrifice in the Odyssey: A Study of Religious and Mythical Meanings," in *Myth, Religion and Society: Structuralist Essays* 80, 83 (R. L. Gordon ed. 1981)（「オデュッセウスが平穏な日常に戻ったことに加え，彼が時間をかけて自らの人間性を受け入れていったこと」を論じている。）Charles Paul Segal, "The Phaeacians and the Symbolism of Odysseus' Return," *Anon*, Winter 1962, 17, 25, 29 頁，注 13 を参照。

ムレット』は，父親の殺人者に対し，ハムレットが復讐しようとする彼の奮闘の物語であるのと同じです。しかし，これらの4作品は，その前景となる物語を物語全体の中で簡略化して扱っています[15]。すなわち，『オデュッセイア』は，オデュッセウスがトロイアから帰還する物語というよりもオーギュギアー島から帰還する物語と言えるのです。オデュッセウスは，西から東へ，不死の存在から致死の存在へ，安逸な生活から苦闘の生活を求めながら，流れ（海）に身を任せ，イタケーの洞窟を経て，象徴的に生まれ変わります。彼は，死よりも生を，想像よりも現実を，楽園よりも地上を（オーギュギアー島は，エデンの園の異教版です），引退するよりも現役であることを選びます。

　この叙事詩では，オデュッセウスの息子テーレマコスの成長に関する物語が交差します。この詩の初めの段階では，父と息子は，離れた世界にいます。彼らの物理的な隔絶は，第2歌で描写される浅はかな若者とトロイア戦争の英雄の間にある感情的な溝を象徴しています。オデュッセウスがエウマイオスに語ったところの偽られた物語に類似し，オデュッセウスの人生経験を縮小したかのような一連の冒険を通じて，テーレマコスは，急激に成長します。テーレマコスの成長は，オデュッセウスを人間の英雄として再定義することに加え，この叙事詩が3世代を絵画的に描く中で結末を迎えることとも相まって，父と息子を，およそ同等のものとして結び付ける印象を与えています。『イーリアス』の中でアキレウスが得たような不朽の名声とオデュッセウスがオーギュギアー島を離れる際に拒絶した一個人の不滅の代わりに，家系が連綿と続いていく代替的な不滅の方法が『オデュッセイア』では，提示されています。オデュッセウスが黄泉の国を訪れた際にアキレウスと出合い，そこでアキレウスの息子の功績を告げたときのアキレウスの喜びの中にも『イーリアス』の世界と『オデュッセイア』の世界の対比が示されています[16]。

　『オデュッセイア』が人間の有限性を乗り越えようとする試みについて重

---

(15)『オイディプース王』と『ハムレット』は，両作品とも，真実発見の物語であり，ある意味において，推理小説の先駆けとも考えられるため，そこで見出された恐怖が最初の段階で観客に示されてしまったら，劇的効果と緊張感が失われてしまうだろう。

(16)「そこで，私は言い／彼は立ち去った。俊足の亡霊，アイアコスの孫よ／不凋花で埋め尽くされた大地を大股で駆け抜ける／私は，彼に，勝利を収めた息子のことを全て語った／彼の勇敢で，光り輝く息子のことを (14.612-616)。」

要な観点を提示したのと対照的に，ロマン主義文学は，無制限で超人的な可能性を持つ子供の感性の喪失を嘆きます。ワーズワスの『頌歌：幼少の思い出に見る不滅の生命の啓示』は，次のように語っています。

　　私達の誕生は，眠りと忘却でしかないのだ。
　　私達と共に現れる魂，私達の生命の星は，
　　　　どこか別の場所にあって，
　　　　遠くからやってくる。
　　　　完全に忘れてしまうことはなく，
　　　　純粋に無垢のものでもない，
　　それでも，栄光の雲をたなびかせながら，私達はやってくる，
　　　　神のもとから，神こそが私達の家。
　　天国は，私達の幼少時代に存在している。
　　そこに牢獄の影が忍び寄る
　　　　成長する少年の上に（中略）

　　（6歳の）お前は，その外見で，覆い隠している
　　　　お前の魂が無限であることを。
　　お前は，最も，知を愛する者。その愛を抱き続けている。
　　盲人の中にあって，お前の瞳は，神の恩寵なのだ（中略）

　　　　優れた預言者よ！　崇められる預言者よ！
　　　　　その者に，真理は，存在する
　　私達が人生を賭して得ようとしている真理は，そこにあるのだ（中略）

　これは，素晴らしい詩です。しかし，その表面的な意味は不合理です。6歳の子供は，大人が全生涯を費やして学びとろうとしている知識を有していません。しかし，大切に扱われ愛されている子供や若者は，一般に，活力と熱意，温かさと理想主義，無限の感性と善をなそうという無限の力を持ちます。これらは，年齢を重ね，経験を経ることにより，失われていく性質です。このようなことは，ある者にとって，深い喪失感を残すことになります。「太陽の光は，輝かしい誕生／しかし，私は知っている。私が何処へ行こうとも／その栄光は，この地上から既に消え去っているのだ」とワーズ

ワースは，述べています。これとは異なる考え方をする者もいます。アリストテレースは，若さについて，以下のように考えています。

> 若者達は，物事の悪い面よりも，むしろ，善い面に注目してしまう。多くの不正を未だ目の当たりにしたことがないためである。彼らは，容易に他者を信じる。なぜなら，彼らは，ほとんど欺かれた経験がないためである。彼らは，希望に燃えている。（中略）［なぜなら］彼らは，未だ，ほとんど失敗したことがないからである。（中略）［彼らの］燃えるような気質ゆえに，怖れを感じず，彼ら［の］希望に満ちた性分は，自信を抱かせる。（中略）彼らは，馬鹿げたことを称賛する。（中略）彼らは，全てを知っていると考え，常に，そのことに確信を持っている[17]。

　子供に対するロマン主義者の崇拝は，原罪の教義を有する組織化されたキリスト教[18]を拒絶し，現実主義的である自然科学を拒絶し，有限性を強調する経済学を拒絶することを意味しています。これは，マルサスの時代において，特に強調されたもので，ロマン主義の時代と時期を同じくしています。ロマン主義は，神の属性を神から人間に移し，そうすることで人間は，（神と同様に）想像力によって，彼自身の現実を創出することができるという前提を主張します。そこにおいて，自然人は，善良で完全な潜在的能力を有しているとされます。しかし，その自然人は，成熟し，老獪で，冷笑的・世俗的な組織や「社会制度」という領域において，堕落し，無力化されます。そ

---

(17) Aristotle, *Rhetoric*, 第2巻，第12章, in *The Complete Works of Aristotle*, vol. 2, 2213-2214 頁（Jonathan Barnes ed.1984）（W. Rhys Roberts trans.）（1389a-1389b）．アリストテレースの考え方は，Michael Oakeshott, "On Being Conservative," in his book *Rationalism in Politics and Other Essays* 168, 195 (1962) においても，影響を与えている。「全ての人々における若かかりし日々は，夢見がちで陽気なほど愚かしく，うんざりするほど自己中心主義である。若者に形式張ったことや固定化された評価は，存在しない。すなわち，全てが可能性に満たされて，確信に満たされながら，若者は，楽しく暮らしている。遵守すべき義務は，存在しない。貯金もしない。何も事前には規定されていない。ありのままに全てのものが存在し得る。世界は，若者の欲求を映す鏡なのである。」

(18) 組織化されたという意味でのキリスト教という観点が重要である。ロマン主義者は，通常の人間の状態を超越するという希望に満ちている点において，組織化されないキリスト教（およびマルクス主義）と類似している。このような考え方は，『オデュッセイア』における考え方とは相容れないものである。

こでは，まるで，大人になり，年をとることが個人的・生物学的な現象ではなく，社会的現象であるかのように扱われています。

　ニーチェは，このロマン主義を軽蔑しました。しかし，彼は，一般的にロマンティックな感性の持ち主とされ「運命を征服し，自然を支配し，自由を実現したいという現代に特徴的な野望を新しい高みにまで引き上げている[19]」と評されることもあります。ニーチェの「一貫した趣向は明白である。彼は，常に群れをなす人間よりも，確固たる個人を好み，正義よりも天才を好み，当然の功績よりも偶然的な恩寵を好む。彼は，規範による支配や専門家の能力よりも霊感を好み，『人間的，あまりに人間的な』事柄よりも，あらゆる形式において英雄的な事柄を好む[20]」とされています。

　ニーチェは，キリスト教という宗教の根源と展開を批判することで，組織一般に対してロマン主義が有する敵意，特に組織化されたキリスト教に対する敵意を詳細に説明しました。その批判において，ユダヤ人こそが体制への反感というかたちでキリスト教を発明した者とされています。これは，反ユダヤ主義とルサンチマンを同一視するリチャード・ワイズバーグとは対照的な説明です。

> 世界史において偉大なる憎むべき者は，常に僧侶である。（中略）この地球上で「高貴な者」，「力強き者」，「君主」に対して行われた全てに鑑みても，ユダヤ人が，それらの者達に対して行ったこと以上のものはない。ユダヤ人は，僧侶たる民族であり，その敵対者や征服者と対立する際に，その敵が有している価値を徹底的に転換しなければ満足しない。すなわち，それは，<u>精神的な復讐</u>を貫徹するということである。（中略）このユダヤ人と共に，<u>道徳における奴隷の反乱</u>が始まるのだ。すなわち，この反乱は，2000年以上もの歴史を有するのであり，もはや私達の目に触れることはない。なぜなら，その反乱は，既に勝利を手にしているからである[21]。

　この文章は，ニーチェのユダヤ人に対する態度を完全に教えてくれるもの

---

(19) Peter Berkowitz, *Nietzsche: The Ethics of an Immoralist* 2 (1995).
(20) J. P. Stern, *A Study of Nietzsche* 127 (1979).
(21) Nietzsche, 前掲注 2, 33-34 頁 (essay I, § 7)。同上 35 頁 (essay I, § 8) も参照。

ではありません。この文章に加えて、ニーチェは、親ユダヤ主義的な考えを高揚する文章[22]や、反ユダヤ主義に対する痛烈な批判や、ドイツの国家主義に対する痛烈な批判も述べているからです（実際に、彼は、絶対的な反ドイツ主義者でした）。ニーチェは、超人（Übermensch）という言葉を流通させました。この言葉自体は、実際に彼が作り出した言葉ではありません。そして、この言葉は、ナチスの人種差別政策で非常に大きな役割を果たしました。しかし、彼は、人種差別的な意味で、この言葉を使ってはいません。また、彼は、人間以下の者（Untermensch：超人の反対語）に当たる言葉を用いることもしませんでした。彼が奴隷や民族純血主義について語ることは、非常に稀でした。この非常に稀という限定的な意味でしか民族純血主義について語らなかった点は、特筆すべき事実なのです[23]。

　ニーチェの作品において悪意を込めて読まれる部分は、ほとんど「前向きな考え」を促すものとして、肯定的に解釈することもできるのです。彼は、慣習や束縛を破壊し、臆病になること、弱者になることを止め、健全な自我意識を深め、軽蔑を無視し、人生に責任を持ち、そこに輪郭と意味を与えるように人々を促すことで「人生を肯定的に把握しよう」としているのです。これは、ヨーゼフ・K. が成しえなかったことであり、『異邦人』において、ムルソーが最後に成し遂げたことであり、アルフレッド・トラップスが模擬裁判の末に成し遂げたことなのです。超人とは「人間を超えた者」という意

---

(22) 例えば、*Beyond Good and Evil: Prelude to a Philosophy of the Future* 185-189（§§250, 251）(Walter Kaufmann trans. 1966); *Daybreak: Thoughts on the Prejudices of Morality* 124-125（§ 205）(R.J. Hollingdale trans. 1982); *Human, All Too Human: A Book for Free Spirits* 228-229（§ 475）(Marion Faber trans. 1984); *Joyful Wisdom* 288-289（§ 348）(Thomas Common trans. 1960) も参照。しかし、『善悪の彼岸』（§195）の中で、ニーチェは、再びユダヤ人を「『奴隷となるために生まれてきた』人々」と語っている（タキトゥスを肯定的に引用）。更に「ユダヤ人は、道徳における奴隷的反抗の起源と考えられる」とまでニーチェは、述べている。そして、『曙光』の中で、彼は、ユダヤ人を「今までいた人間の中で最も憎むべき者」と呼んでいる（§ 377、170頁）。

(23) Walter Kaufmann, *Nietzsche: Philosopher, Psychologist, Antichrist*, 第10章, 第11章 (4th ed. 1974); Richard Schacht, *Nietzsche*, 第7章 (1983). しかし、私達は『曙光』前掲注22、1491頁（§ 272）において、次のような一文に出合う。「雑種の人種とは、すなわち、雑種の文化、雑種の道徳を意味する。雑種の人種は、大抵の場合、より邪悪で残酷で落ち着きがない。純粋な人種は、常に、より強く、より美しい。」ニーチェが人種差別、搾取、集団殺戮に関心を持っていたことの更なる例証に関しては、Ofelia Schutte, *Beyond Nihilism: Nietzsche without Masks*, 第7章 (1984) を参照。

味ではなく，自己克服者なのです[24]。

　ニーチェは，旧約聖書を非常に称賛し，世界中に離散していったユダヤ人の中でも社会に同化していった者達を褒め称えています。しかし，それでも，彼は，繰り返し，現代世界の諸悪の根源として，恐らく，その罪に値するものではないにもかかわらず，ユダヤ人は，最終的な責任を取るべきであると主張しました。それと同時に，彼は，断固としてユダヤ教徒の価値を擁護しました。「あなたは，善い原因があれば，戦争でさえ神聖にするのかと言う。私は，あなたに言おう。どんな原因をも神聖にするのが善い戦争なのだと[25]」主張しました。ニーチェは「反ユダヤ主義に反対する者であり，それと同時に，古代のユダヤ主義，すなわち，キリスト教の母体に対する批判者でもある[26]」と評価されています。ナチスは，このニーチェの評価の前者部分を無視しました。ワイズバーグは，この評価の後者部分を無視しています。

　ナチズムは「一種のニーチェ哲学信奉者による全体主義的政治体制である」と説明されています[27]。ドイツ民族は，アドルフ・ヒトラーという人

---

(24) 前掲注5を参照。
(25) Nietzsche, 前掲注4, 47頁 (pt. I, *Zarathustra's Speeches*).「当初，貴族階級における格言とされていた武人たる模範は，ニーチェが展開した戦争賛歌と，その表現力を通して，彼が生きた時代の中産階級に広く受け入れられた。」Norbert Elias, *The Germans: Power Struggles and the Development of Habits in the Nineteenth and Twentieth Centuries* 118 (Michael Schroter ed. 1996). ニーチェは，武人たる模範の内容を「中産階級の国家主義的教義」へと変容させた。同119頁。
(26) Yirmiyahu Yovel, "Nietzsche, the Jews, and *Ressentiment*," in *Nietzsche, Genealogy, Morality: Essays on Nietzsche's Genealogy of Morals* 214, 215 (Richard Schacht ed. 1994)（強調部分は筆者付加）。
(27) Steven E. Aschheim, *Culture and Catastrophe: German and Jewish Confrontations with National Socialism and Other Crises* 81 (1996). *Human, All Too Human*, 前掲注22, 230-231頁 (§477) の文章を考察せよ。「戦争は，不可欠である。人類が戦争を行わないようになった場合，人類から多くを期待し続けるのは（あるいは，そのときに，多くのものを期待するのは），空しい熱狂と感傷である。（中略）今日のヨーロッパ人が有するような高度に文明化され，それゆえ必然的に退屈な人間性は，文化の手段として，その文化と存在性を失わないために，単なる戦争だけではなく，むしろ，最も恐ろしい戦争（すなわち，場合により野蛮へと立ち戻ること）をも必要とするのである。」または，*The Anti-Christ*, in *Twilight of the Idols and The Anti-Christ* 115-116 (§2) (R.J. Hollingdale trans. 1968) からの引用における次の部分を参照。「善とは何か？ 力への感情，力への意志，人間の内なる力そのものを高める全てのもの。悪とは何か？ 弱さから生み出される全てのもの。（中

物，物質の有限性に対する意志の勝利，戦争賛美，冷酷さと虐待の称賛，原始的社会の価値と資本主義社会の価値の置き換え，強く美しい支配者としての人種の創造，悪魔的なまでの活力の下で，ニーチェの影響を受け，ファシズムと多くの点で関連したイェイツのような新ロマン主義の現代的詩人と共に，団結しました。そして，宗教的というよりも文化的な反ユダヤ主義として[28]，すなわち，キリスト教的な観点からのユダヤ人批判ではなく，無宗教者という観点からのユダヤ教やキリスト教への批判として，ニーチェは，ヒトラーに対し，反ユダヤ主義を称揚する方法を指し示したと言えます。ヒトラーも，キリスト教とユダヤ教を一括りにして，反キリスト教という態度を採用していました。

　ナチズムにおいて，私達は，反抗的な個人主義の称賛からコミュニタリアニズムの称賛へと方向転換をしたロマン主義の例を知っています。つまり，新マルクス主義者の急進的なコミュニタリアニズム，エドマンド・バークの穏健なコミュニタリアニズム，ムッソリーニやヒトラーにおける社会有機体説【社会を一個体の生物であるかのように看做し，その構成員である個人は全体の機能を分担するものであるとする考え】[29]です。要するに，個人間における境界の崩壊です。このような境界を形成するのが法です。そのような法は，ロマン主義的ではなく，実際に，反ロマン主義的です。ロマン主義は，法とは相容れません。このことは，非現実的な犯罪者を扱う文学の伝統で示されています[30]。ブレイクの『天国と地獄の結婚』に書かれている警句である「揺籃の中の赤子を，大事に思えないのなら，すぐさま殺した方がましだ」という一節は，ジッド，ジュネ，カミュ，その他の20世紀の新ロマン主義小説の碑文となりえたでしょう。ニーチェの戦争賛美は，この感情と一致しています。しかし，彼は，殺人を称賛することはありませんでした。ブレイクも同様です。ニーチェがキリスト教的価値観に対して不満なのは

　略）弱者と病を抱えた者は，消滅すべきである。これが私達の博愛主義において，最も優先されるべき原則である。その者達が消滅していくことを手助けしなければならない。悪徳の中で最も有害なものは何か？病を抱えた者と弱者に対する同情，そして，キリスト教的観念である。」

(28) A. D. Nuttall, *Why Does Tragedy Give Pleasure?* 63 (1996).
(29) Roger Eatwell, *Fascism: A History* 6-7 (1995) を参照。
(30) Martha Grace Duncan, *Romantic Outlaws, Beloved Prisons: The Unconscious Meanings of Crime and Punishment*, pt. 2 (1996).

(ブレイクも同様に)，殺人への衝動を抑制するからなのではなく，その価値観が「生命感に抗う」からなのです。

　しかしながら，ワイズバーグは，法を扱う小説において，ニーチェやロマン主義者を更に一歩進ませて，殺人を行う傾向にある超人を称賛していると解釈しています。『罪と罰』のラスコーリニコフは，2件の殺人を犯しています。その内の1件は，私達の法制度では，第1級殺人罪に当たるものでしょう。ムルソーが殺人者であることは，既に検討しました。ビリー・バッドも少なくとも民間人に適用される法において（後述するように，実際の話では，それは適用されない），故殺に該当する罪を犯しています。ワイズバーグは，これらの作品により称賛されるべき価値を逆転させてしまっています。彼は，犯罪行為に共感し，被告人を裁きの場に引き出す人々に反感を感じています。このような人々は，ルサンチマンに夢中になっていると彼は，考えています。彼は「ルサンチマンからの解放宣言として犯罪行為が行われるという認識は，現代文学における基本的な価値観であり」，「犯罪者は，ルサンチマンを抱く傾向にはない」と述べています。ムルソーは「恣意的な価値制度」に抵抗します。なぜなら，ムルソーは「結局のところ，積極的な価値である彼自身の世界観を持っているからである。ムルソーは，個人として，言葉による感情の発露を完全に拒絶している。このように，彼は，完全なデカルトの合理性とまではいかないとしても，誠実に人間存在の自由な流れの中に身を任せている（119-120頁）」とします。ムルソーの裁判の証人は「被告人の道徳的世界観の在り方に意味をもたらすことができない（120頁）」とされます。そして，

> 「太陽」が殺人を惹き起こしたとムルソーが宣言するとき，私達は，感覚的な経験が素直に受け入れられた道徳的世界観の中で，殺人を行った日の実際の状況が昼食時に軽くワインを飲んだこととも相俟って，実際に彼から自由意思を奪っていたと理解するだろう。このような状況は，法的論証により，明らかにされる問題ではない。実際にアメリカの裁判所において，ムルソーが殺人を現実的に計画していないことは，有効な抗弁の根拠を形成するだろう。犯罪者の「性格」は，アメリカの裁判所において，証拠としてほとんど採用されないため，ムルソーは，故殺として，比較的，軽い刑の宣告を受けたかもしれない（121-122頁。脚注省略）。

このワイズバーグの無益な結論は，当たり障りのない表現（「実際に」，「現実的に」，「有効な」，「比較的」）を用いて，ムルソーが（名前も明らかにされず，フランス人ではなく，没個性化された）被害者を5回も撃ち，彼が決して良心の呵責を見せなかったことに言及しないことにより，曖昧にされています。被害者の人間性が無視される一方で，犯罪者は，人間味の溢れる人物として描かれています[31]。被害者と加害者が誰であるかで「正義」が左右されるのであれば，人気のある者は，正義を得ることになり，不人気の者は，正義を得られません。しかし，法的正義の本質は，個人の長所や地位，各々の訴訟当事者の魅力を無視している点にあるのです。

　そこで，ワイズバーグは，ムルソーが実際に行った悪事に関して「ほとんど恣意的に無視を決め込んでいる」と批判されました[32]。それを受けて，ワイズバーグは，ムルソーのみならず，誤って殺人で告発されたような人物（例えば，ドミートリイ・カラマーゾフ）も含め，そのような小説上の人物達を，誰一人として，<u>立派な道徳的模範を示している</u>者だと言うつもりはないと答えています[33]。しかし，ワイズバーグは，ビリー・バッドを「無実の男」，「歓喜に満ちた無実の人間」と表現しており（152, 162頁），ビリー・

---

(31) これを現代に置き換えた事件として，貧しい家庭出身の若い男性がイェール大学の女子学生を殺害した例を挙げることができる。この若い男は，カトリックの教会から多くの同情を受け，彼の行った犯罪に対しては，短期の懲役刑しか科されなかった。Willard Gaylin, *The Killing of Bonnie Garland: A Question of Justice* (1995); Peter Meyer, *The Yak Murder* (1982). Lynne N. Henderson "Legality and Empathy," 85 *Michigan Law Review* 1574 (1987) を参照。犯罪の被害者に対する共感が抱かれなかったことへの非難は，スーザン・グラスペルの小説『女だけの陪審員』（第3章）の内容に対して，同様に，向けられないだろうか？この小説も，被害者の視点から語ることは，できなかったのであろうか？ジョン・スタインベックの小説『白いうずら』に出てくるハリーのように，殺害された夫は，妻の小鳥に嫉妬していたのかもしれない。ハリーは，嫉妬から妻の愛している鳥を殺している。第11章において，私達は，殺人者と（その場にはいない）被害者との間で，その均衡を被害者の心的衝撃に関する陳述書を用いて調整する法の努力に関して検討する。

(32) Susan Sage Heinzelman and Sanford Levinson, "Words and Wordiness: Reflections on Richard Weisberg's *The Failure of the Word*," 7 *Cardozo Law Review* 453, 465 (1986).

(33) Richard H. Weisberg, "More Words on *The Failure of the Word*: A Response to Heinzelman and Levinson," 7 *Cardozo Law Review* 473, 483 (1986)（強調部分付加）。ムルソーは「奇異なる存在として有罪とされたのだ」と表現している。Weisberg, *Vichy Law and the Holocaust in France* 7 (1996).

バッドが戦時中に上級将校を殴り，死に至らしめた事実を軽んじています。更に『罪と罰』において，予審判事であるポルフィーリがラスコーリニコフに自白させる目的で罠にかけようとし，そこで，法律家の策略をどのように用いているのかを論じる際に，ワイズバーグは，ラスコーリニコフの窮状と『審判』のヨーゼフ・K. の窮状を比較しています。しかし，ラスコーリニコフは，二人の人間を殺している一方で，ヨーゼフ・K. は，犯罪を全く行っていない事実を見落としています。ワイズバーグは，ポルフィーリを「ラスコーリニコフに対して，自白と道徳的な服従を強制する」人物として描写しています (xii, 54 頁も参照)。確かに，ラスコーリニコフの不意を衝くためにポルフィーリが採用した戦術は，劇的な効果を与えられています。しかし，これは，一般的な尋問戦術です。そこに，強制は，存在しません。更に，ラスコーリニコフの供述は，ポルフィーリの尋問の結果，得られたものですらありません。ポルフィーリがラスコーリニコフに犯罪の責任を問おうとするのを諦めた後，ラスコーリニコフは，別の捜査官に自白しています。それは尋問の重圧からではなく，罪悪感からです。

『ビリー・バッド』・『カラマーゾフの兄弟』・法の限界

メルヴィルの未完の短編小説『ビリー・バッド』は，終わりのない議論の対象になっています。すなわち，メルヴィルは，ビリー・バッドが不当に有罪判決を下されたと読者に信じてほしかったのだと考える人々[34]と，メルヴィルは，ビリーの有罪判決の正当性を読者に受け入れて欲しいと願ったか，問題を解決しないままにしておきたかったと考えている人々[35]との終わ

---

(34) ワイズバーグは，このような考え方を採用する研究者の先頭に立っている。*The Failure of the Word* における議論の他に, Weisberg, "20 Years (or 2,000?) of Story-Telling on the Law: Is Justice Debatable?" 26 *Cardozo Law Review* 2223, 2226 (2005); Weisberg, *Poethics and Other Strategies of Law and Literature* 104-116 (1992). 同様に, James Boyd White, "'Law and Literature': No Manifesto," in White, *From Expectation to Experience: Essays on Law and Legal Education* 52, 65-69 (1999); Laurie Robertson-Lorant, *Melville: A Biography* 594 (1996); Brook Thomas, *Cross-Examinations of Law and Literature: Cooper, Hawthorne, Stowe, and Melville*, pt. 3 (1987); Robert Cover, *Justice Accused: Antislavery and the Judicial Process* 1-6 (1975) を参照。

(35) 例えば，Andrew Delbanco, *Melville: His World and Work* 309-314 (2005); John Wenke, "Melville's Indirection: *Billy Budd*, the Genetic Text, and 'the Deadly Space Between,'" in New Essays on Billy Budd 114 (Donald Yannella ed. 2002); Lester H. Hunt, "*Billy Budd*: Melville's Dilemma,"

ることのない議論です。2001年9月11日におけるテロ攻撃に続いてアメリカ政府がとった措置は, この論争に新しい印象を与えています[36]。

　この短編小説の題名の由来にもなっている主人公は, 英国とフランス総裁政府（フランス革命とナポレオン時代の間の空白期間）との戦争の間, 英国の軍艦に徴用された若い船乗りです。英国海軍は, 当時, 深刻な反乱を経験し, 全ての者が反乱の再発, 特に, 徴用された船乗りに目を光らせています。ジョン・クラッガートは, 船の安全に責任を持つ下士官で, 決して明らかにされることのない理由からビリーを陥れることを決心します。彼は, 艦長に対してビリーが反逆者であると告げます。ヴィア艦長は, クラッガートを信用しません。そして, 艦長の部屋で, その告発者と対峙するようビリーに要求します。ビリーは黙り込んでしまい, クラッガートの告発に言葉で応酬することができません。ヴィアは, 父親のようにビリーの肩に手を置き, 急いで話す必要はないと宥めます。言葉が出てこないことに加え, 憤りが相俟って, ビリーは, クラッガートを1発殴り, 死に至らしめてしまいます。

　ヴィアは, 略式（正式事実審理を経ない手続）の軍事法廷を招集します。軍事法廷の構成員は, ビリーに対して憐れみを見せています。しかし, ヴィアは, 戦時に上官を殴ることは極刑に値する罪であり, どのような慈悲であれ反乱を促進する可能性があるかもしれないことを思い起こさせ, その軍事法廷は, 渋々, ビリーに死刑を宣告します。ビリーは, 翌朝, 絞首刑にされます。彼の最後の言葉は「主よ, ヴィア艦長を救い給え」でした。ヴィアは, 直後の戦闘で致命的な傷を負い「ビリー・バッド」と呟いて, 死を迎えます。

---

　26 *Philosophy and Literature* 273 (2002); Edward M. Yoder Jr., "Melville's *Billy Budd* and the Trials of Captain Vere," 45 *St. Louis University Law Journaln* 09 (2001); Robert P. Lawry, "Justice in Billy Budd," in *Law and Literature Perspectives* 181, 188 (Bruce L. Rockwood ed. 1996); Roger Shattuck, *Forbidden Knowledge: From Prometheus to Pornography* 156 n.* (1996); Stephen Vizinczey, "Engineers of a Sham: How Literature Lies about Power," *Harper's*, June 1986, 69, 71-73 頁を参照。『ビリー・バッド』の法的側面に関する議論に貢献するものとして, "Symposium on *Billy Budd*," 1 *Cardozo Studies in Law and Literature* 1 (1989); *Critical Essays on Melville's* Billy Budd, Sailor (Robert Milder ed. 1989); Susan Weiner, *Law in Art: Melville's Major Fiction and Nineteenth-Century American Law*, 第8章 (1992) を参照。

(36) Daniel J. Solove, "Melville's Billy Budd and Security in Times of Crisis," 26 *Cardozo Law Review* 2443 (2005) を参照。

第5章　法の不正義を告発する文学作品　267

　ワイズバーグの解釈では，ビリーは，ルソーが述べる高貴な未開人，ニーチェが述べる「君主」または「金髪の野獣【肯定的に描かれる支配者種族】」，ワーズワースが述べる預言者です。他方，ヴィアとクラッガートは，ルサンチマンにより破滅させられます。そして，ビリーの処刑は，正義に適っていないとされます。ワイズバーグによれば，ビリーがクラッガートを殴ったとき，クラッガートは「軍務遂行中」ではないと考えられ，この軍事法廷は，正当ではないと主張されます（154-155頁）。しかし，クラッガートは，軍務遂行中と言えます。反乱者を探し出すことが船の安全を守る下士官としてのクラッガートの主たる義務です。彼がビリーを告発したのは，職務を放棄したのではなく，職務を濫用したのです。軍事法廷の構成員は，クラッガートが間違ってビリーを告発したにすぎないと信じています。ワイズバーグは，少なくとも，死刑は，ビリーに対し，限度を越えた刑罰であると主張しています。しかし，彼は，歴史的な事実を読み違えています。シーマン・ジョン・ガミングは，甲板長を殴ったことを理由に，1784年に裁判を受け，有罪が認定され，絞首刑を宣告されています。この甲板長が死んだと示す事実は確認されていません。しかし，シーマンに慈悲は，与えられませんでした[37]。

　ワイズバーグによれば，英国法の下で，ヴィアは，艦隊に合流するまで，ビリーの手続を保留するべきであり，艦隊を指揮している司令長官に，正規の軍事法廷を招集するか否かを尋ねるべきであったと主張します。そして，ビリーがクラッガートを殴ったことが反乱であると認定されうる場合にのみ，ヴィアの船が行った略式の軍事法廷は妥当であったと主張しています。しかし，戦時に上官を殴ることは，それ自体で反乱であるとされます[38]。

　ワイズバーグによる法の理解が，たとえ妥当だとしても，この短編において，軍事法廷やビリー・バッドの処刑が違法であるという解釈は，何ら原文から読み取れないという理由により論破され得るものです。また，読者も，原文から読み取れない事情から結論を得ることはないはずです。確かに，この軍事法廷は，洗練されておらず，おそらく急ごしらえのものではあります（船医や軍法会議の構成員は，このような異常な事件を司令長官に委ねるべ

---

(37) John MacArthur, *Principles and Practices of Naval and Military Courts Martial*, 第2巻, 437頁 (4th ed. 1813). この事件の調査に関して，同419-451頁を参照。

(38) Thomas Simmons, *The Constitution and Practice of Courts Martial* 79 (7th ed. 1875).

きであると考えています)。しかし，違法とまでは言えません。この略式の軍事法廷が，このような状況では適切であると読者に語りかけているのは，ヴィアではなく，この物語の語り手自身です。「戦時中は，陸上にせよ，艦隊内にせよ，戦地の軍法会議で死刑が宣告されれば，有罪判決の後，速やかに執行される。陸上であれば，将軍が頷きさえすれば，判決となることもある。控訴は行われない[39]。」このメルヴィルの小説には，この語り手の説得力の無さを喚起させる事実も，読者がこの短編小説を理解するためには，18世紀の英国の海事法を調べなければならないという事実も見当たりません。

たとえメルヴィルが法の理解を誤っていたとしても，この短編小説の内容には影響を及ぼさないでしょう。ビリーの軍事法廷の合法性が所与のものであることは，『尺には尺を』において，クラウディオとジュリエッタの主張する結婚の無効が所与のものであるのと同じことなのです。メルヴィルは，小説の中で，しばしば事実を勝手に曲げることがあります[40]。私達は，小説の中で，その事実を期待しています。ビリー・バッドが船の上で裁判を受けるべきことは，文学的には避けられないのです。艦隊との合流まで手続を遅らせて，それにより，ヴィアが何の指導力も発揮することのない軍事法廷に事件が移されるならば，ビリーの死に対してヴィアは責任を免れることになり，この物語を混乱させることになるでしょう。ビリーが略式の軍事法廷において，紛れもなく穏当な刑罰，例えば，鞭打ち刑を受けたとされるならば，この物語を陳腐なものにしてしまうでしょう。そして，この物語の速やかな展開を維持するために，ヴィアは，検察官，陪審員，裁判官の全ての役割を一人で実際に果たさなければなりません。芸術性は，適正手続よりも優先されます。法を主題としている文学作品は，法理論を記述するよりも，文学的な価値や必要性により，首尾一貫した物語を形成するものです。そのように理解することで法的妥当性から乖離した文学的展開の重要性を誤解するおそれが回避されるのです。

軍事法廷の構成員が見せる不安，例えば，彼らの一人がヴィアの正気さえも疑うほどの不安は，この軍事法廷が合法なのかという疑問から生じている

---

(39) Herman Melville, *Billy Budd, Sailor* (*An Inside Narrative*) 114 (Harrison Hayford and Merton M. Sealts Jr. eds. 1962).『ビリー・バッド』に関して，本文で掲げている頁数は，この版による。

(40) 例えば，Herman Melville, *Omoo: A Narrative of Adventures in the South Seas* 341-348 (Harrison Hayford and Walter Blair eds. 1969) の編集者による「注記」を参照。

のではありません。その不安は，ビリー・バッドが非常に魅力的な人物である事実と（法律家の感覚ではなく，素人の感覚からして）クラッガートを殴り殺した激怒が甚だしかった点に由来しているのです。そこでは対立軸として，狭量な見方と限定的な理解しかできない下士官達の間に漂う同情が描かれる一方で，艦長に託された責任感が他方において描かれます。ヴィアは，知性，役割，客観的な物の見方において孤立しており，誰かに相談し，ビリーの犯罪結果に対処する責任を共有する人がいませんでした。

　ワイズバーグは，ビリー・バッドをニーチェの述べる「金髪の野獣」とし，クラッガートをイエス・キリストであると主張します。ワイズバーグは，クラッガートを「救世主クラッガート」とすら，呼んでいます（174頁）。ビリーは，ニーチェが述べるところの自然人としての性格を備えています。健康で血気盛んであり，根本に激情を抱えていながらも，それは，悪意や執念深さではなく，将来に対しては，無頓着で（彼は，戦時に軍艦に徴用されたことに関して無関心です），誠実であり，口下手です（いよいよというときに，都合悪く黙り込んでしまうことが，それを象徴しています）。ビリーは，この特徴をムルソーと共有しています。ニーチェは，共感性，感受性，将来の計画性，および，その他における人間の精神構造の特徴をも考察することで，集団の構成員でありながら，その弱さを克服するために「力への意志【ニーチェの主要な哲学的概念で，自らを支配し，それ以上の者として，より強くなろうとする意欲こそが，あらゆるものの根源であるという思想】」と呼ばれるものを表現しました。「強さを有する者は，その精神からも身を乗り出す[41]。」これこそがビリー・バッドです。

　しかし，ビリーもキリストを彷彿とさせる人物です[42]。この小説は，彼の存在を明らかに堕落する前のアダムと神の子羊とに関連付けています。そして，しばしばキリストは，キリスト教文学において「第2のアダム」と言われています。天国へ至る前触れがビリーの処刑の中に見え隠れします。その処刑の場において，ビリーは，ヴィアを赦すように祈ります。ビリーに対するヴィアの父親のような態度は，人間を救う目的で神が自らの息子を犠

---

(41) *Twilight of the Idols: or How to Philosophize with a Hammer*, in *Twilight of the Idols and The Anti-Christ*, 前掲注27, 76頁 ("Expeditions of an Untimely Man," 14). *Daybreak*, 前掲注22, 90頁 (§ 142) を参照。

(42) James McBride, "Revisiting a Seminal Text of the Law and Literature Movement: A Girardian Reading of Herman Melville's *Billy Budd*, Sailor," 3 *Margins* 285 (2003).

性に捧げたことを思い起こさせます。「バッド (bud)」という英語は，植物の「つぼみ」を表しています。ニーチェの哲学的考えにおいて表現される君主の概念とイエス・キリストとの間には，矛盾は生じません。ニーチェは，キリストを称賛に値し「無宗教者でさえある」と考えており，そのキリストと組織としてのキリスト教を区別していました[43]。「キリスト教徒は，唯一，彼一人しか存在しなかった。そして，彼は，十字架の上で死んだ」といったのは，ニーチェでした[44]。確かに，メルヴィルがニーチェに劣らないほどにキリスト教徒を嫌悪していたという事実は，原文においても，彼の自伝からも裏付けることはできません[45]。クラッガートは，キリストではありません。むしろ，彼は，悪魔だと言えます[46]。彼は，繰り返し，蛇になぞらえられており，彼の名前は，悪魔を伝統的に連想させる耳障りな音の響きを持っています。確かに，彼は，イエス・キリストと同じイニシャルを有しています。しかし，それは，驚くべきことでしょうか？ それは，何かを悪魔に期待するのと同じではないでしょうか？

多くの「自由主義者」は，現代的な感覚において，軍隊に嫌悪感を抱いています。彼らの多くは，死刑も憎んでいます。(なんて軽蔑すべきことだと，ニーチェならば，考えるでしょう！) そのような者達は，ヴィアの中に同情的な人物像を見出しません。そして，ヴィアに同情心が欠けていることをメルヴィルに投影して論じています。例えば，ブルック・トーマスは，軍事法廷の手続に対するワイズバーグの批評に感銘を受けることはなく，そのような批評を「専門的な事項に焦点を当てるヴィアのような法尊重主義的な視点」が反映されたものと考えています[47]。ワイズバーグの批評に対し，法は，その犠牲者でさえも，それこそが正義であると説得させるような魅力的なイデオロギーであることがメルヴィルの指摘したいことだとトーマスは，考えています。トーマスにとって，法とは，より上位の階級にある者が下位の階級にある者を抑圧する手段なのです。「ビリー自身でさえ，死刑執行の

---

(43) *Twilight of the Idols and The Anti-Christ*, 前掲注 27, 139-153 頁, 179-183 頁 (§§ 27-40, 58-59) を参照。

(44) 同上 161 頁 (§ 39) を参照。

(45) Rowland A. Sherrill, "Melville and Religion," in *A Companion to Melville Studies* 481 (John Bryant ed.1986) を参照。

(46) Delbanco, 前掲注 35, 302-303 頁を参照。

(47) Thomas, 前掲注 34, 211-212 頁。

要求に抗えないような公正さをヴィアに，投影している[48]」と彼は，評しています。しかし，ヴィアのイデオロギーが，それほど魅力的であるならば，メルヴィルも同様に魅力的であるとする見解を批判することは，困難なはずです。

ワイズバーグは，ヴィアがネルソン提督【アメリカ独立戦争，ナポレオン戦争等で活躍したイギリス海軍提督】への憎悪に満ちた嫉妬心から，ビリーの死を手に入れたと指摘しています。この点は，ヴィアを批判する他の文芸批評家よりも優れています。彼によれば，ヴィアは，有能な将校である一方で，ネルソン提督の連合艦隊には所属していないと指摘されています（既に検討したように，これは，事実と虚構を混同しているようにも思われます）。そして，ヴィアは，ネルソンと比較されることに憤慨しているとされています（この点に関する証拠は，全くありません）。更に，ネルソン提督とビリー・バッドは，その思想と行動を完全に一致させることができる性格的特徴を共有しており，ヴィアは，この両者を同一視して[49]，ネルソン提督を羨望するがゆえに，ビリーを弾劾したと主張されています。このようなワイズバーグの主張によって，『ビリー・バッド』は，無関係な二つの物語に分断されてしまい，この短編小説を審美的な観点から，様々な要素が混同された新しい物語に仕立て上げられてしまっています。すなわち，一つ目の物語は，クラッガートの死で終焉する異教思想とキリスト教的精神との戦いです（この戦いにおいて，異教思想を表すビリーの命運が決定付けられていま

---

(48) 同上 219 頁。
(49) この同一視は，不自然である。ネルソン提督は，虚弱体質であり，5 フィート 2 インチ【約 158.5cm】の背丈しかなかったとされている。彼は，1797 年までは，判断力と武力の両者の点で劣っており，敗戦を繰り返していた。ネルソン提督は，リベラルな精神性から，ほど遠い人物である。トラファルガーの海戦を前にして，全艦隊に対し「イングランドは，全ての者が自らの責務を果たすことを望む」という有名な号令を下しているように，彼は，義務的行動を賛美していた。同時に，彼は，肉体的な好印象を人に与えることはなく，実際に身体的な不自由を有していたともされる。ネルソンは，その雄弁さにおいて権威が支えられた人物であった。従って，背が高く，強靭な体付きで口ごもりがちなビリー・バッドとは，正反対の人間である。ネルソンは，ヴィアのように語っている。「私達の国は，私達の貢献を先ずもって要求する。個人的な便宜や幸福は，公共の福祉のために譲歩されなければならない。義務は，海軍の重要な仕事である。全ての個人的な事項は，義務を遵守することに道を譲らなければならない。どんなに，それが困難なことであろうとも。」Robert Southey, *The Life of Nelson* 44 (1886 [1813]) からの引用。

す。キリスト教的精神が，しばしば，ローマ帝国の運命を定めたと主張されるのも，これと同様です）。二つ目の物語は，ネルソンを羨望するあまりに採ったヴィアの行動に関するものです。これは，クラッガートの死で始まり，ヴィアの死で終わります。

　この短編小説は，読者に対して，ヴィアを褒め称えています。彼は「有名な船員が多く出た時代にあって，際立って素晴らしい船乗りであった」とされ「海軍に奉職することも長く，様々な戦いにも従事してきた。彼は，常日頃から船員に対し気配りをする士官として振る舞ってきた。しかし，決して規律違反を大目にみることはなかった。自身の職業上の技術に関しては，完全に熟練しており，無謀とも言われかねない行為も大胆に行っている。しかし，決して無分別に，そのようなことを行っているのではない（60頁）」と述べられています。ところがワイズバーグは，ヴィアの評価を貶めるために，同じ頁から，次のような記述を引用しています。「陸にいる間は，民間人と同じ服装をし，誰も彼を船乗りだとは思わないだろう。」しかし，ワイズバーグは，この直後に出てくる文章を省略してしまっているのです。「特に，彼は，決して専門外の話を海事用語で飾り立てて話すこともなく，振る舞いも生真面目で，単純なユーモアを解するということもなかった。（中略）この彼の振る舞いの謙虚さは，意志堅固なる性格に裏付けされ，ある種の男らしい気取らない謙遜さから生み出されたものなのである（60頁）。」ヴィアがネルソン提督でないことは確かです。更に，この小説の設定である1797年において，ネルソン提督を念頭に置くことも困難です。なぜなら，この年は，ナイル，コペンハーゲン，トラファルガーの海戦以前であるからです。ネルソン提督が主に記憶されているのは，この3海戦での勝利です。この短編小説が設定する世界，すなわち，1797年の世界の中で，ヴィアがネルソン提督を羨むべき理由はありません。

　ネルソン提督がシーシヤス号の舵を取っただけで反乱を防ぐことができたという『ビリー・バッド』の記述だけを根拠にして，ヴィアに関する批評を展開することはできません。シーシヤス号で起こった反乱において，何が行われたのかは，そこで言及されていません。船の上で何かが起こったのなら，ネルソン提督も厳格に対応しただろうと私達は，確信できるはずです。なぜなら，かつて日曜日に四人の船員を絞首刑にした司令長官をネルソン提督は，称賛しました。更に，ネルソン提督は，クリスマスに処刑を行う

ことについても承認するだろうと述べています[50]。ネルソン提督を，この物語で言及する目的は『ミヒャエル・コールハース』において，マルティン・ルターが登場したように，物語に真実味を持たせるためでしょう。ヴィアが（ネルソン提督のように）最後に戦死しなければ，到達したかもしれない地位を暗示するにすぎないものなのです。この暗示は，誰かがヴィアに関して，次のように語っている部分から読み取れます。「新聞が，どう書こうとも，ホレーショ男爵（ネルソン提督）は，（中略）ヴィアよりも，優れた船員でも，武人でもないさ。ヴィアは，『杓子定規』なところは，あるけどな（63頁）。」

ビリーとヴィアの対比は，実際には，自然人と文明人の対比です。ビリーが口ごもってしまうことに加え，彼が教育を受けていない様子とヴィアの学者臭さにより，その対比が強調されています。この艦長は，無鉄砲で老練な水夫ではないのです。しかし，ワイズバーグは，ビリーの吃音とヴィアの学者臭さが有する物語的機能を見落としています。ビリーが言葉によりクラッガートの告発から自分の身を守ることができたならば，この物語で必要な行為であるクラッガートを殴る行為は，ビリーの行為として不適切とされたでしょう。ヴィアの学者染みた性格は，ビリーを有罪とし，彼に死刑を宣告しなければならないと軍事法廷を納得させようとする念入りな論証にもっともらしさを与えています。また，そのことは，彼に軍事法廷における他の構成員よりも知的な印象を与えています。ヴィアを単なる屈強な軍の司令官ではなく，むしろ内省的な人物として提示することで，メルヴィルがビリー・バッドに有罪宣告をするヴィアの決定に悲劇的な含みを与え，死の床でヴィアがビリーの名前を呟いたことについても説明がつくのです。ネルソン提督であれば，ビリーの裁判と処刑は，当たり前のことであり，直ぐに忘れ去られてしまうでしょう。

戦時，軍艦を率いることは，恐ろしいほどの責任感が伴うことです。適切な任務の遂行に多くの命が懸っています。その艦船にあって最も人気のあった船員が挑発されることで船の安全を守る士官を殺してしまった場合，神経質で規律に厳格な司令官は，個人的な感情と公的な義務とに身が引き裂かれる思いでしょう。たとえ挑発を受けたとしても，そのように士官を殺せば，戦時条項の下では，死刑は免れません。そのような行為は，反乱を意味する

---

(50) *Dispatches and Letters of Vice Admiral Lord Viscount Nelson*, vol. 2, 408-410 頁 (1845).

ものであり，18世紀の海軍では，絶えず脅威として存在していました。ヴィアは，公的な義務を選びます。私達は，彼の選択肢が，それしか残されていなかったとは，考えません。しかし，彼が法的に不適切な行為をしているとか，嫉妬心から，そのような死刑を選択しているとは考えられません。『ビリー・バッド』の語り手が述べているように「快適な場所でカード遊びをしている者には，船橋で眠れずにいる男が負うべき責任の重さを想像することは，できないだろう（114頁）」ということです。ヴィアの学者臭さ，彼の「杓子定規さ」ゆえに，彼は，難しい選択に直面したことを知っていたと私達は理解できるのです。

　ロバート・ファーガソンは，ヴィアの選択は，実定法に従うべきか，自然法に従うべきかという問題であると主張します。更に，ヴィアの法的推論の方法とアメリカの法実証主義の考え方との類似性を指摘しています[51]。この法実証主義は，メルヴィルが『ビリー・バッド』を執筆しているときに，発展した考え方でした。ホームズが執筆した法実証主義に関する古典的名著『コモン・ロー』は，1881年に公刊されました。ホームズが主張したように，法の起源は，復讐にあると強調すること以外に，高尚な自然法の正義概念に対抗する主張は，あったでしょうか？ビリー・バッドがクラッガートを殺害したことを正当としうる法，または，少なくとも無理もないことだと考える高次の法に訴えることで軍紀を取り締まる実定法が劣位に置かれることをヴィアは，許しませんでした。「これがもし，軍事法廷のように専断的なものでなく，慈悲を知る裁判であったなら，そういう抗弁［ビリー・バッドは，反乱を起こす気も，殺人を起こすつもりもなかったという抗弁］は，多いに酌量されるだろう。少なくとも，主の御前における最後の審判であったなら，無罪とされたかもしれない。しかし，ここではどうだろうか？私達は，『反乱防止法』に基づいて手続を進める。（中略）心とは，（中略）しばしば，男の中における女性のようなもの。（中略）だからこそ，ここでは，それを排除しなければならない（111頁）。」この理由付けは，ヴィアを第3章「表1」の左側の欄に置くものです。「有罪宣告を下すのは，私達自身というよりも，私達を通じて解釈される軍法なのではないだろうか。法，そして，その法の厳格さに関して，私達は，責任を負わない（110-111頁）」と述べるとき，ヴィアは，アンジェロすら彷彿とさせます。「彼［ビリー］が

---

(51) Ferguson, *Law and Letters in American Culture* 288-290 (1984).

私達の心を知っているならば，この軍事的必要性に当たり，これほどの重い負担を私達に課そうとする人間が同情に値するほどの人間であると言えるのか，この法廷で争いたいと思うのだ（113頁）」と述べるとき，ブルータスすらも彷彿とさせます。

しかし，ヴィアは，単に法の文言や忠誠心を援用するだけではありません。彼は，法律家が述べるように法が目指すところを主張します。すなわち，反乱の危険性を防ぐということです。たとえ，この主張が法尊重主義やルサンチマンとは関連がないにしても，これは，ヴィアの主張において最も心の葛藤が示される部分です。実際に，ここにおいて，法尊重主義を有利なかたちで手前勝手に採用することの拒絶が表現されています。「私達は，一体どうすれば，神の御前で，汚れ無き人の子に安易に恥ずべき死を宣告できるのだろうか？　私達は，誰に対して同情を示せばよいのだろうか？（110頁）」とヴィアが尋ねるとき，彼は，功利主義が葛藤を呼び起こす契機を読者の心の中に設定しています。すなわち，全体的な利益のために，熟慮を重ねた上で善意の人間を犠牲にすることを黙認するという問題です。なぜなら，功利主義は，社会全体を福祉が最大化されるべき単一の有機体と看做し，癌細胞を取り除くように社会のより大きな善のため，一人の人間を殺すことをも当然と看做しているからです。

クラッガートは，船に情報提供のための秘密の集団を作っていました。ビリー・バッドが，その集団の長であるクラッガートを殺しておいて，寛大な処分しか受けないことになったら，その集団は，これを，どのように受け止めるでしょうか？　ヴィアは，軍事法廷に対して，無骨な船員にもたらされるビリーの行為による影響を次のように説明します。

> 判決内容の発表において，どのような言葉を並べたてようとも，反乱という破廉恥な行為の中で行われた単純な殺人という事実にしかならないだろう。どんな刑罰が，その行為に下されるかを彼らは知っている。しかし，刑罰が下されないとなれば，その理由を，彼らは，思いめぐらせるだろう。あなた達は，船乗りが，どういう人種なのかを知っているはずだ。彼らが最近，起こったばかりのノアの爆発を思い浮かべないといえるのか？　その通り。彼らは，警告の十分な意味を知っている。それは，イングランド中を襲った恐怖だったはずだ。あなた達が寛大な刑を下せば，彼らは，怖気付いたのだと考えるだろう。彼らは，私達が恐怖

で腰抜けになり，彼らを恐れていると考えるだろう。新しい問題が惹き起こされないように，この情勢で特に要求される法の厳しさを執行することもなく，それを恐れていると彼らは思うはずだ（112-113 頁）。

このヴィアの恐れは，追認されます。艦隊の中で配布される新聞は，クラッガートが司令官の前で供述をしている際に，如何にしてビリー，すなわち，邪悪な陰謀の「首謀者（130 頁）」がクラッガートを死に到らしめたのかを衝撃的に説明しています。

このように，ビリーを弾劾したヴィアに理由があったことは無視できません。これを無視することは，アンティゴネーを告発したクレオーンの理由付けを無視することと同じです。どちらの場合も，形式的に「法」を遵守することが問題とされていたわけではありません。クレオーンもヴィアも，彼らの側に（神の正義ではなく，人間により与えられた）正義があると考えています。また，両者とも，そう考えるだけの根拠を有しています。ロバート・カーヴァーは，ヴィアと南北戦争前「それが法である」という形式的理由により，逃亡奴隷法を執行した裁判官達とを比較しています[52]。確かに，この裁判官の中には，メルヴィルの義理の父であり，マサチューセッツ州最高裁判所首席裁判官であったレミュエル・ショーも含まれています。しかし，そこに類似点は，ないのです。ヴィアが執行した法も厳格なものでした。しかし，その法が執行される絶望的な状況において，ヴィアに悪意があったわけではないのです。

ビリー・バッドがキリストを模していることに関しては，前述しました。もし，そう言えるならば，ヴィアは，ポンティウス・ピラトでなければなりません。このような対比をしても，ヴィアを非難することにはなりません。私達は，第３章において，19 世紀の知識人が法実証主義の意味するところを不快に感じなかったことを確認したはずです。「真理とは何か」と問い質したピラトは，法実証主義の早い時代における代弁者なのです。

ヴィアの思考様式とオリヴァー・ウェンデル・ホームズの思考様式の類似性は，『バック対ベル』判決でのホームズによる法廷意見の有名な警句で強

---

(52) Cover, 前掲注 34, 1-6 頁。しかし，このような形式的な法解釈は，法の実質的内容を覆い隠してしまうことから，カーヴァー自身は，正当にも，この手法に対し，批判的である。同 229-238 頁。

調されます。「愚か者は，3世代で十分である[53]」とホームズは，述べました。州の施設に収容されている者に一定の遺伝的な精神障害や知的障害が見られる場合，ヴァージニア州の制定法は，その者に対する強制的な不妊手術を認めていました。ホームズの法廷意見は「知的障害のため」州の施設に収容されているキャリー・バックを，この施設に入院している別の知的障害者の娘であり，更に同じく知的障害を有する非嫡出子の母親であるとして説明しています。合衆国憲法は，州がバックに不妊治療をすることを禁じていないと判示した後，ホームズは，次のように論じています。「公共の福祉という制限は，優良な市民に対しても，その生活において求められる。このことを一度ならずとも私達は，確認してきた。従って，無能な者達が私達の存在を圧倒しないためにも，この問題の当事者ですら気が付かないほどに取るに足らない犠牲を既に州の強靭さを蝕もうとしている者達に求めることができないのだとしたら，それは，奇妙なことである（207頁）。」この文章は，国家主義（第1次世界大戦だけではなく，南北戦争においても採用された徴兵制が暗示されています。ホームズも，南北戦争において3度負傷しています），ダーウィニズム，功利主義と同質のヴィア艦長の考え方，すなわち19世紀における大半の思想が混合されて表現されています。しかし，その内容は，現代の文学者にとって不快であるだけではなく，法学生にとっても不快なものと思われます。「体系的思想」とは，個人を超えて存在する共通の集合体（国家，種，社会）を表すものです。メルヴィルは，弱者に同情を寄せているので，彼にとっても，この考えは，不快なものだったでしょう[54]。しかし，そのことだけで，メルヴィルがヴィア艦長をヴァージニア州の判例を<u>認容するような</u>者としては，想定していなかったということになるのでしょ

---

(53) 274 U.S. 200, 207 (1927). この法廷意見に関しては，第9章を参照。
(54) 「『ベニト・セレノ』，『バートルビー』，『ビリー・バッド』において，被統治者は，統治者階級に異議を申し立てた罪により，処刑される。しかし，各々の小説における登場人物の階級転覆の戦略は異なる。[『ベニト・セレノ』における] バボは，暴動を起こす。バートルビーは，忍耐と撤退である。ビリーは，忠誠，誠実，恭順である。しかし，各々の登場人物は，死に至る過程において，その統治者階級に不可解なまでの影響力を及ぼし，各々の方法で，その統治者階級に心情の変化をもたらしたり，悩ませたりすることに成功する。すなわち，ベニトは，拷問により死に，バートルビーを雇った法律家は，絶望し，ヴィアは，死に際して赦しを求めている。」Alfred S. Konefsky, "The Accidental Legal Historian: Herman Melville and the History of American Law," 52 *Buffalo Law Review* 1179, 1274 (2004).

うか？「ヴィアと同様に，メルヴィルにとって，人間である私達の運命は，神の真実に拠らない規範に従って生きることである。しかし，その規範には，生きる方法にとって，機能的な意味で真実が付与される。このような規範が文化の原理である。ヴィアが擁護すると誓った文化は，戦時の英国海軍の文化である。ビリーは，上官を殺した。従って，ビリーは，処刑されなければならないのである[55]。」まさに，バボやバートルビーと同様に，ビリーは，死ななければなりません。

　ホームズ（とヴィア）の例は，法的に両極端にある価値の調和を維持することの難しさを示しています。法的責任の客観的基準を強調し，実証主義の立場に立つ点で，ホームズは，第3章の「表1」における左の欄（規範，形式主義等）に属する人間でした。しかし，法の生命は，論理ではなく経験であるという彼の主張に鑑みれば，彼は，第3章の「表1」の右側の欄に属する人間でもあります。実際，彼は，リアリズム法学の父とされる人物なのです[56]。

　ワイズバーグの『ビリー・バッド』の説明において最も説得力のない主張は，クラッガートとキリストを同一視している点です[57]。この点に関連して，ワイズバーグは，他の読者も考えるように『カラマーゾフの兄弟』（1880年）をキリスト教の称賛ではなく，むしろ拒絶であると論じています。この素晴らしい「法を扱った」小説は（5分の1は，ドミートリー・カラマーゾフの尋問と裁判[58]で占められています），実際には，2部に構成されるべ

---

(55) Delbanco, 前掲注 35, 311-312 頁。
(56) 特に "The Path of the Law," 10 *Harvard Law Review* 457 (1897) を参照。トーマスは，上記注 35 の 232-236 頁で，ホームズの法学がヴィアの立場と抵触すると主張している。しかし，その主張は，法学の「厳格な」側面を見落としている。すなわち，社会科学におけるダーウィン主義の観点，法と道徳の分離，犠牲の強調，自然法の軽蔑である。確かにホームズをトラシュマコス（プラトーンの『国家』第1巻を参照）の生まれ変わりと看做すことは，甚だしい単純化であるとしても，ホームズには，そのような傾向がある。
(57) 第2に，ワイズバーグは，ヴィアを「おそらく正気ではない専制君主」と呼んでいる。Richard H. Weisberg, "20 Years (or 2,000?) of Story-Telling," 前掲注 34, 2226 頁。
(58) ドストエフスキーが生きていた時代のロシアの法手続の特徴に加え，他のヨーロッパ大陸諸国において陪審制が早々に姿を消していた時期に，ロシアが（西洋諸国を真似て）陪審制を導入したことに関しては，Gary Rosenshield, *Western Law, Russian Justice: Dostoevsky, the Jury Trial, and the Law* (2005), 特に, 19-26 頁。Samuel Kucherov, *Courts, Lawyers, and Trials under the Last Three Stars* (1953), 特に 74-86, 168-179 頁を参照。ローゼンシール

き小説です。その2部構成の小説が巧みに折り合わされています。第1の物語は，美女グルーシェンカを巡って，ドミートリーと彼の父フョードルとが対立する通俗的な恋愛劇のような探偵小説風の物語です。そこでは，使用人スメルジャコフによるフョードルの殺害が次第に明らかにされます。そして，スメルジャコフは，おそらくフョードルの私生児であることが示されます。ドミートリーの逮捕，尋問，誤った有罪判決と刑の宣告に関する物語が展開されます。第2の物語は，イヴァンとアリョーシャというフョードルの嫡出子，アリョーシャの師であるゾシマ神父，少年イリューシャ，イヴァンによる想像上の人物である大審問官が登場人物となる哲学的な物語です。この哲学的な物語の部分は，より興味深く複雑な印象を読者に与えるだけではなく，逆説的な意味で，鮮明な印象を与えるものでもあります。しかし，第1の通俗的な恋愛劇により提供されている物語の足場がなければ，この第2の哲学的な物語も，有意義なものとはならなかったでしょう。両者は，相互に依存し合う関係にあります。例えば，イヴァンの無神論と（ドストエフスキーもそのように思っていたかもしれない）「全ては許される」という論証は，スメルジャコフの歪んだ人格に影響を与え，殺人を可能にする思考を支えています。ドミートリーがイリューシャの父親に対して暴力を振ったことは，イリューシャの悲劇的な死の遠因になっています。ドミートリーの有罪は，裁判所の間違いであるとしても，より高次の正義に合致し，神の計画の一部であり，実際にドミートリーの贖罪の条件とされています。

『失楽園』（第7章参照）のような哲学的な物語は，自然神学を表現しています。そこでは，神の善良さが推定され，世界に広がる苦しみ，特に無邪気な子供の苦しみを宥めようとする努力がなされます。イヴァンは，自らが満足いくように神の正義の問題を解決できなかったことから，そのことが彼を無神論に駆り立て，狂気へと追い遣ることになります。子供達の苦しみは，非常に鮮明に描かれ，イリューシャの物語で最高点に達します。宗教的信念に対する挑戦としては，ゾシマ神父が死に朽ちていく場面から，大審問官の力強い主張まで描かれています。これら全ての問題は，物語の最後に至る過程で次第に克服されていきます。私達は，人間の苦しみ，卑しさ，憎悪，醜聞は，償うことが可能で，また，救われることを理解するに至ります。これら

ドの著作は，主に『カラマーゾフの兄弟』を扱っている。J. Neville Turner, "Dostoevsky — The Trial in *Brothers Karamazov*," 8 *University of Tasmania Law Review* 62 (1984) も参照。

は，強制されたものではなく，選択されるべき宗教的信念の必要条件なのです。例えば，ゾシマ神父の遺体が急速に腐敗していくことでアリョーシャの信念が動揺します。そのことで彼は，超自然的なものに強制されるのではなく，自由な選択の結果として彼の信念を再構築していくことができるのです（これらの違いは，『失楽園』においても，中心とされるべき問題です）。

　法律が扱われる場面は，第1の通俗的な恋愛劇に属しています。しかし，全てが，そうではありません。ドミートリーは，法律的感覚で行けば，父親の殺人に関して，無罪となるはずです。しかし，彼とイヴァンは，道徳的な意味において罪を負っています。ドミートリーは，父親を殺したいと望んでおり，実際に，そういう状況下に置かれれば，確実に，その殺人を実行したでしょう。また，彼は，しばしば告白しているように，数々の悪行を犯してきた理由で罪を負っています。イヴァンは，意図せずして，スメルジャコフに，その殺人を決意させた意味で罪を負っていると言えるでしょう。ドミートリーの有罪判決と刑の宣告は，彼が魂の救済へと向かう途中経過として描かれています。

　法律が扱われる場面と哲学的小説の更なる関連性は，神が存在しなければ，たとえ邪悪な行為であろうとも，どんな行為も許されると何人かの登場人物が抱いている考えにあります。法は，それ自体，ほとんどの犯罪を抑止するのに十分であるとし，超自然的な制裁は不要である（歴史が超自然的な制裁は，無意味であると示唆している）という在りきたりな見解に対して，ドミートリーの裁判と有罪判決は，それに反論するものとして扱われています。誤って捕まえられた男が有罪判決を受ける一方で，真実の殺人者は，自殺することで逃げ切ります。真実の殺人者であるスメルジャコフは，来世を信じておらず，彼の人生は，惨めなものだったことから，自殺は，彼にとって，非常に労力のかからない逃避のようにも思われます。実際の殺人者による自白が不可能になることで，ドミートリーの運命は，封じ込められてしまいます（偶然にも，当時，無実の被告人に有罪判決が下されて，その10年後に実際の殺人犯が拘束された事件が発生しました。この事件をモデルにドストエフスキーは，ドミートリーの事件を創作しました）。私達は，世俗の正義における不完全性を感じさせられることになるのです。

　この小説に満ちている悲惨，激情，慟哭の中で，法律が扱われる場面は，人間の合理性を表す場として際立っています。捜査当局やドミートリーの弁

護士でさえ，彼を理解していなかったことは，確かです[59]。また，殺害されたドミートリーの父親が生活していた町，すなわち，小説の出来事が起こった町に彼が滞在している間，彼が行った乱暴な振る舞いを起因として，陪審員がドミートリーに悪印象を持っていることも確かです。しかし，被告人の権利や真実を発見するという配慮において，ドミートリーが逮捕されたホテルでの予備的な取調べと事実審の内容は，現代のアメリカの司法手続にも相当するものです。ドミートリーの有罪判決の基本的な根拠は，陪審員が彼の粗暴な振る舞いゆえに彼に偏見を持っていたからではなく（たとえ，そうであったとしても），彼の有罪を裏付ける証拠が圧倒的に優位であると判断されたからです。スメルジャコフは，ドミートリーを見事に陥れ，そして，自殺します。この事実審は，基本的に公平なかたちで行われただけではありません。20年間のシベリアでの懲役刑というドミートリーの刑は，裁判官と陪審員が金銭問題で揉めた末の咄嗟の親殺しであると判断したために，寛大なものとなっています。そうだとしても，この評決は誤っているのです。

『カラマーゾフの兄弟』は，19世紀のロシアの刑事手続と21世紀のアメリカの司法手続の類似性を私達に教えてくれるものです。この類似性は『カラマーゾフの兄弟』と『罪と罰』を対比させることで，更に，強調されます。『カラマーゾフの兄弟』は，当事者主義的な手続が描かれ，『罪と罰』では，糾問主義的な手続が描かれています。奇妙なことに『カラマーゾフの兄弟』は，苦しみが前面に押し出されて描かれているにもかかわらず，より快活で，より刺激的な小説となっています。この印象は，当事者主義的な手続における自由な会話のやり取りにより，大きな劇的効果がもたらされていることに関係しているものと思われます。ヨーロッパ大陸の糾問主義的な手続と大法官府の手続は，小説に，冗長性，圧迫感，強迫観念の雰囲気を与えます。『罪と罰』（『審判』や『荒涼館』も同様）は，このような小説に含まれます。『カラマーゾフの兄弟』は，（陪審が間違った評決を下す小説である例

---

(59) このような問題は，法を扱う現代小説であるキャサリン・アン・ポーターの『昼酒』でも繰り返し扱われており，ジェイムズ・ボイド・ホワイトの *Heracles' Bow: Essays on the Rhetoric and Poetics of the Law* 181-191 (1985) でも，鋭く論じられている。この主題を追求すると，ヴィアが合理主義的な方法で尋問を行ったことにより（特に，彼の名前には「真実（veritas）」や「真理（verity）」を感じさせる），ビリー・バッドを理解できなかったのではないかという暗示が読み取れるかもしれない。メルヴィルの短編『ベニト・セレノ』（上記注53参照）においても，同様の主題が描かれている。

として）『ピクウィック・ペーパーズ』と同じく，このような雰囲気を有していません。

『カラマーゾフの兄弟』は，法に対する批判を含んでいます。しかし，この批判は，19世紀のロシアにおける刑事手続に関する批判というよりも，むしろ，世俗的な正義に対する批判と言えます。すなわち，法制度により，事実が歪曲されるだけでなく，検察官と弁護人とにより最終弁論が支配され，ドミートリーという登場人物が詳細に再検証される過程においても，ドミートリーの人物性は，歪曲されていきます。ドストエフスキーにとって，神の善良性と人間の苦しみとの事実が調和されることは，権威性（ゾシマ神父の死により期待されたにもかかわらず，結局は，起こらなかった奇跡）の中にも，理性（イヴァンが無益にも探し求めたもの）の中にも，ありませんでした。その調和は，信仰の中にあり，まさに，その苦しみと神の計画とを洞察することで深められるものとなります。法は，理性に関与するにもかかわらず，または，理性に関与するがゆえに，人生を理解していないということは『カラマーゾフの兄弟』が『異邦人』と共有する考えとなっています。『カラマーゾフの兄弟』では，法の近視眼性を人間が有する理性の本来的な限界を反映するものとし，そこでは，宗教的な信仰の擁護が論証されています。他方，『異邦人』では，法を中産階級による自由な精神の迫害と同一視しています。

法が現実を把握しているのかという懐疑論は，E・M・フォースターの小説『インドへの道』の主題でもあります。インド人のアジズ医師は，神秘的なマラバール洞窟を訪問中に，若い英国人女性に対する性的暴行を理由として裁判に付されることになります。性的暴行は，実際には行われていません。アジズは，無罪放免となります。ムルソーと同じく植民地の裁判所での裁判が描かれています。そして，被告人が，その被統治下の植民地の人間であり，被害者が西洋人という伝統的な組み合わせになっています。この裁判の最も興味深いところは，西洋の合理主義と東洋の神秘主義の間にある架橋できない隔たりの感覚です。この隔たりと『インドへの道』が出版されてから4半世紀後のインド独立の予兆は，ムア夫人の名前がインド化すること【インド人が「ミセス・ムア（ムア夫人）」という言葉を呪文のように繰り返すことで「エスミス・エスムア」とインド風に聞こえることが小説では表現されている】と低いカースト階級のインド人により象徴されています。その低いカースト階級のインド人は，法廷内を涼しくするために手動式の送風機

【紐に繋がれた横長の扇が建物の天井に設置され，その扇が人力で前後に振られることで風を発生する古典的な器具】の紐を操って動かす役割が与えられているだけで，手続のことは少しも理解していません。イギリス女性の名前がインド風に呼ばれることは，インドにおける英国の存在の吸収と変容，インド人の西洋化に対する抵抗を象徴しています。他方で，手動式の送風機の紐を操る人は，インドの伝統文化へ外国が侵入してくることに対する無関心が擬人化されたものです。英国人が全身全霊をもってして，その統治を試みたにもかかわらず，結局，インド大陸において，英国文化は，それほど深い印象を与えることはありませんでした。紐を操ることで手動式の送風機を動かす者は，彼が風を起こしていることを知りません。彼は，ただ紐を引っ張っていることしか知らないのです。しかし，この風を起こしている役割について彼は知らないはずだという解説も，西欧の合理主義的観点からのものかもしれません。すなわち，マラバール洞窟で暴行があったと主張された当日に，実際，何が行われたのかを裁判所が発見できなかったのと同様と言えるでしょう（そこで起きたことは，西欧人の構造化された理解では，把握できないものなのです）。手動式の送風機の紐を操る人間の無知は，インドの従属状態に関する説明にもなり得ます。インド人は，自分達自身の力に気が付いていないのです。

　『カラマーゾフの兄弟』は，キリスト教文学の作品として，おそらく『神曲』や『失楽園』以来の傑作と言えるでしょう。それは，リチャード・ワイズバーグが飲み下すには，難しい錠剤なのです。彼は，ドミートリーだけではなく，アリョーシャも含めて，高貴な異端者であるとし，怒りに満ちたキリスト教徒，言葉巧みなキリスト教徒，法尊重主義的なキリスト教徒により打ち負かされた者であると考えています（54-81 頁）。このような捉え方は，ドミートリーに対してさえも疑問です。確かに，彼は，誤審の犠牲者ですから，自由放免の身となるべきではあります。しかし，しばしば悪意に満ちた情熱を有し，浪費家で，他人を恐喝し，女性を乱暴に扱い，父親を襲い，父親の忠実な使用人（グレゴリー）を殺しかけ，イリューシャの父親の顎ひげを鷲掴みにして，イリューシャの目の前で街中を引きずり回すというように多くの者に，多大なる苦しみを与えた男です。ドミートリーは，言葉よりも行動が先に出るような人間でもなく，シラーの作品を引き合いに出すこともあります。ドミートリーは，自然人の純朴さからも遥かに遠い人間であり，彼は伊達男のように着飾り，事実審に出廷します。

子供達の苦しみ，イヴァンと法律家の合理主義，ゾシマ神父の遺体からの腐臭，大審問官の功利主義的な主張，ドミートリーの誤った有罪判決，この多くの恐るべき難局とキリスト的信仰との二者択一は，大審問官に授けられたキリストによる無言の接吻，スメルジャコフとイヴァンの運命，ゾシマ神父の輝かしい教義と人格性，ネギの寓話[60]，赤ん坊を授かりたいドミートリーの夢，アリョーシャの善良性と純真さ，そして，特に全てが最後には正しく展開するのだという感覚により克服されていきます。すなわち，真実の罰は，ネギの寓話に出てくる女性のように，不正と知りながら，その不正を選ぶ人々のために用意されているものなのです。イヴァンがニーチェの述べる僧侶のような人物というワイズバーグの指摘，そして，物語の最後でアリョーシャがキリスト教的なルサンチマンと「生来の虚言癖（81頁）」の勝利を暗示するかのように「饒舌に」なっているというワイズバーグの示唆は，世界観を逆転させようとするワイズバーグ流の似非ニーチェ哲学の一例です。彼によれば，殺人者（クローディアス，ムルソー，ビリー・バッド，そして，最後の土壇場で妨害されなければ殺人者となっていたシャイロック）は，善人とされ，善良とされる人々（ハムレット，イエス・キリス

---

(60)「昔々，あるところに農婦がいました，彼女は，とても邪悪な女性でした。彼女が死んだとき，彼女は，何一つ善い行いをしてきませんでした。悪魔が彼女を捕まえ，火の湖に投げ込みました。そうすると，それを見て，彼女の守護天使が神様に伝えるべき善い行いは，本当に何も無かったのかと悩みました。そこで『彼女は，昔，庭からネギを引き抜いて，物乞いの女性に与えました』と天使は，神に伝えました。神は，次のように答えました。『それでは，あなたが湖にいる彼女にそのネギを差し出して，それを彼女に握らせ，引き抜きなさい。もし，あなたが彼女を湖から引き出すことができたならば，彼女を天国に連れて行きましょう。でも，そこでネギが引きちぎれたならば，彼女は，その場所に留まらなければなりません。』天使は，彼女の元に走り寄り，彼女にネギを差し出しました。『さあ，これを掴んで下さい。湖から出してあげましょう』と天使は，言いました。そして，天使は，用心深く彼女を湖から引き揚げ始めました。天使が彼女を引き上げようとしたとき，それを見て湖にいる他の罪人が彼女と一緒に引き上げてもらおうと彼女にしがみ付き始めます。しかし，彼女は非常に邪悪な女性でしたので，しがみ付く罪人を蹴り落とし始めました。『引き上げられるのは，私なの。あんた達じゃないのよ。これは，私のネギで，あんた達のじゃないの。』こう彼女が言い放つや否や，ネギは，引きちぎれてしまいました。そして，その女性は湖に落ちていき，今日に至るまで，そこで燃やされています。そして，天使は嘆き悲しみ，飛び立っていきました。」 *The Brothers Karamazov* 330 (Constance Garnett and Ralph E. Matlaw trans., Matlaw ed.1976).

ト，ポーシャ，ヴィア，ただし，最後の二人に関しては限定的な意味において）は，悪人になります。もしドストエフスキーが罪と誘惑と背信に関して，本来的な意味を逆転させて表現していたのなら，『カラマーゾフの兄弟』は，キリスト教を擁護する論証に失敗していたことになります。ドストエフスキーは，むしろ，そのような失敗を犯さなかったがゆえに，彼を悪魔の一味と考えたい読者に穿った視点を提供しているのです。このことは，ブレイクが，より正当な理由でミルトンを悪魔の一味に仕立て上げようとしたことと同様です。

　法と宗教を対立させている19世紀の更なる素晴らしい小説として採り上げるべきにもかかわらず，ワイズバーグにおいて関心が払われていない物語があります。それは，アレッサンドロ・マンゾーニの小説『いいなづけ』です。この小説は，大きな政治的混乱期を迎えている17世紀初頭の北イタリア（主として，スペイン統治下にあるミラノ公爵領）が舞台となっています。有力な貴族達が闘士と称される暴漢集団（ブラーヴォ）をまとめ上げて，法を無視し，田園地方に脅威をもたらしています。その土地の君主は，繰り返し，暴漢集団を違法とする法令を公布して，その者達を怯ませるような辛辣な刑罰を科しています。しかし，この法令は無視され，その暴漢集団と，その擁護者達は，全盛を極めています。若い百姓のレンツォは，ルチーアと婚約しています。暴動を扇動している貴族の一人ドン・ロドリーゴは，ルチーアを自分のものにしたいと強く望みます。ドンは，この二人の結婚を無期延期するよう村の司祭を脅すために，暴漢集団を送り込みます。この脅迫は，成功します。レンツォは，法が正義を実現すると単純に信じ込み，暴漢集団に対抗する最新の法令を無邪気に小脇に抱えて，クイブラー（屁理屈）博士（イタリア語で，Azzeccagargugl：文字通りの意味は「縫い目の絡まったファスナー」）と揶揄されている田舎の弁護士に助けを求めます。その弁護士は，レンツォを暴漢集団の一人と勘違いし，レンツォが，その法令の抜け穴を教えて欲しいのだと思い込んで，弁護士としての情熱を傾けて，その仕事に取り掛かります（素人には，弁護士が熱心になるのは，この程度のことなのかと思うかもしれません）。弁護士は，レンツォがドン・ロドリーゴと，その手下達に，この法令を適用して罰して欲しいがゆえに手助けを求めていることを知ると恐ろしくなって事務所からレンツォを叩き出します。ドン・ロドリーゴを含む法を何とも思わない貴族達は，その土地の君主の哀れな法令を打ち負かすために，そのような弁護士を雇っていた

と言えます。

　この描写は，善良な目的に根拠を置きながらも，実効性のない法制度を表現しています。その理由の一部として，法律家が臆病であることが挙げられます。しかし，復讐という選択肢は，レンツォには残されていません。それでは，如何にして人間は，見合うべき正義，つまり，ヘカベーのような正義を手に入れることができるでしょうか。この答えは『カラマーゾフの兄弟』において，その小説の冒頭における法の敗北から，中盤から終わりにかけての宗教の勝利へと主題の力点が変化することにより暗示されています。司祭を騙して結婚式を上げさせようとし，それに失敗をして村から逃げ出さなければならなくなったレンツォは，恐ろしい疫病が蔓延している最中のミラノに辿り着きます。彼は，この疫病から生き残り，故郷に戻ってきて，ドン・ロドリーゴが疫病で瀕死の状態にあることを知ります。そして，ルチーアも生き残ります。彼女は，ドン・ロドリーゴに誘拐された後，ミラノへと脱出していました。故郷の村の司祭は，二人が生きていることで面倒なことになったと不安に思います。しかし，レンツォとルチーアには，最終的に結婚が許されます。

　この若い恋人を疫病から守り，幸せな結末へと巧みに導いた重要な人物として，クリストーフォロ神父とボルロメーオ枢機卿が挙げられます。(実在する歴史上の人物である)枢機卿は，疫病の恐怖を和らげるために尽力します。この小説で伝えられる感覚は，宗教的信念が疫病や無秩序状態のような恐ろしい状況を克服するものではないにしても，それに耐えることを少なくとも可能にするというものです。実定法には，希望がないかもしれません。しかし，神の力で守られている自然法は，少なくとも，実定法を評価する基準として現れ続けています。そして，しばしば，その説明が困難であるにもかかわらず，自然法の正当性は，擁護され続けているのです。

第6章
カフカ作品に関する二つの法的な見方

　リアリズム法学は，1940年代から徐々に衰退していきました。それ以降，法律学において，最も大きな影響力を持った動向は「法と経済学」でした。市場における取引の場面に限らず，社会生活のあらゆる場面において，人間は，合理主義的であるという想定に基づき「法の経済分析」は，法を市場と市場外の状況における行動を規定するための制度として，その説明を試みてきました[1]。全ての法分野，全ての法制度，法律家・裁判官・立法者における全ての法曹実務や慣行が現在のものでも過去のものでも，ひいては古代におけるものであってさえも，経済分析の対象とされてきました。そこでは，犯罪者，検察官，事故の被害者，姦通者，街頭演説家，熱狂的な宗教信仰者，詐欺師，独占的な専売者，仲裁人，組合の組織者，すなわち全てが「合理的経済人」として模範化されました。法の経済分析は，記述的であると同時に批判的です。この考えは，法原則や法的手続，および，法制度を，より効率的にするための改革的な提案で満ち溢れており，そこにおいて「効率」とは，費用と便益の観点で定義されることになります。

　この動向は，論争を惹き起こしやすいものです。なぜなら，それは，法という分野に関して法律家が有していた前提に異議を唱えるからです。法の自律性に関しても，この「法と経済学」は，異議を唱えています。法の自律性とは，法学を他の学問分野と関連付け，それを体系化しなくても，それ自体として理解でき，また，実践できるとする自己充足的な規律として捉える考え方です。「法と経済学」は，法律家に全く未知なる法概念を習得することを要求します。それは，多くの人々にとって，特に人文学の教育を受けた人々

---

(1) Richard A. Posner, *Economic Analysis of Law* (7th ed. 2007) を参照。

にとって，驚いたり，違和感を覚えたり，更には，不快にさえ感じられる人間の本質論に依拠しているか，または依拠しているように思わせるものでしょう。「法と経済学」は，人文学ではなく，科学的であることを望みます。加えて数学さえも駆使します。この「法と経済学」は，法を社会科学的に応用する上で最も重要な動向です。その一方で「法と文学」は，法学研究において最も人文学的な分野です。従って，その両分野の衝突は，避けられませんでした。

政治的にカフカを解釈することに関して

　ロビン・ウェストは「法の経済分析」が前提とする人間行動のモデルを批判するために，カフカの小説を使用します[2]。しかし，彼女が批判しようとしている対象は，より広範なものと思われます。第三者に負担を強いない（補償費用を支払う必要のない）自由な取引に対して，政府は，介入するべきではないというのが古典的な自由主義やジョン・スチュワート・ミルの自由主義が掲げる原理原則です。このような状態にある取引を経済学者は「パレート優位【複数主体における意思決定の判断基準として，構成員の誰一人も損することなく，誰かが得をすることになるならば，その判断を良しとするもの】」と表現します。しかし，このような取引は，倫理的非難を受けないと必ずしも断定できるものではありません。なぜなら，このパレートの概念は，個人の選択における在り方を説明するというよりも，国家の適切な役割を定義することにあるからです。その考えの前提とされているものは，満場一致の原則です。この原則は，このような取引が社会の幸福を促進するという推論を正当化します。すなわち，この概念は，ある取引がパレート優位の状態になるために，誰の状態も悪化しないことを要求します。しかし，ウェストは，この考え方に反対します。彼女は，私達が何かを任意に選択する行為は，大抵の場合，私達を貧困に導くと信じており，カフカの小説が，この彼女の信念を裏付けていると主張します。

---

(2) West, "Authority, Autonomy, and Choice: The Role of Consent in the Moral and Political Visions of Franz Kafka and Richard Posner," 99 *Harvard Law Review* 384 (1985). （彼女の著作 *Narative, Authority, and Law* [1993] の第1章に再掲載されている。）本章で引用されている頁数は，このウェストの論文における頁数に相当する。West, "Submission, Choice and Ethics: A Rejoinder to Judge Posner," 99 *Harvard Law Review* 1449 (1986) (*Narrative, Authority, and Law* の第2章として再掲載されている) も参照。

ウェストは，カフカの小説に描かれる法と商業に関する隠喩には，文字通りの意味があるとする解釈を展開します。カフカの小説には，生きるために断食を決行する者，父親の命令により自殺をする息子，巨大な虫になったために解雇されたセールスマン，自らを拷問にかける拷問者，歌うネズミ，話すサル，内省的な犬，弁護士を開業した馬が出てきます。それらを精査するように命じられた告発者がカフカであるとして，ウェストは，カフカの作品を読み込んでいきます。『断食芸人』に関して，ウェストは，次のように述べています。「カフカが描く断食芸人は，究極的なポズナー主義を自ら引き受ける者であり，そして，その芸人を見ている観衆は，そのポズナー主義の消費者ということになる（393頁）。」しかし，断食芸人は，取引における負の側面を意味するのではなく，むしろ，無関心を装う世界に対し，彼の芸術の完全性を確信させることのできない苦しみを描いているといえるでしょう。観衆は，断食芸人が誰かから食べ物を密かに盗んでいるのではないかと考えるようになります。自分の生き様を自らで説明できないことや正当化できないことは[3]，私達が知っているように，カフカの小説に繰り返し出てくる主題です。最終的に，断食芸人の精神は，押し潰されていきます。その結果，食事を摂らないことが一種の挑戦ではなく，単に食べることについてあまりにも気難しかっただけと彼自身が思い込むか，そう確信を抱くようになります。彼は，死にます。そして，彼が入っていた檻に敷かれた藁と共に無造作に埋葬されます。彼の居た檻の中には，精神的な人生を語ることのない豹が入れられます。この断食芸人の運命は，カフカとニーチェを結び付けます。更に，『断食芸人』は，トーマス・マンの小説である『トーニオ・クレーガー』とも同類の物語とも言えるでしょう。このマンの小説においても，（カフカの話では豹が象徴している）凡庸で思慮の足りない人々の人生に対する知的な人間の妬みが描かれています。
　ウェストは，『審判』からヨーゼフ・K．と頭取代理の確執に関する一節を引用し「K．は，勤務について身体的に酷使されているわけではない。しかし，銀行における主任という管理職にあることで，恥をかき，人間性を

---

(3) 『断食芸人』と『流刑地にて』の両作品では「苦痛を有意義なものとして，それを狂信的に信奉している者が見世物として再現されている。昔であれば多くの群衆を集めるであろう。しかし，現在では汚らしい死と埋葬という結末に終わる見世物にすぎないのである。」Mark M. Anderson, *Kafka's Clothes: Ornament and Aestheticism in the Habsburg* Fin de Siècle 175 (1992)（マーゴット・ノリスの引用）．

奪われ，そして，富を得ることもない（396頁）」と指摘しています。実際のところ，引用された一節は，K．と頭取代理の間で繰り広げられている銀行内での地位を巡る競争を描いている部分にすぎません。そこにおいて，K．は自身が失ったものと同程度に獲得したものもあるのです。それに，K．は，その仕事により苦しめられてはいません。彼は，その銀行では第一支配人という大物であり，単なる主任という管理職従業員ではありません。従って，ウェストは，翻訳を不正確に引用しています。すなわち，私が第4章で述べたように，彼は，銀行の第3番目の地位にいる人物なのです。彼は，自らの仕事から疎外された代書人バートルビーのような人物ではありません。そのような高い地位にあって，K．は，裁判のせいで仕事に身が入らなくなり，次第に裁判のことしか考えられないようになっていくのです。

　ウェストが引用しなかった次の一節が以上の要点を明らかにしてくれるでしょう。「彼［K．］が物憂げに視線を上げると，役員室の扉が開いた。そこに，ぼんやりと，まるで，薄いヴェール越しから眺めたかのように，頭取代理の姿が現れた。K．は，それ以上，何も思案することもなく，単に，成り行きを見つめていた。すると，大いに彼を喜ばせる事態が生じた。工場主は，急いで，椅子から飛び上がると，頭取代理のところへ駆け寄った。K．は，しかし，更に，その何十倍も，工場主を急き立てたい気持ちに駆られていた。工場主が，いち早く駆け寄らなければ，頭取代理は，すぐにでも，その場から，消え失せてしまうかもしれないからだ[4]。」この一節は，頭取代理が現れることで，K．と工場主との商談が中断することをK．が歓迎するものであり，K．が「恥をかき，人間性を奪われ」ているとする論拠からは，説明できません。そもそも，K．は，裁判に対する思索を邪魔されずに再開できるように，工場主との商談を切り上げたかったのです。

　『変身』の主人公であるグレゴール・ザムザは，両親，妹と一緒に暮らし

---

(4) Franz Kafka, *The Trial* 129 (Breon Mitchell trans. 1998). カフカは，自分自身の仕事を屈辱的であるとか，人間性を奪うものとは考えていなかった。しかし，その仕事に対しては，小説執筆という彼自身の主たる関心事から注意を逸らすものであると彼は考えていた。スティーヴンズやエリオットと同様に，カフカは，高い評価を得ていた事務職員であった。Louis Begley, *The Tremendous World I Have Inside My Head: Frank Kafka: A Biographical Essay* 35-36 (2008). Frederick R. Karl, *Franz Kafka: Representative Man* 221-224 (1991); Ernst Pawel, The Nightmare of Reason: A Life of Franz Kafka 188 (1984); George Dargo, "Reclaiming Franz Kafka, Doctor of Jurisprudence," 45 *Brandeis Law Journal* 495, 505-522 (2006-2007) も参照。

ているセールスマンです。ある朝，彼は起きると，自分が甲虫のような堅い背中と，多くの足を持つ「巨大な虫[5]」になっていることに気が付きます。異様な体の構造に変わってしまったにもかかわらず，グレゴール自身は，その変化に無頓着です。彼は，いつものように考え，そして，周囲に話しかけます。しかし，誰も彼の話していることを理解できません。彼は，昆虫のような奇声を発するだけと思われているらしいことが分かります。彼の家族，特にグレゴールの父親は，この変身に嫌悪感を覚えています。最初の内は，家族もグレゴールに我慢しています。しかし，ある時点で父親が彼を殺そうとし，それを母親が宥めなければならないまでに事態は，進展していきます。グレゴールの妹が弾くヴァイオリンの音に誘われて，虫になったザムザが，おり悪く居間に現れたことで，ザムザ家に下宿していた者達にザムザの存在が知られ，その下宿人の非難を受けて，家族は，ザムザを部屋に閉じ込めます。無抵抗を貫く生き方は，カフカの小説における主人公の特徴であり，グレゴールも従順で大人しく，両親と妹に深い愛情を捧げます。変身してしまったために，職を失う前は，ザムザが家族全員を扶養しており，その家族の彼に対する冷酷な仕打ちにもかかわらず，それを彼は受け入れ，家族に対する揺るぎない愛情を抱えたまま死に至ります。彼の死（父が彼に投げつけたリンゴは，その堅い背中に埋め込まれ，その傷が原因で苦しんだ結果の死です。しかし，明らかに，そこでは殺人の故意が認められません）により，解放された家族は，様々な新生活の計画を立てながら，先ずは，田舎へと路面電車に乗って小旅行に出かけ，お祝いをします。そこで，彼の家族は，次のことに気が付きます。

> 全ての災難が［ザムザ夫妻の娘の］頬を青白いものにさせていた。しかし，それにもかかわらず，彼女は，愛らしく，均整のとれた娘に成長していた。（中略）夫妻は，娘が，もう，きちんとした夫を見つける時期を迎えているのだと，ふと考えていた。そして，旅の目的地に着いて，娘が我先にと立ち上がり，その若い身駆が背伸びをしたとき，それは，まるで，夫妻の新たな夢が実現可能なのだと確信させるようなものなのだった（133頁）。

---

(5) Franz Kafka, The Metamorphosis, In *the Penal Colony, and Other Stories* 117（Joachim Neugrochel trans. 2003）.

ウェストは，この『変身』に関して，論じていません。これは，驚くべきことです。なぜなら，彼女が資本主義による労働の孤立について論証したいのならば，この物語は，カフカのどの作品よりも，より強い証拠を備えているかのように思われるからです[6]。グレゴールは，文字通り，人間性を奪われています。しかし，それは，彼の労働によるものでしょうか？　彼が仕事に遅れまいと無駄な努力をし，その仕事に遅れたことに対して複雑怪奇な謝罪を上司に這って歩きながら伝える奇妙な場面を思い起こしてみれば，それが労働によるものとは断定できないはずです。更に，彼を解雇に追い込んだグレゴールの変身は，彼を解放するだけではなく，彼の家族を解放する一面を持っています。なぜなら，彼の家族は，彼の所得に寄生する生活を送っていたからです。また，彼は，時間に追われた奴隷でした。変身した後になって初めて，彼は，音楽の美しさにも目覚めています。

　しかし，事務系管理職における賃金への隷属が，この物語の核心ではありません。「グレゴール・ザムザは，出勤しなければならない不愉快さに直面するのを避けるため，巨大な虫に変身した[7]」という読み方は，あまりにも単純化しすぎています。『断食芸人』，『火夫』，『流刑地にて』と同様に，『変身』は，他人との有意義なコミュニケーションが如何に困難であるかを劇的に表現したものです。私達が自分自身をどのように理解しているかという問題と他人が私達をどのように理解しているのかという問題の間隙をも表現しています。グレゴールは，自分が家族にとって邪魔者であるとおぼろげながらも受け入れています。彼は，部屋に閉じ込められることに抵抗しませんし，実際に，彼の死は，彼自身が家族の重荷になっていると気付いたこ

---

[6] Robert Currie, *Genius: An Ideology in Literature* 143-150 (1974) を参照。Blume Goldstein, "Bachelors and Work: Social and Economic Conditions in 'The Judgment,' 'The Metamorphosis,' and 'The Trial,'" in *The Kafka Debates: New Perspectives for Our Time* 147, 156 (Angel Flores ed. 1977) も参照。ウェストが論じていない他の作品『失踪者』は，カフカの未完の小説であり（カフカの小説全ての内，3作品が未完とされている），職を探しに移民としてアメリカに渡り，そして，職を見つけたヨーロッパの青年カールを主人公とした物語である。これは，商業と労働に関して，カフカが最も継続的に探究した作品である。それにもかかわらず，その物語に資本主義と孤立という主題を見出すのは容易ではない。ロバート・アルターは「小説に出てくるアメリカは（中略），約束された地であると同時に束縛の家でもある」と主張する。Alter, *The Pleasures of Reading in an Ideological Age* 122 (1996).

[7] Ruth V. Gross, "Kafka's Short Fiction," in *The Cambridge Companion to Kafka* 80, 89 (Julian Preece ed. 2002).

とで早められます。しかし，彼は，彼らの目を通した自分自身を直視することはできず，心の奥底では変化してしまった外見を受け入れることができません。

　私達は，これほど先鋭的なかたちではないにしても，グレゴールと同じ問題を抱えています。私達は，自分自身の願望を十分に理解してもらうことはできませんし，自分自身が抱いている自己像を他人が私達について考えている自己像に置き換えることもできません。そして，他者の側，すなわち，家族の側からのグレゴールに対する見方に関しても，私達は，決して他者の精神的内面に完全に分け入ることはできないのです。人生は，自分達の仲間である他の人間における精神的内面に対して驚くほど無関心を装ったまま展開していきます。グレゴールの妹に，その萌芽が見られる結婚生活，『断食芸人』におけるサーカスの興業主と観客の人生，そして，（後述で検討する）『判決』に出てくる通行人達の生活には，目もくれないことでしょう。

　『変身』に出てくるグレゴール以外の登場人物，すなわち，彼の家族，掃除婦，上司，下宿人は，単に凡庸な人々というよりも，とりわけ無神経な人々として描かれており，精神性が希薄な人々として明確化され（あるいは，微かに嘲笑され），しかしながら，それがゆえに神経質な人間からは，羨ましい存在として描かれています。そのような者達は『断食芸人』における豹と同様，神経質な人よりも，すなわち，お金を持っていようが精神生活に苛まれ，自暴自棄になっている者よりも，上位に据えられています。ニーチェの哲学における「君主」が思考しないことを思い出して下さい。思考とは，生まれながらの奴隷，すなわち，自らは，爪がないがゆえに善良であると信じている人々が自己主張しようとする（カフカの小説では不成功に終わる）ための手段なのです[8]。

　『判決』の中で父親に代わって働く若い商人ゲオルクは，数年前に商売の機会を求めて外国へ行き，その商売が，うまくいっていない匿名の友人について自責の念（しかし，少しだけ他人の不幸を喜ぶ気持ちが混ざっています）を感じています。ゲオルクは，その友人が嫉妬するかもしれないと懸念しながらも，結婚式に，その友人を招待することを決意します。その後に意地の悪い凶暴な父親から，長年の間，友人を裏切っていたことに関して，突

---

(8) Friedrich Nietzsche., *Thus Spoke Zarathustra: A Book for All and None* 199 (pt. II) (Walter Kaufmann trans. 1966).

然，不必要に非難されます。父親は，次のように語ります。

> 「お前は，うまくやったとでも考えていたのだろう。完全に，うまいことやって，出し抜いてみせたと思っていたのだろう。私は，頑固者だ。だから，それを，まんまと欺いて，お前という息子は，ご結婚を決断なさったというわけか！」（中略）「あの女がスカートを，まくし上げたんだな」父は，作り笑いを浮かべて，話を切り出した。「あの女がスカートをまくし上げたんだろう。こんな風にな。いやらしい奴だ。（中略）あの女は，スカートをまくし上げた。こんな感じだ。こうやってな。お前は，彼女のところへ，すり寄った。その女と懇ろになりたいもんだからな。母親との思い出を辱めて，友人を欺いた。そして，父親をベッドへと無理やりに縛り付けた。身動きがとれないようにな。しかし，お前の親父は，身動きできないか？ どうだ，この通りだ。」父親は，すっくと立ち上がると脚を蹴り上げて見せた。彼の眼識には，光輝くものがあった[9]。

　最終的に，ベッドの上に直立して，片手を天上に当てがいながら体を支えている父親は，息子に向かって「今ここで，お前に死を命じる！」と言い放ちます。ゲオルクは「部屋から追い払われたように感じた。そして，彼の耳は，背後で，父が音を立てて，ベッドに倒れ込むのを聞いた」と描かれます。彼は部屋から飛び出して，投身自殺をします。彼が橋から飛び降りる場面は，次のように書かれています。「彼は，優しい気持ちで，すすり泣いていた。『私を生み育てた両親，私は，あなた達を，いつも愛していました。』そして，彼は，身を投げた。その瞬間でも，橋の上には，途切れることない雑踏が続いていた (71-72 頁)。」

　この物語の至る所で気味悪く描かれるゲオルクの友人の商売が成功しなかったことから，ウェストは，この物語が資本主義について書かれていると考えています。彼女は，異常を来たしている父親の視点に立ち，ゲオルクは「[彼の友人の] 苦しみにより，自らに科された孤独」がもたらす罪悪感ゆえに自殺したと主張します（410 頁，411 頁も参照）。しかし，この解釈には根拠がありません。もしこの物語がエディプス・コンプレックスやカフカと父

---

(9) Kafka, 前掲注 5, 68-69 頁。

親との関係（『変身』でも，同様の主題）に関する物語ではなく，繊細な子供にとって大人が，どのように見えるのかに関する物語でもなく，なぜカフカが結婚をしなかったのか（これに関して，ゲオルクの友人は，作家としてのカフカを象徴しており，その失敗と放浪から救い出されるために，世俗的な意味でのカフカを象徴する婚約中のゲオルクが死ぬという解釈が展開されます。実際に，カフカは『判決』を執筆した後に，何度か婚約を繰り返しています[10]）に関する物語でもないならば，この小説は，以下に関する物語になります。すなわち，罪悪感であったり，原因と結果が不釣合いであったり，超現実主義的な感覚であったり，人生の不条理さであったり，人が他者の評価をどのように受け入れる傾向にあるのかであったり，現代の生活において非常に繊細な精神性が混乱を来たしている感情であったり，私達の精神的な動揺に対する他者の無関心を扱っている物語になります。この無関心は，橋を渡る通行人の無関心さだけでなく，ゲオルクの友人が事業の失敗を思い出すことで苦しまないように，ゲオルクが気遣ったことに関して，その友人が何も気が付いていない無関心さに表れています。

　この物語は，『審判』のための素描とさえ考えることができます。従って，法と文学とを直接的に一括りにするものと看做すこともできます。起訴され，有罪とされ，死刑を宣告される一方で（この物語のドイツ語の原題「Das Urteil」は，法的な意味での決定または判決を意味しています），ゲオルクは『審判』のヨーゼフ・K．と同様に何も犯していないという理由でも有罪とされています。同様に，彼には彼の話を聞かせることができる「裁判所」が存在しないのです。最後に，息子に有罪を宣告するよう要求されている裁判官という意外な展開にも着目して下さい。

　カフカは，市場による支配や，その他の現代的な社会制度から逃れることさえできれば，人間は，幸せになれるだろうと信じていたロマン主義者ではありませんでした。しかし，『変身』の中には，ロマン主義を思わせる手掛かりがありますし，天才や芸術家は，集団から孤立するべきであるというロマン主義の一連の思考は，『断食芸人』で顕著です。政治活動に心を奪われている人々は，カフカの小説の中に，容易に政治的な意味合いを「発見する」ことができます。そして，このカフカの謎めいた文章において示される

---

(10) Ronald Gray, *Franz Kafka* 61-65 (1973). Kurt Fickert, "Kafka's Addenda to,In der Strafkolonie,'" 22 *University of Dayton Review* 115 (1993) と比較対照。

反対意見を説得力に乏しいものとして踏みつぶそうとします。しかし，解釈が特有のものであればあるほど，その著作者から引き出すことができる権威性は，少なくなるように思われます。カフカを読むことで，ロビン・ウェストが如何に資本主義的精神を嫌っているかを彼女自身が思い起こし，資本主義に対する彼女の批判的な意見が喚起されたとしても，そのこと自体，大したことではないはずです。しかし，彼女は，その批判にカフカの名声の衣を着せるべきではないのです。

　これは，偉大な文学作品が経済学的な観点では，決して，うまく掘り下げられないことを意味するものではありません。ヴェニス公がシャイロックに対して，なぜ，多額のお金よりも価値のない1ポンドの肉がよいのかと尋ねたとき，シャイロックは，単純な自由主義の理論で答えました。すなわち，価値は，主観的なものであるという回答です。価値とは，それに対価を払う側の意欲により決定されるものであり，それが何らかの外部的，客観的，政府により決められた利点や功罪ではなく，各人における趣向や趣味の働きであると彼は，説明します（IV.1.42-59）。

　　（中略）それに，お答え申し上げることはできない。
　　敢えて述べれば，私の気まぐれだと。それで，答えになるだろうか？
　　もし，我が家に鼠が出て困っているとして，
　　それを駆除するのに，私が喜んで，1万ダカットもの大金を
　　支払おうといったなら，その答えに納得して頂けるか？
　　口の開いた豚の丸焼きが好きになれない者もいるし，
　　猫を見ると気が変になると述べる者もいる。（中略）
　　そこに，確固たる理由がないように，
　　なぜ，口の開いた丸焼きの豚に我慢できないのか，
　　なぜ，無邪気で，機転の利く猫が嫌なのか（中略），
　　理由なんて，そんなものはない。だから，私も理由は申し上げない。

シャイロックは，更に，契約の自由と法の支配に言及して，彼の見解を弁護し，1ポンドの肉に対する彼の要求を退けることは，再配分主義的【経済学用語で，資産の再分配により不均衡を是正すべきとする考え】であり，社会主義的であると指摘してします（IV.1. 90-102）。

あなた方の多くは，大抵，沢山の奴隷を買っている。
その奴隷は，ロバや犬やラバと同様のはずだ。
あなた方は，その者達を過酷な仕事に扱き使う。
なぜなら，あなた方は，その者達の買い主だからだ。
私が「奴隷を解放しろ。あなたの跡継ぎと結婚させろ，
なぜ，彼らだけが汗水たらして重い荷を背負わなければならんのだ，
あなた方と同様に，柔らかなベッドに寝かせてやれ，(中略)」
といったとしたら，あなた方は，なんと反論するつもりなのか。
　　だから，私は，こう答えるのだ。この者に要求する肉1ポンドは，
高い代償を払って，私が買ったもの。だからこそ，私のものであり，
私が手に入れるべきもの。それを否定されるのなら，法なんてものは，
何の力もない。ヴェニスの法令は，何の役にも立たないことになる。

古典的自由主義の擁護

　私達が「資本主義」と呼ぶ自由市場主義に限らず，古典的な自由主義は，選択の自由に高い価値を置いています。しかし，ロビン・ウェストは，通常，私達の選択が私達を悪い方へ向かわせると信じています。彼女は「カフカの小説の登場人物に起こるほとんどの事柄が完全に合意の上の事柄であるため」，カフカの小説は，その彼女の考えを裏付けるものであると主張しています（390頁）。この主張は，グレゴールが虫に変身したことや，ヨーゼフ・Ｋ. が逮捕されたことを無視しているだけではなく，有効な意味のある同意でさえも，精神病疾患の影響下の意思決定や強要された意思決定に拠るものとして扱っています。ウェスト自身が創作した人物である過食症のトマト好き[11]と，ウェストが文学的水準を限定化してしまったカフカの描く断食芸人は，食欲不振者で合理的な選択ができない精神的疾患に罹患していると言えます。更に，父親に「今ここで，お前に死を命じる！」と言われたくらいで，自殺を決行する者は，合理的に行動できる人間とは考えられないでしょう。
　ウェストが古典的な自由主義を批判する者としてカフカを使用することの

---

(11) その者とは「毎日（中略）12個のトマトを買い，5皿のスパゲッティを食べ，それらを全て吐き出して，消化器官を痛めつけている人間（401頁）」とされている。このような例を出した目的は，最も単純な消費取引であっても潜在的な病気を孕んでいることを示すためとされる。

根本的な問題は（明らかに，カフカは，教訓的な作家でも，現実主義的な作家でもありません），ウェストが悲哀と悲劇を混同していることにあります。悲劇の主人公は，通常，その者が選択した事柄を起因として，悪い結末へと至ります。例えば，パトロクロスにアキレウスの鎧を着せるというアキレウスの選択だったり，父親を殺し，母親と結婚するという預言を打ち破ろうとして家から逃げ出したオイディプースの選択だったり[12]，カエサルを殺害するというブルータスの選択だったり，父親の殺害者に復讐を遂げようとするハムレットの選択（これは，上記に挙げた例とは異なり正しい選択のようにも思われます。しかし，結局のところ，死を招くものとなります）が挙げられます。これに対し，カフカが描く主人公も悪い結末を迎えるにせよ，それは，その主人公の選択の結果としてではなく，ほとんど，その者達の性格や外的な状況の結果によるものです。

　私は，市場で取引をする人々が合理的である限り，市場は，常によい結果または効率的な結果をもたらすものであると示唆するつもりはありません。自分の夫の職業と比較して，それよりも優越する地位にある男性から性的な接触を求められた女性を想定してみましょう。例えば，ウェストによれば，『審判』の中に出てくる洗濯婦が，それに当たります。その女性が法曹界の出世組と思われる法学生に気が付いたとき，K．は，彼女と語らっている最中でした。彼女は，法学生の方へ，話し相手を切り替えます。法学生は，彼女にキスをし始めます。K．は，その会話を邪魔しようとします。しかし，その法学生は，彼女の体を抱え上げ，彼女を連れ去ります。K．は，法学生から彼女を取り返そうとします。しかし，彼女は，この法学生が予審判事の命令で自分を連れ出そうとしているにすぎないのだからという理由で，K．に，邪魔するのを止めるように言います。学生は，裁判所の入っているアパートの階段へと彼女を連れ出します。「女は，K．に向かって，手を振っていた。そして，肩をすくめることで，この連れ去られる行為が彼女のせいではないことを示そうとしていた。しかし，これらの意思表示に無念さが込められているようには見えなかった。（中略）その女は，単に彼を裏切ったことだけではなく，予審判事のところへ連れ去られていくことに関しても彼

---

(12) オイディプースは，父親殺しを回避できなかったであろう。しかし，オイディプースよりも年上かもしれない女性とは決して結婚しないことにより，預言の一方を無効にすることは可能だったであろう。

に嘘を付いたのだと彼は，感じ取った[13]。」

K．は，法学生に女性を譲る際，彼女が強制されて連れ出されたと信じ<u>たかった</u>のでしょう。しかし，徐々に，彼は，これが真意ではないことを知り，彼女と法学生が彼を弄んでいたことに気付きます。従って，これは，セクシャル・ハラスメントを描いた事案ではありません。そして，セクシャル・ハラスメントは，ウェストが思い込んでいるように，経済的効率性の観点から許容されるものではなく，資本主義的経済学が道徳的に不十分であることを立証するものでもありません。上司の部下に対するセクシャル・ハラスメントは，被用者と使用者双方の生産力を減少させる強制的行為です。すなわち，被用者に対する病気や損害を引き起こすリスクのある職場を使用者が管理している場合と同様に，職場で被る不愉快さに対しても，被用者に補償するため，使用者は，より高い賃金を支払うように強制されるべきことを意味しています[14]。更には，性的な交渉を行ったり，それを拒絶したり（または，従ったり）するための時間に働くための労力が費やされるとしたら，それは，使用者と被用者の生産性を減少させるものとなります。そして，セクシャル・ハラスメントが一般化してしまうと性的に神経質ではなく従順な女性は，競争において優位な力を得ることになります。そのような女性は，辞職することもなく，直ぐに昇進することになります。彼女達が他の者よりも優れた被用者であると考えるべき理由はなく，昇進が功績ではなく縁故に基づく場合と同じように，被用者における淘汰作用が非効率的になるでしょう。

セクシャル・ハラスメントの非効率性という事実は，競争原理や利潤動機により，セクシャル・ハラスメントが法の助けを借りなくても駆逐されることを意味しているわけではありません。セクシャル・ハラスメントを発見して立証する費用は高く，少なくとも，全ての潜在的な効率性が，あらゆる市場で達成されるわけではありません。経営管理者は，女性よりも男性

---

(13) Kafka，前掲注 4, 64-65 頁。
(14) 被用者に傷害や死のリスクがある場合，賃金の割増を要求し，それを受け取るべきことは，アダム・スミスの『国富論』でも指摘されており，その著作により十分に裏付けられている。例えば，W. Kip Viscusi, *Risk by Choice: Regulating Health and Safety in the Workplace*, 第 3 章, (1983); Jean-Michel Cousineau, Robert Lacroix, and Anne-Marie Girard, "Occupational Hazard and Compensating Wage Differentials," 74 *Review of Economics and Statistics* 166 (1992)。

の方が多く，彼らは，性別のない機械が判断するかのように，セクシャル・ハラスメントの問題を的確なかたちで評価しないかもしれません。しかし，これを，きちんと評価する経営管理者を有する会社は，競合する他社よりも，費用を安く抑えられるでしょうし，徐々に，競合他社に取って代わる存在となるでしょう。

　最も重要なことは，セクシャル・ハラスメントが資本主義による病気ではなく，権威による病気ということです。セクシャル・ハラスメントは，社会主義者において一般的ではないのと同様に資本主義者においても一般的ではなく，軍隊や政府企業，非営利の私的団体で一般的ではないのと同様に利益追求企業でも一般的ではありません。おそらく，非常に競争を強いられる環境にある利益追求企業では，セクシャル・ハラスメントは，ほとんど行われることはないでしょう。なぜなら，このような企業の使用者達は，企業内の非効率的な慣行を排除する最大限の圧力下にあるからです。洗濯女を連れ去る裁判官の助手たる法学生は，政府の被用者です。同様に，ウェストは『審判』に描写される鞭打ちの場面を資本主義における雇用関係の深い洞察であると解釈しています。しかし，鞭を振るう者と鞭で打たれる者は，どちらも政府の被用者なのです。

　ウェストは，難しい選択やリスクの高い選択を含め，合意の上で形成される取引の問題に苦悩しています。例えば，エイズに罹患するリスクがあるにもかかわらず，同性愛者専用の社交場を頻繁に訪れ，そこで，コンドームの利用を拒絶し，または，性交相手によるコンドーム利用の申し出を拒絶する同性愛者の選択を彼女は挙げています[15]。確かに，この選択は，悩ましいにもかかわらず，一般的な選択に関する例外的な問題にすぎません。すなわち，生活様式や人生の予測に関する一般的な選択です。ウェストは，性衝動が本能的であるため，性衝動が影響を与える選択は，自由なものであり得ないと信じています。しかし，人間の選択の大部分は，趣向や嫌悪感といった本能，すなわち，生存本能や生殖本能を起源とするものに影響を受け，ま

---

(15) ウェストは，経済学的観点から，同性愛者の行動において最も問題とされるべき側面を抽出している。すなわち，伝染病に感染するリスクに身を晒している人々は，同様に，彼が他者に感染させるかもしれないという意味で，他者にリスクを押し付けているとする。そのことが自由放任主義の国家の下であってさえも，同性愛者の行動に対する規制を正当化するだけの「外部費用【ある経済主体の意思決定（行為・経済活動）が他の経済主体の費用として負担されること】」が生じているとされる。

たは，決定されさえするものです。実際に，このような選択が形而上学的な意味において自由であると信じていない限り，あらゆる選択は「強制的」または「非自発的」ということになります。働く意欲があり，しかし，1カ所の求人しかない人は「選択肢がない」とも言えます。しかし，その仕事を選択したことになるのです。銃を持った強盗が「金を出すか，命を差し出すかだ」と叫ぶときにも，同様の強制力が働くでしょう。強盗の要求に従う選択は，法的な意味での強制になります。その他の選択の場面には，そのような強制の意味は含まれていません。その理由は，見せかけの「自発的な」取引は，その選択が禁止されたとしても，社会は明確に良化される（better off【経済学用語で，より市場の状態が良くなるになるという意味】）からであり，強盗の脅迫に屈する場面で示されるように，その選択が悪い仕事に関する場合には，それが社会を良化するものになるか不明確だからです。「悪い」仕事が違法とされた場合，人々が「良い」仕事を見つけられなければ，彼らは，何を選ぶべきなのでしょうか？一人の人間が直面する選択可能な方法は，常に限られたものです。悪い選択肢を禁じることで，ある者には少なく，他の者には多くの選択可能な方法が付与されたとしても，選択すること自体が社会から失われてしまうわけではないのです。社会が良化されればされるほど，大部分の人にとっての選択可能な方法の幅は，大きくなります。一方で，人々にとって悪化をもたらす可能性のある選択は，禁止されない限り，社会が良化される可能性も低くなるのです。

　ウェストが論じて以来，医師が幇助する自殺は，許されるべきか否かという論点が公の議論の的になっています。この問題は，選択の適切な制限という争点を鋭く提示しています。医師による患者の自殺幇助を禁じることは（多くの人々に対する実際的な結果として），病気や恐ろしい苦しみにある人々に対し，死ぬ時期を選ぶ権利を否定してしまう側面のみならず，自殺の数を増やしてしまう側面をも有しています。すなわち，このような選択肢を否定することで，病気の進行に講じる術もなく，どうすることもできないことを予期させ，人々を自殺に追い込むことにもなりかねないのです。他方で，そのような患者達が後になって必要な場合に，その手助けが得られる可能性があると知り，その時期を待つことができるのであれば，その間に，患者達は，回復するかもしれませんし，または，考えを変える可能性もありま

す[16]。自殺を禁忌とするべき考えに加え，冷淡で身勝手な家族，または忙しい医者に後押しされて，実際には望まない死を選ぶことに同意してしまうのではないかという懸念は，医師が幇助する自殺を認めるべきではないという結論を導くでしょう。結果として，この選択が尊重されるべきか否かに関して，はっきりとした正しい解答は存在していません。

カフカ作品を解釈するウェストの傾向に見られるように，もしカフカ作品を文字通り解釈すれば，断食芸人は，業績が下向傾向にある市場動向の報告と同様です[17]。彼は，消費者の選好を正確に予測することができず，やがては，豹に追い出されることになります。それは，まるで喜劇役者が世の中の人気を博すようになった「話す猫」に追い出されることと同様です。寓話的な意味において，失敗した起業家は，全て「飢える」ことになるのです。しかし，先を見越さなければならないという企業家としての選択の責任を，その断食芸人が引き受けたとして，私達は，その断食芸人を気の毒に思わなければならないでしょうか？ その選択がカフカの断食芸人を気の毒に感じさせるほど，予想外な消費者の趣向の変化であるといえるでしょうか？

宝くじの購入者は，金銭的見返りに関する確実な期待のないリスクを引き受ける例として，挙げられます。宝くじの費用は，期待した成果（宝くじで得られる賞金に当たる確率を乗じた金額）を実際に上回ります。宝くじは，リスクや不確実性を好む人々，自暴自棄な人々（宝くじに当たらなければ飢えてしまうにもかかわらず，宝くじに最後のお金をも投入してしまう人々を意味します），確率を計算することができない人々，幸運を信じる人々，その他の愚かな人々や空想家を惹き付けるものです。それとは対照的に，あなたが借入資本により投資を行っている会社の株を買ったり，俳優のようなリスクの多い職業に就いたり，性格の分からない他人と結婚する際に，あなたが引き受けるリスクは，自らで埋め合わせることのできるリスクです。あなたは，期待する見返りに確信を抱いているがゆえに，その危険な事柄にかかわろうとするわけです。結局，あなたが失敗しても，それは，あなたが引き

---

(16) 私の著書 *Aging and Old Age*, 第10章, (1995) を参照。

(17) <u>完全に馬鹿げた考えというわけでもない</u>。カフカの生きていた時代には，ヨーロッパ大陸において，本当に「断食芸人」が存在し，遅くとも1956年までは存在していたとされる。Breon Mitchell, "Kafka and the Hunger Artists," *in Kafka and the Contemporary Critical Performance: Centenary Readings* 236（Alan Udoff ed. 1987）; Meno Spann, *Franz Kafka* 191, 注1, (1976)。

受けたリスクになります。それを救済することは，軽率なリスクの引き受けを促進するだけにすぎないことになります。能力以上のことに挑戦する人，後先を考えない人，怠慢な人，気前がよい人，例えば，ハムレット家の面々，バサーニオ家の面々，【新約聖書の】「山上の垂訓」において鳥のように生きなさいという言葉を真剣に受け取る人々は，MBAの資格を有する平均的な人々と比較すれば，非常に魅力的な人々かもしれないにしても，彼らは，きちんと納税している者に対して，道徳的な主張が許されるほどの権利を有する者とは言えないのです。

　約束は，自由を放棄することで逆に自由が増えるという矛盾を抱えています。拘束力のある法は，拘束力がなければ不可能な選択を可能にします。もし宝くじに外れた人が外れたくじの買い戻しができるとすれば，それは宝くじではなくなってしまい，当選者も存在しないことになるでしょう。代理母が赤ちゃんを産んだ際に，その子を引き渡さなければならないという拘束力のある約束を締結できないならば，代理出産契約を締結できなくなるか，あるいは，より低い価格で妥協しなければならなくなります。自由を放棄する要素が選択に含まれても，選択が無意味になるわけではありません。

　悪が存在する限り，二つの悪の内，より軽い悪を選択する必要が生じます。このような選択を批判する際に，ウェストは，彼女自身をユートピア的な夢想家[18]と看做しています。すなわち「共同体の将来は，単に，政治的または革命的な行動に依存するだけではない。私達の置かれた現在を打ち崩し，更なる理想的な世界を生み出すために，それは，私達の想像的，合理的，精神的，道徳的自由に依拠するものである」と，彼女は，信じ込んでいます[19]。彼女は，しばしば女性が望んでいない性行為であっても，同意することがある点を指摘し「なぜ，女性達にとって，したくもない性行為をしなければならないのか？　このことが問題視されないのに対し，なぜ，男性達にとって，したい性行為をさせてもらえないことが問題視されるのか？」という修辞的な問い掛けをしています[20]。それに対しては，ユートピアではな

---

(18) 彼女自身は，そう呼ばれることを誇りに思っている。West, "Law, Literature, and the Celebration of Authority," 83 *Northwestern University Law Review* 977 (1989).

(19) West, "Jurisprudence as Narrative: An Aesthetic Analysis of Modern Legal Theory," 60 *New York University Law Review* 145, 202 (1985). (*Narrative, Authority, and Law*, 前掲注2の第7章として再掲載。)

(20) West, "Legitimating the Illegitimate: A Comment on 'Beyond Rape,'" 93 *Columbia Law*

い現実の世界において，男性が一般的に女性よりも頻繁に性行為をしたがることの見返りとして，そのような性的関係は，取引交換の要素を含んでいることが答えであると言えるでしょう。すなわち，男性は，女性に対して，何らかの役務を果たし，価値のある別の利益を提供することで性行為の代償を払っていることになるのです。

　精神病患者が判断能力を有しないことと単なる困難な選択との間に位置するものとして，中毒に関する事例があります。アルコール中毒者は，彼の自由の重要な部分を放棄し，その見返りとしてほとんど何も得ていないように思われます。しかし，アルコール中毒者になることを禁じるのは，彼らの好む人生の在り方，すなわち，節度を求める者からすれば，反感を覚えるような人生の在り方を選ぶ自由が侵害されることになるでしょう。アルコール中毒やその他の中毒になるという選択が不完全な情報に基づいて形成されるものであったり，第三者に対して補償されない侵害（例えば，飲酒運転による交通事故）を含むものであるような場合，それは，経済的自由権という名において，社会が自由を付与すべき選択ではありません。しかし，人が自由のない人生を追及する権利を選ぶ事実そのものは，選択自体を不自由にするものではありません。

　カフカの小説に出てくる多くの登場人物が選択を<u>したがらない</u>というウェストの指摘は，正しいものです。彼らは，権威への服従を切望しています。仮に，この従順さが大部分のアメリカ人に当てはまるのならば，自由市場や民主主義政体を国家が約束していることも再考しなければならないかもしれません。しかし，これらのカフカの小説の登場人物は，アメリカ人の性格とは正反対ともいえる異常なまでの従順さにより，特徴付けられるものです[21]。選択するよりも，むしろ，服従することは（前述したことに関連して），破滅の元となります。このことは，ゲオルク・ベンデマン，グレゴール・ザムザ，ヨーゼフ・K.，『掟の門前』の旅人だけではなく，『却下』で描かれた市民にも当てはまります。その物語の市民達は，法の重荷からの免

Review 1442, 1456 (1993).

(21) ちなみに，このことが『失踪者』から読み取れるカフカ自身の考えであるように思われる。カフカは，一度もアメリカを訪れたことがなかった。そのことを考慮すれば，この小説の不正確性は，驚くべきことではない。例えば，彼は，自由の女神に剣を持たせている。しかし，彼は，無限の好機と果てしない躍動感を有する土地としてのアメリカの雰囲気を伝えている。

除を求めて行った請願が却下されることで，安堵の気持ちを抱きます。『却下』は，軍事帝国の中にあって，世間から忘れられたような町が舞台となっています。徴税吏，町を支配する大佐，市民を脅迫する恐ろしい顔つきの兵士が帝国政府当局を代表する者とされています。町の公務は，税金免除の請願や，割引価格で帝国の御料林から材木を切り出す許可を求める請願を大佐が受け付ける出来事に限られています。請願書は，いつも却下されます。そして，請願書が却下されると「否定できない安堵感が人々の間を駆け抜けていった。(中略) この却下が無ければ，人々は何事をも進めることができない。しかし，同時に，却下をする公的な行事は，決して，単なる儀式にすぎないものでもない。何度も何度も，十分に，それが予測されるにもかかわらず，全く大真面目で，その場所に赴き，必ずしも，元気付けられるとか，幸せになるわけではないにしても，失望することも疲れ切ることもなく，再び帰宅の途につくのである（267頁）[22]。」ただし，17歳から20歳までの若者達だけは，この却下に納得していないのです。

　この町の人々の権威への熱望，変化への恐れ，マゾヒスティックなまでの従順さは，明白です。おそらく，大佐が法による免除の付与を却下することで「人ではなく法の統治」という主題に，皮肉な解釈を施していると感じることができます。おそらく，大佐は，デルフォイの神託やヘブライ人の預言者を派生的に模倣した人物なのでしょう（大佐が請願の内容を聞いている際には，蛙のような息遣いをし【蛙は，ヘブライ人を象徴するもの】，請願に対する判断を言い渡した後には，椅子に，ぐったりと倒れこむ場面が描写されています）。あるいは，おそらく，彼は，カフカの父親のことであり，更には，不明確で不穏な感覚において暗示される全ての者の父親像なのかもしれません。請願が却下されたときの市民の安堵感は，感情の麻痺した『荒地』の登場人物が生きることの恐れを抱いていることを思い出させます。そして，『荒地』では，預言者が死を願望していることが描かれています（『却下』は，『荒地』が書かれる2年前の1920年に書かれました）。

　ウェストは，カフカ後期の作品『掟の問題』を引き合いに出して「カフカは，法と法的権威の本質および法的権威が依拠する正当性の仕組みを直截に描写している。法の権威性は，最終的に力ではなく，正当で『気高い』権威

---

(22) Franz Kafka, *The Complete Stories* 267 (Nahum N. Glatzer ed.1971).『却下』の翻訳は，タニア・スターン，ジェイムズ・スターンによる。

による判断を求める被統治者の熱望により維持されるとカフカは私達に教えている（422頁）」と述べています。この僅か数頁の寓話は，社会を支配する少数の貴族集団により，法が秘密のものとされている社会を描写しています。そこで人々は，疑問を抱き始めます。それは，何らかの法が存在するならば，どのようにして，それを認識できるのかという問題です。ある者は，貴族がしていることこそ，唯一の法であると結論付けます。しかし，ほとんどの者は，この考え方を拒否し，その代わりに，貴族の行為が秘密としての法の現れなのであるから，一所懸命，その手掛かりを求めて貴族の行為を探究し，最終的に法を理解することを希望します。法を理解した時点で，貴族は消え失せると，その者達は信じています。

　人々の敬意と受動性は，ウェストの解釈を支持するものです。しかし，この寓話は，それを「直截」に述べたものとはいえません[23]。「貴族の」ための「司法制度」と解釈する者もいるかもしれません。『掟の問題』を法形式主義とリアリズム法学あるいは自然法と実定法に関する寓話であると解釈する者もいるかもしれません。ある意味において，法は，裁判官の秘密です。なぜなら，裁判官が口を開くまで，法を詳しく知ることはできないからです。リアリズム法学の信奉者や実証主義者は，裁判官の判断の背後にある「法」を幻想と看做しています。彼らにとって，法とは，裁判官が新しい事件に対峙した際に，過去の判決から，どのように行動すべきなのかを導き出す推定にすぎません。そこでは，判決の外側にあるものを法として扱うことはありません。一方で，法形式主義者や自然法学者は，裁判官の判断を生みだす普遍的で一貫した原理原則が存在し，十分な洞察力を有する私達は，その原理原則を発見できるかもしれないという信念に固執します。そのような考えの者達は，裁判官さえ不要とするかもしれません。この考え方は，議論の余地があるもののカフカの寓話で描かれている社会を依然として支配しています。

　このような原理原則への信念の暗示は，『新しい弁護士』にも見出すことができます。この物語は，次のように始まります。「私達は，新しい弁護士を迎える。その名は，ブケファロス博士。彼の外見から，かつて，アレクサンダー大王に仕えたマケドニアの軍馬だった頃を思い出させるものは，ほと

---

(23) Frederick C. DeCoste, "Kafka, Legal Theorizing and Redemption," *Mosaic*, Dec. 1994, 161頁を参照。

んど何も残されていない。」しかし，彼は「足音を響かせながら，高慢な足取りで」裁判所へと続く「大理石の階段を昇る。(中略) 大抵，法廷は，ブケファロス博士の入場を許容する。しかし，そこでは，驚くべき洞察力で人々が現代の社会はこうあるべきであると語っており，ブケファロスは，困難な立場にいる。(中略) 今日，アレクサンダー大王が存在していないことは，否定できないのだ。(中略) だから，おそらく，ブケファロスがしてきたように，法律の本に熱中することが最善なのだ[24]。」これは，『審判』において，楽園が屋根裏部屋にある裁判所へと没落していったことと同じく，現代的な生活から英雄が消滅したことについての皮肉を込めた解釈に過ぎないのでしょうか？この寓話の最後の文章が私達に不思議な思いを抱かせます。「静かなランプの明かりの下，彼のわき腹は，乗り手から蹴られることで邪魔されることもなく，戦いの喧騒からは自由で，そして，遠くにあり，彼は，私達の過去の遺産である大著を読み，その頁を繰るのだ(415頁)。」『掟の問題』で見出すことのできる自然法の存在に情熱的なまでの信頼を有している人々同様，ブケファロスは，過去の大著を丁寧に読み込めば，その遺産に値する何かを見つけるかもしれないと考えています。ブケファロスは『掟の問題』の人々よりも，威厳が与えられていて，進取の精神を持っています。しかし，ブケファロスが，どのような存在であろうとも，彼は，馬にすぎないのであり，結果として，その優れた威厳と進取の精神は，人間の潜在的能力に関するカフカの陰鬱な評価の産物であり，その印象を読者に強めるものとなっています。それは，まるで『ガリヴァー旅行記』に出てくる馬の貴族フウイヌムがスイフトの描く人間(ヤフー)の陰鬱な印象を強めたことと同様です。

　おそらく，ウェストは，カフカの登場人物の受動性に迷わされています。そのことで人生の根本的な条件を決定する選択権を放棄したい欲求(自己への隷属，悪魔との契約，アントーニオの債務，『却下』に出てくる人々の惨めさ)と一般的な契約を介して，部分的または一時的に，他者へ従属し，その者の指示に従わなければならない判断とを混同しています。人は，自営業者のままでいるよりも，被用者である方が，より良い人生が送れると考えるのであれば，会社のために働くことにより，社会階層的な従属を受け入れるのです。そこでの地位は，自由に選択され，その選択は，取り消せないもの

---

(24) Kafka, 前掲注22, 414-415頁 (translation by Willa and Edwin Muir).

ではないため，本質的な自律の放棄は，存在しないのです。

　私達の社会においては，あらゆる社会と同様に，全ての成人が十分な能力を有し，その可能性があったとしても，自律的であるとは言えないのが現実なのです。このことは，次のような問題を促します。すなわち，そのような不運な人々は，どの程度いるのでしょうか？この人達の数を減らすためには，何ができるでしょうか？そのような人達は，自由市場への私達の関与を再考しなければならないほど，数多くいるのでしょうか？市場以外に資源を再配分し得るような，より良い制度はあるのでしょうか？一般的な人々でさえ，常に合理的な選択をするための能力を弱める認識の限界や感情からの影響があります。これらの選択に影響する要因の効果を最小化するために，もし，対策があるとすれば，何をなすべきでしょうか？ウェストが自らをユートピア的な思想家という説明通り，彼女は，これらの問題に関して，何も語ってはいません。1920年代から1930年代におけるリアリズム法学の動きに起源を有する左派的な法学研究者は，このような問題から全く逸れてしまったかのようです。かつてのリアリズム法学主義者は，社会改良論者でした。そのような考えの者達は，法の概念を閉ざされた論理的体系であると嘲笑しました。そのように，法の概念に公共政策の概念を限定化してはならないとされていたのです。ジェローム・フランクを中心として，リアリズム法学主義者は「規範体系化された状態（ruledness）」に対し，過剰な敵意を向けていました。彼らは，そのような規範体系化された状態と心理状態の不確実性とを関連付けていました。おそらくシェイクスピアも同様のことをしたでしょう。しかし，リアリズム法学主義者は，ユートピア的な空想家ではありません。彼らは，人間性や社会の完全性に疑問を提示し，法改革をはっきりと望み，それを大いに達成しました。

　ウェストは，おそらく皮肉を込めた主張をしたいだけなのかもしれません。すなわち（一般的な見解として）経済学者は，人間の本質について非現実的な考えを有しているという主張です。それがゆえに，文字通りのカフカ，ひいては「あまりにもカフカを思わせるような」カフカでさえ，経済学者よりも現実的であると彼女は，言いたいのかもしれません。カフカの作品『流刑地にて』の中でも最も奇妙な登場人物である将校は，計算機ではなく，紛れもなく人間として個性的な人物です。実際に，この傑作は，流刑地において，その人間性ゆえに拷問者が苦しむことを象徴的に描いたものです。しかし，経済学者の用いる合理性の概念は，検討されるべき経済的選択を論

じ尽したわけではありません。日常生活，商業活動その他で用いられる意味で意識的選択を論じているというよりも，経済学言語や学問の言語で明瞭に表現できる領域に関して論じているに過ぎません。ほとんどの消費者は，消費者余剰を意識的に最大化しようとはしていませんし，ほとんどのビジネスマンは，限界収入と限界費用を意識的に等しくしようともしていません。経済学の関心は，人間の心理状態ではなく，その行動の在るべき姿に向けられているのです。

大審問官と社会理論家

　ウェストは，現代人がカフカの登場人物と同じように厳しく支配されたいという願望を持っていると考えています。現代人は「気高い権威による判決と刑罰を熱望しており (422 頁)」，「法の権威的な構造と摂理 (423 頁)」，そして「国家の権力と刑罰権限に魅力を感じている (424 頁)」と彼女は述べています。私達の世界は，カフカの世界と同様に「過度に権威を好む人間が住んでいる (387 頁)」とされています。多くの人々が政治哲学の役割を最善の利益に関する有用な判断を提供するものと考えていることから，現代人の態度に彼女が思い悩んでいる理由は，理解可能です。しかし，彼女の説明は，私達の現実の世界よりも『カラマーゾフの兄弟』の中でイエス・キリストに語りかける大審問官の世界を思い起こさせます。そこでは，人類にとって，極めて多く与えられた選択の自由が，より深い苦悩の源泉とされ，人類の欲するものは，奇跡，神秘，権威により，哀れな子羊達のように導かれることであると説明されます。「お前【イエス・キリストのこと】は，その十字架から降りようとはしなかった。人々が，お前を嘲り，罵りながら，『その十字架から降りてみろ。そしたら，お前は，神なんだと信じてやる』と叫んだときでも。それでも，お前は，降りなかった。なぜなら，お前は，再び，人間を奇跡で惑わせたくなかったし，奇跡による信仰ではなく，自由な意思による信仰を切望していたからだ。お前が欲していたのは，自由な愛だったのだ。人間では永遠に適うことのない力を前にして，その力の奴隷となり，それに狂喜乱舞するだけの愛ではなかったのだ。しかし，お前は，人間を，あまりに高く買い被っていたようだ。確かに，人間は，生来の反逆者

だ。しかし，その者達は，奴隷であることに変わりない[25]。」
　大審問官の主張は，経済学的に言い換えることもできるでしょう。実際に，大審問官の痛烈な批判の中に，暗示以上の経済学的内容が見出されます。すなわち，選択する責任を引き受けることを望まない人々もいるということです。そのような者達は，自分達のために経済的な決定も含めて，政府に決定をして欲しいと思っているのです。「お前は，知っているのか，何年もの時間が流れたことを。そして，人類は，自らの叡智を奢り，次のように，宣言するだろうことを。すなわち，罪は犯されていなかったのだと。過ちも無かったのだと。そして，あるのは，飢えだけだと。(中略) 結局は，自らの自由を足元に捨て去って，私達に，こう述べるのだ。『私達を奴隷にしてもいいから，食べさせてくれ。』こうして，人類は，自ら悟ることになるのだ。自由と皆に十分なだけのパンは，両立しえないものなのだということを (283-284 頁)。」

　　私達は，人類の罪を赦す。人類は，弱々しく，無力だ。人類は，まるで子供のように，私達を愛するであろう。なぜなら，私達は，その者達の罪を赦すからだ。私達は，人類に，こう告げるのだ。私達が認めたものであるならば，いかなる罪でも赦されるであろうと。なぜなら，私達は，その者達を愛するからであり，その罪に対する罰は，私達が引き受けることになるからだと。(中略) こうして，人類は，私達に対し，いかなる秘密も持たないことになる。その者が妻や愛人を持つことも，子供を持つか持たないかということも，私達が許可もすれば，禁止もする。それは，人類が従順か，反抗的かによることなのだ。そのように，人類は，喜び，自ら進んで，私達に従うようになるのだ。自らの良心が抱える最も苦しい秘密でさえも，全て，その何もかもが私達のところに持ち込まれるだろう。私達は，その全てに応えてやる。そして，人類は，私達の答えを喜んで信頼するだろう。なぜなら，その答えは，今や自らで耐え忍ばねばならなかった大いなる心労と猛烈な苦しみを取り払ってくれるものだからだ。こうして皆が幸せになるのだ。人類を支配しようとする何十万人は脇に退けて，何十億人の者達が皆，幸せになる

---

(25) Fyodor Dostoevsky, *The Brothers Karamazov* 286? (Constance Garnett and Ralph E. Matlaw trans. 1976).

のだ。(中略) 何十億人という幸せな赤ん坊達と善悪を見分ける知恵を身に付けた呪いにより苛まれる何十万人の者達がいる。その者達は, 穏やかに死んでいくだろう。お前の下で穏やかに息が絶えた後, その彼岸に見出せるものは, 死より他はない。それでも私達は, 秘密を守る。その者達の幸せのために天壌無窮の報酬を与えることで人類を誘い込まなければならないのだ (290 頁)。

　大審問官は, 人間の生まれながらの弱点として, 自由からの逃避を見出します。対照的に, ウェストは, 自由に選択し, 対価を得て, 搾取的ではない関係性を結ぶという生来からの人間の能力を中産階級的な社会制度が妨げていると信じています。すなわち, 確固たる意思と洞察力を駆使することにより, 私達が, このような社会制度を打倒することが可能であるならば, 私達は, その人間が置かれた状況を変えることができるかもしれないと彼女は, 考えているのです。彼女は, ワーズワースのような考えの持ち主です。個人は「公の場で共感しながら成長する能力を有している」と彼女は述べており, その直後に「公の場で共感しながら成長する私達の能力の起源は, 私達の世界においては, 他者との関わり合いを持たなければならないという生まれたときからの曖昧とした感覚である」と付け加えるとき[26]「私達の誕生は, 眠りと忘却でしかないのだ」というワーズワースの詩句を思い出します。彼女が「コミュニタリアンの研究者にとって, 法に関する中心的な関心事は, 私達の現在の孤独感と私達が記憶しているはずの世界全体とのつながり, 特に, 他人とのつながりの間にある緊張感である」と述べるとき[27], 彼女は, 単一の人間の肉体として人間社会を表現したブレイクの比喩を念頭に思い浮かべると同時に, ブレイクやワーズワースにより強調される世界との調和 (すなわち, 母親の心象) という幼児の感覚を思い起こしているのです[28]。
　詩人と法律学の教授の違いとして, 私達は, 詩人に対して, 私達が現在いる場所から私達を連れていきたいと詩人が願う想像の世界へ, どのように連

---

(26) West, "Law, Rights, and Other Totemic Illusions: Legal Liberalism and Freud's Theory of the Rule of Law," 134 *University of Pennsylvania Law Review* 817, 859 (1986)(脚注省略)。
(27) 同上 861 頁 (脚注省略)。
(28) Northrop Frye, "Blake's Treatment of the Archetype," in *English Romantic Poets: Modern Essays in Criticism* 55, 62 (M. H. Abrams ed., 2d ed. 1975); Frye, *Fearful Symmetry: A Study of William Blake*, 第 1 章, (1947) を参照。

れて行くのかを教えて欲しいと尋ねない点にあります。飢餓の状態,道徳,社会階級,不平等から解放されたいという衝動は,人間の心理に深く根付いています。そして,偉大な文学作品の条件として,それ以上のことは,必要ではありません。その衝動は,社会改革の必要条件になり得るものです。しかし,十分条件ではありません。ユートピアを目指した社会実験を積み重ねることは,役に立たないのです。

　ウェストは,フロイトの法理論についても論じています[29]。彼女は,カフカを悩ませる父親との関係やカフカの小説で表現される従順さに,フロイトの解釈を当てはめているのに対し,彼女がフロイトの法理論をカフカの小説全般に適用していないのは,驚くべきことのように思われます。確かに,法の権威は,父親の権威に似ています。また,ヨーゼフ・K., 『却下』に出てくる人々,その他のカフカの小説に出てくる登場人物は,表面上,法を探求しているように見えながら,実は,行方不明の父親を探していると安易な解釈がなされています。しかし,フロイトの法理論の特殊性は[30],カフカの物語の雰囲気に合致しません。フロイトは,法を父親の代わりであると考えました。その存在は,徒党を組んで,その父親を殺した力のある兄弟達において,同様のことが自分達に繰り返されないことを望むという自責の念により生み出されたものです。すなわち,法の機能は,強い男性を抑圧することとされています。法により抑えつけられ,法を求めているカフカの小説の登場人物は,弱者達です。フロイトによれば,このような弱い人々は,法の受益者なのです。しかし,カフカにとって,このような人々は,犠牲者か,絶望的な請願者なのです。

　フロイトの考えでは,行き過ぎた個人主義を統制することが法と国家の適切な役割です。このような考え方は,法と国家が人間の生まれながらの善良性を歪めているというロマン主義の考え方とも相容れません。ウェストは,強者から弱者を保護する法の役割を強調する限りにおいて,フロイトの理論を好んでいます。彼女は,経済学的思考の中にある社会的ダーウィン主義の痕跡に当惑を覚え,不十分な資源を配分するために競争原理を用いるならば,強者に有利になると信じています。彼女は,この不十分な資源を配分するために,暴力の行使や詐欺の横行を禁じる法の役割(フロイト派と一定

---

(29) West, 前掲注 26。
(30) 同上 822-844 頁で要約。

の修正を施した経済学的見解）と資源の配分を平等化する法の役割（左派の人々が法に対して求めるもの）を十分に区別していません。しかし，人間本来の攻撃性を強調する観点において，フロイトの法理論は，共感する気持ちを養う社会組織を確立すべきとする彼女の企てと抵触してしまうことになります。彼女も，そのことに気が付いているはずなのです。

第7章
『失楽園』における刑罰理論

　ホメーロスが描いたのと同様に，人間を神の玩具として描写する叙事詩の伝統に拠った超自然的冒険として，ミルトンの偉大な詩は，楽しまれています[1]。その様式，文体，物語の細部に至るまで，この偉大な詩は，ホメーロスの叙事詩のみならず【ルドヴィーコ・アリオストの】『狂えるオルランド』や【エドマンド・スペンサー】『妖精の女王』といったホメーロス以降の叙事詩をも参考にしています。反乱を懸念し，いかなる犠牲を払っても絶対服従を強制する圧制者と（ウィリアム・エンプソンは，ミルトンが描く神とヨシフ・スターリンを比較しています[2]），その圧制者に匹敵するだけの手強い反乱者を，この偉大な詩は，描いています。そして，この両者の闘争の間接的な被害が不幸にも人類にもたらされるという驚くべき壮大な物語になっています。この幻想的な詩の最終部では，この詩で描かれた以降に展開されるであろう世界を読者に予期させるものとして，サタンがもたらす全ての「悪なる心により，そのサタンの誘惑に負けた人間へ，神は，無限の善と恩寵と慈悲とを差し出し，その人間を教え導くであろう[3]」と述べられ，人間は「より遥か幸福な場所に住み／このエデンの園よりも，更に幸福な日々を送るはずだ（XII. 464-465）」とされています。

　しかし，このような物語を語ることだけがミルトンの意図ではありませ

---

[1] 本章は，ジリッサ・ブリッタンとの共著論文 "Classic Revisited: Penal Theory in *Paradise Lost*," 105 *Michigan Law Review* 1049 (2007) を下敷きに執筆している。

[2] William Empson, *Milton's God* 146 (1965).

[3] *Paradise Lost*, bk. I, 217-219, in John Milton, *Complete Poems and Major Prose* (Meritt Y. Hughes ed. 1985). 『失楽園』からの引用は，ヒュー版に従っている。私は，ミルトンの綴りを現代的用法に修正している。

ん。彼は「人々に対して，神の摂理が正当であることを示す (l. 26)」という自然神学を叙事詩形式で述べているつもりでした。この「神」とは，17世紀の英国におけるプロテスタントが理解するキリスト教の神です。ミルトンが関心を寄せた固有の「神の摂理」は，まさにキリスト教の伝統的特徴そのものでした。しかし，その詩は，ミルトンのように知的に洗練され，道徳的な人物によるならば，真実であると考える神の概念と矛盾する印象を懐疑論者に与えるものです。彼は，古代ギリシアやローマの多神教を考察に値するとは考えていませんでした。旧約聖書に出てくる復讐心に満ちた神も同様です。ミルトンは，神こそが唯一，無謬の存在，すなわち，全知全能（完全な予知能力を意味します）を有し，絶対的な善であると主張しているのです。すなわち，ミルトンの挑戦は，聖書で語られている出来事，ひいては17世紀に生きるキリスト教徒としての彼が歴史的事実であると信じていた出来事を完全なる神の概念と如何に一致させるかであり，それを人々に教え示すことだったのです。

　なぜ，神学者を含む多くの人々が『失楽園』を「法尊重主義的」と考えるのかに関しては，神の行為が正当化される理由に着目することで，その説明がなされています。この叙事詩の中には人間の法は，出てきません。しかし，神が科し，または，神が容認する多くの刑罰が，そこでは描かれています。例えば，堕天使に対する刑罰として，地獄への追放が科されます。また，アダムとイヴに対する刑罰は，エデンの園からの追放と，その者達の子孫に対して死を免れない運命を宣告したことです。更には，神の子に対しては，人の姿をしている間にローマ人により処刑される刑罰が科されたり，無自覚にサタンの手先となっている不幸な蛇に対しても刑罰が科されたり，エデンの園では全ての生物が菜食主義であったのに対し，人間が堕落した後は，弱肉強食の世界が展開されるといった刑罰が科されています。

　刑罰が正当と認められるためには，罪の正当な効果であることが示されなければなりません。しかし，これは，実定法の違反に対する正当な効果でなければならないことを意味するわけではありません。私達は，子供が犯す罪に対して，保護者にも正当な罰が与えられるという考え方を有しています。しかし，私達の社会（ミルトンの社会でも同様）において，大抵の場合，罰を法の強制力を伴う制裁であるとか，罪を法の違反であると考えてはいません。私達は，家庭内で正義に関して語られるのと同様の日常的な感覚で『失楽園』で描かれている世界を考察するべきでしょう。すなわち，それは，普

遍的な意味における法が存在する以前の社会で語られる正義に関する考察です。そのようなかたちで，法の中心にある刑罰理論を洞察してみましょう。

　正当化の問題は，全知全能で絶対的な善という存在でありながら，一見したところ不必要に残忍な刑罰を与える神を理解することの難しさにより，ミルトンが先鋭化したものです。この神の三つの特徴の内二つは，問題なく結び付けることができます。もし，神が全てを知っており，全能であるけれども，善でないならば，神が作り出した世界に過度の不必要な苦しみが存在する事実は，不可解ではありません。同様に神が全てを知っており，絶対的な善でありながらも，全能の創造主でなければ，同じように不可解ではないのです。そして，神が全能で絶対的な善であるけれども，全てを知る存在でなければ，その誤謬により大いなる苦しみが生じる可能性も理解できます。しかし，『失楽園』で描かれているように，神が全てを知り，全能で，絶対的な善であると想定すると，神が世界を苦しみから解放し，あるいは，際限のない苦しみを与えることは，かなり理解が困難なものです。

　地球上の生命体は，ほぼ全ての人間も動物も，苦しみに満たされています。この悲しい真実は，正統的なキリスト教の神学で示されているように，この詩の中でも，アダムがエデンの園の禁じられた果物を食べたことに対する罰として提示されています（もし，イヴだけが，その実を食べたとしたら，アダムは，おそらく神から代わりの妻を与えられたことでしょう。その代わりの妻は，前任者であるイヴの運命を警告されているため，その罪を犯すこともないでしょう）。サタンが蛇に姿を変えて，果物を食べることに何の問題もないことをイヴに説得的に教え諭し，アダムがイヴの立場に同情して，彼女と運命を共にしたことに対して，その罰は，あまりにも不釣り合いに思われます。

　サタンは，蛇に姿を変え，彼自身がリンゴを食べても何ら悪影響はないとイヴを説得します。それどころか動物の中で唯一，話すことができるようになったと説き伏せます。そして，神がリンゴを食べると死ぬことになるだろうというのは，神がイヴを騙しているに違いないと諭します。イヴは，既に話し方を知っているのだから，リンゴを食べれば知力を得られるようになるとサタンがイヴに語り掛けることを想像して下さい。サタンの主張には説得力があり，イヴは，蛇が彼女に嘘を付いているのかもしれないと考えることができないほど愚かであったに過ぎません。堕落以前の経験の浅い彼女に，動物が嘘をつくとか，動物の中に悪魔がいることを予想できたでしょうか？

更に，アダムは妻イヴを溺愛していたため，最悪の場合，彼も果物を食べることでイヴと運命を共有しようと決めます。一見すると些細な罪に比べて，何億ものアダムとイヴの子孫達（アダムの言葉として「私を通じて，全ての／子孫達が呪われてしまったのだ〔X. 817-818〕」）と無数の動物達が被った苦しみは，過剰な罰であると思われます。

　蛇は，これ以降，永遠に地面を這いつくばりながら生きていくように宣告されます。この罰は，創世記とも合致しています。なぜなら，蛇は，誘惑者として扱われているからです。しかし，ミルトンの詩において，サタンが蛇の口から体内に入り，蛇の体を乗っ取った際に，この生き物は，無邪気にも眠っている最中でした。イヴを誘惑した後で，サタンは，蛇の体から離れ，おそらく，その後，蛇は，目を覚まし，自分の体が悪事に使われたことも知らずに，その責めを負うことになります。蛇は，犯罪者ではなく，犠牲者とも言えるでしょう。それなのに，なぜ，罰せられるのでしょうか？

　そして，なぜ，神の子が（動物ではなく）人間として復活し，ある意味，人間の苦しみを償うために，十字架の上で死に至る拷問を受けて苦しまなければならないのでしょうか？エンプソンは，神が人類を救うために選んだ方法の中に，人間と動物を生贄に捧げる儀式の影響を見出しました[4]。生贄の儀式において，その生贄は，神が受け入れることを願って神に捧げられます。神の子は，神への生贄として自らを捧げ，神は，その申し出を受け入れるのです。

　この詩の中で語られる懲罰が与えられた出来事は，神の全知の側面である神の予知能力が，ことごとく失敗に終わったものです。神は，ルシファーが反乱を起こし，全体の3分の1もの天使達を引き連れていくことを，あらかじめ知っていました。神は，（後にサタンと名乗る）ルシファーがイヴを誘惑し，人間の堕落を惹き起こすだろうことも知っています。神は，サタンがイヴを誘惑できるように地獄から抜け出す手配すらしているのです。神は，自らが創造した二人の人間が罪を犯した結果，何億もの人々が恐ろしく苦しむことも知っています。更に，神の子が十字架の上で拷問を受けることも知っています。神は，これら全ての出来事を冷静沈着に予知しているのです。全能で絶対的な善（愛情に溢れ，慈悲深い）としての存在であるはずなのに，完全・明確に予知された惨劇を回避することができなかったのは，奇

---

(4) Empson, 前掲注 2, 241-247 頁。

妙に感じられます。

　それを説明するためには，神が絶対的な「善」であることの意味と自由意思に最高の価値が置かれるというミルトンの認識を分析する必要があります。善良であるとは，愛情深く，慈悲深いことを意味すると同時に，正当であることも必要です。新約聖書は，神の絶対的善における愛情と慈悲深さの側面を強調しています。旧約聖書は，神の正義が強調されています。ミルトンの神は，この両面を併せ持っています。正義が刑罰を科すことを要求する行為という意味での犯罪は，通常，罪に値する悪い行為と理解されており，少なくとも，ミルトンの理解する自由選択の意味において，自由意思による選択の結果である場合にのみ，その行為は，有責になります（他の理解では，例えば，財布を渡さなければ殺すと脅迫されているような特に強力な外因による強制下にはない選択が自由選択だとされます）。神は，悪事を働くことができないように人間を創造できたかもしれません。しかし，そのように束縛された人間は，堕天使に代わり得る存在として，作り出す価値のある神に似た存在とはなりません。神は，アダムとイヴが自由意思を行使するために，サタンを必要としたのです。そうでなければ，神は，サタンと反逆した天使達を滅ぼしてしまうこともできたはずです。

　神は，イヴをサタンに説得されない存在として創造できたはずですし，アダムをイヴとは運命を共にしないような人間に創造できたでしょう。または，神は，ロボットのように，神に絶対的に服従する本能を，この二人に吹き込むこともできたでしょう。しかし，もし，そうすれば，その者達は，魂の抜けた創造物になったでしょう。神は，人間を「堕落することもあり，しかし，毅然として律する力に恵まれた者（III. 99）」として創造しました。なぜならば，堕落する自由がなければ，人間は自由とは言えないでしょうし，その者自身の意思を有していないことになるからです。イヴが自分だけの時間を過ごしたいと主張したとき，アダムは，不安を感じながらも，彼女に，次のように言います。「行くがよい。留まるのが自由でないのならば，ここを去るべきだ（IX. 372）。」そして，エデンの園から追放された後，働かなければならないことに関して，アダムが「怠けろと言われる方が更に辛いことなのだ（X. 1055）」と述べています。これは，菜食主義者で死ぬこともなく裸で過ごす者達が（マーガレット・アトウッドの小説『オリクスとクレイク』に登場する新しい創造物も同様です。第10章で考察します），エデンの園にいた頃の面影を失くしつつある暗示ではないでしょうか？ミルトン自

身は，このような異端的な考えを自ら認めようとはしないでしょう。しかし，芸術家とは，自らが意識するところを超えて作品を創造する者なのです。

　私は，キリスト教の神における3点の顕著な特徴（全知，全能，絶対的な善）を結び付けることはできないと述べました。そして，今，私達が検討してきたことは，神の全能性を多少，歪めることでもあります。神は，完全に正当であると同時に完全に慈悲深くあることもできません。なぜなら，完全な正義は，慈悲を排除し，完全な慈悲は，正義を排除するからです。神に完全に従順である人類を生み出すことは，神には，できないことです。神は神の子を生贄にしなければ，人類の自由を保護するかたちで人類を救うことも，できないのです。神が次のように述べたとき，神にも不可能なことがあるのだとアダムは理解します（X. 796-801）。

　　（中略）神は，如何にして，
　　死によって消えゆく人間に，その無限の怒りを与えようというのか？
　　神は，死を不死ならしめうる存在なのか？　そうであるならば，
　　奇妙な矛盾だ。そのような矛盾は，神において，
　　あってはならないことだ。さもなければ，この論証は，
　　神の強さではなく，その弱さを示すことになってしまう。

神は，2+2=5【オーウェルの『1984年』で用いられる不可能を可能とする比喩。本書第10章でも検討されている】とすることができるでしょうか？神は，内角の合計が180度以上，または，それ以下の三角形を作ることができるでしょうか？

　この叙事詩が神の罰を強調することで，神の全能さは更に骨抜きにされています。私達は，本来であれば統制することのできない人間を罰しています。私達は，服従を強制するために人を罰しなければなりません。<u>なぜなら，私達が罰している人間は，それに背く自由がある</u>からです。神がサタンを服従させた（ミシェル・フーコーが意味するところの）極めて君主制的な罰とは，過剰な権力を誇示することができないことにより，秩序を維持する能力に不安を抱く典型的な君主を映し出すものです[5]。真に絶対的な権力を

---

(5) Michel Foucault, *Discipline and Punish: The Birth of the Prison* 130 (Alan Sheridan trans. 1979 [1975]).

有する存在は，人々に，その事実を思い出させる必要すらないはずです。

　キリスト教神学の有力な一派によれば，神が創造した全てのものは，本来的に善であると考えます。神は，絶対的な善であるという考えと矛盾することになるため，神は，悪いものを創造することができないと考えるわけです（ここでも，神の全能さが歪むことになります）。悪は，善の欠如であり，この欠如は，ルシファー，アダム，イヴのような本来的に善である創造物の自由な意思による選択から生じることとされます。神は，選択するための力を与え，それは，本来的には，善いことなのです。しかし，この力が与えられると，その能力を受け取った者は，悪い選択への決定も可能となります。もし，その者が悪い選択を決心したならば，全ての責任は，神ではなく，その選択をした者が負うことになるのです[6]。

　この神の正義に関する説明によっても，理解が困難な場面があります。創世記にも，蛇は，罰せられると書いてあり，ミルトンも，聖書は，無謬であると確信しているため，蛇は，罰せられなければならないとされています。しかし，蛇は，この叙事詩の全体的な構造に整合性を持たせるために，サタンの手先でなければなりません。この叙事詩では，サタンは，この爬虫類よりも悪者として描かれます。しかし，蛇は，自らが知らない間にサタンの手先となっているため，非難されるべきではありませんし，罰せられるべきでもないのです。しかし，文学に素養のある裁判官が合衆国憲法や制定法の文言に忠実であるのと全く同じように，ミルトンも，聖書にあくまでも忠実です。

　更には，なぜ，アダムとイヴの子孫達が罰せられなければならないのでしょうか。この罰には，悪い選択をしていない人々も，悪い選択をした人と同じく等しい影響を受ける病気，飢餓，その他の災害が含まれており，その理由付けも，不明確です。なぜ，人間は，堕落することで癌にならなくてはいけないのでしょうか？苦しみは，人間の信念を鍛え，啓発し，試練を与えるためのものだから救いであるというならば，それは，良い答えとは言えません。このような答えは，罰を正当化する理由にはなりえず，堕落以前にも死ぬべき運命を背負い，癌その他の病気にかかるようにアダムとイヴを創造するべきということになります。しかし，神は，アダムとイヴを堕落する以前に，そのような存在としては，創造しなかったのです。

---

(6) C. S. Lewis, *A Preface to Paradise Lost* 66-67 (1977).

ここにおいて，アダムとイヴが神に従わなかったことにより，なぜ，人類社会が罰せられなければならないかの正当化理由は尽きてしまいます。熱心な信者達は，神とは不可解であるという考えになり，どんなに道徳的に説明できないものであったとして，生じてしまった全ての出来事は，神の計画に従って生じているのだという希望に引き籠ることになります。神の計画とは，当然のことながら，善良なる計画です。しかし，私達は，それが何であるのかを知ることはできず，その判断を見合わせなければならないのです。これは，『カラマーゾフの兄弟』のような偉大な宗教文学が採用する考え方でもあります。『カラマーゾフの兄弟』は，『失楽園』とは異なり，神を正当化しようとはしません。また，神の行為を「法尊重主義的」な枠組みに当てはめようともしていません。このような当てはめを行うことは，罪刑の不均衡を生じさせます。刑罰と犯罪は，均衡するものでなければなりません。『失楽園』の中で行われている罪は，私達が現在において考える犯罪と大きく異なるものであり，同様に，その罰も，大いに異なるものなのです。

サタンと追従者達への罰

　「神の御座と御稜威」を転覆させようとして，サタンと追従者達は，次のような罰を受けます。

　　　無窮の天から，真っ逆様に凄まじい焔の中へ落とし投げられ，
　　　炎々と燃え盛る中を奈落の底へ，
　　　底なしの破滅へと墜落していった。
　　　そこで，堅牢無比な鎖に縛られ，業火に包まれて（中略）
　　　戦慄すべき地下牢は，四方八方が，
　　　更なる焔に包まれた巨大な灼熱の地獄
　　　しかし，その焔に，光はなく，ただ，目に映るのは，暗黒のみ，
　　　その暗黒に泣き叫ぶ姿を見つけ出す
　　　（中略）それは，終わりのない責苦なのだ。(I. 44-48, 61-64, 67)

ミルトンは，この罰を「永遠の正義 (I. 70)」としています。より明確に表現すれば，無制限の権力を指し示すことを描写しています。宇宙の支配者が物理的現象においても（「その焔に，光はなく／ただ，目に映るのは，暗黒のみ」），生物学的現象においても（神は，後でサタンと他の全ての悪魔を蛇

に変えます), その能力に限界がないことをサタンと追従者, 更には, 善良なる天使達は, 知ることになるのです。地獄は, 無限に深く (「底なしの破滅」), 永遠で無慈悲 (「終わりのない責苦」) です。

　神がサタンや他の堕天使に与えたような専制君主的な罰は, 過度に残酷です。君主は, 臣民の身体に対して無制限の力を持っていると誇示することで, その臣民達を畏怖させる必要があります。そのために, 専制君主的な罰は, 長期間にわたり, 人々の目に触れることを特徴とします。かつて, 天国で最も輝いていた天使であったサタンは, いまや, この君主の力を表す象徴である「復讐の儀式痕 (ritual marks of vengeance)」[7]を帯びる巨大な化け物となっています。ホッブスは, 君主の力こそ, 社会平和を維持する本質的な要素と考えていました。3分の1の天使達は, サタンと共に反逆しました。神は, 残りの天使達の自由意思を抑止しなければ, この反乱を防ぐことができません。そこで, 神は, 人間の君主と同様の方法を採用したのです。実際に, サタンへの罰が示されたとき, 天使達の神への忠誠心は「既に堅固であったものが, ますます, より強固なもの (XI. 71)」となりました。

　そして, 反乱は, 抑止されました。しかし, このような抑止方法には, 不十分な点もあります。最初の反逆者であるサタンは, 神の力と怒りが, どのようなものなのか分からないため, 神に反逆するよう騙されたと不平を言います。「神は, 終始, その力を隠蔽していた。その神の挑発に乗り, 神への反乱が企てられ, 私達が堕落したのも, 神により仕組まれたものだったのだ (I. 641-642)。」なぜ, 神は, 反乱の無益さと残酷な結果を事前に告知することにより, 反乱を抑止しようとしなかったのでしょうか? その答えは, 自由意思の問題と関連付けられます。もし, あなたが, ある選択の正確な結果を知っているのであれば, 運命は, あらかじめ定まっていることになります。つまり, 費用に比較し, 便益の最大の剰余分を生み出すために, 何をすればよいのかを知っていることになります (ここで, この費用と便益という単語は, 最も広義の意味で理解されます)。もし, サタンを思い留まらせることができるならば, 将来について十分な情報をサタンが得ることで反逆の考えをサタンに捨て去るように「強制」することになり, 一方で, サタンが思い留まらなかったとすれば, サタンに, 十分な情報を与えても何の効果もないでしょう。神は, サタンに対して, その服従がサタンの利益になるから

---

(7) Foucault, 前掲注 5, 130 頁。

ではなく，それが自由意思によるものであることを望んでいるのです，これは，後のアダムに対して望む服従の在り方とも同様です。

　神は，少なくとも「特別予防」を成し遂げることができたかもしれません。特別予防とは，犯罪者の再犯抑止を意味します。神は，これにも失敗します。なぜならば，将来，神は，サタンと追従者が再び行うであろう犯罪に対して，更なる罰（「言語に絶する錯乱と憤怒と復讐〔I. 220〕」）を加えるとは，明かさなかったからです。そのために，サタンは，反逆天使達に「悲運が繰り返されると恐れるな（II. 17）」と告げて，再び，犯罪を唆すことができたのです。

　しかしながら，サタンが受けた罰は，彼の次なる行動に，ある影響を与えています。すなわち，彼は，戦術を変えたのです。彼は，堕天使達に次のような説明をしています（I. 643-647）。

　　かくして，私達は，神の力を知り，己の力を知ったのだ。
　　そうであるならば，私達は，新たな戦いを惹き起こすことも，
　　逆に，向こうから惹き起こされて恐気付くこともない。最善の策は，
　　権謀術数を用いて，秘密裡に行動することである。
　　武力では，何も果たしえないのである。

フーコーは，監視方法が向上し，暴力による犯罪が発覚しやすくなるにつれて，暴力による犯罪から，詐欺のような犯罪へと移行する傾向が見られると述べています[8]。

　神は，一度だけ，サタンを効果的に抑止したことがあります。エデンの園を守るよう派遣された天使ガブリエルは，門の外にサタンが潜んでいるのを発見します。両者が戦おうと間合いをとっているとき，天使ガブリエルは，空にある神の正義の天秤を指差します（IV. 996-1004, 1013-1015）。

　　永遠の神は，そのような忌まわしい闘争を防ごうとして，
　　この黄金の天秤を蒼穹に懸けたのだ。
　　（中略）神は，この天秤に二つの重石を乗せられた，
　　戦わずして別れるべきとする重石と，一戦交えるかという重石を。

---

(8) 同上 77 頁。

そして，後者は，直ちに跳ね上がり，それを示す針は，振り切られた。
（中略）
悪魔は，空を仰ぎ見て，そして，知った，
自らを測る重石が跳ね上がり，その事実が指し示すところを。
彼は，口ごもり，そして，その場を立ち去った。（以下略）

人類への罰

　アダムとイヴへの罰は，サタンへの罰とは異なります。アダムとイヴ，その子孫達が，これ以上，反抗することのない従順な人々になるために，犯罪者を復権させようとする意図が見られます。私達は，フーコーの矯正的な刑罰，または，功利主義的な刑罰の模範を見ることになるのです。罰により与えられる苦痛は，期待される犯罪の報酬を上回り，潜在的な犯罪者を抑止するために調整されたものです。しかし，それは，自由意思を無力にし，更生，あるいは，宗教的な用語でいえば，救済を全く施さないほどに厳格なものでもありません[9]。

　アダムとイヴを創造し，エデンの園を統治する力と不死の約束を与える代わりに，神は，二つの約束を強要します。アダムとイヴは，園の中の木，植物，花の世話をしなければならず，そして，善悪を知る木になる実を食べてはいけないというものです。これらの条件は「規範」です。一方は，作為義務を課し，他方は，不作為義務を課しており，アダムとイヴは，それに従わなければなりません。アダムとイヴには，他に仕事がないため，作為義務は，取るに足らないものです。しかし，不作為義務は，試練であり，実際には，いじめに近いものです。なぜなら，神は，この二人に，この不思議な名前の付いた木の実を食べてはいけない理由，そして，なぜ，善悪を理解することが，いけないことなのかの理由を教えようとはしないからです。その上，神は，約束に従わなければ，どういう結果になるのかも十分には説明しません。神は，何らかの悪いことが生じるという警告をするだけです。しかし，その詳細（苦しみを伴う出産と二人の子孫達が死ぬべき運命になること）の説明は，差し控えています。この結果を教えないことが二人に失敗をもたらしたことは明らかであり[10]，サタンに付け入る隙を与えています。サ

---

(9) 同上 92-94 頁, 130-131 頁。
(10) イヴは「何が問題なのかも分からずに，些細なことで堕落する」とされる。William

タンは，イヴに対して，神が禁じられた実を食べると死ぬと言っていても，彼が実際に食べて平気だったため，それは，冗談に違いないと説明します。アダムとイヴは，その実を食べると即座に死ぬと信じ込まされていました。この誤解を神は，容易に改めることができるはずです。しかし，神は，それを改めようとはしなかったために，イヴは，騙されてしまいました。

　サタンが化身した蛇は，この実を食べたから話すことを学んだとイヴに告げ，知識を獲得するのは，良いことだと説明します。ミルトンが描く世界では，知識を得るのは，悪いこととされています。動物は，口がきけないと想定されているため，知識を得た蛇は，身分不相応の力を得ていることになります。(バベルの塔の話にも見られるように) 聖書で示される世界の階層的構造に挑戦することの激しい不安は，『失楽園』の中でも繰り返されています。それは，神自身を除き，最高の美徳として，あらゆる生物が服従心を高揚するべきことに結び付くものになります。ミルトンは，かつて反体制的であったにもかかわらず，あるいは，反体制的であったからこそ，ほとんどの現代人には理解できないほどに，服従と階層的構造とを強調しているのです。

　ミルトンの描くイヴは，知的です。彼女は，アダムよりも賢くないとされてきました。イヴは，好奇心旺盛な心を持っているのに対し，アダムは，そうではありません。これは，著作者のミルトンが原典である聖書を描ききれなかった部分として指摘されています。ミルトンは，意識的にせよ，そうでないにせよ，配偶者との関係性に「自由主義的な在り方[11]」を持ち込んでいます[12]。天使ラファエルは，アダムに対し，神の命令である「人々を窮屈に慎み畏まらせる状態 (V. の梗概および II. 243-245)」に違反することの罪の重さについて，十分に説明するように命じられています。しかし，ラファエルがアダムに説明している間，そこに，イヴの姿は，ほとんど見ることができません。ラファエルは，アダムに対して「戒めるがよい／弱きイヴを (VI. 909)」と助言します。ラファエルがアダムに対して「私達には，そのよう

Empson, *Some Versions of Pastoral* 186 (1950).

(11) Barbara Kiefer Lewalski, "*Paradise Lost* and Milton's Politics," 38 *Milton Studies* 141, 160 (2000).

(12) 文学作品の解釈に際して，どこに，その著作者の意図が向かっているのかを解釈の拠り所とするべきかは『失楽園』において鋭く指摘される問題となっている。私見によれば，この詩の英雄的主人公をイヴであると解釈可能なことに関しては，次章を参照。

な敵がいるのだ／私達の破滅を目論む敵が（IX. 274-275)」と警告しており，それをイヴは，ふと立ち聞きします。しかし，サタンに与えた神の罰の物語に関して，彼女は，聞き逃しています。アダムの知識への渇望は，ラファエルの啓示により弱められます。しかし，イヴにおいては，そのようにはいかず，サタンの術中に陥ることになるのです。

　暗闇に一人で残されることがイヴの性格に対する試練を倍にしています。（庭造りの他に）アダムに課された唯一の義務は，禁じられた実を食べないことです。しかし，イヴには，アダムに従うという更なる義務が課せられています。完全な服従とは，命じられたことに異議を差し挟まず，盲目的に従うことです。イヴは，その試練に耐えられませんでした。（彼女には望ましいことでした！）イヴは，アダムが望んでいた方向とは別の道に逸れていき「誘惑」に陥ります。男性の権威を維持したいという観点から見れば，更に悪い展開として，彼女は，知恵を獲得すれば，アダムと一層平等な関係を築けると信じ，遂に，禁断の実を口にするのです（IX.817-825)。

　　（中略）これを食べさえすれば，女として，その自然の本性に，
　　足りないものを補える。アダムの愛情を更に惹き付けられる。
　　更には，アダムと同等な人間に自分を高めることができる。そして，
　　おそらくアダムよりも有能になれる。これこそ望ましいに違いない。
　　劣った者に，自由なんて，ありえるのかしら？

アダムは，イヴなしで生きていくことに耐えられませんでした。そこで，彼も禁断の実を食べることになります。この妻への甘さが彼を罪に導きます[13]。独立心を有する女性と妻を溺愛する男性は，人間を不幸に陥れた根源であるという教訓になっています。（しかし，アダムがイヴを見捨てた場合，アダムのことを，より素晴らしい人物であると私達は，考えるでしょうか？もし，イヴを見捨てるアダムを素晴らしいとは考えないのだとすると私達は，呪われていることになるのでしょうか？）

　神からの直接の命令に，アダムとイヴが故意に従わなかったことは，反逆です（I. 207)。この反逆に対する罰は，死です。神は，次のように説明しています（III. 209-212)。

---

(13) Lewis, 前掲注6, 126頁。

人間は，その全ての子孫と共に，滅ばねばならぬ。
　　　人間は，滅ばねばならぬ。さもなくば，正義が滅ばねばならぬ。
　　　人間のために，力と意志を及ぼし得る何者かが，
　　　その死のために自らの死をもって厳しい償いの責めを果たさぬ限り。

（「力と意志を及ぼし得る誰か」とは，当然のことながら，イエス・キリスト，つまり，神の息子です。）アダムとイヴが死ぬと土に還るという更なる屈辱が与えられます。神に逆らったことで，アダムとイヴは自らの地位が貶められ，その罰として，アダムが生み出された元素である土へと分解させられることを意味します（しかし，イヴの起源は，土よりも高次で，アダムの肋骨から派生しています）。

　なぜ，アダムとイヴの子孫達も苦しみ，死に至り，土に還らなければならないのかは，不明確です。しかし，ミルトンの時代においては，刑罰の厳格さを知らしめ，犯罪の重さに対する刑罰の抑止効果を高めるために，反逆者の家族の財産を没収することや家族をも罰することは，よくあることでした。とにかく，アダムとイヴの不服従に対して，その子孫達が戦争，飢餓，癌，その他の苦痛により罰せられなければならない事実は，道理に合うか合わないかに関係なく，創世記で語られている事実であり，信仰深いキリスト教徒としてのミルトンが受け入れなければならなかった事実だったのです。

　しかし，アダムとイヴを反逆者として直ちに処刑されるようにミルトンが描かなかったことは，人類から全ての希望を奪うこと（イヴは，その時点で子供を産んでおらず，この第一世代以降に出現する人類の希望を絶つ必要があります）を意味しうると同時に，新約聖書とは，矛盾するかのようです。反逆者を罰する義務と反逆者を救済する約束との間で，ミルトンの考えとキリスト教を調和させるためには，神の怒りを和らげるための犠牲が必要となります。神の子は，人間の罪のために，死ぬことで，その代償を払いました。神は，その犠牲を受け入れます。「人間の大逆を償うために」神の子は，死すべき者として，その死を全うします（III. 203-265）。

　神は，堕天使達に示すことのなかった慈悲深さを人間に与えました。そのことを正当化するために次のような説明をします。

　　　（中略）堕天使達は，勝手に堕落したのだ，

自らの誘惑に陥り，自ら腐敗を求めて。他方で，人間の堕落は，
この堕天使達に欺かれたことによる。だからこそ，恩寵が見出せる。
それ以外の者達には何も残されていない。慈悲と正義の両者において，
先ずは，徹頭徹尾，慈悲が最も強く光輝くべきなのだ。(III. 129-134)

17世紀の思想家は，身勝手さがもたらす罪と気弱さがもたらす罪とを区別していました[14]。アダムとイヴは，単に気弱さがもたらす罪を犯したわけではありません。(ミルトンが評価した自由意思という概念を知る他の手掛かりとして,)「自らの誘惑に陥った」堕天使とは対照的に，アダムとイヴは，敵の洗練された狡猾な手段に「騙された」といえます。アダムとイヴは，無垢でした。その者達は，部外者に騙されなければ，罪を犯すこともなかったでしょう[15]。アダムとイヴに対する神の慈悲は，君主制における刑罰の側面を再現するものです。犯罪者に恩赦を与える権限は，私達が知っているように伝統的な君主の特権です。残酷な刑罰と恣意的な赦免の組み合わせは，特に権力を鮮明に象徴するものであり，ミルトンの描く神は，反乱に直面し，神の権力を誇示することに心を奪われています。

アダムとイヴ，その二人の子孫に与えられた無数の罰の内，ある2種類の罰は[16]，説明を必要とします。それは，男女不平等と政治的な抑圧です（こ

---

(14) Harold J. Berman, *Law and Revolution II: The Impact of the Protestant Reformations on the Western Legal Tradition* 321 (2003).

(15) Richard Strier, "Milton's Fetters, or, Why Eden Is Better Than Heaven," 38 *Milton Studies* 169 (2000). 批判的な読者には，多くの疑問が浮かぶ。サタンが（ルシファーのように）元来は，善として創造されたにもかかわらず，なぜ，アダムとイヴよりも純真無垢な存在ではないのか？更に，アダムとイヴは，超自然的であり，堕落する以前は不死であったのに，なぜ，サタンと同じ程度の知識がなかったのか？なぜ，神は，アダムとイヴをサタンよりも劣るように創造したのか？

(16) 死ぬことの他にも (1) 女性は，出産の苦しみを経験すること (X. 194-195)，(2) 男性は，女性を支配すること (X. 196)，(3) 人間は，食べ物を得るために，苦労して働かなければならないこと (X. 198-202)，(4) 人間は，圧制と奴隷状態に耐えなければならないこと (XII. 90-96)，(5) 春は，もはや永遠には続かないこと (X. 678-691) に加え，(6) アダムとイヴは，エデンの園を出ていかなければならない (XI.48-149, 107-108) ことも列挙される。なぜ，エデンの園を出ていかなければならないかは，その者達に【エデンの園に生える】生命の木の実を食べる機会を失わせることで死刑を確実に執行するためである (XI. 94-95)。しかし，神は，単に生命の木を破壊したり，移動させたり，または，実が生らないようにすることもできた。このことから，(6) の説明は，説得力が弱い。

れらは，相互に関連していることが分かります）。イヴは，次のように宣告されます。「お前は，夫の意思に自らの意思を従属させなければならぬ。お前の夫が，お前を支配することになるのだ（X. 195-196）。」しかし，楽園から追放される以前から，アダムとイヴは，平等ではなかったことが明らかになっています。アダムの身体的外見は「誰が見ても明らかに均整のとれたもの」であるのに，イヴの外見は「服従が暗示されたもの」です。アダムは「神のためだけに生み出され，彼女［イヴ］は，彼［アダム］の中にある神のために創造された（IV. 295, 296, 299-301, 307-308, 330）」とされています。そうだとすると，イヴへの刑の宣告は，一体，何を科したものなのでしょうか？

　その答えは，アダムとイヴの楽園追放後に行われる議論の中にあります。イヴが一人で庭へ行くと主張しなければ，誘惑からイヴは守られたはずだと，アダムは，イヴに指摘します。イヴ（現代的な女性の先駆け）は，次のように反論します。「私は，あなたの傍から片時も離れてはならないことになっていたのですか？／そうであるならば，私は，死んだも同然，一本の肋骨であればよいのかもしれません（IX. 1153-1154）。」そして，イヴは，アダムとイヴの関係を頭と肉体の関係に模した神の説明を援用して，アダムを次のように問い質します。「あなたは，私の頭脳の代わりであったはずなのに／なぜ，絶対に，そこへ行くなと命令しなかったのです？（IX. 1155-1156）」アダムは，次のように答えます。「自由な意思に対する強制は，ここでは，あってはならないことなのだ（IX.1174, 強調部分は，筆者による）。」エデンでは，男性は，女性に対して，女性の意思に反することを行うように強制することはできません。しかし，男性と女性が一度エデンから追放されたならば，女性に科される更なる罰は，男性の肉体的な力に服従することです。男性も同様に，専制君主の力に服従する罰が科せられます（XII. 93）。

　女性が男性の力に服従しなければならないことと男性が他の男性の力に服従しなければならないことは，この楽園からの追放が人間から自然法に従う能力が奪われた帰結とされます。人間による支配は，（自然）法による支配に取って代わらなければなりません。イヴがサタンに説明しているように，善悪を知る木の実を食べることが禁じられたのは「それが唯一の［神の］御声。それ以外の事柄は／私達自身が自らを法で律し／私達の理性が私達の法なのです（IX. 650-654）。」ミルトンは，エデンの園において「人間は，生まれながらに，善であり神聖であるものであるため，正しいことをなすのは，

人間の本質なのである」と説明しています。神の姿を模して造られることで，人間は「その身の中に（中略）自然法を生まれつき有している。自然の理は，正しい理性に適合する全てのもの，すなわち，本質的に善である全てのものを示すに足るだけで十分なものである[17]」とされています。しかし，楽園を追放された人間には，その自然法が失われることになります。従って，男性と女性に「正しいと推定されること」を行わせるという意味で，人間による強制，そして，しばしば専制的な強制が必要とされるようになったのです（XII. 83-95）。

  お前が過ちを犯して以降，真の自由は，
  失われてしまった。常に，正しい理性が付きまとって，
  その理性から逃れられなくなってしまった。
  人間の場合，その理性が曖昧だったり，それに従わなかったりすると
  あっという間に理性は異常な欲望と突発的な情熱とに振り回され，
  それまで，自由だった人間を奴隷の状態へと陥れてしまう。
  そのような状態を人間が許してしまい，
  内なる不当な欲望の力が大手を振って，
  自由な理性を圧倒するようなことがあれば，神は，その審判において，
  人間を自らの下へ隷属させるのだ。なぜなら，欲望に駆られた暴君は
  しばしば，分不相応に，自らが偽った自由に振り回されているからだ。

　アダムとイヴに対する罰の厳格さは，現代の刑罰概念に合致し得るでしょうか？ 50年前，有力な行刑学の見解は，犯罪者を道徳的非難に値する悪い性格の持ち主としてではなく，病人と看做し，刑罰に代えて，治療を行うべきと主張しました[18]。この見解に対して，ヘンリー・ハートは，ある論文において，有力な反論を展開しました[19]。彼は，次のように主張します。「刑事制裁と民事制裁を区別するものは，（中略）［刑事制裁を科すこと］に関して，これを正当化する共同体の非難の有無である。（中略）そのような非難

---

(17) John Milton, *The Christian Doctrine*, in Milton, 前掲注 3, 993 頁。
(18) 例えば，Sheldon Glueck, "Predictive Devices and the Individualization of Justice," 23 *Law and Contemporary Problems* 461 (1958) を参照。
(19) Henry M. Hart Jr., "The Aims of the Criminal Law," 23 *Law and Contemporary Problems* 401 (1958).

と，それに伴う帰結こそが刑罰を成り立たせる。そのようなものとして，単純に考えられ得るのである（404-405頁）」とされています。治療という考え方は，社会の構成員としての基本的な責任を有する人間を教育するという刑法の役割を侵害するものであろうとハートは考えていました。刑法の役割とは「共同体に対する義務を履行しないものとして，被告人に，共同体の厳粛な非難を教え示すことで果たされるもの（411頁）」とされます。そこでは，刑事制裁を加えることの最終的な目的は「責任感のある市民として，訓練すること（417頁）」とされました。

「社会の厳粛な非難」に値する人々は，厳しく罰せられるべきであると，ある者は，考えるかもしれません。しかし，ハートは，非難自体（有罪の宣告）を意義のある罰と看做していたことから，驚くほどに寛大な刑罰を推奨していました。「保護観察付きの執行猶予は，より好ましい処遇の在り方である。犯情が，より厳格な刑罰を必要としない場合には，常に，これが選択されるべきである（438頁）。」「罰金は，犯情が拘禁刑を必要としない限り，常に望ましい刑罰の方式である（同上）。」「おそらく，拘禁刑を保護観察付きで執行猶予にすることは，有罪宣告を受けた故殺の犯人にとって，確実に最善の処遇であると言える。おそらく有罪宣告を受けた謀殺の犯人にとってさえも，最善の処遇であり得るであろう（427頁）」と述べています。そして「犯罪者の処遇は，（中略）責任感を排除するようにではなく，それを促進するように行われるべきものである。（中略）そのために，死刑を廃止し，拘禁の期間を最小化する方向こそ，徹底的に主張されるべきである（426頁）」とされます。ハートは，ミルトンの描く神に唖然とすることでしょう。

しかし，この主張には，何かが欠けています。刑罰の道徳的な力（しばしば，刑罰の「自己顕示的」効果として引用されるものです。ある行為を罰することは，その行為に対して社会が不賛成を合図しているのです）は[20]，刑罰の厳格さと切り離すことができません。刑罰が厳格であるほど，社会の不同意が大きいということなのです。些細な窃盗と殺人の両方が執行猶予で処遇されるならば，殺人に対する有罪判決の道徳的な重要性が減少することになります。ミルトンの描く神が人間に与えた罰は，確かに過剰であるよう

---

(20) 例えば，Nathan Hanna, "Say What? A Critique of Expressive Retributivism," 27 *Law and Philosophy* 123 (2008); Dan M. Kahan, "What Do Alternative Sanctions Mean?" 63 *University of Chicago Law Review* 591 (1996) を参照。

に思われます。しかし，聖書の解釈としては，避けられない推論です。しかし，ただ手首を平手打ちにする罰を与えただけでは，アダムとイヴ，そして，その子孫達に服従の重要性を印象付けることにはならないでしょう。

動物への罰

『失楽園』に出てくる刑罰理論は，動物の運命に関しては，破綻しています。その理由は，聖書の出来事に関する正確さにミルトン自身が忠実であろうとしたことに加え，ミルトンが人生を残酷な現実として認識していることによります。

私達は，（腹で這うように宣告された）蛇に対する罰とエデンから追放され，捕食者ではなく餌食となる他の動物達に対する罰を区別すべきです。聖書の中で，蛇は，誘惑者であるために適切に罰せられています。旧約聖書では，サタンは，ほとんど描かれていないため，蛇は，サタンの手先ではないのです。しかし，『失楽園』では，蛇は知らない内に，サタンの手先になっています。サタンが蛇の口から中に入ることで蛇を支配した際に，蛇が眠っていたことを思い出してください。サタンは，蛇を選びました。なぜなら，蛇は，最も知的な動物だからです。蛇が他の動物と違って話すことができたとしても，イヴの疑いを招くことはありません。イヴを誘惑し終えたとき，サタンは，蛇から抜け出します。蛇は，おそらくサタンの一部として使われていた感覚もなく目を覚ますでしょう。なぜ，蛇は，腹で地を這うように宣告を受けたのでしょうか？創世記の中で，蛇が（このような方法で）罰せられると述べられている以外，十分な根拠はありません。異端の嫌疑を受けることなく，ミルトンが聖書に書かれている事実の主張を否定することは，できません。例えば，ミルトンは，聖書の物語を妻や娘達が誘惑されるのではないかという男性の恐れを表現していると勝手に改変することはできないのです。すなわち，男根に似ている動物により，イヴの誘惑が象徴されているとは主張できないのです。

しかし，道徳的な非難は，邪悪な目的で動機付けられた行為にのみ限定されるわけではありません。その古典的な例は，オイディプースの事例です。彼は，父親を殺し，母親と結婚するという非道なまでの残忍な行為をしています。それは，追放の罰を受けるべき行為とされます（更に，オイディプース自身の考えでは，盲目になる罰も受けることになります）。しかし，彼自身は，父親殺しを正当防衛であったと信じており，近親相姦を犯したと信ず

べき理由もありませんでした。不運な蛇も同じです。確かに，人間の堕落に果たした蛇の致命的な役割は，罰せられるべきとされます。しかし，故意により父親を殺し，母親と結婚をしたオイディプースよりも蛇の罪は，軽いのです。蛇は，意思による選択を行いませんでした。オイディプースの手を掴み，その手を道具として，ラーイオス王の喉を締め付けようとする力の強い男を想定してみましょう。この場合，オイディプースは，殺人者になるのでしょうか？ミルトンならば，そう考えたかもしれません。ミルトンは，サタンが無垢な蛇の体に入って悪用したことで蛇の体を元に戻せないほどに汚らわしいものにしてしまったと考えているようにも思われます（オイディプースの罪の結果，疫病がテーバイを襲い，罪のないテーバイの人々を殺した災害を思い出させます）。「神は，訴えられた者に対し，審判を下そうとされた／しかし，その者は，蛇という動物であり，その罪を転嫁することもできずに／自らは，その悪事において，サタンの道具として利用され／天地創造の頃に賦与された本来の性格は，台無しにされてしまい／全くもって，汚名を着せられることになってしまった（X.164-168）。」

これは，当然であると言えるのでしょうか？ヘンリー・ハートは「個人の行為が道徳上非難されるべき判断に基づかないのであれば」，刑事罰は，決して正当化されえないと信じていました[21]。ハートは，このような場合における犯罪の厳罰化を批判しました。例えば「ホテルの運送係がホテルの客のバッグの中にウイスキーの瓶が入っているのを知らずに，そのバッグを運んだところ，酩酊を惹き起こす飲料を運んだ犯罪者として罰せられた事案」を正当化され得ないものとしました[22]。しかし，この事案は，ハートが実際にあった事件を彼の説明に合わせて脚色したものです。これは，運送業者，または，その被用者に対し，一定の地域におけるアルコールの輸送を禁じる制定法に，ある運送業者に雇われた運転手が違反したことが問題にされた事案です。裁判所は，次のように説明しました。すなわち，立法府は，違法なアルコールが輸送されるのを阻止する対策に苦慮しており，運送業者と，その被用者がトラックにアルコールが積まれているのを気付かずに運送している事例が多く存在していることに着目しました。そして，それを厳罰に処することで，運送業者および被用者が，より慎重になることを期待していると

---

(21) Hart, 前掲注 19, 412 頁。
(22) 同上 422 頁。Commonwealth v. Mixer, 93 N.E. 249 (Mass. 1910) からの引用。

述べました。従って，故意・過失が無くても，刑事責任を科すべき理由は，ここに存在します。その理由とは，認識面に関する立証が難しいことに加え，このような事件の被告は，実際に決定的な事実を知らないという懐疑的な見方に対し，だからこそ注意を促すべきであると説明されます。厳格責任が，その注意を促すことになります。すなわち，性行為をした未成年者を成人であると信じていたとしても，その被告人が信ずるに足りる合理的な理由は，制定法上の強姦罪における抗弁にはなりません。この制定法の効果は，分からなかったという抗弁が通用しないことにより，男性に対して，幼い容貌の女性に関しては，十分に注意するべきことを促しています。この厳格な刑事責任により，結果発生を回避する効果は，不注意に非難される行為を犯してしまうことに関する蓋然性を減少させるのです。

　仮に，人々が刑法を正当なものと考えることを止めてしまえば，刑法への自発的な遵守が衰退するであろうし，刑法が倫理的に非難可能な行為に焦点を当てることを止めれば，人々も刑法を正当なものと考えることを止めるであろうという点において，ハートは，正しかったのかもしれません[23]。それでは，蛇に対する罰は，アダムとイヴの不服従に対する神の懲罰的な刑罰として，特に厳格な刑事責任を科すべき正当理由が一つもないがゆえに，その正当性を損なうことになるのでしょうか？　おそらく，それは，損なわれないでしょう。ハートは，刑事責任とカントの道徳責任の概念を関連付けました。カントの道徳責任は，キリスト教神学に由来します。それは，行為の道徳性を行為の帰結でもなく，その行為に対する社会共同体の評価でもなく，その行為を動機付けた思考に依拠させています。しかし，道徳責任とは，ハートが考えた以上に複雑なものです。私達は，第2章で論じた「道徳的な幸運」の議論【道徳的には同じように非難可能な行為をしていても，罰せられる者と罰せられない者がいることに関する議論】から，人間の行為の道徳性は，その人物の心理状態の問題ではなく，結果の問題であることも知っています。この道徳的な幸運における考え方は，オイディプースの物語で見られる災害の原因も含めて，蛇に対する罰を説明する（あるいは，正当化する？）には，幾らかの意味があるかもしれません。しかし，人間が堕落

---

(23) 例えば，Paul H. Robinson and John M. Darley, "The Utility of Desert," 91 *Northwestern University Law Review* 453（1997）を参照。実証的な裏付けに関しては，Janice Nadler, "Flouting the Law," 83 *Texas Law Review* 1399（2005）を参照。

した際に，サタンがエデンの外側の世界へと，死，不和，罪を送り込んだことにより，捕食されるようになったウサギ，シカ，ネズミ，その他無数の動物達への罰を説明するものにはなり得ないかもしれません。結果として「今や，獣は，互いに壮絶な争いを始めるに至った（X. 710）」とされています。これらの動物達は，人間の堕落とは関係がないはずです。これらの動物達が死を受け入れざるをえないことの問題は，何が刑罰に相当するかという理論により説明することができないのです。

（下巻に続く）

【著者紹介】
リチャード・アレン・ポズナー（Richard Allen Posner）
1939年，ニューヨーク生まれ。1959年に英文学を主専攻としてイェール大学を卒業し，1962年にハーヴァード大学ロースクールを修了した。成績優秀者としてハーヴァード・ローレビューの編集委員長も務めている。ブレナン最高裁判所裁判官のロークラーク，連邦取引委員会委員長の補佐官等を経て，1968年にスタンフォード大学ロースクール准教授，1969年にシカゴ大学ロースクールの教授に招聘された。1981年に連邦第7巡回区控訴裁判所裁判官に就任し，1993年から2000年まで同裁判所の主席裁判官を務めた。現在，連邦第7巡回区控訴裁判所の裁判官であり，また，シカゴ大学ロースクールの上級講師としても教鞭を執る。「法と経済学」という学際的領域における先駆者として，その分野では，最も参照・引用されることの多い法学者であり，1999年におけるニューヨーク・タイムズ紙の記事によれば「アメリカにおいて最も尊敬されるべき裁判官の一人」として紹介されている。

【監訳者紹介】
平野晋（ひらの・すすむ）
1961年，東京都生まれ。1984年に中央大学法学部法律学科卒業。1990年にコーネル大学ロースクール修了。同年，ニューヨーク州法曹資格試験合格。1993年にホワイト＆ケース法律事務所アソシエイト，2000年にＮＴＴドコモ法務室長を経て，2004年より中央大学総合政策学部教授（現在に至る）。2007年に博士（総合政策）を中央大学より取得。

【訳者紹介】
坂本真樹（さかもと・まき）
1976年，岩手県生まれ。2008年に中央大学大学院法学研究科博士後期課程（国際企業関係法専攻）単位取得。2007年より静岡大学人文学部法学科准教授（現在に至る）。

神馬幸一（じんば・こういち）
1977年，埼玉県生まれ。2005年に慶應義塾大学大学院法学研究科後期博士課程（公法学専攻）単位取得。2005年から2007年まで，スイス政府国費奨学金留学生として，スイス・ベルン大学に留学し，2007年にスイス・ベルン大学法学部附属高等修士課程修了（LL.M.取得）。2008年より静岡大学人文学部法学科准教授（現在に至る）。

法と文学（上）

2011年11月15日第1版第1刷 印刷発行 ©

著　者	R.A.ポズナー
監訳者	平野　晋
訳　者	坂本真樹・神馬幸一
発行者	坂口節子
発行所	侑 木鐸社

訳者との
了解により
検印省略

印刷 フォーネット＋互恵印刷　製本 高地製本所

〒112-0002　東京都文京区小石川5-11-15-302
電話 (03) 3814-4195番　FAX (03) 3814-4196番
振替 00100-5-126746　http://www.bokutakusha.com

（乱丁・落丁本はお取替致します）

ISBN978-4-8332-2443-7 C3032

R.ポズナー著　馬場孝一・国武輝久他訳
正義の経済学
■規範的法律学への挑戦

1 正義と効率性　2 正義の起源　3 プライヴァシーと関連諸利害
著者は現代アメリカで隆盛をみている「法の経済分析」に関するパイオニアの一人である。富の最大化のアプローチを用いて，あらゆる法現象を徹底的・包括的に経済分析し，通説に挑戦する。

4/6判480頁定価：本体6000円＋税

R.エプスタイン著　松浦好治監訳
公用収用の理論
■私的財産権と公用収用

本書は，公用収用が公法の問題であるばかりでなく，私法の問題でもあるという理解に立って，公法と私法を全体として統一的に考察するユニークな理論を展開。基礎理論としてもアメリカの私法理論としても知的刺激に満ちた書。

A5判426頁定価：本体5500円＋税

平田彩子著
行政法の実施過程
■環境規制の動態と理論

本書の目的は，環境規制法の執行過程について，「法と経済学」の観点から，統一的に理解するための一般的枠組みを提供することである。
「法と経済学」のうちのゲーム理論は，相互作用状況での意思決定や行動基準の本質部分を解明することを目的としているので，ゲーム理論は，複雑な法執行過程での両者の相互作用とその本質部分を捉え，一般的なモデルや理論を構築しようとする分析には欠かせない手法である。

A5判220頁定価：本体2800円＋税

R.マーロイ著　馬場孝一・国武輝久訳
法に潜む経済イデオロギー
■法と経済学への比較論的アプローチ

法と経済学の研究がみせる拡がりについて，総合的な概説を試みた入門書。殊に保守主義，自由主義，左翼共同社会主義，ネオ・マルクス主義，自由至上主義，古典的自由主義というイデオロギー上の区分法の提示は，法と経済学に関する新思考方法を創出する。

A5判220頁定価：本体2200円＋税

〔「法と経済学」叢書1〕
「法と経済学」の原点
松浦好治編訳　　　　　　　　　Ａ５判230頁定価：本体3000円＋税

ロナルド・コース＝社会的費用の問題（新沢秀則訳）／Ｇ・カラブレイジィ＝危険分配と不法行為法（松浦好治訳）／Ｅ・ミシャン＝外部性に関する戦後の文献（岡敏弘訳）
　本書は「法と経済学」と呼ばれる法学研究のアプローチの出発点となった基本的文献を収録し，その発想の原点を示す。

〔「法と経済学」叢書2〕
不法行為法の新世界
松浦好治編訳　　　　　　　　　Ａ５判180頁定価：本体2500円＋税

Ｒ・ポズナー＝ネグリジェンスの理論（深谷格訳）
Ｇ・カラブレイジィ／メラムド＝所有権法ルール，損害賠償法ルール，不可譲な権原ルール（松浦以津子訳）
　１９７０年代から急速な展開を見せ始めた「法と経済学」研究は，アメリカ法学の有力な一学派を形成。７０年代初期の代表的論文を収録。

〔「法と経済学」叢書3〕
法と経済学の考え方　■政策科学としての法

ロバート・クーター著　太田勝造編訳
１．法と経済学での評価基準，価値観　２．法と経済学の基本定理：コースの定理　３．不法行為法，契約法，所有権法の総合モデル　４．インセンティヴ規整：行動の価格設定と制裁
　１．と２．は法と経済学の基礎理論，３．と４．で民事法から刑法までカヴァーするクーターの統一的見地を提示する。
　　　　　　　　　　　　　　　　　Ａ５判248頁定価：本体3000円＋税

〔「法と経済学」叢書4〕
法と社会規範　■制度と文化の経済分析

エリク・ポズナー著　太田勝造監訳
　第一部で非・法的な協力の一般的モデルとしての「シグナリング・ゲーム」を提示し，第二部では，それを法の個別分野に適用する。第三部は第二部の議論をうけて規範的法理論をめぐる一般的な問題を検討する。法律問題の理解にとってゲーム理論の諸概念は有効であること，法規範の多くは社会規範の別個独立の社会規整力を制御する試みとして理解するのが最適であること，社会厚生に資する規範は多いが，害する規範も多く規範の価値は概ね歴史的偶然でしかないことが命題として導かれる。
　　　　　　　　　　　　　　　　　Ａ５判360頁定価：本体3500円＋税

〔法と経済学叢書 5〕
結婚と離婚の法と経済学
A・W・ドゥネス,R・ローソン　太田勝造（監訳）

　本書において，著者たちは法と経済学の手法を用いて結婚と離婚を分析する。すなわち，家族法における「インセンティヴ（誘因）」の重要な役割に着目して分析する。法制度の設計に欠陥がある場合に惹起される望ましくない諸結果に光を当てる。また，首尾一貫した誠実な行動へのインセンティヴを，家族法は関係者に与えなければならないことを論証する。著者である経済学者や法学者たちが，結婚，同棲，および離婚についての法と経済学の近時の成果を論じる。　　A5判370頁定価：本体3500円＋税

〔法と経済学叢書 6〕
民事訴訟法の法と経済学
R.G.ボウン著　細野敦訳　　　　　　　　A5判280頁定価：本体3000円＋税

　本書は，対象を特に民事訴訟法に絞り，実務上・学説上の喫緊の問題点を解明しながら法と経済学の分析手法を体得できるように工夫されている点で，これまでの類書にない特徴を有する。本書では，基本的な概念や考え方から丁寧な説明が施され，初学者にも容易に理解ができるよう配慮がなされている。また，法と経済学の分野における１９７０年代以降の民事訴訟法関連の主要論文のエッセンスがぎっしり詰め込まれ，随所に詳細な注が付され，深い理解を得ることができる。

〔法と経済学 7〕
合理的な人殺し ■犯罪の法と経済学
マルシェ著　太田勝造（監訳）

　本書は刑事法分野，とりわけ殺人について法と経済学の手法による分析をした研究書。FBIをはじめとするアメリカ合衆国の捜査当局が利用する犯罪プロファイリングが口を極めて非難されている。もしも人々一般に最低限の合理性も成立しないなら，一般予防論は全く無意味となり，刑事法分野に法と経済学が適用不可能との主張は，刑罰には犯罪の抑止効果が全くなく，刑事法によって保護法益を守ろうとするのはナンセンス，と論じることに他ならない。　　　　　　　A5判270頁定価：本体3000円＋税

〔法と経済学叢書 8〕
法，疫学，市民社会 ■法政策における科学的手法の活用
サナ・ルー著　太田勝造・津田敏秀（監訳）
　　　　　　　　　　　　　　　　　　　A5判328頁定価：本体4000円＋税

　本書で扱った種々の事例研究が提起する様々な政策的課題は，文化や法制度の相違を超えて決定的に重要なものとなっている。即ち，日本とアメリカ合衆国の間での差異のみならず，諸社会・諸文化の間での法制度の構造の差異，訴訟手続きの差異，実体法の差異を超えて，世界中で喫緊の課題となっている問題群である。